日本の金融政策
Monetary Policy in Japan
(1970~2008年)

歴代日銀総裁のパフォーマンス評価

Akio Kuroda
黒田晁生

明治大学社会科学研究所叢書

日本評論社

はしがき
―本書の目的・特徴と構成―

　本書は、1971年（昭和46年）8月に起きたニクソン・ショックの前年から始めてアメリカ発のサブプライム・ローン問題がグローバル金融危機へと進行中の2008年（平成20年）春に至るまで（言い換えれば、佐々木直第22代総裁の就任から福井俊彦第29代総裁の退任まで）の約36年間における日本銀行の金融政策について、当該期間における金融政策の歴史的あらましを「物語」風に叙述しながら、その時々における重要な金融政策の課題について制度的・実証的に分析した研究書である。また、本書では、第2次世界大戦後の1945年（昭和20年）夏（言い換えれば、一万田尚登第18代総裁の就任前後）まで時代を遡る一方、いわゆる「異次元緩和」を推進してきた黒田東彦第31代総裁が安倍晋三内閣によって再任された2018年（平成30年）春に至るまでの約73年間に分析の対象期間を拡大して、歴代日本銀行総裁のパフォーマンス評価を試みている。

　筆者は、1971年夏に入行後約23年間に亘って日本銀行の主として調査統計局や金融研究所のエコノミストとして勤務した後、1994年春に明治大学政治経済学部に転職して以来、日銀での在勤を1年ほど上回る期間に亘って「金融経済論」（途中から科目名変更により「金融論」および「金融政策」）の講義を担当してきた。読者におかれては、そうした立場にある一人の「日銀ウォッチャー」が語る「日本銀行の物語」として本書をお読みいただければ幸甚である。なお、金融政策に関心を持つ実務家や研究者の皆さんには、本書における制度的・実証的分析を多少なりとも参考にしていただければ、望外の幸である。

　本書の特徴は次の3点である。第1に、日本銀行の金融政策を叙述するに当たって、通常は「日本銀行」が主語とされているのに対して、本書では原則として歴代各総裁の個人名を用いた。第2に、日本銀行の金融政策を取り巻く環境として、内外の金融経済情勢のみではなく、できる限り政治情勢に

も言及することにした。第3に、日本銀行の歴代各総裁による金融政策のパフォーマンス（ことに「物価の安定」目標の達成度合い）の評価を、具体的な数値およびそれに基づいた成績符号によって示すことにした。

　まず、歴代各総裁の個人名を主語とした理由を述べると、1998年3月に新「日本銀行法」が施行されるまでの期間、日本銀行の最高意思決定機関として戦後まもなく設立された政策委員会（建前としては、総裁および任命委員4名による多数決での政策決定）が次第に「スリーピング・ボード」と化してしまった状況の下で、総裁は、日本銀行の金融政策を実質的に決定する役員集会（通称「円卓」）の統率者として文字通りの最高権力者であった。したがって、筆者としては、歴代各総裁の個人名を主語とする形で日本銀行の金融政策を叙述することによって、歴代各総裁のパーソナリティによる金融政策運営の相違点を浮き彫りにしたいと考えた。一方、新「日本銀行法」への移行後における日本銀行の金融政策は、最高意思決定機関であることが改めて確認された政策委員会（金融政策決定会合）で、政策委員9名（総裁、副総裁2名、および、審議委員6名）の多数決によって実際に決定されるようになった。したがって、新「日本銀行法」への移行後においては、日銀執行部の統率者であり、かつまた政策委員会の議長として政策提案を行う総裁名のみならず、代替的な政策提案を行う各審議委員名をもしばしば登場させることにした。なお、議長（総裁）提案に対して2名の副総裁はほとんどの場合賛成票を投じているため、原則として日銀執行部一括りの取り扱いとしたが、例外的に議長提案に反対票を投じた副総裁がいた（すなわち、執行部内で意見の対立があった）場合には、その旨言及することにした。

　次に、第2の特徴について付言すれば、簡単ながらも時々の政権の基本的政策や政治情勢を叙述することを通じて、歴代各総裁の金融政策が政界・官界から受けた圧力を明らかにするように努めた。旧「日本銀行法」では、内閣による総裁（および副総裁）の解任規定（47条）や、主務大臣（大蔵大臣）による一般的監督権（42条）および業務命令権（43条）が定められており、上記のとおり総裁によって実質的に統率される日本銀行の金融政策は、歴代内閣（および大蔵省）の行政運営方針によって強く制約されることになった。政府与党（1955年から1992年までの自民党長期単独政権）によって強く介入さ

れた日本銀行総裁の例としては、池田勇人内閣の下での山際正道第20代総裁、田中角栄内閣の下での佐々木直第22代総裁、中曽根康弘内閣の下での澄田智第25代総裁を挙げることができよう。逆に、旧「日本銀行法」の下で、政府に対して法律上は従属的な地位に置かれた日本銀行が金融政策の独立性を実質的に確保するためには、米軍占領下においてGHQとの密接な関係を築いた一万田尚登第18代総裁や、「大蔵省のドン（首領）」として政界・官界に対する影響力を維持し続けた森永貞一郎第23代総裁のように、総裁個人の卓抜した政治力が必要とされたのである。いずれにせよ、政府与党との対立（あるいは協力）関係を捨象して、日本銀行の金融政策を語ることはできないと筆者は考える。なお、新「日本銀行」の施行によって日本銀行は金融政策運営に関する独立性を保障されるようになったが、総裁（および副総裁）が、旧「日本銀行法」の下でと同様に内閣によって任命されることに変わりはなく（ただし、新「日本銀行法」の下では、国会による同意が必要とされるようになった）、東西冷戦の終焉後、1992年からは実際に日本でも政権交代が起きるようになったという政界事情と相俟って、日銀総裁（および副総裁）人事に関しては、その時々の政治情勢を把握しておくことが益々もって重要になっているといえよう。

　最後に本書において重要な第3の特徴について敷衍すると、日本銀行の歴代各総裁による金融政策のパフォーマンスを評価するためには、各総裁の信念・信条に基づいたスタンス（例えば、「通貨価値の安定を信奉した」とか、「インフレでもデフレでもない持続的成長を目指した」とかいった各総裁の人物像）の評価（言い換えれば、主観的な好き嫌いの表現）とは一旦距離を置いて、何らかの客観的な基準を設定した上で結果責任を問うことが必要であると筆者は考えている。ちなみに、本書では一般的に金融政策の最も重要な目的であるとされている（また、筆者自身もそう考える）「物価の安定」については、「消費者物価指数前年比で2％程度」を目指すべき目標と設定した上で、歴代各総裁の任期中における消費者物価指数前年比の年平均値（ただし、速水総裁以降は任期との関係で年度平均値）でみて、2％±1％以内ならばS（satisfactory）、Sの範囲外であっても2％±2％以内ならばP（pass）、それ以外はF（failure）の3段階を評価基準として用いることにした。もちろん、こうした評価基準

の設定については、「物価の安定」を測る指標の選択や、目標値の水準・範囲などに関するさまざまな批判がありうることは重々承知しているが、現時点では上記の基準がそれなりに一般的受容性を持っていると割り切って作業を進めてみた次第である。この点については、適切な指標の選択や目標値の水準・範囲の設定に関して日本銀行の金融政策について関心を抱く諸氏によって今後の研究が進展することを衷心から期待する。

　本書は、全体として7つの章から構成されている。第1章から第6章までは、佐々木直第22代総裁の就任から福井俊彦第29代総裁の退任までの約36年間を分析の対象期間として、歴代各総裁による金融政策を歴史的な流れに即して分析した「各論」（詳論）である。

　冒頭の第1章は、約14年ぶりの日銀生え抜きの総裁として1969年12月に就任した佐々木直第22代総裁の時代（5年間）を対象としている。佐々木総裁は、その抜きん出た経歴と識見から日銀職員の期待を一身に集めての船出であったが、「分を弁える人」であったことが災いして、5年間の任期中は次々に押し寄せる国内外の荒波に翻弄されることになった。具体的には、まず、1971年8月15日の「ニクソン・ショック」直後から政府の徹底したドル買い・円売り介入方針を背景として、いわゆる「過剰流動性」が形成された。次に、1972年7月に田中角栄内閣が成立し、円高阻止のためには調整インフレーションも止むなしとの姿勢で、「日本列島改造論」に沿った積極的な財政政策がとられたことからインフレ心理が蔓延した。さらに、1973年10月には第1次石油危機が発生したことから全国的に買い溜め売り惜しみの動きが広がって「物不足」現象を引き起こし、「狂乱物価」状態に陥った。日本経済がマイナス成長、2桁インフレ、経常収支赤字という「トリレンマ」の状態に陥ってしまった中で、1974年12月に5年間の任期満了となった佐々木総裁は失意のうちに退任した。

　第2章は、「大蔵省のドン」と称された森永貞一郎第23代総裁、および、森永総裁によって後任に抜擢された日銀生え抜きの前川春雄第24代総裁の時代（計10年間）を対象としている。森永総裁は1974年12月の就任直後から政界・官界の強力な人脈を背景として、公定歩合操作に関する日銀の主導

権を取り戻し、金融政策運営における日銀の独立性を回復するのに貢献した。また、就任時における「トリレンマ」の状況から日本経済を脱却させる上で、物価の安定こそが金融政策の最優先の目標であり、そのためにはマネーサプライの動向を注視する必要があることを明確にした。次に、前川総裁は、第2次石油危機に対処した森永前総裁の予防的引締め政策を継承し、1980年2月には国会審議中の公定歩合引き上げを決定するなど、強力な金融引締め政策を展開することによって、原油価格の高騰が「ホームメイド・インフレ」につながることを阻止した。しかし、1980年後半になって景気のかげり現象が目立つようになってからは、アメリカの高金利を背景としてドル高・円安傾向が続く中で、国内景気を優先した金利引き下げが更なる円安をもたらし、日本の経常収支黒字拡大と対外貿易摩擦激化を招くという形での「内外ディレンマ」に苦慮することになった。

第3章は、森永総裁が定着させた大蔵省・日銀の「たすき掛け人事」の流れとして大蔵省OBの澄田智第25代総裁から日銀生え抜きの三重野康第26代総裁へと続いた10年間を対象としている。紳士的かつ温厚な性格の澄田総裁は、1984年12月の総裁就任記者会見において、「頑固、愚直と言われるよう信念を貫きたい」と述べ、「誠心誠意」の姿勢で金融政策の運営に当たる覚悟を示したが、1985年9月のプラザ合意以降におけるドル安・円高局面では、国際的政策協調路線の下で内外の政治家からの圧力に押し切られる形で公定歩合引下げを繰り返した。そうした「超」金融緩和政策によって地価・株価のバブルが膨張していったが、澄田総裁が金融政策の目標として敢えて資産価格の安定を打ち出すことはなく、金融引締めへの転換は大幅に遅れた。一方、澄田総裁の下での副総裁時代には「乾いた薪」論を展開して、地価・株価の高騰に警鐘を鳴らし続けた三重野氏は、1989年12月の総裁就任直後から「バブル退治」を狙いとした本格的な金融引締め政策を推進し、一時は「平成の鬼平」と持てはやされた。しかし、地価・株価の「バブル」が崩壊し、それとともに「バブル景気」が終焉した後は、金融機関の不良債権問題が次第に深刻化して、景気後退が予想以上に長引いたことから、ずるずると金融緩和を実施することを余儀なくされた。

第4章は、大蔵省OBの松下康雄第27代総裁と日銀生え抜きの福井俊彦

副総裁が、日本銀行職員の接待汚職事件で任期途中の 1998 年 3 月 20 日に引責辞任するまでの 3 年 3 か月を対象としている。1994 年 12 月に就任した松下総裁の下で不良債権問題は正念場を迎え、1997 年 11 月には主要金融機関の一角である山一證券、北海道拓殖銀行が破綻したことによって、一挙に金融システム危機へとつながった。この間、政治主導による「大蔵省叩き」の時流の中で、1997 年 6 月に新「日本銀行法」が国会で成立したことにより、日銀にとって長年の悲願であった金融政策の独立性を獲得するという僥倖に恵まれた。しかし、その 9 か月後に舞台は暗転し、松下総裁は、日銀職員の接待汚職事件に絡んで日銀本店が東京地検の捜索を受けたことの責任をとって、福井副総裁とともに任期途中で引責辞任した。

　第 5 章および「各論」の最終章となる第 6 章は、1998 年 3 月に施行された新「日本銀行法」の下で、ともに日銀生え抜きの速水優第 28 代総裁から福井俊彦第 29 代総裁へと続いた 10 年間を対象としている。速水執行部による金融政策は、日本経済がデフレ・スパイラルの瀬戸際に立たされた 1999 年 2 月に「ゼロ金利政策」を開始した後、2000 年 8 月に一旦「ゼロ金利政策」を解除したものの、2001 年 3 月には「量的緩和政策」を導入してゼロ金利に回帰するという形で迷走した。この間において、速水総裁自身は、「ゼロ金利政策」を金利メカニズムの機能しない異常事態と観念して、政府の反対を押し切って「ゼロ金利政策」解除を強行したことにより、政府と日銀の対立を抜き差し難いものとしてしまった。さらに、「量的緩和政策」へ追い込まれた後は、その推進にしばしば疑念をもらすなど消極的な姿勢を維持し続ける反面で、金融システムの安定化を狙いとして銀行保有株式の直接買取を決定するなどプルーデンス政策に傾斜していった。2003 年 3 月に速水総裁が任期満了で退任した時、日本経済がデフレーションの淵に嵌りこんでしまったことへの反省の弁はなかった。

　一方、福井総裁は、就任直後から喫緊の課題であるデフレーション脱却に向けて周囲を驚かせるほど大胆な「量的緩和政策」を推進して、不良債権問題を終息させるのに貢献した。その後、2005 年 11 月以降に消費者物価前年比がプラスに転じると、「セントラル・バンカー」としての本領を発揮して、「量的緩和政策」の解除へと動いたが、2007 年春頃からアメリカで顕在化し

たサブプライム・ローン問題が次第にグローバル金融危機へと拡大していったことにより、福井総裁の描いた日本経済のデフレ脱却シナリオは中途で挫折することになった。この間、2006年6月には、副総裁退任後の富士通総研理事長時代に始めた「村上ファンド」への出資を総裁に就任してからも続けていたことが国会で明らかにされ、日本銀行総裁の信用を失墜させる行為として糾弾されたのは、誠に惜しむべき出来事であった。

　最終章である第7章は、第2次世界大戦後の1945年夏（言い換えれば、一万田尚登第18代総裁の就任前後）まで時代を遡る一方、いわゆる「異次元緩和」を推進した黒田東彦第31代総裁が安倍晋三内閣によって再任された2018年春に至るまでの約73年間（1947年秋に生を受けた筆者にとっては、自らのライフサイクルとほぼ重なる期間）に分析の対象期間を拡大して、日本銀行の金融政策を概観した「総論」（概論）である。戦後日本の経済成長と景気循環に対応して歴代の各総裁が金融政策をどのように運営したのかを概観するとともに、「物価の安定」および「経済の安定と成長」という金融政策の2つの目的に照らして、各総裁による金融政策運営のパフォーマンス評価を試みる。最後に、日本銀行の金融政策の目的と運営について本書から得られる政策的インプリケーションをまとめる。

目　　次

はしがき――本書の目的・特徴と構成――――――――――――――iii

第1章　「ニクソン・ショック」と大インフレーション――――1
第1節　「ニクソン・ショック」とブレトンウッズ体制の崩壊　1
1．佐々木直第22代日本銀行総裁の就任
2．日米関係の悪化と「ニクソン・ショック」
3．ブレトンウッズ体制の崩壊とドル買い介入
4．スミソニアン体制の崩壊と総フロート時代への移行

第2節　行き過ぎた金融緩和と「日本列島改造論」　12
1．日本銀行の行き過ぎた金融緩和政策
2．田中角栄内閣の成立と「日本列島改造論」
3．日本銀行の金融調節と「過剰流動性」の発生

第3節　遅すぎた金融引締め政策への転換と「狂乱物価」　23
1．遅すぎた金融引締め政策への転換と「日本列島改造論」の見直し
2．第1次石油危機の発生と「狂乱物価」
3．田中内閣の総辞職と佐々木総裁の退任

第2章　変動為替相場制度の下での対外貿易摩擦――――39
第1節　「トリレンマ」の克服と減速経済への移行　39
1．森永貞一郎第23代日本銀行総裁の就任
2．慎重な金融緩和政策と公定歩合操作の主導権回復
3．「機関車論」の抬頭と福田赳夫内閣による積極的財政政策の展開

第2節　第2次石油危機の発生と内外ディレンマ　49
1．大平正芳内閣の成立と森永総裁による予防的金融引締め政策
2．前川春雄第24代日本銀行総裁への交代と金融引締め強化
3．内外ディレンマの下での金融緩和政策と対外不均衡の拡大

第3節　国債の大量発行と「マネーサプライ重視政策」　65
　　　1．国債の大量発行と国債管理政策上の課題
　　　2．「マネーサプライ重視政策」の評価

第3章　プラザ合意と「バブル」の生成・崩壊 ──────── 83
　　第1節　プラザ合意と国際的政策協調　83
　　　1．澄田智第25代日本銀行総裁の就任とG5によるプラザ会議
　　　2．外国為替市場での協調介入と短期金利の「高め放置」
　　　3．各国間の協調利下げ交渉とG7によるルーブル合意
　　第2節　行き過ぎた金融緩和と「バブル」の生成　96
　　　1．円高不況の克服と金融緩和の副作用
　　　2．「ブラック・マンデー」後の対応と「バブル」の膨張
　　　3．遅すぎた金融引締めへの転換と澄田総裁の退任
　　第3節　「バブル退治」と株価・地価の暴落　109
　　　1．三重野康第26代日本銀行総裁の就任と「バブル退治」
　　　2．銀行や証券会社を舞台とした不祥事の多発
　　　3．宮澤喜一内閣の成立と金融緩和の要請
　　第4節　不良債権問題の発生と非自民連立政権の成立・崩壊　117
　　　1．不良債権問題への三重野総裁の対応
　　　2．細川護熙非自民連立内閣への政権交代と不良債権問題の先送り
　　　3．村山富市自民・社会・さきがけ連立内閣の成立と三重野総裁の退任

第4章　金融システム危機と「日本銀行法」改正 ──────── 137
　　第1節　円高対策と金融機関破綻処理の本格化　137
　　　1．松下康雄第27代日本銀行総裁の就任と円高対策
　　　2．金融機関破綻処理の本格化
　　　3．住専への公的資金投入と「金融三法」の成立
　　第2節　大蔵省の解体・再編と「日本銀行法」改正　148
　　　1．大蔵省の解体・再編による金融監督庁の設立
　　　2．「日本版ビッグバン」による金融システム改革

3．「日本銀行法」改正による金融政策の新たな枠組み
　第3節　景気腰折れと1997年秋の金融システム危機　160
　　1．橋本龍太郎内閣の財政改革と景気腰折れ
　　2．アジア通貨危機と1997年秋の金融システム危機
　　3．大蔵省・日本銀行の接待汚職事件と松下総裁の辞任
　第4節　バブル景気終焉後における伝統的金融緩和政策の総括　167
　　1．金利低下と「量的縮小」のパラドックス
　　2．日本銀行の伝統的金融調節方式の問題点

第5章　デフレーションと「ゼロ金利政策」・「量的緩和政策」──── 183
　第1節　新「日銀法」施行と金融システム危機への対応　183
　　1．速水優第28代日本銀行総裁の就任と新「日銀法」下での政策委員会
　　2．橋本内閣・小渕恵三内閣による金融システム危機対策と公的資金の注入
　第2節　「ゼロ金利政策」の開始から解除までの過程　197
　　1．「ゼロ金利政策」の開始と政策的コミットメント
　　2．デフレーションの進行と「量的緩和・現状維持・利上げ」の3案並立
　　3．森喜朗内閣への交代と「ゼロ金利政策」の解除
　第3節　「量的緩和政策」への移行と混迷　212
　　1．「ITバブル」崩壊と「量的緩和政策」への移行
　　2．小泉純一郎内閣の成立と「量的緩和政策」の混迷

第6章　「量的緩和政策」の進展と「いざなみ景気」──────── 235
　第1節　小泉内閣の構造改革路線と日銀のプルーデンス政策への傾斜　235
　　1．小泉内閣の構造改革路線と不良債権問題の延引
　　2．速水総裁のプルーデンス政策への傾斜と「金融再生プログラム」
　第2節　「量的緩和政策」の進展とデフレ脱却の頓挫　245
　　1．福井俊彦第29代日本銀行総裁の就任と「いざなみ景気」の実相

2．政府・日銀の協調体制と「量的緩和政策」の進展
　第3節　不良債権問題の終息と「量的緩和」からの「出口戦略」──256
　　1．「りそな銀行」の実質国有化と不良債権問題の終息
　　2．「量的緩和政策」からの「出口戦略」
　　3．安倍晋三内閣・福田康夫内閣への交代と福井総裁の退任

第7章　総括および歴代日本銀行総裁のパフォーマンス評価──283

　第1節　戦後日本の景気循環と経済成長　284
　　1．戦後日本の景気循環
　　2．日本経済の中長期循環と経済成長
　第2節　戦後歴代日本銀行総裁の金融政策とパフォーマンス評価　293
　　1．歴代日本銀行総裁の金融政策：旧「日本銀行法」時代
　　2．歴代日本銀行総裁の金融政策：新「日本銀行法」時代
　　3．歴代日本銀行総裁のパフォーマンス評価
　おわりに　321

あとがき ──────────────────────── 325

索　引 ───────────────────────── 329

第1章
「ニクソン・ショック」と大インフレーション

第1節　「ニクソン・ショック」とブレトンウッズ体制の崩壊

1．佐々木直第22代日本銀行総裁の就任

　1969年（昭和44年）12月16日、日本銀行の宇佐美洵第21代総裁が任期満了により退任し、翌17日には、第3次佐藤栄作内閣（蔵相は福田赳夫氏）の任命によって佐々木直第22代総裁が誕生した。佐々木氏は、1962年4月に副総裁に昇格して以来、健康状態が不芳であった当時の山際正道第20代総裁の下で金融政策を実質的に取り仕切り、ポスト山際総裁の本命候補と目されていたが、1964年12月に山際総裁が辞任した際に、その後を襲ったのは三菱銀行頭取の宇佐美氏であった。それ以降、佐々木氏は宇佐美総裁の下での副総裁として捲土重来を期していたが、宇佐美総裁の再任希望を佐藤内閣が容認しなかったことによって、長年にわたり「日銀のプリンス」と称されてきた佐々木氏がついにその宿願を果たしたのであった。

　佐々木新総裁は、新木栄吉第19代総裁が任期途中に病気で辞任を余儀なくされて以来、約14年ぶりの日銀生え抜きの総裁であり、その抜きん出た経歴と識見から日銀職員の期待を一身に集めての船出であったが、その任期中は次々に押し寄せる国内外の荒波に翻弄されることになった。佐々木総裁時代の5年間における日本の主要経済指標を予め示しておけば、図表1-1のとおりであり、当時の日本経済が陥った混乱状態を如実に物語っている。

　まず、物価面では、国内卸売物価指数上昇率が1973年に前年比15.7％、1974年に同23.2％と2年連続での急騰を記録したほか、全国消費者物価指数上昇率も1973年に前年比11.7％、1974年に23.2％と卸売物価指数とほぼ同様の急騰を示した。一方、生産面では、実質GDP成長率が1974年には－1.2％と第2次世界大戦後初めてのマイナス成長を記録したほか、鉱工業

図表 1-1　主要経済指標の推移（1970 ～ 1974 年）

	1970年	1971年	1972年	1973年	1974年
実質GDP成長率 （1995年価格、前年比％）	10.3	4.4	8.4	8.0	－1.2
鉱工業生産指数増加率 （1990年平均＝100、前年比％）	13.8	2.6	7.3	15.0	－4.0
国内卸売物価指数上昇率 （1995年平均＝100、前年比％）	3.4	－0.9	1.7	15.7	27.6
全国消費者物価指数上昇率 （1995年平均＝100、前年比％）	7.7	6.3	4.9	11.7	23.2
マネーサプライ増加率 （M_2平均残高、前年比％）	18.3	20.5	26.5	22.7	11.9
日経225種平均株価 （年末値、円）	1,987	2,713	5,207	4,306	3,817
円対米ドル為替レート （インターバンク直物、年末値、円／ドル）	357.95	314.75	301.10	280.00	300.94
経常収支 （IMF方式、100万ドル）	1,970	5,797	6,624	－136	－4,693
日本銀行公定歩合 （年末値、％）	6.00	4.75	4.25	9.00	9.00

［資料出所］日本銀行「経済統計年報」ほか

生産指数増加率も 1974 年には前年比 －4.0％（さらに 1975 年も同 －11.1％）と落込んだ。また、国際収支面では、経常収支（IMF 方式）が 1973 年には 1.36 億ドル、1974 年には 46.93 億ドルの赤字をそれぞれ記録した。この間において、日経 225 種平均株価指数は 1972 年末に当時における既往最高値の 5,207 円へと急騰した後、1974 年末には 3,817 円へと大幅に下落した。なお、1974 年中における同指数の最低値は 10 月 9 日の 3,355 円であった。

　このように、佐々木総裁時代の後半にあたる 1973 年から 74 年にかけての日本経済は、激しいインフレーション（いわゆる「大インフレーション」）の進行、生産活動の著しい落込み、対外的な経常収支の大幅な赤字というトリレンマ状態にあったと総括できよう。本章では、佐々木総裁時代の日本経済を相次いで見舞ったショックを振り返ってみながら、日本銀行の金融政策が

失敗した原因を検討する。

2．日米関係の悪化と「ニクソン・ショック」

　1969 年 12 月の衆議院議員総選挙（いわゆる「沖縄解散総選挙」）における自民党 300 議席の大勝利を受けて翌年 1 月に発足した第 3 次佐藤内閣では、佐藤首相の後継者として最も有力視されていた福田赳夫蔵相が留任する一方、難航する日米繊維交渉の当事者であった大平正芳通産相は宮澤喜一氏と交代させられた。この間、自民党三役人事では、総選挙での大勝利を足掛かりに次期首相の座を虎視眈々と狙う田中角栄幹事長が留任した。

　第 3 次佐藤内閣が発足した 1970 年は、戦後における日米関係重視の保守政治と高度経済成長のいずれについても「総仕上げ」の年であった。まず政治面では、1960 年に岸信介首相の下で改定された日米安保条約が 1970 年 6 月 22 日に 10 年間の固定期限切れを迎えたことから、全国各地では「反安保デモ」が繰り広げられたものの、第 3 次佐藤内閣は、翌 23 日からの自動継続への切り替えを「60 年安保騒動」とは比べ物にならない平穏さの中で済ませて、日米安全保障体制の安定化を成し遂げた。一方、経済面では、同年 3 月 15 日から 9 月 13 日にかけて「人類の進歩と調和」をメインテーマとした日本万国博覧会（いわゆる「万博」）が大阪千里丘陵で開催され、世界 77 か国が出品参加して、入場者数は延べ 6400 万人を超える大成功を収めた。佐藤首相は、連日のように海外からの賓客の歓迎会を開催したことに加えて、開会式、閉会式、そして 6 月 29 日の「日本の日」と合計 3 回も万博会場に足を運ぶなど、一方ならぬ力の入れようであったといわれている。[2]

　こうした状況を背景として、1970 年 10 月 29 日、東京の文京公会堂において開催された自民党臨時大会における総裁選挙で、佐藤首相は対立候補の三木武夫氏などを圧倒的多数で破って、自民党総裁として初の四選を果たした。しかし、四選後の佐藤政権を取り巻く内外の情勢は次第に厳しいものに変わっていった。まず対外的には、前年 11 月の日米首脳会談でリチャード・ニクソン大統領が沖縄返還と絡めて持ち出した日本からの繊維輸出規制を巡る交渉が難航し、日米関係は次第に険悪なものとなっていった。宮澤通産相は、沖縄返還と絡めて日米繊維交渉を取引材料にした覚えはないとする佐藤

首相の建前論を前提に、「被害なきところに規制なし」[3]との筋論で対米交渉を進めたが、繊維問題に関するニクソン大統領の要求を佐藤首相が容認したと主張するスタンズ商務長官との間で合意の得られるはずはなく、1970年6月にワシントンDCで開催された日米繊維交渉は決裂した[4]。その後1971年3月には、日本の繊維業界が自主規制を一方的に宣言して問題の解決を図ったが、ニクソン大統領はこれを拒否して、繊維輸入割当立法を支持するとの声明を発表した。これを受けてアメリカ側では、保護貿易派が勢いを増し、国際収支改善のための円対米ドルレートの大幅切上げや、繊維製品をはじめとした日本からの輸出品に対する規制を求める動きが一挙に強まっていったのである。

　一方、国内では、1971年3月から4月にかけての統一地方選挙において、美濃部亮吉東京都知事の再選、黒田了一大阪府知事の勝利、飛鳥田一雄横浜市長の三選と革新系候補が相次いで勝利し、革新系の蜷川虎三知事を以前から擁している京都府と併せて、東海道メガロポリスの主要拠点が革新系首長によって占められることになった。さらに、同年6月27日の参議院総選挙では、自民党にとって好材料となるはずの沖縄返還協定の調印式が選挙期間中の6月17日に行われたにも拘わらず、都市部では公害問題や物価問題、農村部では米価や減反政策などの身近な問題に一般の関心が集まって、社会党や共産党などが改選議席を上回ったのに対して、70人台後半の当選を目指した自民党は改選64議席を1名下回り[5]、参議院での低落傾向に歯止めをかけることはできなかった。そうした選挙結果を踏まえて、佐藤首相は7月5日に内閣改造を実施し、自らの後継者として期待する福田赳夫氏を同年9月26日から10月14日に予定されていた昭和天皇・皇后両陛下の欧州訪問に備えさせる形で外務大臣に任命し、その後任には水田三喜男氏を充てる一方、参議院選挙敗北の責任を取って自民党幹事長を辞職した田中氏を通産相に据えることによって、政権の最終目標である沖縄返還に向けての挙党体制を整えた。なお、自民党幹事長の後任には、吉田茂元首相門下であり、佐藤首相の信頼が厚い保利茂氏が就任した。

　ところが、第3次佐藤改造内閣の発足後間もない7月15日午後10時半（現地時間）に、ニクソン大統領は、全米向けテレビ・ラジオ放送を通じて、ヘ

ンリー・キッシンジャー大統領補佐官が周恩来中国首相と北京で会談したこと、また、同首相からの公式招請を受けて翌年5月までに自ら中国を訪問することを発表した。朝鮮戦争以来、中国封じ込めと台湾擁護を基本的政策方針としてきたアメリカが、日本の頭越しに突然の対中接近を発表したことは、それまでアメリカの中国封じ込め政策に同調してきた日本政府にとって想定外のショック（第1次ニクソン・ショック）であった。さらに、同年秋の第26回国連総会では、10月25日に「中国招請・国府追放」を内容とするアルバニア決議案(6)が圧倒的多数で可決される一方、国連からの台湾追放を阻止しようとする「逆重要事項指定」決議案(7)が否決されたことによって、中国の国連参加（および常任理事国入り）と台湾追放が決まった。このことにより、アメリカからの要請に応えて「逆重要事項指定」決議案の共同提案国となることを選択した佐藤内閣の立場は一層苦しいものとなった。

　この間、対中接近発表から1か月後の8月15日午後9時（現地時間）には、ニクソン大統領がまたしても全米向けテレビ・ラジオ放送を通じて、①外国の公的当局が保有するドルと金との交換を一時停止、②10％の輸入課徴金を賦課、③物価・賃金を90日間凍結、④乗用車消費税（7％）を撤廃、⑤設備投資免税を実施、⑥所得税減税の1年繰り上げ実施、⑦1972年度歳出を47億ドル削減、からなる「新経済政策」を発表した。(8)

　この7項目の「新経済政策」発表（第2次ニクソン・ショック）は、当時のアメリカ経済が直面していた国際収支（貿易収支・経常収支）の赤字、および、国内におけるスタグフレーション（景気低迷とインフレーションの並存状態）の進行に対する処方箋として提案されたものであったが、そのうち①の「金禁輸」は後述するように第2次世界大戦後における国際通貨制度を根本から揺るがすことになる一大事であった。また、②の輸入課徴金は、一時的かつ無差別を原則としていたものの、難航する日米繊維交渉との関連で、日本に対する一種の報復措置とも受け取られるものであった。日本側で交渉の任に当たった田中通産相は、「新経済政策」発表後ますます露骨になったアメリカ側の一方的な輸入規制圧力に押し切られる形で、国内繊維業界の了解を得られぬままに見切り発車せざるをえなくなり、同年10月15日に訪日したデヴィッド・ケネディ特使との会談で繊維輸出規制に関する政府間協定（期間

は3年間、すべての繊維製品を対象にした基準輸出量を9億5000万ヤードとし、各年度増加率を5％とする）に関する了解覚書に仮調印した。1969年11月の佐藤＝ニクソン会談以来、こじれにこじれた日米繊維交渉は、こうして一応の結着を見たものの、上述した中国問題への対応と相俟って、日米関係は急速に冷え切ってしまったのである。

　こうした状況下、沖縄返還の国会承認を目指して1971年10月16日から召集された臨時国会において、佐藤内閣は中国政策の失敗を野党側から厳しく追及された。10月26日には、衆議院で福田外相の不信任決議案、参議院で同問責決議案が提出され、これらの決議案については自民党内の親中国派などの造反が懸念されたため、佐藤内閣は沖縄返還を前に少なからず動揺した。しかし、保利幹事長らによる懸命の党内説得が奏功して、野党側が提出した決議案はいずれも否決された。その後、11月5日から沖縄返還協定及び国内関係法案の本格的審議が始まったものの、野党による審議引き伸ばしに対して、自民党による委員会での強行採決が野党の審議拒否を招くという形で、臨時国会は空転した。また、院外では沖縄返還協定反対のデモが繰り返され、11月19日の全国統一行動では、過激派グループによって日比谷公園の松本楼が放火されて全焼するという衝撃的な事件が起きた。しかし、翌日の四党（自民・社会・公明・民社）幹事長・書記局長会談で審議再開の合意が得られたのを転機として事態は収拾に向かい、11月24日の衆議院本会議において沖縄返還協定承認案件などがついに可決された。これを受けて、1972年1月6日・7日にカリフォルニア州サンクレメンテにおいて開催された佐藤＝ニクソン会談で、同年5月15日を期して沖縄返還を実施することが決定されたのである。

3．ブレトンウッズ体制の崩壊とドル買い介入

　1971年8月15日のニクソン大統領特別声明の内容のうち歴史的にみて最も重大であったのは、ドルと金との交換を一時停止するという項目であった。なぜならば、それは第二次世界大戦直後の1945年12月に創設されたIMF（国際通貨基金）・ブレトンウッズ体制、すなわち、アメリカが金1トロイ・オンス＝35ドルで外国の公的当局に金兌換を保証するという形でのドルと金

との交換可能性、および、アメリカ以外の各国は対ドル平価±1％の範囲内に自国通貨の為替相場を維持するように為替市場介入を行うという形での固定相場制度(11)を2本柱とする国際通貨体制が、崩壊の危機を迎えたことを意味していたからである。

　アメリカがそうした一方的措置に踏み切るまでの推移を振り返ってみると、ベトナム戦争の影響もあって、アメリカ国内では1960年代後半に入ってインフレーションが進行し、資本流出を主因として国際収支（総合収支）の赤字が拡大した。つれて、海外の公的機関が外貨準備として保有するドル残高が累増して、アメリカの保有する金準備を上回るようになった結果、ドルに対する信認は次第に低下し、1968年春にかけてドル売り・金買いの激しい投機（ゴールド・ラッシュ）が起きた。1968年3月には、主要国中央銀行間で維持されてきた「金プール協定」(12)が廃止され、金の市場価格が公定価格を上回る「金二重価格制」に移行のやむなきに至った。この結果、ドルの金平価切下げはもはや時間の問題となり、そのことは各国通貨の対ドル平価維持についても深刻な疑念を生ぜしめることになったのである。

　その後、1969年8月にはフランス・フランの対ドル平価切下げ、同年10月には西ドイツ・マルクの平価切上げ、1970年6月にはカナダ・ドルの変動相場制度移行が実施されるなど、国際通貨不安が次第に高まっていった。さらに、1971年5月には西ドイツ・マルクとオランダ・ギルダーが暫定的に変動相場制に移行するとともに、スイス・フランとオーストリア・シリングは平価切上げを実施した。

　1971年8月13日（金曜日）、ニクソン大統領はキャンプ・デービッドの大統領山荘でドル防衛のための緊急会議を召集した。当時の金融担当財務次官であったポール・ボルカー氏（後のアメリカ連邦準備制度理事会議長）は、『日本経済新聞』に後日寄稿した回顧録の中で、「イギリスが外貨準備として保有する30億ドルを金に換えたいと通知してきた」ことから、このままでは月曜日に市場で大混乱が起きるのは必至の情勢であると判断して、ジョン・コナリー財務長官を通じてニクソン大統領に緊急会議の召集を要請したと述べている(13)。経済運営のトップを集めた緊急会議の席上、コナリー財務長官が報告したドル防衛策は、ボルカー財務次官が国際金融問題に関する各省庁合

同会議を取り仕切る中で、既に1971年春に作成していた覚書に基づくものであり、「大幅な通貨調整を実施するためには、金とドルとの交換を停止する必要がある。米国はまず金の売却を停止し、為替相場の調整と通貨制度改革の主導権を握るべきだ。それに、賃金・物価凍結によるインフレ抑制を組み合わせる」というのが、その骨子であった。

　ニクソン大統領の特別声明の内容が、ボルカー財務次官から主要国の担当者（日本は柏木雄介大蔵省顧問）に伝えられたのは、現地時間で8月15日（日曜日）午後9時の発表直前であった。特別声明の発表時には、時差の関係ですでに16日（月曜日）の外国為替市場が始まっていた日本は、そのまま市場を開き続けるとともに、水田蔵相と佐々木日銀総裁が直ちに「現行平価（1ドル＝360円）を維持する」旨の談話を発表した。一方、欧州各国は、金の裏付けが無いドルは拒否する（言い換えれば、従来の平価でのドル買い支えは行わない）との立場から、相次いで16日の外国為替市場を閉鎖し、そのまま1週間にわたって市場閉鎖を続けた後、漸く翌週の23日（月曜日）になって、それぞれが為替相場を変動させる形で市場を再開した。[14]

　この間、日本では、16日の夕刻から大蔵省と日本銀行の合同会議が大蔵省内で開かれ、翌日から外国為替市場をどうするのかについての議論が行われた。[15] 同会議においては、欧州各国が市場閉鎖に踏み切ったことを受けて、日本も同様に市場閉鎖すべきだとの意見も見られたものの、ここで市場を一旦閉鎖すれば、次に再開するときには円切り上げを招くのは必至であるとの情勢判断に基づいて、円切り上げによる輸出産業への打撃を回避するために市場閉鎖をすべきではないとする柏木大蔵省顧問を中心とした反対論が有力で、最終的には水田蔵相の裁断によって、翌日以降も従前どおりの平価で市場を開き続ける方針が決定された。[16] 大蔵省（および日本銀行）は、当時「世界に冠たる」と自負していた厳格な為替管理によって非居住者の思惑取引を抑えうるはずとの過信もあって、[17] 16日から27日（金曜日）までの11日間（日曜日を除く）に亘って市場を開き続けたが、実際には商社・メーカーなどによる輸出前受代金の流入や、外国為替銀行による外貨買い持ちポジションの調整売りなどによって予想を上回るドル売りが殺到し、結局、平価維持のためのドル買い介入は約40億ドルの巨額に達した（外貨準備高は、80億ドルか[18]

ら 120 億ドルへと急増した)。欧州各国が 23 日から変動相場制度に移行し、対ドルでフロート・アップしていくのを眺めて、日本が暫定的な変動相場制度へと重い腰を上げたのは、28 日 (土曜日) になってからのことであった。

4．スミソニアン体制の崩壊と総フロート時代への移行

1971 年 8 月 15 日午後 9 時 (現地時間) の「第 2 次ニクソン・ショック (以下では、単に「ニクソン・ショック」と略称)」前後において、主要国通貨は遅かれ早かれ暫定的な変動相場制への移行を余儀なくされたが、同年 9 月 15 日にロンドンで開催された G10 (10 か国蔵相・中央銀行総裁) 会議を皮切り[19]として、固定相場制度を復活させるための主要国間の通貨調整交渉が、一連の G10 会議および同代理会議の場において進められるようになった。

まず、同年 11 月 30 日、12 月 1 日にローマで開催された G10 会議において、アメリカのコナリー財務長官が先進国通貨の対ドル相場を貿易加重平均ベースで平均 11％切り上げるよう要求したのに対して、西ドイツのカール・シラー経済相など欧州側は為替調整の前提として金の対ドル価格の引上げ (すなわち、ドルの切り下げ) を求める形で応酬し、具体的な数字を挙げた通貨調整交渉に入っていった。[20]次に、12 月 13 日・14 日には、EC を代表するフランスのジョルジュ・ポンピドー大統領とアメリカのニクソン大統領がアゾレス諸島で秘密裡に会談し、アメリカは金価格を引上げる一方、フランスはドルの金交換回復を当面要求しないことなどについて、予め合意がなされた。そして、12 月 17 日・18 日にアメリカの首都ワシントン DC のスミソニアン博物館で開催された G10 会議において、アメリカが金価格を 1 トロイ・オンス＝35 ドルから 38 ドルに引上げる (ドルを IMF 方式による計算で 7.89％切り下げる) 一方、日本は 1 ドル＝308 円 (同 16.88％切り上げ)、西ドイツは 1 ドル＝3.2225 マルク (同 13.58％切り上げ)、フランスは 1 ドル＝5.1157 フラン (同 8.57％切り上げ) というように、アメリカ以外の各国が一斉に対ドル平価の切り上げを行うことで合意に達した。また、対ドル平価の変動幅は、ブレトンウッズ体制の下での±1％から±2.25％に拡大された。こうして、いわゆる「スミソニアン体制」が発足し、カナダ・ドルを除いて主要各国通貨は固定為替相場制に復帰したのである。

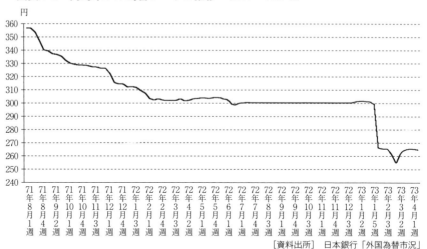

図表1-2　円対米ドル為替レートの推移　（1971～1973年）

［資料出所］　日本銀行「外国為替市況」

　ところで、「ニクソン・ショック」後の暫定的な変動相場制移行からスミソニアン会議に至るまでの間、日本はG10会議における通貨調整交渉の成り行きを眺めながら、水田大蔵大臣の指示の下で、円の切り上げ幅を出来るだけ抑えるべくドル買い介入を続けていた（1971年末の外貨準備高は152億ドルへと増加した）。図表1-2に示したとおり、11月中の対ドル相場は327～8円台で推移し、スミソニアン会議直前においても320円台を維持していただけに、スミソニアン会議で決定された1ドル＝308円という新レートは、日本国内では「予想外に大幅な円切り上げ」として受け止められたのであった。[21] ともあれ、スミソニアン会議での合意を踏まえて、日本は欧州各国と足並みをそろえて固定相場制に復帰したが、ブレトンウッズ体制の復活を目指した「スミソニアン体制」は、発足の当初から致命的な弱点を有しており、短命に終わらざるを得ない宿命にあった。すなわち、金価格の引上げが実施された一方で、アメリカが金・ドルの交換性回復（ひいては、新平価維持）のためのコミットメントをしなかったことから、一旦失われたドルに対する信認は必ずしも回復された訳ではなく、依然として投機筋の攻撃にさらされやすい状態が続いたのである。

「スミソニアン体制」の崩壊に至る道のりを辿ってみると、EC 6か国は、1972年4月24日から域内通貨相互間に限って為替変動幅を±1.125％に縮小したため、対ドルでは為替変動幅±2.25％のワイダー・バンドの中で、EC諸国の通貨が狭い幅をもって変動する「トンネルの中の蛇（スネーク）」と呼ばれる状態となった。その後、イギリス、デンマーク、アイルランド、ノルウェー、スウェーデンも参加して11か国による「スネーク制度」となったが、それも束の間、6月23日には国際収支の悪化したイギリスのポンドが投機売りを浴びて「スネーク制度」からの離脱を余儀なくされ、変動相場制に移行した。これに伴い他の欧州通貨や日本円も変動相場制に移行するのではないかとの思惑から、ドル売り、欧州通貨・円買い投機が発生したため、欧州各国は6月23日から27日（日本は24日から28日）にかけて為替市場を閉鎖した。市場再開後も、7月にかけて巨額のドル売り投機が続き、「スミソニアン体制」の崩壊が懸念されるようになったが、それまで無視を決め込んでいたアメリカが、スミソニアン・レート維持のためのドル買い介入を限定的ながらも行うことに同意したことによって、国際通貨情勢はようやく小康状態を取り戻した。

　1973年に入ると、スイスへの資金流出に悩んでいたイタリアが1月22日に二重為替相場制を採用したことから、逆にスイスへの資金流入が一段と強まったため、スイス・フランが暫定的に変動相場制に移行した。国際通貨情勢が不安定化して再びドル売り投機が強まる中で、アメリカのボルカー財務次官は、「金に対してドルを10％切り下げ、日本円を10％切り上げ、欧州通貨を据え置き」という目論見での通貨再調整交渉をジョージ・シュルツ財務長官（コナリー財務長官の後任）に対して提言し、2月7日から12日にかけて日本、ドイツ、イギリス、フランスを秘密裡に歴訪した。後述するように前年12月に発足した第2次田中角栄内閣の大蔵大臣に就任していた愛知揆一氏は、対ドル20％の切り上げは大幅過ぎるとしてアメリカの提案を拒否し、変動相場制への移行を選択した。2月12日（月曜日）には、ボルカー財務次官との合意成立を受けて、欧州各国が為替市場を一斉に閉鎖した後で、アメリカが金価格の10％再引上げ（ドルの10％再切り下げ）を発表した。そして14日（水曜日）から、西ドイツ、フランス、オランダ、ベルギーなどは従来

の金平価を維持（したがって、対ドルで切り上げを実施）して市場を再開した。イタリア・リラは新たに変動相場制に移行し、イギリス・ポンド、スイス・フランは変動相場制を継続した。すでに 10 日（土曜日）から市場を閉鎖していた日本も、14 日から変動相場制により市場を再開したが、円の対米ドル相場の騰勢が続いて 3 月の月中平均レートは 1 ドル＝ 265 円とフロート・アップした。

　こうして、主要国間の通貨再調整交渉は、ほぼボルカー財務次官の目論見通りに決着したが、ドルが金に対して再切り下げしたことは、結果的に投機筋の思惑通りに事態が進展したということでもあった。そのため、3 月に入るとドル売り・金買いの投機が再燃し、金価格が 1 トロイ・オンス＝ 80 ドル台に急騰するに及んで、3 月 2 日（金曜日）、欧州各国および日本は一斉に市場閉鎖に踏み切った。その後、3 月 19 日（月曜日）に市場が再開されるまでの約 2 週間のうちに、欧州の「スネーク制度」参加国は、域内通貨間での為替相場変動幅を±1.125％に収める固定相場制を維持する一方、米ドルなどその他の通貨に対しては変動相場制に移行するという形での「共同フロート制」(24)を採用することで合意し、「トンネルを出た蛇」と呼ばれる状態に変わった。また、イギリス・ポンド、イタリア・リラ、スイス・フラン、日本円などはそのまま変動相場制を続ける方針をとったため、主要国通貨は一斉にドルに対してフロートすることになった。こうして「スミソニアン体制」は敢え無く崩壊して、今日まで続く全世界的な変動相場制度（いわゆる「総フロート」）の時代へと変わったのである。

第 2 節　行き過ぎた金融緩和と「日本列島改造論」

1．日本銀行の行き過ぎた金融緩和政策

　日本経済の動向に目を転ずると、1969 年 12 月に宇佐美総裁から佐々木総裁へと金融引締め政策が引き継がれた後、しばらくの間は景気の根強い拡大傾向が続いたが、1970 年秋頃になって漸く景気が落ち着いてきたため、日本銀行は同年 10 月 27 日に公定歩合を 0.25％引下げて 6.0％とすることを決

定し、それまでの金融引締め政策を解除した。

　これが、佐々木総裁になってからの第1次公定歩合引下げであったが、1960年代後半の設備投資ブームの反動もあって、その後景気が予想外に落込んでいったため、佐々木総裁は、1971年に入ってから1月19日（第2次、→5.75％）、5月7日（第3次、→5.5％）、7月27日（第4次、→5.25％）と相次いで公定歩合の引下げを行った。この間、5月に西ドイツ・マルクが投機的攻撃により暫定的に変動相場制に移行した事態に対応すべく、6月4日に政府が輸入自由化の促進や、関税引下げの推進などの「円対策8項目」（第1次円対策）を発表したのと歩調を合わせて、日本銀行も6月29日に輸出優遇金融を是正する一連の措置を決定した。⁽²⁵⁾

　第3次と第4次の公定歩合引下げは、このように国際通貨情勢が不安定化し、円切り上げ圧力が強まる中で実施されたものであり、国内景気の回復を図るとともに、国際収支の黒字対策（ひいては円切り上げ回避）を意識した金融緩和政策であった。もっとも、政界や経済界などでは、円切り上げ回避のためには、より大胆な金融緩和が必要だとして、一連の小刻みな公定歩合引下げに対する不満が高まっていった。なお、第3次の公定歩合引下げに際しては、当初4月30日に臨時政策委員会を開いて決定する予定であったものが、生産者米価決定を巡る政府・自民党の政治折衝の行方と絡んだ大蔵省側からの要請によって一週間延期されたといわれており、佐々木総裁にとっては公定歩合操作に対して政界・官界から圧力をかけられた最初の出来事となった。

　その後1971年夏頃になると、金融緩和政策の効果もあって、在庫調整が一巡し、非製造業の設備投資が増勢を示すなど景気は漸く底入れ状態にあった。しかし、8月中旬には上述した「ニクソン・ショック」との遭遇によって一時的に輸出商談が停滞したことから景気の先行きに対する悲観的な見方が広がり、多くの企業で在庫再調整や設備投資の減額修正の動きが相次いだ。事後的にみると、円切り上げによって大きな打撃を受けることが懸念された輸出は、実際には暫定的な変動相場制への移行後もさほど落込まなかったのであるが、「ニクソン・ショック」により心理的衝撃を受けた企業の在庫投資や設備投資の落込みによって、景気は「二段調整」局面を迎えたのであった。

「ニクソン・ショック」後しばらくすると、経済界では景気の「二段調整」に対応した公定歩合の更なる引下げを求める声が次第に高まっていったが、主要国間での多角的通貨調整交渉が進められている折柄、佐々木総裁は身動きできない状態で、模様眺めの姿勢をとり続けた。もっとも、「ニクソン・ショック」後において、大蔵省・日本銀行が大量のドル買い円売り介入を行ったことによって、後述するように都市銀行などの日銀借入返済が急速に進み、資金ポジションが改善した結果、都市銀行を中心とした民間金融機関の貸出姿勢は、1971年7～9月期以降に著しく積極化した[26]。こうして、佐々木総裁が模様眺め姿勢を続けている間にも、金融緩和は着実に進行したのである。

　1971年12月16日・17日のスミソニアン会議では、上述したとおり「予想外に大幅な円切り上げ」となったことから、佐々木総裁は、アメリカから帰国した直後の12月21日に公定歩合の第5次引下げ（0.5％幅）を行う方針を固めた。また、それと同時に、民間金融機関の標準貸出金利（5.5％）が1年もの定期預金金利（5.75％）を下回っている「逆転現象」状態を解消するために、懸案であった預金金利引下げ（要求払い預金金利、3か月・6か月もの定期預金金利を0.25％引下げ）を実施する方針を固めた[27]。

　ところで、預金金利引下げのためには、競合する郵便貯金金利についても民間預金金利に見合う範囲で引下げが必要であり、日本銀行からの申し入れを受けた大蔵省（水田大蔵大臣）は、郵政省との間で郵便貯金金利の引下げ交渉を開始したが、郵政省側の強い抵抗にあって交渉は難航した。佐々木総裁は、やむなく郵便貯金金利引下げの目途が立たないままの見切り発車で、12月28日に公定歩合の第5次引下げ（→4.75％）を決定したが、その後郵便貯金金利の引下げ交渉は有耶無耶で終わってしまった。公定歩合の引下げに伴い標準貸出金利は5.0％に引下げられた一方、預金金利は据え置きとなったことから、標準貸出金利と1年物定期預金金利の格差（逆ざや）はそれまでの0.25％から0.75％へと拡大した。こうして第5次公定歩合引下げを巡る交渉は、佐々木総裁をはじめとした日本銀行執行部にとって後日まで苦い思いが残るものとなった[28]。なお、標準貸出金利と定期預金金利の逆転度合いが一段と強まったことは、企業の「利ざや稼ぎ」狙いでの借入需要を急増さ

せ、後述する「過剰流動性」の発生要因となったことを指摘しておく必要があろう。

　1972年に入ると、積極的な財政政策の展開に伴う財政支出の増加に加えて、金融緩和を反映した非製造業設備投資や住宅投資の増加などから、景気は次第に回復していったが、国際収支面では、円切り上げに伴ういわゆる「Jカーブ効果」もあって、経常収支・貿易収支の黒字はむしろ拡大傾向を辿った。ちなみに、前掲図表1-1に示したとおり、日本の経常収支黒字額は、1970年の19.7億ドルから、1971年の57.9億ドル、1972年の66.2億ドルへと増加した。こうした状況下、佐藤内閣は、対外均衡の達成と国民福祉の向上を2大目標として、一般会計が前年度当初予算比＋21.8％、財政投融資計画も同＋31.6％という超大型予算の昭和47年度（1972年度）予算を組むなど、円再切り上げを絶対に回避することに主眼を置いた積極的な内需拡大方針を採り、当時の世論もまたそうした黒字減らし政策を支持したのであった。

　政府は1972年5月23日に財政金融政策の機動的な展開をはじめとした7項目からなる「対外経済緊急対策」（第2次円対策）を決定したが、その中に、預貯金金利を中心にした各種金利の引下げが盛り込まれて、第6次公定歩合引下げへとつながっていった。(29) まず、水田大蔵大臣は、預貯金金利の一律0.5％引下げを実現すべく、郵政省に対して郵便貯金金利の引下げを依頼すると同時に、日本銀行政策委員会に対して預金金利引下げを発議した。5月29日には、日本銀行政策委員会の諮問を受けた金利調整審議会が、郵便貯金金利の同幅引下げを前提に、預金金利の一律0.5％引下げを答申したが、郵政省は郵便貯金金利の引下げに頑強に抵抗を続け、最終的に郵便貯金金利の引下げ（定額郵貯1年半以上は0.5％、それより短いものは0.25％など）に合意したのは6月22日になってからのことであった。(30) この間、公定歩合の引下げは店晒し状態となり、新聞記者からは日本銀行が金融政策の独立性を喪失したと毎日のように書き立てられる中で、佐々木総裁をはじめとして日本銀行幹部は悩みに悩んだが、漸く預貯金金利引下げに関する合意が得られたことを受けて、6月23日に公定歩合の第6次引下げ(31)（→4.25％）を決定した。

　こうして第5次公定歩合引下げ時からの持ち越し案件であった郵貯金利引下げ問題が一件落着となったものの、すでに景気は着実な回復軌道に乗って

おり、1972年夏頃から卸売物価が急速に上昇を始めたことを勘案すると、明らかに行き過ぎた金融緩和政策であった。第6次公定歩合の引下げは、国際収支の黒字減らしと円再切り上げ回避を主たる目的として実施されたのであり、それによって国内インフレーションを引起したという意味で、日本銀行は後述する政府の「調整インフレ政策」に自ら与したとの批判を免れない。

2．田中角栄内閣の成立と「日本列島改造論」

　沖縄復帰記念式典が1972年5月15日に東京と沖縄で同時に挙行され、佐藤首相は東京会場における式辞の中で、沖縄復帰の歴史的意義について「戦争によって失われた領土を、平和のうちに外交交渉で回復したことは、史上きわめて稀なこと」であると位置づけた。沖縄では、この日に備えて前年4月から開設準備が進められてきた日本銀行那覇支店（初代支店長は新木文雄氏）が発足し、米ドルから日本円への通貨交換が同日から20日にかけて沖縄全域に設けられた190の交換所で一斉に行われた（交換結果は約1億300万ドルであった）。交換レートは、1ドル＝305円であり、ブレトンウッズ体制下の1ドル＝360円からの為替差損は、前年10月に実施された「通貨確認」（個人保有の現金、預貯金残高の一斉確認）に基づいて補塡された。

　佐藤首相は、自らの宿願であった沖縄復帰を実現した後、通常国会の終了を待って6月17日の自民党両院議員総会で辞意を表明し、7月7日に内閣総辞職した。1964年11月の第1次内閣成立から通算して7年8か月という内閣史上最長不倒記録を達成しての名誉ある引退であった。しかし、それに先立つ7月5日の自民党総裁選挙は、当時の主要4派閥であった福田派、田中派、大平派、三木派（いわゆる「三角大福」）による熾烈な覇権争いとなり、決選投票の結果、日頃から物心両面で自派議員などの面倒見が良かった田中角栄氏が佐藤首相の支持する福田赳夫氏を破って当選した。

　日本銀行の佐々木総裁にとっては、副総裁時代の1965年に起きた「証券恐慌」に際して、破綻の危機に直面した山一證券等を救済するための無担保・無期限の日銀特融を当時の大蔵大臣であった田中氏に強引に押しつけられたこともあって、田中氏は、かねてより苦手意識の働く存在であったに相違ない。政界入り後の一万田尚登元日銀総裁が福田派に所属していたことから、

佐々木総裁も福田氏とのつながりが強いとみられていただけに、本命視されていた福田氏を破って田中首相が誕生したことは、佐々木総裁にとって大きな誤算であったと拝察されるのである。
　首相に就任した当時の田中氏は54歳であり、歴代首相の中では最年少であった。マスコミは、新潟県の高等小学校を卒業して上京後に、土建会社に勤めながら中央工学校（夜間高校）に通い、若くして経営者、さらには代議士になった新首相を、こぞって「今太閤（現代の豊臣秀吉）」と持ち上げた。田中首相の政策論は、新内閣成立直前の1972年6月に出版され約90万部のベストセラーとなった著書『日本列島改造論』（日刊工業新聞社）に端的に示されているように、高度経済成長の成果を広く地方にばら撒こうとするものであった。すなわち、同書では、従来の高度経済成長の過程で生じた太平洋岸大都市への過度集中（その反面での、日本海側や山間部の過疎化）を是正するために、全国に拠点としての「新25万都市」を建設し、これらの都市を「9000キロ新幹線網」、「1万キロ高速道路網」、「本州四国連絡橋」などで結ぶことによって、「日本列島をもっと豊かで、公害が少なく、住みやすい国土に改造する」ことが標榜されていたのである。
　ともあれ、田中内閣がまず行ったのは、外交面における1972年9月の北京訪問と日中共同声明の調印であった。それに先立つ1972年2月にニクソン大統領が北京を訪問し、米中国交回復に踏み切ったのを受けて、佐藤内閣の下では台湾擁護の方針を首尾一貫してとってきた日本も、田中首相の政治的決断によって中国（北京）との国交回復に踏み切ったのであった。外交は不得手とみられていた田中首相が、自由民主党内の強い反対論を押し切って日中国交回復を実現したことにより、田中首相に対する世論の人気は一段と盛り上がった。
　一方、スミソニアン会議での合意を引き継いだ通貨外交においては、田中内閣は「円再切り上げ阻止」を最優先の課題として位置付けた。たとえば中曽根康弘通産相は、1972年8月9日に都内ホテルで開かれた電機・一般機械業界代表者との懇談会で、「日本経済はいま円再切り上げか、調整インフレかの選択を迫られているが、円再切り上げは絶対に回避すべきである」旨の発言を行ったし、田中首相もまた、11月9日に開かれた参議院予算委員

会において「円再切り上げを防ぐのは政治責任である」旨の答弁を行った。[35]

　こうして田中内閣は、是が非でも円再切り上げを回避するためには、「調整インフレ政策」も辞さないという強い姿勢で、拡張的な財政政策を推進していった（蔵相は植木庚子郎氏であった）。上述したとおり佐藤内閣の下で1972年1月に決定された昭和47年度（1972年度）予算は、対外均衡の達成と国民福祉の向上を2大目標とした超大型予算であったが、田中内閣成立後の8月には財政投融資の第1次追加措置、10月には公共投資の追加を中心とした一般会計補正予算案および財政投融資の第2次追加措置が相次いで決定されたのである。なお、10月20日には、補正予算などと併行して、輸入拡大・輸出適正化等の5項目からなる第3次円対策も決定された。

3．日本銀行の金融調節と「過剰流動性」の発生

　ここで、「ニクソン・ショック」後におけるいわゆる「過剰流動性」がどのようにして発生したのかという問題について、統計データに基づいて実証しておく。

　まず、外国為替市場における大量の米ドル買い・円売りの直接的な影響は、日本銀行の「資金需給実績」における外国為替資金の大幅な支払超過として現れた。図表1-3に示したように、1971年の外国為替資金は4兆3,998億円の払超（前年は、4,466億円の払超）となり、一般財政などを併せた財政資金（対民間収支）全体でも同年は2兆3,932億円の払超（前年は4,865億円の受超）であった。一方、1971年の日本銀行券発行超は8,517億円であり、前年の7,447億円とさほど違わなかったため、財政資金受払と日本銀行券発行還収を併せた市場の資金過不足でみると、1970年には1兆2,540億円の資金不足であったものが、1971年は一転して1兆9,161億円の資金余剰となった。なお、図表1-3の〈参考〉欄で示したように、1971年中における外国為替資金の払超と、その結果としての市場の資金余剰の大半は、「ニクソン・ショック」に遭遇した第3四半期（Quarter, 7～9月）からスミソニアン合意に至る第4四半期（10～12月）にかけてのものであった。

　1971年中の市場要因が大幅な資金余剰となったのに対して、日本銀行の金融調節においては、日銀信用が1兆9,196億円の回収超となり、準備預金

図表1-3 資金需給実績の推移 (1966～1974年)

(単位：億円)

	資金過不足	内訳		日本銀行信用	内訳		準備預金
		日本銀行券	財政資金(外国為替資金)		日本銀行貸出	債券手形売買等	
1966年	△5,570	△3,497	△1,077 (△367)	5,592	1,135	4,457	22
1967年	△7,564	△4,980	△1,034 (△421)	8,008	△2,261	10,269	444
1968年	△4,882	△6,304	2,214 (3,008)	5,127	481	4,646	245
1969年	△8,268	△7,694	△571 (3,494)	8,854	3,785	5,069	586
1970年	△12,540	△7,447	△4,865 (4,466)	13,352	4,116	9,236	812
1971年	19,161	△8,517	23,932 (43,998)	△19,196	△16,725	△2,471	△35
1972年	△21,441	△19,030	△1,101 (17,397)	22,223	14,413	7,810	782
1973年	△44,532	△17,884	△23,224 (△18,840)	57,204	1,474	55,730	12,672
1974年	△12,907	△15,687	9,585 (△3,784)	16,440	△5,914	22,354	3,533
〈参考〉1970年第3～4Q	12,732	△11,988	22,300 (29,896)	△12,874	△14,434	1,560	△142

(注1) この表で△印は、日本銀行券の発行超、財政資金（外国為替資金）の受超、資金不足、準備預金の取崩し、日本銀行信用の回収超（貸出の回収超、債券手形の売り超）、を示す。
(注2) 債券手形売買は、債券売買・外貨手形売買・政府短期証券売買・売出手形等の合計。

[資料出所] 日本銀行「経済統計年報」

はわずかながらも取り崩しとなった。すなわち、外国為替市場における米ドル買い介入によって市場に供給された円資金は、完全に不胎化されたことになる。日銀信用の内訳をみると、外国為替資金貸付を中心に貸出が1兆6,725億円の回収超となり、1971年末の日本銀行貸出残高は6,808億円へと大幅に減少した（図表1-4を参照）。また、債券手形等売買も、1971年8月19日に余剰資金の吸収手段として急遽創設された売出手形の発行5,000億円を含めて全体で2,471億円の売却超であった。

このように、「ニクソン・ショック」以降において外国為替市場でのドル

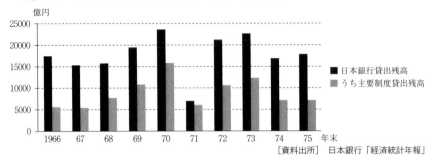

図表 1-4　日本銀行貸出残高の推移　(1966～1975年)

［資料出所］　日本銀行「経済統計年報」

買い介入によって市場に供給された余剰資金は、日本銀行の金融調節を通じて不胎化されたが、その過程で都市銀行など各銀行による日銀借入の大半が返済されてしまったことにより、いわゆる「オーバー・ローン」(39)の状態は事実上解消された。そして、これらの金融機関の資金ポジションが著しく改善されたことは(40)、短期金融市場においてコールレートを急速に低下させるとともに、金融機関の貸出採算を好転させ、その貸出行動を著しく積極化させた(41)。貸出内容としては、大企業製造業の資金需要が停滞を続ける中で、建設・卸小売・不動産などの非製造業向け貸出や、事業者ローン・住宅ローンなどの個人向け貸出が伸びたのが特徴的であった。

　都市銀行を中心とした民間金融機関の貸出が急増した結果、マネーサプライ（M2平均残高）は、1971年から1972年にかけて伸び率が加速した後、1973年まで高い伸びを続けた。ちなみに、前年比でみると、1971年は20.5％、1972年は26.5％、1973年は22.7％であった（図表1-5、および、前掲図表1-1を参照）。当時における日本経済の実質GDP成長率は1966～1970年平均で11％程度であったから、許容できるインフレ率上限を第7章で後述するように（ただし、ここではGDPデフレータでみて）年平均4％とすると、「マーシャルのk」(42)（＝マネーサプライ対名目GDP比率）の趨勢的増加率（年2～3％）を加えても、許容されるマネーサプライ伸び率の上限は17～18％程度であり、1972～1974年にかけて実際のマネーサプライ伸び率が毎年20％を超えたのは明らかに高すぎであった。このように実体経済活動との対比でみて過大なマネーが供給されてしまったことこそが、「過剰流動性」現象そのものであ

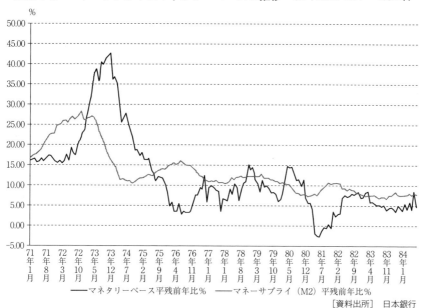

図表1-5　マネーサプライとマネタリーベースの推移　(前年比%、1971〜1984年)

[資料出所]　日本銀行

った。

　この点に関連して、本章の参考文献として掲げた『日本銀行百年史』が、マネーサプライ増減の信用面での対応を分析することによって、「マネーサプライ大幅増加の最大の要因は金融機関の民間向け信用供与であった」としているのは、「過剰流動性」の発生に対する日本銀行の責任を曖昧にしてしまうという点でいささかミスリーディングな表現である。なぜならば、日本銀行は、「ニクソン・ショック」後の金融調節において、外国為替市場での介入によるマネタリーベースの増加を不胎化こそしたものの、その過程において日本銀行借入を返済して大幅に資金ポジションを改善した各銀行は、当時の営業局資金第一係長であった横山昭雄氏が述懐するとおり、「日銀信用の返済圧力という重圧を逃れることができ、それ以前に比べいちじるしく貸出余力を強化、身も軽々と信用創造を展開していった」のが実態だったからである。横山氏が指摘するとおり、そうした事態に直面して、日本銀行がそれを不適切であると考えたならば、準備預金制度における準備率の大幅引き

上げなどの手段によって資金ポジションを不変とし（すなわち、マネーポジションを維持し）、金融機関の貸出行動にブレーキをかけることは可能だったはずであるが、日本銀行としては「先年来の不況脱出、黒字解消のための輸入振興を標榜して金融緩和策をおし進めるのが適当と判断、むしろ各金融機関の（引用者注：そうした）動きを容認した」[46]のであった。すなわち、日本銀行は、当時における誤った情勢判断に基づいて都市銀行を中心とした金融機関の貸出増大（すなわち、マネーサプライ統計の信用面での対応における金融機関の民間向け信用供与の増大）を容認してしまったのであり、その意味で、「過剰流動性」を発生させてしまったのは、紛れもなく佐々木総裁の下での日本銀行の金融政策の失敗であった。

　ただし、ここで注意しておくべきは、「過剰流動性」の発生（すなわち、マネーサプライの増加）が、通常想定されているようなマネタリーベース（ひいては、金融機関の保有する超過準備）の積極的な追加供給によって引き起こされたものではなかったことである。前掲図表1-5で示したように、1971～73年にかけてのマネーサプライ伸び率の高まりに対して逆に約1年遅れてマネタリーベース伸び率が急上昇している。また、図表1-6で示したマネタリーベースの変動要因分析（四半期ベース）から、1972～74年にかけてのマネタリーベース伸び率の高まりは、1972～73年にかけての日本銀行券増発と後述する1973～74年にかけての準備預金増加によって惹起されたことがわかる。このうち前者は、景気上昇に伴う現金需要の増加、後者はマネーサプライの増加および後述する準備率引き上げに伴う必要準備の増加をそれぞれ反映したものであるが、日本銀行の伝統的な金融調節は超過準備を常にゼロとするように運営されていた（「ニクソン・ショック」後においても同様な金融調節であった）[47]から、そうした現金需要および必要準備の増加に対して日本銀行は同調的（受動的）なマネタリーベースの供給を行うこととなったのである。要すれば、マネタリーベースの増加は、先行して起きたマネーサプライ増加（および、遅ればせながらそれに対応した金融引締め政策としての必要準備率引き上げ）の結果であった。なお、この過程で金融機関の資金ポジションが再び悪化して、日本銀行貸出がほぼ元に戻ったことを指摘しておく必要があろう（前掲図表1-4を参照）。

図表1-6　マネタリーベースの変動要因　（1972〜1984年）

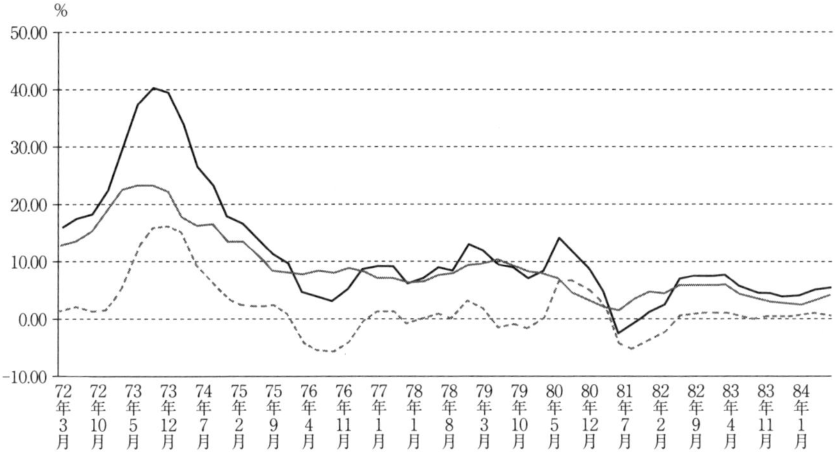

[資料出所]　日本銀行

第3節　遅すぎた金融引締め政策への転換と「狂乱物価」

1．遅すぎた金融引締め政策への転換と「日本列島改造論」の見直し

　田中首相は、1972年11月に衆議院を解散し、日中国交回復実現と「日本列島改造論」による人気を背景として総選挙で勝利を収めようとしたが、自由民主党が候補者の乱立もあって議席を減少させた一方、野党の共産党・社会党は議席を増加させて、予想外の自民党敗北となった。12月22日に成立した第2次田中内閣では、第2次・第3次佐藤内閣の外務大臣として沖縄返還交渉に当たった愛知揆一氏が、難局に際しての切り札として蔵相に起用された。

　こうして発足した第2次田中内閣は、引き続き円再切り上げ回避のための積極的な拡大均衡路線をとり、1973年1月に決定された昭和48年度（1973年度）予算案は、一般会計が前年度当初予算比＋24.6％、財政投融資計画が＋28.3％という超大型予算であった。当時における円再切り上げ不安の抬頭という事情があったにせよ、昭和48年度予算には、「日本列島改造論」に沿

った公共事業費の増加に加えて、老人医療費の無料化や老齢年金の大幅増加・物価スライド制などが盛り込まれ、当時「福祉元年」ともてはやされた大盤振る舞いの超大型予算であった。

　この間、すでに1972年夏頃から景気は本格的な上昇局面に入り、卸売物価は急騰した一方で、上述したとおり民間金融機関の貸出姿勢は積極化して、マネーサプライ伸び率は加速していった（図表1-7を参照）。このため、佐々木総裁の下での日本銀行はそれまでの行き過ぎた金融緩和に対して警戒姿勢を強めるようになり、同年10～12月期には都市銀行に対する貸出抑制指導を内々で始めたが、田中内閣が積極的な拡大均衡路線をとっていたことから、公定歩合引上げによる本格的な金融引締め政策への転換を躊躇したのであった。しかし、「ニクソン・ショック」後における行き過ぎた金融緩和政策を反映して、日経225種平均株価は1972年初の2,712円から年末の5,207円まで1年間で2倍近くに暴騰したほか、1972年秋頃までには、手元流動性水準が高まった企業による投機的な土地漁りや、商社を中心とした木材・毛・大豆などの商品投機の動きが活発化していたのであり、事後的にみれば、マネーサプライ伸び率の急上昇を背景としたインフレ心理の広がりを日本銀行が止められなかったことが、後述する第1次石油危機後の大インフレーションを招く下地を作ってしまったことになる。

　1972年11月の衆議院解散と総選挙による政治空白の中で、佐々木総裁はしばらくの間拱手傍観するのみであったが、12月下旬に第2次田中内閣が成立した後、就任したばかりの愛知蔵相から準備預金準備率引上げについての合意を得て、1973年1月9日に「流動性過剰の状態を是正」するための準備率引上げ（預金種類・残高区分に応じて0.25%～0.5%）を決定し、1973年1月16日から実施した。また、都市銀行に対する窓口指導（貸出増加額規制）を1～3月期から正式に開始し、その一環として10大商社に対する貸出抑制指導も開始するなど、その度合いの強さはともかくとして、漸く金融引締め政策に転換したのであった。

　1973年2月から3月にかけて、既述のとおり日本や欧州主要国が変動相場制に移行したことにより、日本国内では、それまでの「円切り上げアレルギー」が若干なりとも薄められた一方、国内物価が高騰を続ける中で、政界

図表 1-7　消費者物価指数と卸売物価指数の推移　(1971～1984年)

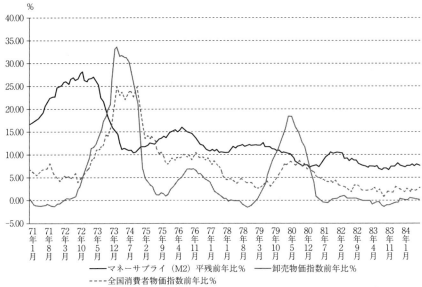

[資料出所]　日本銀行

や経済界も金融引締めを容認するような姿勢へと変わっていった。変動相場制移行後において円はフロート・アップしたが、景気が過熱状態にあることに何ら変わりはなかったから、佐々木総裁は総需要を適切に調節するための準備率引上げ（預金残高区分1000億円超の銀行に限って0.25％～0.5％）を3月2日に決定し、3月16日から実施した。さらに、昭和48年度予算が3月13日に衆議院で成立したのを待って、大蔵省との間で公定歩合引上げ交渉を開始し、3月31日に0.75％（4.25％→5.0％）の公定歩合引上げを決定した。また、4～6月期の窓口指導（貸出増加額規制）については、都市銀行・長期信用銀行・信託銀行の貸出増加額を前年同期比マイナス（16％減）としたほか、地方銀行・相互銀行・大手信用金庫に対しても、緩やかながらも貸出規制を開始した。こうして遅れ馳せながらも、本格的な金融引締め体制が整えられたのであった。

　その後、佐々木総裁は、5月29日（第2次、→5.5％）、7月2日（第3次、→6.0％）、8月28日（第4次、→7.0％）と公定歩合を相次いで引上げたほか、

5月と8月の公定歩合引上げに際しては、同時に準備預金準備率の引上げ（それぞれ、概ね0.25％引上げ）も決定した。また、7～9月期の窓口指導（貸出増加額規制）については、4～6月期よりも一段と強化し、都市銀行の貸出増加額を前年同期比24％減に圧縮した（期中に同34％減へと強化した）[51]。こうして、佐々木総裁は金融引締め政策を急速に強化していったが、行き過ぎた金融緩和によって、すでに「過剰流動性」が発生してインフレ心理が蔓延している状況下、インフレーションの進行に歯止めをかけることはできなかった。1973年後半に入ると、夏場の異常渇水で日本鋼管福山工場が操業停止になったり、化学工場で爆発事故が相次いだりして、一時的に供給制約要因が加わったこともあり、卸売物価は一段と騰勢を強めた。また、1973年の春闘で20％台の大幅なベースアップが実現されたことなどを背景として消費需要が旺盛であり、一部では、貴金属・美術品などインフレ・ヘッジの買い物も見られたことから、消費者物価の上昇率も1973年中を通じて高まった。ちなみに、1973年の国内卸売物価指数、全国消費者物価指数の前年比上昇率は、各15.7％、11.7％であった（前掲の図表1-1および図表1-7を参照）。

　この間、第2次田中内閣も、1973年春頃からは木材・糸・大豆などの商品相場の高騰や、商社による米買占めなどが次第に政治問題化してきたことから、従来の積極的な拡大均衡路線を徐々に修正せざるをえなくなった。同年6月末の物価対策閣僚会議では、公共事業の上期進捗率を引下げるとともに、消費者米価・国鉄運賃などの据え置きを骨子とする物価安定策を決定し、さらに同年8月末の物価対策閣僚会議では、財政支出1兆円強の繰り延べを含む物価安定緊急対策を決定した。

　こうした状況下においても、田中首相はなお「列島改造論」に執着し続け、同年11月22日には前年度比1.5倍の補正予算を国会で成立させたが、その翌日に、愛知蔵相が心労も重なってか肺炎のために急逝した。懐刀ともいうべき存在であった愛知氏を失った田中首相は、この急場を乗り切るために最大の政敵である福田赳夫氏に対して蔵相就任を要請せざるを得なくなった。福田氏は、列島改造に伴うさまざまな経済政策は行きがかりにとらわれず再検討する旨、田中首相から了解を取りつけた上で蔵相就任を応諾し、これ以降、「列島改造論」に基づく田中内閣の積極的な財政政策は一挙に修正局面[52]

2. 第1次石油危機の発生と「狂乱物価」

　1973年10月6日にエジプト・シリア連合軍がイスラエルに対して先制攻撃をしかける形で第4次中東戦争が勃発すると、同月16日には石油輸出国機構（OPEC）加盟国のうちペルシャ湾岸6か国が、原油の公示価格をアラビアン・ライト1バーレル＝3.01ドルから5.12ドルへと引上げると発表した。また、翌17日に、アラブ石油輸出国機構（OAPEC）はイスラエル支持国に対する原油供給を抑制するために、9月の生産量を基準として10月から毎月5％ずつ生産を削減することを決定し、20日以降はイスラエル支持国（アメリカとオランダ）に対する石油輸出を全面的に停止するよう決定した。さらに、11月4日にOAPECは、11月の生産量を9月実績比25％削減し、12月は5％の追加削減を行うと発表したが、これに伴い、現地生産をしていた日本のアラビア石油・アブダビ石油が25％の生産削減を要求されたほか、国内各石油会社もメジャー（国際石油資本）から平均して20％以上の供給削減を通告されることとなった。

　この間において、当初は劣勢だったイスラエルが反攻し、アメリカとソ連の仲裁によって10月20日には停戦が宣言された。その後、11月11日に停戦協定が結ばれて小康状態となったのを契機として、アラブ産油国は原油の生産削減・輸出禁止といった直接的規制から、原油価格の長期的引上げへと方針を転換していった。すなわち、ペルシャ湾岸6か国は、12月23日に原油公示価格を1バーレル＝5.12ドルから11.65ドルへと引上げて、1974年1月から実施すると発表する一方、OAPECは25日に原油供給削減措置の緩和に踏み切ったのであった。[53]

　日本は、当時における世界最大の原油輸入国であり、エネルギー資源の大半を輸入に依存していたにもかかわらず、それまでメジャーを通じて安い原油がいくらでも手に入ると「油断」していたことから、第1次石油危機（特に、1973年11月のOAPECによる原油生産25％削減決定）に直面してたちまち大混乱に陥った。原油備蓄が流通在庫を含めて2か月分にも足りない以上、原油の生産削減（輸出削減）によって日本の生産活動全体が早晩大幅に圧縮

されるのは必至との見方が広がったからである。原油は精製されてガソリン・灯油・軽油・重油などの燃料となるほか、合成樹脂・合成ゴム・合成洗剤・溶剤・塗料・染料・医薬品・農薬など多くの石油化学製品の原料として必要とされる。そこで、企業は石油関連の燃料・原材料をはじめとして各種物資の入手を急いだが、そのことが全国各地での「物不足」現象を引起した。また、家計も生活用品の買い溜めに走り、トイレット・ペーパー、チリ紙、洗剤、砂糖などを買うために、全国各地のスーパーなどで長い行列が出来る異常事態となった。全国的に起きた企業や家計の「買い急ぎ・買い溜め」の動きは、その反面で、供給側による「売り惜しみ・物隠し」を引起して、便乗値上げが横行し、原材料から生活用品に至るまで商品市況は高騰した。

こうして、第1次石油危機発生後の1973年11月から1974年3月にかけての毎月、卸売物価は前年比22〜37％、消費者物価は同15〜26％と、ともに朝鮮戦争以来の暴騰を記録した。1974年1月12日、福田蔵相は大阪における記者会見の席上、「（物価は）まさに狂乱状態だ」と言明した。

ここで、第1次石油危機への政府の対応状況をみておくと、まず田中首相を本部長とする「緊急石油対策本部」が設置されたのは1973年11月14日であり、石油・電力などの使用節減を図るための国民運動の展開（および行政指導の実施）を定めた「石油緊急対策要綱」が発表されたのは、その翌々日であった。また、12月22日には、「国民生活安定緊急措置法」と「石油需給適正化法」（いわゆる「石油二法」）が公布施行された。前者は、生活関連物資などの価格が騰貴した場合に、標準価格を設定する（違反者には課徴金を課す）という法律であり、後者は、石油の需給計画や消費計画に関する命令権を通産省が握るという法律であった。「石油二法」に基づいて、通産省は一部生活関連物資について標準価格の設定や緊急在庫調査などを実施し、1974年に入ってからは、鋼材・合成樹脂・塗料・紙・自動車タイヤ・砂糖などの個別物資に対する値下げ指導が行われた。

一方、佐々木総裁の下での日本銀行は、第1次石油危機が発生した後、石油危機によるエネルギー供給面での制約が日本経済にどのような影響を及ぼすのか、また、それに対してどのような政策対応をとるべきかについて、しばらくの間は戸惑っていたが、次第に「狂乱物価」の様相を呈するに至って、

11月下旬には公定歩合の2%引上げが必要との判断を固めるに至った。12月上旬からの大蔵省との交渉は、大蔵省側が2%という大幅引上げに難色を示したことから難航したが、最終的には福田蔵相の合意を得て、佐々木総裁は12月21日に公定歩合の第5次引上げ（→9.0%）と準備預金準備率の引上げ（一部の銀行に対して0.25%～0.5%引上げ）を決定した（公定歩合引上げは22日から、準備率引上げは1月1日からそれぞれ実施された）。

第1次石油危機の発生から約2か月遅れての第5次公定歩合引上げであったが、一挙に2%引上げて史上最高の9.0%としたことにより、金融引締め効果は速やかに金融面に浸透していった。まず、短期金融市場金利が急上昇して1974年3月末のピーク時にはコールレートが12%台、現先利回りが19%台という記録的な高水準に達した。また、1973年10～12月期、1974年1～3月期の窓口指導において、引き続き厳しい抑制姿勢がとられた（たとえば、都市銀行の貸出増加額は、それぞれ前年同期比41%減、同35%減とされた）ことから、民間金融機関貸出は抑制され、マネーサプライの伸び率は、1974年に入ってから著しく鈍化した（前掲図表1-1および図表1-7を参照）。

一方、実体経済面では、1949年1～3月期の実質GDPが年率で2桁台の大幅な落込みとなり、その後多少回復したものの、1974年の実質GDPは前年比 −1.2%と第2次世界大戦後初めてのマイナス成長を記録した。また、鉱工業生産も5四半期連続で前期比マイナスとなり、1974年の前年比は −4.0%であった。この間において、卸売物価および消費者物価の高騰は続いており、1974年中の前年比上昇率はそれぞれ27.6%、23.2%であった。すなわち、1974年の日本経済は、マイナス成長と2桁のインフレーションという典型的なスタグフレーションに陥ったのであった（前掲図表1-1および図表1-7を参照）。

3．田中内閣の総辞職と佐々木総裁の退任

第1次石油危機の発生後におけるスタグフレーションの下で、田中内閣に対する支持率は急落した。そうした中で迎えた1974年7月の参議院選挙において、田中首相は一挙に劣勢を挽回すべく、全国区公認候補への支援を企業グループに割り当て、大量の資金を撒布しての「企業ぐるみ・金権選挙」

を繰り広げたが、結果は自民党の敗北に終わり、参議院での与野党勢力は伯仲する事態となった（当時の定数252議席に対して、非改選を含めての自民党議席数は129にとどまった）。田中首相への批判が自民党内からも公然と起こり、三木副総理、福田蔵相などが相次いで辞任する中で、マスコミから金脈問題を追及されて追い詰められた田中首相は、同年11月26日についに退陣を表明した(59)。田中内閣は、同年12月9日に総辞職し、1972年7月の組閣以来2年5か月で終りを告げたのであった。なお、この間においてアメリカでは、ウォーターゲート事件で窮地に陥ったニクソン大統領が、1974年8月9日に任期途中で辞任するというアメリカ史上初めての異常事態が起き、ジェラルド・フォード副大統領が大統領に昇格していた(60)。

　田中首相の退陣後間もない1974年12月16日、日本経済がマイナス成長、2桁インフレ、経常収支赤字という「トリレンマ」の状態に陥っている中で任期満了となった佐々木総裁は、失意のうちに退任した。今日に至るまで佐々木氏が「悲劇の総裁」と形容される所以である。時事通信社の藤原作弥解説委員（後の日銀副総裁）によれば(61)、退任直前の12月13日に開かれた「お別れ記者会見」において、佐々木総裁は、「ニクソン・ショック」後における米ドル買い支えの結果「過剰流動性」を発生させてしまったことや、政界・財界の円切り上げ恐怖症を前にして金融引締め政策への転換がおくれてしまったことなどについて記者団からの厳しい質問を浴びたが、それらに一つ一つ丁寧に答えながら、あくまでも「評価は後世の史家にゆだね（る）」として、中央銀行は弁明せずとの態度を貫いたとされている。

　佐々木総裁時代における日本銀行の金融政策が失敗に終わった理由は、以下の3つであったといえよう。第1は、「ニクソン・ショック」後における情勢判断の誤りであった。「ニクソン・ショック」によってドル切り下げが必至の情勢であったにも拘わらず、「20年間にわたる1ドル＝360円への信仰を宗旨替えすることは困難だった(62)」ことから、外国為替市場で大量のドル買い支えを行ったことに加えて、スミソニアン合意で円切り上げが確定した後も、そのデフレ効果を過大評価するあまりに政界・財界の円高恐怖症に引きずられる形で行き過ぎた金融緩和を容認し、結果として政府の「調整インフレ政策」に与してしまったのは、日本銀行全体として適確な情勢判断が欠

如していたからであった。

　第2は、日本銀行の金融政策における伝統的な戦略と戦術の欠陥であった。日本銀行は、山際元総裁の試みた「新金融調節方式」が失敗して以来、都市銀行などが「オーバー・ローン」の状態にあること（したがって、多額の日銀借入に依存していること）を大前提として、そうした不健全な「オーバー・ローン」の是正を求めるという引締めの論理によって金融機関の貸出行動をコントロールしてきたが、「ニクソン・ショック」後に一挙に日銀借入が返済され、金融機関の資金ポジションが突然好転してしまったことによって、金融機関の貸出競争を抑制する術を一時的に失ったのである。もちろん、準備率を大幅に引き上げることによって金融機関の資金ポジションを悪化させ、再び「オーバー・ローン」の状態に追い込むことは技術的には可能であったが、日本銀行が不健全としてきた状態に敢えて戻そうとすることは、そもそも自己矛盾であった。言い換えれば、資金ポジションが好転した状態においてなお金融機関に節度ある貸出行動を求める戦略と戦術を当時の日銀は欠いていたのである。

　第3は、佐々木総裁自身のリーダーシップや政治力の弱さであった。政府の1972年5月の「第2次円対策」に呼応した第6次公定歩合引下げに際しては、郵貯金利引下げ問題との絡みで、公定歩合操作を1か月近く店晒し状態にしてしまったことや、同年秋頃までにはすでに「過剰流動性」に基づいたインフレが進行しつつあったにも拘わらず、円再切り上げ回避のためには「調整インフレ政策」も辞さないとする田中内閣の反対を恐れるあまり、金融引締めへの転換が遅きに過ぎたことなど、いずれも佐々木総裁が世論をリードすることや、政界・官界に対する影響力を発揮することが不得手であったが故の悲劇であった。その点やはり佐々木総裁は、「分を弁える人でありすぎた」(63)のである。

[注]
　(1)　佐々木直氏（1907年5月19日生―1988年7月7日没、宮城県出身）は、1930年に東京帝国大学経済学部を卒業して日本銀行に入行し、調査局、外国為替局、ロンドン駐在、総力戦研究所員（出向）などを経て、敗戦時には初代の総務部企画課長であった。1946年2月の新円切り替えに際しては、新木総裁の指揮下で企画策定を一手

に引き受け、厳寒期の真夜中に日銀寮で自らガリ版切りをしたとのエピソードが残されている。1946年に一万田尚登第18代総裁によって人事部長に抜擢された後、1947年に総務部長、1951年に営業局長と、日銀マンとしての典型的なエリート・コースを歩み、1954年に理事、1962年4月に副総裁に就任した。
(2)　楠田實編著『佐藤政権・二七九七日〈下〉』（行政問題研究所、1983年）160～168ページを参照。併せて、「熱風の日本史第19回　未来都市へ民族大移動―見た、並んだ大阪万国博」（『日本経済新聞』2014年1月5日）を参照。
(3)　1969年7月の日米貿易経済合同委員会でアメリカ側から繊維製品輸出の自主規制を要求されたことを受けて、同年9月に通産省は調査団をアメリカに派遣したが、その結果は「被害の事実はない」というものであった。前掲『佐藤政権・二七九七日〈下〉』180ページを参照。
(4)　日米繊維交渉の経緯については、御厨貴・中村隆英『聞き書　宮澤喜一回顧録』（岩波書店、2005年）232～252ページを参照。
(5)　自民党は、選挙後に無所属議員1名が入党し、社会党当選者の死亡による自民党候補の繰り上げ当選により、最終的には辛うじて改選数を上回った。前掲『佐藤政権・二七九七日〈下〉』223ページを参照。
(6)　アルバニア決議案は、1970年秋の国連第25回総会において11月20日に賛成多数で可決されたが、これに先立って中国の代表権を審議する提案はすべて重要事項である（したがって、総会で3分の2以上の賛成多数を必要とする）との重要事項指定決議案が可決されたため、単純過半数では中国代表権を変更できなかった。
(7)　アメリカは、中国の国連参加には賛成するものの、台湾追放を回避するために、これを重要事項とする決議案を支持する立場をとった。この決議案は、中国に代表権を認めるのを重要事項としたことの逆という意味で「逆重要事項指定方式」と呼ばれた。
(8)　東大紛争で卒業時期が遅れたため1971年7月1日付で日本銀行に入行した筆者は、突然のニクソン声明発表が日本時間で8月16日（月曜日）に行われた際には、調査局内国調査課で勤務していた。午前中に隣の外国調査課が騒然とした雰囲気に包まれていたこと、また、午後になって国内経済見通し改訂作業が始まり、その日は入行後最初の本格的残業となったことを記憶している。
(9)　本調印は1972年1月3日に行われた。それに先立つ12月17日には、日米繊維協定に伴う繊維業界救済策（設備買上げ資金など1287億円）が閣議決定された。
(10)　併せて、田中通産相に対しても日米繊維交渉の責任追及を問う不信任案が提出された。
(11)　各国通貨の対米ドルレート変動幅を±1％に抑えることは、ドル以外の通貨間相互の変動幅が最大で±2％になることを意味したため、実際には先進諸国は米ドルに対する変動幅を±0.75％に抑えることを自主的に選択した。高木信二『入門国際金融（第3版）』（日本評論社、2006年）73ページを参照。
(12)　1961年11月から、アメリカの主導により、BIS加盟中央銀行間で公的保有金の一部を拠出して、ロンドン市場における金価格の安定操作を実施していた。
(13)　ポール・ボルカー「私の履歴書第11回」（『日本経済新聞』2004年10月11日）

　　　　　　　　　　　　　　　　　　　第1章　「ニクソン・ショック」と大インフレーション　33

　　および「同第 12 回」（『日本経済新聞』2004 年 10 月 13 日）を参照。
(14)　8 月 15 日のニクソン・ショック直後における欧州各国通貨当局の反応については、速水優『海図なき航海』（東洋経済新報社、1982 年）18 ～ 30 ページを参照。
(15)　会議には、大蔵省の鳩山威一郎次官、柏木雄介顧問、細見卓財務官らに加えて、日本銀行の井上四郎外国局担当理事、藤本厳三外国局長が出席した。
(16)　日本銀行側は、①貿易取引のほとんどが外貨建て（特に米ドル建て）である日本では、市場を閉鎖した場合、貿易取引に大幅な支障を生じるおそれが大きい、②いったん市場を閉鎖すると、再開する場合には、新平価の決定あるいは暫定的なフロート移行を通じて、結局円切り上げを行わざるを得ない、など市場閉鎖に伴う問題点を指摘し、市場閉鎖は適当ではないとの意見を表明した。日本銀行百年史編纂委員会『日本銀行百年史　第六巻』（1986 年）320 ～ 321 ページを参照。また、外国為替銀行が外国為替資金貸付制度（日本銀行が外国為替銀行の保有する輸出手形を引き当てに優遇金利で円融資する制度）の利用（1971 年 7 月末で約 25 億ドル）に伴う大量の外貨買い持ちポジションを抱えていたから、この「買い持ちコブ」を整理する時間的余裕を為銀に与えたいとの配慮もあったとされている。緒方四十郎『円と日銀』（中公新書、1996 年）15 ～ 16 ページを参照。
(17)　当時における為替管理の強化とその問題点については、前掲『海図なき航海』33 ～ 37 ページを参照。
(18)　外国為替銀行の外貨買い持ちポジションについては、上記注 (16) を参照。「第 2 次ニクソン・ショック」の直後から、為銀は、顧客からの買為替をすべて市場につなぐとともに、自らも外銀からの借入を原資とした米ドル売りを行うことによって外貨買い持ちポジションの解消に注力した。
(19)　G10 会議に参加した 10 か国とは、アメリカ、イギリス、西ドイツ、フランス、日本、イタリア、カナダ、オランダ、ベルギー、スウェーデンのことであるが、実際にはスイスも参加して G10 ＋ 1 という形で一連の会議が開催された。
(20)　ポール・ボルカー「私の履歴書第 15 回」（『日本経済新聞』2004 年 10 月 16 日）を参照。
(21)　スミソニアン会議においてアメリカは 20％の円切り上げを要求したが、水田大蔵大臣は、1930 年の金解禁に際して円が 17％切り上げられことから日本経済が大不況に陥り、金解禁を決めた井上準之助大蔵大臣が後に暗殺されたという歴史を楯に、円の切り上げ幅を何とか 17％未満に抑えるよう主張し、最後まで譲らなかった。
(22)　このうちイギリス、デンマーク、アイルランドは、1973 年 1 月に EC に正式加盟した。一方、ノルウェーとスウェーデンは、EC 非加盟であった。
(23)　ポール・ボルカー「私の履歴書第 16 回」（『日本経済新聞』2004 年 10 月 17 日）を参照。
(24)　「共同フロート」に参加したのは、当時の EC9 か国のうち、西ドイツ、フランス、オランダ、ベルギー、ルクセンブルク、デンマークの 6 か国と EC 非加盟国のノルウェー、スウェーデンであった。
(25)　輸出関係の基準割引歩合と外国為替資金貸付の貸付利子歩合を引き上げて商業手形なみの水準に統一した。前掲『日本銀行百年史　第六巻』311 ～ 312 ページを参照。

(26) 資金ポジションとは、各銀行のコール・マネー、手形売却、日本銀行借入の合計（外部資金調達額）からコール・ローン、手形買入などの合計（外部資金運用額）を差し引いたものとして定義される。前者が後者を上回ればマネー・ポジション、逆に後者が前者を上回ればローン・ポジションという。

(27) 第2次世界大戦後において預金金利引下げが行われたのは、それまでは、1961年1月の公定歩合引下げ時の1回のみであった。その際にも、郵政省が郵便貯金金利引下げに強く反対したことから、交渉は難航して、預貯金金利引下げまでに約半年を要した。

(28) 当時の日本銀行総務部長として第5次公定歩合引下げを企画した中川幸次氏は、「われわれは食い逃げされたわけである」と述懐している。中川幸次『体験的金融政策論』（日本経済新聞社、1981年）23ページを参照。

(29) 佐々木総裁は、これに先立つ5月10日の定例記者会見で、「預金金利が下がれば、公定歩合を放っておく訳にもいくまい」と発言したが、佐藤首相および水田大蔵大臣との間で、郵貯金利の引下げを条件に公定歩合を引下げる旨の合意があったことを示唆している（前掲『日本銀行百年史　第六巻』381ページを参照）。

(30) 郵便貯金金利の引下げ案に対応して、6月23日に金利調整審議会で再審議が行われ、1年以上の定期預金金利は0.5％、その他の預金金利は0.25％引下げが適当との答申が決定された。

(31) 中川幸次氏は、「この時は本当につらかった。日銀へ入行して一番苦しかった時期であった。総裁も随分悩んでいるようだった」と述懐している（前掲『体験的金融政策論』28ページを参照）。併せて、前掲『日本銀行百年史　第六巻』383〜384ページを参照。

(32) 前掲『佐藤政権・二七九七日〈下〉』371ページより引用。

(33) 沖縄の通貨交換については、日本銀行百年史編纂委員会『日本銀行職場百年　下巻』（1982年）552〜562ページを参照。

(34) 「通貨確認」については、軽部謙介『ドキュメント沖縄経済処分』（岩波書店、2012年）127〜154ページを参照。

(35) 田中内閣が「調整インフレ政策」へ傾斜していった様子については、前掲『日本銀行百年史　第六巻』401ページを参照。

(36) 外国為替資金貸付制度については、上記注（16）を参照。

(37) 1971年末の日銀貸出残高のうち5,839億円は制度貸出（その内訳は、輸入資金貸付4,713億円、輸出貿易手形1,091億円、外国為替資金貸付35億円）であった。

(38) 売出手形制度の具体的な内容については、前掲『日本銀行百年史　第六巻』389〜390ページを参照。

(39) 金融機関が、預金を上回る貸出を行うことにより、日本銀行からの借入金に常時依存する状態。「オーバー・ローン」は、一万田尚登第18代総裁時代の1949年頃から顕著となり、朝鮮戦争ブームの中でその度合いが一段と強まった。その後、新木栄吉第19代総裁時代の1955年に日本銀行貸出が（制度貸出を除けば）事実上ゼロとなり、「オーバー・ローン」の状態は一旦解消されたが、山際正道第20代総裁時代に「神武景気」から「岩戸景気」に至る過程で都市銀行を中心に再び顕著となった。

(40) 都市銀行の資金ポジションは、1971年7月～12月において約1.5兆円の改善をみた。前掲『日本銀行百年史　第六巻』366ページを参照。
(41) 日本銀行調査局は、銀行の貸出姿勢が積極化した要因として、①先行きの資産運用懸念と絡んだ金融機関のシェア維持意識、②資金ポジションの好転、③コール・レート低下に伴う貸出限界採算の好転、の3つを挙げている。なお、銀行の貸出限界採算に基づく利潤極大化行動については、鈴木淑夫『金融政策の効果』（東洋経済新報社、1966年）第1章13～44ページを参照。
(42) 「マーシャルのk」とは、通貨は名目資産高に比例して需要されると主張したケンブリッジ大学の故アルフレッド・マーシャル教授に因んだ命名であり、次式で表される通貨需要関数

$M = kpy$　（M: マネーサプライ残高　p: GDPデフレータ　y: 実質GDP）

の比例定数kのことをいう。当時の日本では、家計部門の金融資産残高が名目GDPを上回る伸びを続けてきたことから、「マーシャルのk」には上方トレンドがあるとされていた。
(43) マネーサプライ統計対象金融機関（含む日本銀行）の統合バランス・シートにおける資産は、①対外資産、②財政部門向け信用、③民間向け信用（貸出および事業債・株式）、④その他、から構成される。
(44) 前掲『日本銀行百年史　第六巻』362ページより引用。併せて、日本銀行調査局「昭和47年の金融経済の動向」（『日本銀行調査月報』増刊、1973年）53ページを参照。
(45) 横山昭雄『現代の金融構造』（日本経済新聞社、1977年）96ページから引用。
(46) 前掲『現代の金融構造』96ページから引用。
(47) 1957年5月に「準備預金制度に関する法律」が国会で成立し、同年6月には同制度の実施細目を定めた政令が公布されて、準備預金制度の適用対象は、銀行、長期信用銀行、外国為替専門銀行と定められた。こうして準備預金制度が創設された後、山際正道第20代総裁は、1959年9月の予防的金融引締めの際に準備預金制度を発動したのを皮切りに、金融引締め時には準備率を引上げる一方、金融緩和時には準備率を引下げるという形で、準備預金制度を新たな金融政策の手段として活用していった。準備預金制度の下での日本銀行の金融調節は、山際総裁時代以降長い間にわたって、原則として民間金融機関全体の準備預金残高を必要準備額にほぼ等しく維持するように（言い換えれば、「無駄銭」となる超過準備をできる限り生じさせないように）運営され続けることとなった。
(48) 前掲『日本銀行百年史　第六巻』402～403ページを参照。
(49) 中川幸次氏は、1972年秋の支店長会議で各地から一斉に景気情勢が明るくなったとの報告があったことから、「遅くともこの時点で公定歩合と準備率を上げ、本格的な金融引締めに踏み切るべきであった。しかし田中内閣の列島改造論が横行するなかで、引き締めへの転換は、とてもできそうになかった」と回顧している（前掲『体験的金融政策論』36～37ページを参照）。
(50) 前掲『日本銀行百年史　第六巻』413ページを参照。
(51) 前掲『日本銀行百年史　第六巻』414ページを参照。
(52) 中村隆英『昭和史Ⅱ　1945-1989』（東洋経済新報社、1993年）597ページを参照。

(53) 日本は、11月22日に二階堂進官房長官が、「イスラエルが第3次中東戦争で占拠した地域から撤退すべきこと、国連憲章に基づくパレスチナ人の正当な諸権利を認めかつ尊重すること」などを内容とする声明を発表した。また、12月10日には、三木副総理を代表とするミッションを中東地域に派遣し、二階堂声明の趣旨をアラブ各国に説明した。この結果、12月25日のOAPEC会議で、日本は「友好国」と認められ、原油供給量を9月水準にまで戻してもらえることになった。この間の事情については、前掲『昭和史Ⅱ』595～596ページを参照。

(54) 日本への原油輸入量は、石油精製メーカーや商社による産油国直接取引原油およびスポット買いの増加もあって、実際にはさほど減少しなかった。しかし、OAPECによる原油生産（輸出）削減の脅しによって、日本は間違い無く衝撃を受けたのであった。

(55) 当時、日本銀行静岡支店で管内の経済調査を担当していた筆者は、日常生活品を買い求める主婦たちがスーパーの前で行列する一方、面談先の製紙メーカーの倉庫にトイレット・ペーパーが山積みされていたのに驚愕したことを記憶している。

(56) 『朝日新聞』1974年1月12日付夕刊などを参照。

(57) これに先だって7月に公布施行された「生活関連物資の買占め及び売り惜しみに対する緊急措置に関する法律」では、大豆・木材・灯油などが適用品目として指定されていたが、11月になってトイレット・ペーパー・印刷用紙・揮発油・重油・軽油などが適用品目に追加された。前掲『日本銀行百年史　第六巻』427ページを参照。

(58) 前掲『日本銀行百年史　第六巻』431ページを参照。

(59) 『文藝春秋』1974年11月号に立花隆「田中角栄研究―その金脈と人脈」が掲載発表され、田中首相は、その直後に招かれた外人記者クラブの記者会見で金脈問題についての質問攻めにあった。

(60) 筆者は、同年秋からのイェール大学大学院での留学に備えてアメリカでの最初の夏を過ごしていたコロラド大学（Economic Institute）において、この歴史的事件に遭遇した。フォード大統領によるニクソン前大統領の特別恩赦（pardon）が発表されたのは、イェール大学での講義開始後間もない9月8日のことであった。

(61) 藤原作弥『素顔の日銀総裁たち』（日本経済新聞社、1991年）180～181ページを参照。

(62) 前掲『素顔の日銀総裁たち』180ページから引用。

(63) 外山茂『金融界回顧五十年』（東洋経済新報社、1981年）67ページから引用。

[参考文献]

緒方四十郎（1996）『円と日銀』中公新書

軽部謙介（2012）『ドキュメント沖縄経済処分』岩波書店

楠田實編著（1983）『佐藤政権・二七九七〈下〉』行政問題研究所

黒田晁生（1988）『日本の金融市場』東洋経済新報社

黒田晁生（1996）「日本銀行の金融調節とハイパワード・マネー」『金融経済研究』（日本金融学会）第10号

小宮隆太郎「昭和四十八，九年インフレーションの原因」(1976)『経済学論集』(東京大学経済学会) 第42巻第1号
小宮隆太郎 (1988)『現代日本経済』東京大学出版会
鈴木淑夫 (1966)『金融政策の効果』東洋経済新報社
高木信二 (2006)『入門国際金融（第3版）』日本評論社
田中角栄 (1972)『日本列島改造論』日刊工業新聞社
外山茂 (1980)『金融問題21の誤解』東洋経済新報社
外山茂 (1981)『金融界回顧五十年』東洋経済新報社
中川幸次 (1981)『体験的金融政策論』日本経済新聞社
中村隆英 (1993)『昭和史Ⅱ：1945－89』東洋経済新報社
日本銀行調査局 (1971)「昭和45年における金融・経済の動向」『日本銀行調査月報』1971年2月号
日本銀行調査局 (1972)「昭和46年における金融・経済の動向」『日本銀行調査月報』1972年2月号
日本銀行調査局 (1973)「昭和47年の金融経済の動向」『日本銀行調査月報』増刊
日本銀行調査局 (1974)「昭和48年の金融経済の動向」『日本銀行調査月報』増刊
日本銀行調査局 (1975)「昭和49年の金融経済の動向」『日本銀行調査月報』増刊
日本銀行百年史編纂委員会 (1982)『日本銀行職場百年　下巻』日本銀行
日本銀行百年史編纂委員会 (1986)『日本銀行百年史　第六巻』日本銀行
日本銀行百年史編纂委員会 (1986)『日本銀行百年史　資料編』日本銀行
速水優 (1982)『海図なき航海』東洋経済新報社
藤原作弥 (1991)『素顔の日銀総裁たち』日本経済新聞社
御厨貴・中村隆英 (2005)『聞き書　宮澤喜一回顧録』岩波書店
横山昭雄『現代の金融構造』(1977) 日本経済新聞社

第2章
変動為替相場制度の下での対外貿易摩擦

第1節 「トリレンマ」の克服と減速経済への移行

1．森永貞一郎第23代日本銀行総裁の就任

　1974年（昭和49年）12月9日に田中角栄首相が退陣した後、後継首相の座に就いたのは、長らく自民党内で党近代化や選挙制度改革に取り組んできたことから「クリーン三木」と称されていた明治大学出身の三木武夫氏であった。田中前首相の金脈問題を契機として一挙に沸騰した自民党「金権政治」に対する世論の批判をかわすとともに、有力候補者と目されていた大平正芳氏（親田中陣営）と福田赳夫氏（反田中陣営）が相争った場合に懸念された党分裂の危機を回避するために、自民党副総裁の椎名悦三郎氏が裁定（いわゆる「椎名裁定」）を下し、それによって小派閥のリーダーに過ぎなかった三木氏がいわば「漁夫の利」を得る形で総理・総裁の座を射止めたのである。三木内閣の副総理兼経済企画庁長官には福田氏、蔵相には大平氏、また、自民党幹事長には中曽根康弘氏が就任して、表面的には挙党体制を整えての船出であった。

　組閣後間もない三木内閣によって、同年12月17日に元大蔵省次官の森永貞一郎氏が第23代日本銀行総裁に任命された。大蔵官僚としての森永氏は、戦後の公職追放を運よく免れて事務次官に大抜擢された池田勇人氏によって、1947年9月に弱冠37歳で官房長に取立てられた頃から頭角を現した。森永氏にとって旧制五校の先輩である池田氏は、1949年6月の第3次吉田内閣において1年生議員ながらも大蔵大臣に抜擢された折に、当時の経済安定本部に出向していた森永氏を再び大蔵省の官房長として起用し、それ以来、大蔵大臣として、さらには首相（在任期間は、1960年7月から1964年11月まで）として、並み居る大蔵官僚の中で森永氏を重用し続けたのであった。森永氏

は、1953年に主計局長、1957年には事務次官と、次々に大蔵省の枢要ポストに就いた後、1959年6月に大蔵省を退官した。

退官後には、まず中小企業金融公庫総裁、次いで日本輸出入銀行総裁を歴任し、1967年4月には東京証券取引所理事長に就任して、1974年1月に同理事長を退任するまでの間に「大蔵省のドン」と呼ばれる存在になっていた。すでに1964年12月に山際正道第20代日本銀行総裁が退任して宇佐美洵第21代総裁に交代した際には、当時の田中蔵相から森永氏も後任候補の一人であったことが敢えて紹介されるほどの存在であったから、任期満了で退任した佐々木直第22代総裁の後任に森永氏が推挙されたことは、政財界を中心として、大方から至極当然の人事として受け止められたのであった。

森永総裁は、日銀総裁就任直後の記者会見において、日銀総裁の一番大きな仕事として、「政策のタイミングを誤らないようにすること」、「政府に対しても言いたいことを言うこと」の2つを挙げたが[2]、それは、田中前首相の「調整インフレ政策」に押しまくられ、金融引締め政策への転換が遅れてしまった佐々木前総裁と同じ轍は踏まないという決意の表明であった。また、日本銀行員に対する同年の年末挨拶では、「総裁室のドアは、いつでも開かれている」と語りかけて、日本銀行員との融和に積極的に努める姿勢を示すとともに、内外ともに「開かれた日銀」を標榜することによって、日本銀行が独善に陥ることを戒めたのであった[3]。

さて、5年間にわたる森永総裁時代における日本の主要経済指標の推移をここで予め示しておくと、図表2-1に示したとおりであり、当時の日本経済が全体としてまずまずのパフォーマンスであったことがわかる。まず、実質GDP成長率は、1975年から1979年の年平均で約5％を記録し、鉱工業生産も、1975年こそ前年比－11.1％の減少となったものの、1976年から1979年にかけての年平均では約7％の増加率を達成した。次に、物価面では、全国消費者物価指数上昇率が1975年の前年比11.7％から1979年の前年比3.7％にまで低下したほか、1974年に前年比31.3％と高騰した国内卸売物価指数上昇率も、急速な円高の影響で1978年に前年比マイナスとなった後、第2次石油危機の発生によって1979年には再び大幅なプラスに転じるなど、年毎の振れはあったものの、1975年から1979年の平均では前年比3％程度で

図表 2-1　主要経済指標の推移（1975～1979年）

	1975年	1976年	1977年	1978年	1979年
実質GDP成長率 （1990年価格、前年比％）	4.0	3.8	4.5	5.4	5.1
鉱工業生産指数増加率 （1990年平均＝100、前年比％）	－11.1	11.2	4.0	6.3	7.3
国内卸売物価指数上昇率 （1995年平均＝100、前年比％）	2.8	5.4	3.4	－0.6	5.0
全国消費者物価指数上昇率 （1995年平均＝100、前年比％）	11.7	9.4	8.1	4.2	3.7
マネーサプライ増加率 （M2＋CD平残、前年比％）	13.1	15.1	11.4	11.7	11.9
日経225種平均株価 （年末値、円）	4,358	4,990	4,865	6,001	6,569
円対米ドル為替レート （インターバンク直物、年末値、円／ドル）	305.15	293.00	240.00	195.10	239.90
日本銀行公定歩合 （年末値、％）	6.50	6.50	4.25	3.50	6.25

［資料出所］日本銀行「経済統計年報」ほか

あった。この間において、日経225種平均株価は、1974年末の3,817円から1979年末には6,569円へと約1.8倍に上昇を遂げた。

　勿論、昭和30～40年代前半（1950年代後半から1960年代）までの高度経済成長期と比べれば、実質経済成長率は約半分に低下したわけであり、その意味で、昭和50年代前半（1970年代後半）にあたる森永総裁時代は減速経済（あるいは低成長経済）期の入り口として特徴付けられるのであるが、ともあれ、狂乱物価の後遺症である「トリレンマ」状態から出発して、消費者物価指数上昇率を徐々に低下させながら、同時に実質GDP成長率を安定化させたことは、高く評価されてしかるべきだろう。

2．慎重な金融緩和政策と公定歩合操作の主導権回復

　第1次石油危機後の「狂乱物価」に対応して、遅ればせながらも佐々木前総裁の下で金融引締め政策が一挙に強化されたことに伴い、1974年初頭か

ら1975年春頃にかけて、各地で減産の動きが広がり、失業者数が急増するなど、厳しい景気後退が引起された(4)。その一方で、1974年中は卸売物価や消費者物価の騰勢が続いたため、政府は引き続き抑制的な経済政策の運営を余儀なくされた。しかし、1975年に入ると、三木内閣は2月、3月、6月の3次にわたって昭和50年度（1975年度）予算の執行促進という形での不況対策措置を講じ、さらに9月には、総額2兆2900億円の特例（赤字）国債を発行して公共事業費の追加補正を行うことを盛り込んだ第4次不況対策を打ち出し、積極的な財政政策へと転じた。そうした財政面からの梃子入れ策によって、同年春先に底入れした景気は緩やかながらも回復過程をたどったのである。

　この間において、日本銀行に対しても、森永総裁の就任直後から公定歩合の引下げを求める声が産業界やジャーナリズムなどで高まっていったが、森永総裁は、インフレ・マインドがまだ払拭されていない状況の下での公定歩合引下げは尚早として頑強に抵抗した(5)。また、大平蔵相も「公定歩合操作は日銀の専決事項である。いつ引下げを行うかは日銀に一任したい(6)」と発言して、森永総裁を援護射撃した。大平蔵相の下でフリーハンドを得た森永総裁が、慎重に情勢を見極めた上で第1次の公定歩合引下げ（9.0％→8.5％）に踏み切ったのは、卸売物価が軟調に転じて物価情勢に落ち着きが見られるようになり、春闘のベア率が穏当なものに収まる見通しがついた1975年4月15日になってからのことであった。また、その際に準備預金準備率の引下げは見送り、1973年1～3月期から続けてきた窓口指導についても、地方銀行・相互銀行に対しては原則として自主計画を尊重するようにしたものの、都市銀行・長期信用銀行・信託銀行に対しては貸出増加額抑制枠を徐々に緩和しながらも当面は継続するなど、量的緩和には引き続き慎重な姿勢をとった。

　こうして、公定歩合操作の主導権を回復した森永総裁は、その後も慎重に物価情勢を見極めながら、はかばかしくない景気回復を後押しする狙いで、同年6月6日には第2次（→8.0％）、8月12日には第3次（→7.5％）といずれも幅0.5％の公定歩合引下げを自らの主導権を確保しながら相次いで実施した。もっとも、8月の第3次公定歩合引下げに際しては、武田満作政策委員（都市銀行代表、元日本勧業銀行頭取）が、預金金利の引下げなしでの公定

歩合単独引下げに反対するという予想外の事態を招くこととなり、更なる公定歩合引下げのためには預貯金金利の引下げが避けて通れない課題であることを森永総裁に強く認識させる結果となった。一方、8月末には、株式会社興人が、不動産業などへの進出による多角的経営の失敗によって会社更生法を申請して負債総額2000億円という戦後最大の倒産となったこともあり、本格的な景気回復への手がかりは依然として摑めない状況が続いた。

そうした状況を踏まえて、森永総裁は、同年9月半ばには公定歩合の幅1％追加引下げを行う意向を固め、そのためにどうしても必要な預貯金金利の引下げ問題の解決に乗り出していった。佐々木前総裁が二度にわたって苦汁を飲まされたのと同様に、今回も郵政省は猛反発したが、大平蔵相が率いる大蔵省との共同作戦に加えて、森永総裁の幅広い人脈を活かした政治家への根回しにより、同年10月23日には、漸く郵政審議会での郵便貯金金利引下げ答申を得て、第4次の公定歩合引下げ（→6.5％）を決定した。機動的な公定歩合操作にとっての障害となっていた郵貯問題をなんとか乗りきったことにより、森永総裁の政策手腕に対する各界の評価は一段と高まった。

1975年の日本経済は、前年のマイナス成長からは脱却したものの、8月の興人倒産に続いて、12月にはカナダでの原油取引に失敗して3億3000万ドルの債権焦げ付きを抱えこんだ総合商社安宅産業の経営危機が明らかになるなど、依然として不安を抱えながらの景気回復であった。こうした景気情勢を眺めて、森永総裁は、量的な金融緩和を図るという観点から、準備預金準備率の引下げを1975年11月16日と1976年2月1日の2次にわたって実施し、合計で約9000億円の準備預金を解放した。なお、2月の準備率引下げに際しては、当初は第5次の公定歩合引下げを同時に行うことを目論んでいたものの、再度の預貯金金利引下げに対する政界の反対によって公定歩合引下げを諦めざるを得なくなり、機動的な公定歩合操作を目指していた森永総裁にとっては不本意な結果に終わったとされている。

ところで、1975年11月にパリ近郊のランブイエ城で開催された第1回サミット（主要国首脳会議）にアジア唯一の代表として出席した三木首相は、マスメディア向けに胸を張るなどのパフォーマンスにより政権の浮揚力維持に努めたが、1976年2月にアメリカ議会でロッキード汚職事件が発覚すると、

今度は「クリーン三木」の面目躍如で、全日空の新機種選定に絡んだ同事件の真相を徹底解明するとの方針を衆議院予算委員会において表明した。このため、自民党内からは強い反感を買うことになったが、一徹居士と言われた稲葉修法相（元中央大学教授、憲法学者）の下で、1976年6月から7月にかけて全日空の若狭得二社長や丸紅の桧山廣会長などが相次いで逮捕される中、7月27日には田中角栄前首相までもが外国為替法違反容疑で逮捕された。これを切掛けに、いわゆる「三木おろし運動」という形で自民党内の倒閣運動が激しさを増したが、三木首相はマスメディアへの発言や党内要人への電話攻勢などの粘り腰でかわして、同年12月5日の任期満了に伴う衆議院議員総選挙まで何とか持ちこたえた。しかし、「三木おろし運動」の最中に河野洋平氏らが離党して新自由クラブを結成していたこともあり、総選挙の結果は、自民党249議席と過半数割れの惨敗となったため、三木内閣はその責任をとって、成立後約2年で総辞職することとなった。(14)

この間における日本経済の動向をみると、1976年前半は輸出と財政支出の増加に支えられてかなり急速な景気回復を達成したものの、第1次石油危機の後遺症もあって投資や消費を含めた自律的な好循環が始まるには至らなかった。このため、1976年後半になって政局混迷の影響で予算関連法案の審議が大きく遅れて財政支出が息切れすると、海外主要国の景気足踏みに伴い輸出の増勢が鈍化したことと相俟って、景気の回復力は次第に弱まっていった。もっとも、物価面では、卸売物価指数上昇率が再び高まり、消費者物価指数上昇率が前年比9％台で推移するなど、森永総裁としては追加利下げには躊躇せざるをえない状況であり、結局、同年中は「緩めもせず締めもせず」の姿勢で終始したのである。(15)

3．「機関車論」の抬頭と福田赳夫内閣による積極的財政政策の展開

1976年12月24日に三木首相が退陣した後、福田赳夫内閣が成立した。佐藤長期政権の下では蔵相・外相・自民党幹事長などの要職を歴任して「保守派のプリンス」としての地位を固めたかにみえた福田氏であったが、佐藤首相の後継者争いとなった自民党総裁選挙では新興勢力の田中氏に敗れ、さらに、田中内閣退陣後はいわゆる「椎名裁定」によって弱小派閥の三木氏に

先を越された後、71歳にして漸く総理・総裁の座に就いたのであった。しかも、それに先立つ衆議院総選挙での自民党大敗を受けて、衆参両院とも辛うじて1票差での首相指名であったことに加えて、党内では田中派の協力をえて福田氏と勢力が拮抗していた大平氏に2年後の政権禅譲を予め約束していたとされており、前途多難を窺わせる船出であった。[16]

福田内閣の成立時点での日本経済は、既述のとおり物価動向については依然として警戒を忘れない状況が続いていた一方で、高度経済成長期と比べれば実質経済成長率は約半分に低下し、景気は足踏み状態にあった。また、日本の経常収支が黒字に転じるにつれて、[17]海外主要国からの対日批判の高まりという新たな課題が登場していた。ちなみに、三木前首相が出席した1976年6月の第2回サミット（プエルトリコのサンファンで開催）において、日本は円安誘導により輸出を伸ばしているという批判を浴びたが、その背景として、当時の円対米ドル為替レート（インターバンク直物中心相場）は、第1次石油危機後における円の最安値（1975年12月8日の1米ドル＝306円）とほとんど変わらない1ドル＝300円近辺であり、変動為替相場制度に移行した1973年3月当時の1ドル＝264円近辺と比べると、14％程度の円安となっていたことを指摘できよう（図表2-2を参照）。そうした状況の下で、国際収支に余裕のある日本が、同様に余裕のある西ドイツとともに、積極的に景気拡大を図って世界経済の機関車となるべきだとする「機関車論」が1977年初頃から海外での支配的な論調となっていったのである。

第1章で述べたように、貿易摩擦の第1波は、固定為替相場制の下で日本の経常収支黒字が定着した1968年から始まった繊維交渉（アメリカ側からの輸出自主規制要求）であり、難航した交渉がようやく結着したのは変動相場制への移行後であったが、第1次石油危機で一旦は大幅赤字に転じた日本の経常収支が再び黒字となった1976～8年に、カラーテレビ、鉄鋼などの輸出品や牛肉・オレンジなどの輸入品を巡って第2波の貿易摩擦が起きていたのである。

一方、第1次石油危機の後遺症は三木内閣の副総理であった当時の福田氏自身による「全治3年」との見立てよりも更に深刻であり、[18]1977年に入ってからも景気は足踏み状態を脱出する気配に乏しかった。このため、福田首

図表2-2　円対米ドル為替レートの推移　（1975年12月～1978年11月）

[資料出所]　日本銀行「外国為替市況」

相（および坊秀男蔵相）と森永総裁は、公定歩合追加引下げの障害となっている預貯金金利（含む郵便貯金金利）引下げ問題との関連もあって、密接に連携しながら財政政策と金融政策の両面から積極的な景気対策を実施していった。まず、1977年3月11日には、銀行の要求払い預金（および、それに対応する通常郵便貯金）の金利を0.5％引き下げる（ただし、民間の預金金利引下げを先行させる）一方、公定歩合と標準貸出金利の連動を断ち切るという合意の下に、日本銀行が第5次の公定歩合引下げ（→6.0％）を決定し、それと同日に、政府が公共事業の早期執行、市中金利の低下、住宅建設の促進、民間設備投資の促進からなる景気対策4項目を決定した。次いで、懸案として残されていた郵貯を含む定期性預金金利の引下げ問題について福田内閣（すなわち、坊蔵相および小宮山重四郎郵政相）と森永総裁の間での合意が得られたことから、同年4月18日には、日本銀行が公定歩合の第6次引下げ（→5.0％）を決定し、その翌日に、政府は昭和52年度予算の上期前倒し執行を図るために上期中の公共事業契約率目標を73％とすることを決定した。なお、民間銀行の定期預金金利については、5月6日から公定歩合引下げ幅と同じ

1％引下げが実施され、郵便貯金金利については、2週間後の5月21日から通常貯金の積み残し分も含めて民間と同幅の引下げが実施された。この間、森永総裁は、大蔵省での3年先輩に当る福田首相に対して公定歩合引下げのために必要となる郵貯金利の引下げを強く要望するなど、困難な局面において政界・官界への持前の影響力を遺憾無く発揮したのである。[21]

海外からの対日批判が次第に強まる中、1977年5月にロンドンで開催された第3回サミットにおいて、福田首相は1977年度の実質GDP成長率6.7％を公約したが、景気は軽微な後退局面にあり、そうした高い成長率目標を達成するのは実際上困難な状況であった。元来は「健全財政論者」であったはずの福田首相であるが、同年7月の参議院選挙への配慮もあってか、「国際公約」に制約される形で、9月初をめどに総合景気対策を打ち出す方針を固める一方、森永総裁に対しても第7次の公定歩合引下げを求めてきた。更なる公定歩合引下げについては、またしても郵貯金利を含む預貯金金利の引下げ交渉が難航したが、8月末になって公定歩合を0.75％、預貯金金利を0.5％引き下げることで政府側との合意が得られたことから、森永総裁は9月3日に第7次の公定歩合引下げ（→4.25％）を決定するとともに、準備預金準備率についても第3次の引下げを行う方針であることを表明した。[22]また、同日に政府は総額1兆1500億円の公共事業追加を柱とする総合経済対策を発表した。なお、日本銀行が都市銀行・長期信用銀行・信託銀行に対して行ってきた窓口指導は、1977年7～9月期から各銀行の自主計画を尊重する方式に変更され、これを以って実質的に終了した。

この間において、相次ぐ内需拡大措置にも拘らず、日本の経常収支黒字は拡大傾向を示した。[23]一方、アメリカは1977年初から発足したジミー・カーター政権の下で、大幅な経常収支赤字を続けていた。このためアメリカをはじめとした海外諸国による対日批判は一段と強まり、同年9月26日から30日にかけてワシントンDCで開催されたIMF年次総会（日本からは坊蔵相と森永総裁が出席）に際して、カーター政権のマイケル・ブルーメンソール財務長官は、日本に対して巨額の経常収支黒字を早急に是正するよう要望した。[24]こうした雰囲気の中で、円対米ドルレートは、9月30日の264円から急速に円高化して11月24日に240円まで急騰した後、しばらくの間は小康

状態を保ったものの、1978年2月半ばから再び円高化して、3月中に政府及び日本銀行による豪快な市場介入が行われた(25)にも拘わらず、4月3日には218円の円高値をつけた（前掲図表2-2を参照）。

　1977年秋以降の急速な円高によって景気の停滞感が強まったため、1977年12月に、福田内閣は昭和52年度（1977年度）予算の第2次補正と併せた昭和53年度（1978年度）予算（いわゆる「15か月予算」）の編成において、経済見通しとして7％成長を掲げるとともに、その達成を目指した臨時異例の大型予算を打ち出した。昭和53年度の一般会計予算額34.3兆円は前年度比＋20.3％という高い伸びとなり、同予算においては、それまで維持されてきた国債依存度30％の歯止めが破られ、それ以降の国債発行累増に弾みをつけることとなった(26)。

　森永総裁も、1978年2月からの円高局面においては、折しも大阪の永大産業（住宅設備製造販売会社）の経営危機が表面化したこともあって、もう一段の金融緩和が必要との判断を固めて福田内閣（1977年11月の内閣改造で蔵相は村山達雄氏、郵政相は服部安司氏にそれぞれ交代）との交渉を進め、3月15日に第8次の公定歩合引下げ（→3.5％）を決定した(27)。この結果、公定歩合は当時としては1946年10月以来の最低水準となった。また、第8次公定歩合引下げと併せて、政府および日本銀行は、非居住者自由円の増加額に対する準備率（1977年11月に設定）を50％から100％に一挙に引き上げることを決定して18日から実施した。このことが示唆するように、第8次公定歩合引下げは急速な円高への対処策として実施されたところに最大の特徴があったといえよう。

　しかし、上述したとおり、その後も急速な円高が進行した。1978年7月に西ドイツのボンで開催された第4回サミットで、福田首相は7％成長達成を国際的に公約したが、円高傾向に歯止めをかけることはできず、同年10月末には1ドル＝176円という当時としては第2次世界大戦後の円最高値を記録した（前掲図表2-2を参照）。1975年12月の円最安値と比較すると、実に4割以上の猛烈な円高であった。もっとも、同時に西ドイツ・マルクも、ドルに対する戦後の最高値（1ドル＝1.71マルク）を記録しており、当時の米ドルが、日本円のみならず、欧州通貨に対しても急速に減価していたこと

がわかる。そうしたドル全面安の展開に対して、1978年11月1日にアメリカのカーター大統領は、西ドイツ、日本、スイスと共同で、為替市場への協調介入、アメリカ財務省が保有する金の売却額拡大、アメリカの金融引締め政策実施からなるドル防衛策の発表に踏み切り、これを契機として米ドル相場が漸く反転上昇したのであった。

第2節　第2次石油危機の発生と内外ディレンマ

1．大平正芳内閣の成立と森永総裁による予防的金融引締め政策

　福田首相は、当初劣勢で「保革逆転」が懸念された1977年7月の参議院議員選挙を改選時と比べて2議席減で乗り切り、無所属からの入党者を加えて自民党過半数を維持することができた。1978年に入ると、経済面において、企業の自主的な減量経営の努力によって企業収益が好転するとともに、在庫や設備のストック調整が漸く一巡したことに加えて、8次にわたる公定歩合引下げの累積効果や積極財政の景気刺激効果もあり、景気に明るさが見えるようになった。さらに、8月には、田中内閣以来の懸案であった日中平和友好条約を締結するなど、いわゆる「全方位外交」面でも一定の成果を挙げていった。[28]しかし、同年11月の自民党総裁予備選挙では、ロッキード事件での逮捕後「闇将軍」として政局の鍵を握るようになった田中元首相の応援を得た大平氏に敗北し、「天の声にも変な声がある」と嘆息しつつも、潔く本選挙への出馬を辞退した。[29]同年12月7日には、第1次大平内閣が成立し、蔵相には財政・税制通として知られる金子一平氏（大平派）が就任した。

　第1次大平内閣の成立からほどなくして、1978年12月16日・17日にアブダビで開催された石油輸出国機構（OPEC）総会において、当時アラビアン・ライト1バーレル＝12.70ドルであった原油価格を1979年中の平均で10％引上げることが決定された。おりしも、1979年1月には、イスラム教の最高指導者ホメイニ師によるイラン革命が勃発して、イランの石油生産が激減したことなどから、1979年から80年にかけて原油価格は大幅に上昇した。原油価格は、その後も上昇を続け、1981年末には1バーレル＝34ドルにま

で上昇を遂げることになるのであった。

　そうした形で第2次石油危機が発生するとともに、外国為替市場においては1978年末の1ドル＝194円から、1979年4月末の218円まで、円安方向への揺り戻しが起きた。第1次石油危機後に値上がりしたエネルギーの節約、および、過剰となった人員の活用に迫られた企業は「減量経営」に励み、日本経済は従来の重化学工業中心から電気機械や自動車などの高付加価値産業中心へと産業構造の転換を遂げたが、1979年の経常収支が5年振りの赤字(87.5億ドル)となったように、当時においては依然として石油に依存した日本経済の体質の弱さが残されていたのである。

　さて、第2次石油危機は、世界経済を再びインフレーションと不況の混乱へと導くことになったが、森永総裁の下での日本銀行は、「インフレの再燃だけは絶対回避し、息の長い景気上昇を図る」という基本姿勢を固めた上で、それまでの金融緩和政策から引締め政策への転換を早め早めに進めていった。まず、1979年1月の日銀支店長会議において森永総裁が「金融政策はこれ以上緩和しない方針である」と述べ、日本銀行の金融政策がそれまでの緩和から中立へと姿勢を変えたことを対外的に公表する一方、日々の金融調節をややきつめに運営するとともに、同年1～3月期には窓口指導を復活させ、都市銀行・長期信用銀行の貸出自主計画を幾分圧縮する方針を打ち出した。

　この間において、海外商品市況の高騰に円安化の影響が加わって前年12月から前月比プラスに転じた卸売物価指数は、1979年2月、3月と次第に前月比での騰勢を強めた(ただし、前年比では依然としてマイナスであった)ことから、森永総裁は同年3月20日の衆議院大蔵委員会で金融政策を「警戒的な中立姿勢」に転じたことを公式に表明するとともに、4月早々には、日本銀行内部で景気上昇の腰は強いと判断して公定歩合引上げの方針を固めた上で、その旨を大平首相には書簡で伝え、金子蔵相とは直接に会談して了承を求めた。その後、4月10日の経済閣僚協議会において経済企画庁から日本銀行の早期利上げ方針に対する批判らしきものが出され、それに同調する向きも一部にみられたものの、大平首相が森永総裁の判断に全幅的な信頼を寄せていたことから、日本銀行と大蔵省との間で利上げ交渉は順調に進み、森永総裁は4月16日の臨時政策委員会で幅0.75％の第1次公定歩合引上げ(3.5

%→4.25％）を決定した。こうして、1959年、1969年に続く戦後三度目の予防的引き締めが開始されたのである。[38]なお、預貯金金利については、公定歩合引上げと併行して、定期性預金0.75％、要求払い預金0.5％の引上げが5月7日から実施された。

　森永総裁が予防的金融引締め政策に踏み切った後、6月26〜28日にジュネーブで開催されたOPEC総会で原油価格の値上げ（標準油種価格で1バーレル当たり14.55ドル→18ドル、さらに、2ドルのサーチャージと3.5ドルまでの油種別プレミアム付加）が決定され、平均原油価格は20ドル強まで高騰した。一方、OPEC総会と併行して東京で開催された第5回サミット（議長は大平首相）では、1985年までの各国別石油輸入抑制目標が設定されるなど、石油節減に向けての合意形成が図られたが、石油情勢は価格と量の両面で厳しさを加えるに至った。こうした情勢の変化を受けて、森永総裁は、第2次公定歩合引上げ（幅1％）と公共事業の繰り延べが望ましいとの判断を7月早々には固めた上で、BIS月例会議への出張前に大平首相への挨拶という形で訪問し、その旨を伝えて大筋での了承を得たとされている。[39]もっとも、大蔵省や経済企画庁は、当面の経済運営方針として景気と物価の両にらみ姿勢をとっており、総需要抑制策の実施には難色を示したことから、森永総裁は公定歩合の先行引上げを行うことで腹を決め、7月23日に臨時政策委員会を開いて、第2次公定歩合引上げ（→5.25％）を決定した。[40]なお、預貯金金利については、定期性預金0.75％、要求払い預金0.5％と貸出標準金利引き上げ幅（1％）よりも小幅の引上げが8月13日から実施された。

　こうして森永総裁が着々と予防的金融引締めを進めていく中で、政治面では1979年秋に自民党のいわゆる「四十日抗争」が起きた。抗争の経緯を辿ってみると、大平首相は、予備選挙後の党内対立に踏み切りを付けるべく、9月3日に党内反主流派の反対を押し切って衆議院を解散し、総選挙に打って出たが、10月7日の衆議院総選挙の結果は、自民党が248議席の獲得に止まり、過半数割れとなる衝撃的な敗北であった。大平首相が財政再建を旗印に一般消費税導入を当初の選挙公約に掲げたことに加えて、選挙当日が大雨で有権者の出足が鈍ったことが自民党の敗因であったとされている。[41]総選挙後、福田・三木・中曽根の反主流三派は、大平首相に総選挙敗北の責任を

とって退陣するよう要求したが、大平首相は「辞めろとは、私に死ねということだ」と突っぱねたため、11月1日には反主流派三派が「自民党をよくする会」を結成し、福田氏を首班指名の統一候補とすることを決定した。このため、衆議院本会議での首班指名選挙では大平、福田両氏が自民党から出馬して、決選投票で大平氏が指名を受けるという前代未聞の事態を招くことになった。ともあれ、大平首相は、新自由クラブと政策協定を行った上で組閣を進め、党内反主流派も閣僚を送り込んだことによって、11月9日に辛うじて第2次大平内閣が成立し、自民党の分裂は回避された。なお、第2次大平内閣の蔵相には田中派の竹下登氏が起用された。

　自民党内の「四十日抗争」による政治空白が続いている間に、アメリカでは、8月6日にカーター政権の下で財務長官に転じたウィリアム・ミラー連邦準備制度理事会議長の後任となったポール・ボルカー氏が、スタグフレーションへの解決策として厳しい金融引締め政策を開始していた。ボルカー議長は、就任後矢継ぎ早に公定割引率（Official Discount Rate、以下ではODRと略称）の引上げを決定して、インフレ対策としての金融引締め強化を図っていたが、10月6日には、今後はマネーサプライ伸び率を目標とし、公開市場操作においては銀行の保有する非借入準備の調節に重点を置いて、FFレートの振れには従来ほど配慮しないという形での「新金融調節方式」を打ち出した。この結果、アメリカではFFレートや企業向けプライム・レートが急上昇したため、8月頃まで1ドル＝220円前後で小康状態にあった為替相場がドル高・円安化して、10月半ばには230円台で推移するようになった。

　外国為替市場で再び円安傾向が強まったことから、卸売物価は一段と騰勢を強め、森永総裁は、IMF総会出席のための海外出張から帰国後の10月中旬には、公定歩合の幅1％追加引上げが必要との判断を固めた。しかし、「四十日抗争」による政治空白が続く中で、大蔵省側からの要請もあり、しばらくの間は新内閣の誕生を待つことにしたが、一向に埒が明かないことから、ついに見切り発車で11月1日に臨時政策委員会を開催し、公定歩合の第3次引上げ（→6.25％）を決定した。なお、預貯金金利については、日本銀行は貸出標準金利と1年物定期預金金利の逆ザヤを解消する狙いで0.5％引上げに止めることが望ましいと考えていたが、設備投資への影響を考慮して長

期金利の上昇を抑えたいとする大蔵省の意向もあって、預貯金金利はそのまま据え置きとなったとされている。⁽⁴⁵⁾

2．前川春雄第 24 代日本銀行総裁への交代と金融引締め強化

　森永総裁による第 3 次公定歩合引上げ後も、11 月 4 日にイランのアメリカ大使館占拠事件⁽⁴⁶⁾が発生したことなどを背景として、外国為替市場でのドル高・円安化が進み、11 月末近くには一時 250 円台乗せとなった。このため、物価動向については引き続き警戒を忘れない情勢が続いたが、そうした中で森永総裁は 12 月 16 日に 5 年間の任期満了を迎えた。森永総裁は、就任当時にはトリレンマ状態に陥っていた日本経済を 5 年間の任期中に見事に立て直したことに加えて、佐々木前総裁の下で一旦は地に落ちた感のあった日銀総裁の権威を回復させたことによって、日本銀行内外において高い評価を勝ち得ていたことから、大平首相は当然のことながら森永総裁の続投を強く要請したが、それを固辞しての名誉ある退任であった。

　森永総裁の後任としての第 24 代日本銀行総裁には前川春雄副総裁が昇格した。⁽⁴⁷⁾事前の下馬評では、大蔵省出身の澄田智日本輸出入銀行総裁が新総裁の最有力候補であったが、森永総裁は、11 月 26 日に大平首相と会談して、自らの副総裁役を務めた日銀プロパー（生え抜き）の前川春雄氏を総裁に抜擢すると同時に、次期総裁候補含みで澄田智氏を副総裁とすることを進言したとされている。⁽⁴⁸⁾大平首相は、前川氏のことを実際にはほとんど知らなかったと言われているが、⁽⁴⁹⁾信頼する森永総裁の強い意思を汲んで、前川総裁・澄田副総裁という組み合わせを決断したと窺われるのである。ちなみに、経済情報通として定評のある『日本経済新聞』が、直前に「澄田総裁」の大誤報を犯したことが端的に示しているように、まさに大方の意表を突いた森永人事であった。⁽⁵⁰⁾

　森永総裁が、かつての日本輸出入銀行時代における澄田総裁・前川副総裁の上下関係を敢えて逆転させる形で、前川総裁・澄田副総裁という大方にとって全く予想外の人事を実現させるように動いた真意は、1986 年 5 月に森永氏が逝去するまで本人から明らかにされることはなかった。森永氏が、副総裁として仕えてくれた前川氏の人物力量に惚れ込んだからだとか、自分に

続いて大蔵省出身者が総裁になれば日銀スタッフのモラル低下を招くことを心配したからだとか、後日さまざまな解説がなされているが、それらはいずれも憶測に過ぎない。ともあれ、この森永人事は、5年後における前川総裁の後任に澄田副総裁が昇格することまでをも想定したものであり、「大蔵省のドン」といわれた森永総裁らしく、自分で日銀の次期総裁のみならず次次期総裁までをもほぼ決めてしまったことになるのである。

　大平首相によって第24代日銀総裁に任命された前川春雄氏は、日本銀行に入行して以来、ニューヨーク駐在参事・外国為替局長・理事を歴任し、1970年に輸銀副総裁に転出するまで、日銀マンとしてのキャリアの大半を「外国畑」で過ごした典型的な「国際派」であった。かつての日銀内での「国際派」は傍流であったから、総務部長・営業局長などの枢要ポストを歴任した日銀主流派の佐々木元総裁が早くから総裁候補と目されていたのとは対照的に、輸銀副総裁当時までの前川氏が将来の総裁候補に挙げられることはまずなかった。しかし、1974年12月に副総裁として日本銀行に戻り、その5年後には、森永前総裁の強力な推薦によって望外であった総裁の座を射止めた前川氏は、国際化時代にふさわしい豊富な海外人脈と卓越した語学力によって特徴付けられる新しいタイプの日銀総裁像を体現していくことになるのであった。なお、ここで予め前川総裁時代の主要経済指標の推移を図表2-3として示しておく。

　前川総裁の就任直後にカラカスで開催されたOPEC総会では原油価格の統一について明確な結論は出ず、各国が五月雨的な値上げを行うことになったが、実際には1バーレル当たり6ドル、約33％もの大幅値上げが実施された。さらに、12月下旬にはソ連がアフガニスタンに軍事介入して中東情勢が緊迫の度を加えたことから、1980年に入ると国際商品や戦略物資の市況が急騰した。とりわけ、金は1月下旬に1トロイオンス＝875ドルに急騰し、当時としての既往最高価格をつけた。(51)こうした国際商品市況の動向につられて国内でも石油・鉄鋼・繊維・紙など幅広い品目にわたって商品市況が高騰した。ちなみに、1980年1月の卸売物価指数は前年比19.3％、消費者物価指数は同6.6％の上昇であった。

　第2次石油危機に対応して森永前総裁が早めに金融引締め政策を開始して

図表 2-3　主要経済指標の推移（1980 ～ 1984 年）

	1980年	1981年	1982年	1983年	1984年
実質GDP成長率 （1990年価格、前年比%）	2.8	3.2	3.1	2.3	3.9
鉱工業生産指数増加率 （1990年平均＝100、前年比%）	4.8	1.0	0.3	2.9	9.5
国内卸売物価指数上昇率 （1995年平均＝100、前年比%）	15.0	1.4	0.5	-0.6	0.1
全国消費者物価指数上昇率 （1995年平均＝100、前年比%）	7.7	4.9	2.8	1.9	2.3
マネーサプライ増加率 （M2＋CD平残、前年比%）	9.2	8.9	9.2	7.4	7.8
日経225種平均株価 （年末値、円）	7,116	7,681	8,016	9,893	11,542
円対米ドル為替レート （インターバンク直物、年末値、円／ドル）	203.60	220.25	235.30	232.00	251.58
日本銀行公定歩合 （年末値、%）	7.25	5.50	5.50	5.00	5.00

［資料出所］日本銀行「経済統計年報」ほか

いたものの、こうした物価情勢を放置すればインフレ期待が蔓延して再び第1次石油危機後の混乱を招きかねないとして、日本銀行は2月初には公定歩合の大幅引き上げを含む金融引締め強化が必要との判断に傾いていった。しかし、折悪しく衆議院で昭和55年度（1980年度）予算が審議中であったことから、第2次大平内閣の竹下登蔵相（および、大蔵省事務方）は、公定歩合を引き上げた場合の国会審議の停滞を恐れて、予算案が衆議院通過後の3月上旬末に公定歩合引上げを含む総合物価対策を打ち出すことでどうか（それまでは、公定歩合引上げは待ってほしい）との態度であったといわれている。[52]前川総裁は、予算審議中の公定歩合引上げは行わないという慣例の壁に突き当たって切羽詰まった状態となったが、局面打開を図るべく、2月9日[53]に都内瀬田の大平首相私邸を極秘裡に訪問して、公定歩合早期引上げの必要性を大平首相に直訴し、「できれば来週中にご返事いただきたい」と要請した。[54]こうして、大平首相の裁断を仰ぐ形になった前川総裁は、運を天に任せ

る思いで回答を待ち続けたが、1週間後の2月16日になってついに大蔵省の長岡実次官から公定歩合引上げを正式に了承する旨の連絡を受け取り、週明け後の2月18日（月曜日）に公定歩合の第4次引上げ（6.25％→7.25％）を決定した。また、2月26日には準備預金準備率の引上げ（定期性預金0.125％、その他の預金0.75％）を決定し、約4400億円の資金を吸収した。

大平首相の裁断によるものとはいえ、前川総裁が予算案の衆議院での審議中における初めての公定歩合引上げという離れ業を成し遂げたことは、伝統的に公定歩合引上げを「勝ち」、引下げを「負け」とする日本銀行内で、ある種の戦勝気分を漂わせた。しかし、この時予算審議を停滞させないために必要な野党への根回し工作を大平首相から命じられた竹下蔵相からは、第3章で述べるように後日になって日本銀行が思わぬ形でのしっぺ返しを受けることになるのである。

就任後初めての公定歩合引上げを実現した前川総裁が、次に直面した課題は円安・ドル高対策であった。アメリカのボルカー連邦準備議長が前年10月に開始した「新金融調節方式」によってFFレートは一挙に12％から15％へと上昇し、それにつれてプライム・レートなどが異常な高水準へと上昇していったことから、日本銀行の相次ぐ公定歩合引上げにもかかわらず、内外金利差が拡大傾向を辿っていた。このため、2月下旬以降、外国為替市場で円安が加速して、1980年2月末の円相場は1ドル＝250円近くまで下落した。

そうした最中の3月1日（土曜日）、アメリカの財務省から日本の大蔵省に対して、ドル高・円安防止のための主要国による協調介入の用意があるとの連絡が入り、これを受けて大蔵省の加藤隆司国際金融局長から日本銀行の速水優理事（後の日本銀行総裁）に対して各国中央銀行間での協議を至急進めてほしいとの依頼があった。かねてより国際決済銀行（BIS）の常連メンバーであり、いわゆる「通貨マフィア」の長老格である前川総裁（愛称「マイク」）は、早速自らがスイス国民銀行のロイトヴィラー総裁、アメリカ連邦準備制度理事会のボルカー議長、ドイツ・ブンデスバンクのペール総裁と国際電話で交渉し、各国を巻き込んだ協調介入案をまとめあげていった。国際派の「マイク」が水を得た魚のように本来の実力を遺憾無く発揮した局面

であった。3月2日（日曜日）夜には、竹下蔵相と前川総裁がそれぞれ記者会見を開いて、日本はアメリカ・西ドイツ・スイスと協調して外国為替市場に介入すること、アメリカもニューヨーク市場で自己勘定による円相場支持介入を行うこと（必要があれば日銀とのスワップ取り決めを発動すること）、日本は資本流入促進策を講じること、などからなる円防衛策を発表した。

　大蔵省と共同での円防衛策が発表された後も、物価の騰勢は一向に収まらなかった。前川総裁は、公定歩合を再度大幅に引上げることによってインフレ・マインドの定着を阻止すべきだと判断して、3月18日に公定歩合の第5次引上げ（幅1.75％）を決定した。これによって公定歩合は第1次石油危機時のピークと同水準（→9％）に達し、同時に決定された準備率の引上げ措置によって約5000億円の資金が吸収されたことと相俟って、一挙に金融引き締まり感が強まった。また、3月19日には、政府が公共事業の執行抑制などを内容とする「物価対策7項目」を発表して、財政面からもインフレ抑制が図られた。なお、3月2日の円防衛策発表後においても、アメリカの市場金利の高騰を受けた円安・ドル高傾向は収まらず、4月8日には260円を超える円安となり、当時の円安ピークを記録するに至った。

　5月に入ると、原油価格の大幅値上げやアメリカの景気後退によって国際原料品市況が反落したことに加えて、アメリカの金利反落に伴い外国為替相場が円高に転じたことなどにより、卸売物価指数の騰勢は収まり、そのまま年末までほぼ横ばいで推移した。春先に前年比8％台へと急騰し、先行きが懸念された消費者物価指数も、年末まで7〜8％台のままで推移した。ちなみに、1980年の国内卸売物価指数は前年比15.0％、全国消費者物価指数は同7.7％であった（前掲図表2-3を参照）。こうして、第2次石油危機に伴うインフレーションは収束に向かったが、第1次石油危機当時と比べると、原油など輸入価格高騰の影響が大きい素原材料品の価格上昇率は同様に大幅であったのに対して、完成品の価格上昇率は著しく小幅に止まったのが特徴的であった。すなわち、第1次石油危機の際には、素原材料品の価格上昇が幅広く完成品の価格上昇をもたらすという形での「ホームメイド・インフレ」が発生したが、第2次石油危機に際しては、森永前総裁による予防的な金融引締め政策の開始と前川総裁による金融引締め強化によって、そうした「ホ

ームメイド・インフレ」を阻止することに成功したのである（第1章で掲げた図表1-7を参照）。(58)

　この間において、1980年5月16日には社会党の提出した大平内閣不信任決議案が、自民党の反主流派が採決に欠席したことにより可決されてしまった。これに対して大平首相は、衆議院を解散し、参議院選挙と同時に衆議院選挙を行う「衆参同日選挙」に臨んだが、公示日の5月30日に選挙演説の途中で心臓発作を起こして虎ノ門病院に入院し、そのまま6月12日に逝去した。大平首相は、森永前総裁を全面的に信頼して金融政策の運営を任せ、後任の前川総裁に対しても篤い庇護の手を差し伸べてくれた。森永・前川両総裁の下での日本銀行が、第2次石油危機の発生に際しては適切な金融引締めによって「ホームメイド・インフレ」を阻止できたのは、大平首相の力に拠るところが大であったといえよう。(59)

3．内外ディレンマの下での金融緩和政策と対外不均衡の拡大

　1980年6月22日に行われた「衆参同日選挙」は、大平首相の「弔い選挙」となって自民党が圧勝し、選挙後には「和の政治」を掲げた鈴木善幸氏（故大平首相の盟友）が後任総裁に選ばれたことによって、それまでの自民党内抗争に漸く終止符が打たれた。7月17日に発足した鈴木内閣（蔵相には渡辺美智雄氏が就任）は、「増税なき財政再建」と「赤字国債からの脱却」をスローガンとして掲げ、財政支出のゼロ・シーリングを実行するとともに、中曽根行政管理庁長官の指揮下で、徹底した行財政改革に取り組み始めた。ちなみに、1981年3月には経団連名誉会長の土光敏夫氏を会長とする臨時行政調査会を設置し、国債・国鉄・健康保険のいわゆる「三K赤字」解消、特殊法人の整理合理化、国鉄・電電公社・専売公社の民営化などに大胆に踏み込む姿勢をみせた。(60)

　この間において、景気は1980年4～6月期から予想以上に減速し、卸売物価指数は5月以降僅かながらも前月比で下落に転じたため、経済界や政界では景気の減速に対応した公定歩合の引下げを求める声が次第に高まった。前川総裁は、物価安定を金融政策運営の基本とし、内外金利差の拡大に伴う円安化を警戒して慎重な姿勢を取り続けたが、7月25日にアメリカ連邦準

備がODRの引下げ（11％→10％）を実施したのを契機に外国為替市場が落ち着きを取り戻した機会を捉えて、8月19日に第1次の公定歩合引下げ（9％→8.25％）を決定した。なお、預貯金金利については、大蔵省の意向によって据え置きとされた。

その後、景気の「かげり現象」が次第に拡大して物価情勢の落ち着きがはっきりする中で、1980年前半には赤字であった貿易収支が同年後半に入ると黒字に転じたため、外国為替市場においては、そうした物価の安定と貿易収支の改善という形での日本経済の「ファンダメンタルズ」の良さが認識されて、円対米ドル相場は円高傾向を辿った。為替相場の動向を慎重に見極めた前川総裁は、11月5日に第2次の公定歩合引下げ（→7.25％）を決定し、同時に準備預金準備率を引下げて約4900億円の資金を解放した(61)。また、預貯金金利については1年物以上の定期預金0.75％、3か月および6か月物定期預金1％、要求払い預金0.5％の引下げ（郵貯金利もほぼ同様の引下げ）が、12月1日から実施された。なお、日本銀行は、同年末に策定した1981年1～3月期の窓口指導において、一部を除いてほぼ希望どおりの貸出額を認めるという弾力的な方針を打ち出した。

1981年に入ると、アメリカでは共和党のロナルド・レーガン大統領が就任し、「強いアメリカの再生」をスローガンとして掲げたことから、外国為替市場では全面的なドル高へとつながり、円対米ドル相場も1月6日の1ドル＝199円をピークとして次第に円安化していった。そうした状況の下で、国内景気の「かげり現象」に配慮して更に公定歩合を引下げることは、円安を加速して海外からの円安批判を招く恐れがあったが、前川総裁は景気への配慮を求める声に押し切られる形で、3月17日に第3次の公定歩合引下げ（→6.25％）を決定すると同時に、短期資金の流出入に伴う為替相場の乱高下に対して臨機応変に対応するための「基準外貸付制度」(62)を新たに導入することによって面目を保った。しかし、公定歩合引下げと並行して進めた郵便貯金金利の引下げ交渉は難航した(63)。公定歩合と預貯金金利の0.75％同幅引下げであった当初案が、郵政省の反対によって土壇場で公定歩合1％引下げと預貯金金利0.75％引下げに変更させられたことから、政策委員会では、それを不満とする小倉武一政策委員（農林水産業代表）に表決を棄権されるなど、

前川総裁にとっては後味の悪い第3次公定歩合引下げであった。(64)

　前川総裁が恐れていた内外金利差拡大に伴う円安化は、アメリカの金利が1981年5月頃から根強いインフレ期待を背景として急騰し、8月にはプライム・レートが20%台に達するに及んで現実のものとなった。円対米ドル相場は8月初には240円台にまで円安化し、経常収支の黒字幅が拡大する中での円安化は、欧米主要国との貿易摩擦問題を引き起すようになった。(65)一方、国内の景気は、1981年秋頃から輸出の増勢鈍化や財政支出の息切れを主因に再び在庫調整が始まって、「二段調整」局面に入っていった。国内景気後退と円安化の進展という形での内外ディレンマに直面した前川総裁は、円対米ドル相場が一時的に回復した機会を捉えて、12月10日に第4次の公定歩合引下げ（→5.5%）を決定したが、その直後にポーランドで戒厳令が施行されたのがきっかけとなって欧州通貨の対米ドル相場が一斉に軟化し、それにつられて再び円安化が進展した。

　そうした状況下、海外からの円安誘導批判をかわす狙いで前川総裁が試みた苦肉の策が、1982年3月半ばから秋口にかけて実施した短期金融市場金利の「高め誘導」であった。これは、公定歩合を据え置きのままで、やや引締め気味の金融調節によってコールレートなど短期金融市場金利を高めに誘導する措置であったが、夏以降にはメキシコの債務累積問題に伴う国際金融不安から米ドルへの選好が強まったこともあって、11月初には当時の円安ピークである1ドル=278円を記録するに至り、円安抑止効果は期待外れに終わった。(66)

　大平前首相という後ろ盾を失った後、前川総裁と政界・官界との関係は必ずしも良好ではなく、自民党および政府の有力者が日本銀行の金融政策に容喙することが多くなった。(67)さらに、1982年初には一部のマスコミで、前川総裁が同年10月10日の日本銀行創立百周年を花道に勇退するとの報道までなされるに至ったが、前川総裁は、毅然とした態度で「5年間の任期中職務に最善を尽くす」と発言して、勇退説を否定した。(68)その後、淡々と総裁としての職務を続ける中、同年8月13日にはメキシコ債務危機が発生し、翌週の18日にはBISによる15億ドルの対メキシコ緊急融資が決定された後、9月6日にカナダのトロントで開催されたIMF総会では、中南米の債務危機

問題が一挙にクローズアップされるなど、文字通りの国際派としての前川総裁は、幸運にも格好の活躍の場に恵まれて、その存在感を高めていった。

　1982年10月12日、日銀本店で創立百周年の記念式典が開催された。来賓として、国内からは鈴木首相、渡辺蔵相をはじめとした約200名、海外からは米州、ヨーロッパ、アジア、オセアニアなど32の中央銀行代表者が出席した。海外中央銀行代表者の中には、アメリカ連邦準備理事会のボルカー議長、西ドイツ・ブンデスバンクのペール総裁、スイス国民銀行ロイトヴィラー総裁らの姿があった。それらの来賓を前に、前川総裁は「中央銀行の使命」と題する記念講演を行い、「通貨価値の安定こそが国民経済の健全な発展の基盤であり、国民生活安定のよりどころである」と謳いあげ、それに続けて「通貨価値の安定のためには為替相場に対する配慮が重要であります。（中略）私どもとしては為替相場の動向を常に念頭に置き、内外金融を一体的に考えて政策運営に当たっていかなければならないと考えるものであります」と、かねてからの信念を披歴した。[69]

　ところで、この式典に来賓として招待されていた鈴木首相は、祝辞を述べた後突如席を立って退場し、同日中に辞意を表明した。鈴木首相は、不慣れな外交面ではレーガン大統領との折り合いが悪くて日米関係が悪化し、内政面でも不況に伴う税収欠陥から財政再建目標（すなわち、昭和59年度赤字国債脱却）の達成が遠のくなど、行き詰まりの状態ではあった。また、党総裁選挙を巡って自民党内の抗争が再び表面化することを恐れたともいわれているが、突然の退陣の真相が何であったのかは、今日に至るまで不明である。[70]

　鈴木首相が辞意を表明した後、同年11月に実施された自民党総裁選挙では、田中派の全面的支援を得た中曽根康弘氏が圧勝し、11月27日に中曽根内閣が成立した。中曽根内閣は、官房長官に後藤田正晴氏、蔵相に竹下登氏を起用するなど、圧倒的に田中派に傾斜した布陣であった。中曽根首相は、内政面では、鈴木前内閣以来の懸案である行政改革を推進するとともに、昭和65年度（1990年度）末までに赤字国債依存体質からの脱却を図る財政再建目標を掲げた。一方、外交面では、1983年1月にホワイトハウスでレーガン大統領と会談した際に、日米は運命共同体であり、日本は「不沈空母」の役割を果たすと語ってレーガン大統領に好感を抱かせ、同年5月のウィリアム

ズバーグ・サミットでは「レーガン大統領の捕手役」を務めると公言して、記念撮影時にはレーガン大統領の隣の位置を占めることに成功した。さらに、同年11月には、来日したレーガン大統領を奥多摩の日の出山荘に招き、「ロン・ヤス関係」と称されようになった親交ぶりを誇示してみせた[71]。

　外交面での華々しいパフォーマンスにもかかわらず、田中元首相に対する有罪判決直後の1983年12月に実施された衆議院総選挙において自民党は敗北し、250議席の獲得にとどまった。このため、自民党内の紛糾が再燃したが、中曽根首相は、田中元首相の影響力を排除する旨の声明を出して党内反主流派を抑え込み、新自由クラブとの連立によって、12月27日に第2次中曽根内閣を成立させた。なお、蔵相として留任した田中派の竹下登氏は、その後1985年1月には創政会を発足させて田中派から独立することになるのであった。

　この間において、1983年春頃から国内の景気は次第に回復に向かった[73]。アメリカなど海外主要国が第2次石油危機後のスタグフレーションから回復に転じて日本からの輸出が急増したことが、景気回復の主因であった。また、3月初にはOPECによる原油価格の引き下げ（1バーレル－34ドル→29ドル）が決定され、上述したように前年11月まで極端な円安となっていた外国為替相場も徐々に修正されて230〜40円台での推移となったことも、円安に伴う交易条件悪化や貿易摩擦の激化を回避するという意味で、景気回復にとってプラスの条件となった。もっとも、雇用・所得の伸び悩みから個人消費の停滞が続き、財政再建方針の堅持によって財政支出も低い伸びに止まったことから、1983年の実質GDP成長率は2.4％と前年の3.1％から若干低下した。また、物価情勢は一段と落ち着いて、1983年の卸売物価指数は前年比マイナスとなり、消費者物価指数も前年比1.9％と小幅の上昇に止まった（前掲図表2-3を参照）。

　中曽根内閣は、鈴木前内閣とは打って変わって、金融政策の運営については日本銀行の判断を信頼する態度をとったが、それを受けて前川総裁は、公定歩合引下げによって再び為替が円安化することがないよう慎重に内外情勢を見極めた上で、国内需要の伸び悩みに配慮して1983年10月22日に第5次の公定歩合引下げ（→5.0％）を決定した。前回の公定歩合引下げからは、

実に1年10か月ぶりであり、アメリカの高金利を背景に為替市場でドル高・円安傾向が支配的な状況下において、日本銀行の金融政策が強く制約され続けたことを端的に示している。

　1984年に入ると、輸出が引き続き高い伸びを示す中で、民間設備投資が増勢を強めたことから、景気は順調な拡大過程をたどり、1984年の実質GDP成長率は3.9％に高まった。それにも拘らず国内卸売物価指数は前年比0.1％、全国消費者物価指数は同2.3％と安定基調を維持し、国内経済は物価安定の中での景気拡大という望ましい展開を示した。しかしながら、1984年中の経常収支黒字額が約350億ドルとかつてない巨額に達した一方で、円対米ドルレートは1983年末に232円であったものが、1984年に入って再び円安化傾向をたどり、対外経済摩擦を増幅した(74)。日本の経常収支が大幅な黒字を記録したのは、第1次・第2次石油危機に対応する過程で、日本経済が「重厚長大」型から「軽薄短小」型への産業構造のシフト、「乾いたタオルを絞る」と形容されるような経営合理化などによって輸出競争力を著しく強化すると同時に省資源型の経済構造へと転換したため、「輸出は増え易い一方輸入は増えにくい体質(75)」となったからであった。ともあれ、急増する日本の対米自動車輸出を巡って第3波の貿易摩擦が起きたことから、1983年以降は日米間の不均衡問題を協議する場として、日米構造協議、日米経済包括交渉などが次々に行われるようになった。

　ところで、日本の経常収支が大幅な黒字であるにも拘らずドル高・円安傾向が続いたのは、日本側で景気に配慮した金融緩和政策がとられたことよりも、アメリカ側で巨額の財政赤字などによる高金利が持続していたことの方が遥かに大きな要因であったといえよう。しかし、日米間の貿易不均衡問題が深刻化していく中で、ドル高・円安の是正が進まないことに業を煮やしたレーガン政権は、円の自由化・国際化によって円の魅力を高めることこそが基本的な円安対策であるとの立場をとり、1983年11月に竹下大蔵大臣とドナルド・リーガン財務長官が共同で、日本の金融資本市場の自由化に関する諸事項を検討するための「日米円ドル委員会作業部会」（正式名称は、「円ドルレート、金融資本市場問題特別作業部会」）を発足させることを発表した。同作業部会は大場智満財務官とベリル・スプリンケル財務次官を共同議長とし

て、日本の大蔵省とアメリカの財務省スタッフのみで構成され、日本銀行とアメリカ連邦準備はいずれも招かれなかった[76]。

日米間での激しい交渉の末、1984年5月30日には、「日米円ドル委員会作業部会報告書」と大蔵省の「金融の自由化及び円の国際化についての現状と展望」レポートとが同時に公表された。同報告書およびレポートでは、ユーロ円市場の拡充、円転換規制の撤廃、預金金利の自由化、円建てBA市場の創設、外国為替先物取引に関する実需原則の撤廃など、かつてない大胆な提言が盛り込まれ、それらは翌1985年にかけて実施に移されて、日本の金融自由化・国際化を大きく進展させることになった[77]。もっとも、アメリカ側の当初の狙いであった為替相場におけるドル高・円安の是正効果は、まったくの期待はずれに終わり、1984年の為替相場は前年末よりも大幅円安の1ドル＝251円で越年した。

前川総裁は、就任当初における思い切った金融引締め政策によって第2次石油危機がホームメイド・インフレに転化するのを防ぐことには成功したも

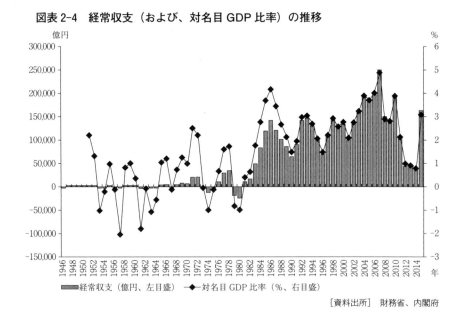

図表2-4　経常収支（および、対名目GDP比率）の推移

[資料出所]　財務省、内閣府

のの、その後景気が後退局面に転じた後は、対外不均衡問題を解決するために要請されるドル高・円安の是正（そのための金利引き上げ）と国内景気を回復させるために要請される金利引下げとのディレンマ・ケースに苦しみ続けた。結局、前川総裁は、異常な円安・ドル高の持続が日本経済を輸出依存型にしてしまうことを危惧しながらも、対外不均衡の拡大に対しては何ら有効な解決策を見出せないまま、1984年12月16日に任期満了で退任した。その際、政府によって歴代日銀総裁と同様に「勲一等」が用意されたが、自らの信条に基づいて一切の叙勲を固辞したとされている。なお、図表2-4は、貿易摩擦問題との関連でしばしば取り上げられる経常収支対名目GDP比率を参考までに示したものであるが、日本経済が第2次石油危機を克服した後、前川総裁の任期中に同比率が急速に上昇したことは一目瞭然である。

第3節　国債の大量発行と「マネーサプライ重視政策」

1．国債の大量発行と国債管理政策上の課題

　森永第23代総裁から前川第24代総裁へと続いた昭和50年代（1975～1984年）の日本は、国債大量発行時代の到来として特徴付けられる。第1次石油危機以降において、日本が減速経済へと移行するにつれて、税収の伸び率は大幅に低下したが、その一方で、1973年に田中内閣が導入した老人医療の無料化、老齢年金の大幅増加と物価スライド制は、当初こそ「福祉元年」ともてはやされはしたものの、間もなく減速経済へと移行した後においても社会保障関係支出が高い伸びを続ける要因となった。また、上述したとおり1970年以降において相次いで採られた政府の景気対策によって、公共事業関係費も高い伸びを続けた。そうした状況の下で、国債の新規発行額は、昭和50（1975）年度の5兆2,805億円から増加の一途を辿り、1978年度に10兆6,740億円と初めて10兆円台に乗せたあと、1979年度には13兆4,720億円に達した。昭和40年代後半までは、毎年1～2兆円規模の新規発行額であったのと比べると、まさに様変わりの国債大量発行時代が到来したのである。毎年度10兆円を超す国債の大量発行が続いたことにより、1983年度末には国債残高がついに100兆円を突破した（図表2-5を参照）。

図表 2-5　昭和 50 年代における国債発行額・残高の推移 (1975 ～ 1984 年度)

(単位：億円)

年度	国債発行額 (収入金ベース) (A)	一般会計 歳出 (B)	一般会計 国債依存度 (A/B)	国債発行残高 (額面ベース)	国債発行残高 対名目GDP 比率
			%		%
昭和50(1975)	52,805	208,609	25.3	147,731	9.8
昭和51(1976)	71,982	244,676	29.4	220,767	12.9
昭和52(1977)	95,612	290,598	32.9	319,024	16.8
昭和53(1978)	106,740	340,960	31.3	426,158	20.4
昭和54(1979)	134,720	387,898	34.7	562,513	25.0
昭和55(1980)	141,702	434,050	32.6	705,098	28.8
昭和56(1981)	128,999	469,212	27.5	822,734	31.7
昭和57(1982)	140,447	474,451	29.7	964,822	35.4
昭和58(1983)	134,863	506,353	26.6	1,096,947	38.6
昭和59(1984)	127,813	514,806	24.8	1,216,936	40.1

(注1)　国債発行額（収入金ベース）は、新規財源債のみを計上
(注2)　国債発行残高（額面ベース）は、普通国債のみを計上

［資料出所］財務省

　国債の大量発行時代に入り、政府は国債管理政策面での対応を迫られるようになった。まず、国債の発行市場においては、国債引受シンジケート団を構成する民間金融機関の引受負担を緩和するために、発行国債の種類や発行方式の多様化が図られた。(78) すなわち、1971 年度の途中までは 7 年物利付国債、それ以降は 10 年物利付国債がもっぱら発行されていたが、1977 年 1 月に 5 年物中期割引国債をシンジケート団方式で発行開始し、さらに 1978 年 6 月には 3 年物中期利付国債を入札方式で発行開始した。その後、1979 年 6 月には 2 年物中期利付国債、1980 年 3 月には 4 年物中期利付国債についても、それぞれ入札方式による発行が開始された。公募入札方式による国債発行は、シンジケート団メンバーの引受負担を軽減させる狙いで導入されたものであったが、入札の拡大とともに証券会社による落札シェアが上昇して、従来は銀行業界に対して劣位に置かれていた証券業界の力を相対的に引き上げるという結果をもたらした。証券会社は、大量に落札した中期国債を組み込んだ新商品「中期国債ファンド」を個人投資家に販売することによって、規制金利下に置かれている銀行預金に対して有利な競争を展開していったのである。

一方、国債の流通市場においては、引受シンジケート団メンバーである金融機関が保有する国債の売却制限が漸次緩和されていった(79)。これが、いわゆる「国債流動化」であった。「国債流動化」が進められた過程を辿ってみると、1977年4月に特例国債について発行後1年経過したものの売却が認められ、同年10月に建設国債についても発行後1年経過したものの売却が認められた。さらに、1980年5月には上場時点（発行後7〜9か月）以降における売却が認められ、1981年4月には発行後3か月を経過した日の属する月の翌月初からの売却が認められた。こうした一連の「国債流動化」措置を受けて、1977年度以降に国債売買高が急増し、自由金利の国債流通市場が第2次世界大戦後初めて拡大するに至ったのである。ちなみに、利付国債の売買高（東京・店頭市場）をみると、1976年度の3.2兆円（公社債売買高に占めるシェア4.5％）から1979年度の109.6兆円（同49.2％）へと、「国債流動化」後に目覚しく拡大したことがわかる(80)。

　さて、第2次石油危機の発生に対応して1979年春から日銀が金融引締め政策に転じると、国債流通市場においては国債価格の暴落（国債利回りの急上昇）が引き起こされた。とりわけ、「ロクイチ国債」と称されていた6.1％クーポンの10年物国債利回りは、1979年初の6.61％から1980年4月の利回りピーク時には12.42％へと急上昇して、出来上がったばかりの国債流通市場は混乱状態に陥った。大蔵省は、1979年5月に、①1979年度シンジケート団引受予定の10年物利付国債の1兆円減額、②中期国債公募入札予定額の増額、③国債整理基金等の資金を活用した国債市場の安定化、などの「7項目対策」を発表した。また、同年6〜7月にかけて国債整理基金等の資金を使った国債価格支持政策を実際に試みたが、日銀の金融引締め政策の下で国債市場の実勢利回りは上昇基調にあり、そうした流れを変えることはできなかった(81)。「ロクイチ国債」の利回り急上昇に対してとられた価格支持政策は、国債の大量発行時代に入ってから政府の国債管理政策と日本銀行の金融引締め政策が衝突した最初のケースであったが、この際には大蔵省が国債価格支持に固執せず比較的早い時点で矛を収めたことによって事態の深刻化は回避されたのであった。

　ともあれ、「国債流動化」を契機として急速に発達した自由金利の国債流

通市場においては、長期債利回りは将来の短期金利予想値の平均にほぼ等しくなるとする「期待理論」に概ね基づいた利回りの期間構造(すなわち、イールド・カーブ)が形成されるようになった。そして、日本銀行が金融引締め政策に転じるとともに、短期金利が長期債利回りを上回るいわゆる「逆イールド」の状態が出現したが、そうした金融引締め期に特有の「逆イールド」は、従来において正常とされてきた右上がりの規制金利体系とは相いれないものであり、上述した金融の国際化と相俟って日本の金融自由化を推進する基本的背景となったのである。昭和50年代(1970年代後半)において日本の金融自由化を推進したいわゆる二つの「コクサイ」化である。

2.「マネーサプライ重視政策」の評価

　森永総裁は、上述したとおり就任以来3年3か月の間に8次に亘って公定歩合の引下げを行い「下げの森永」の異名をとったが、決して手放しで金融緩和を進めたわけではなかった。ニクソン・ショック後における過剰流動性の発生が1973年から1974年にかけて大インフレーションを惹起した根本的な原因であったとの反省にたって、物価の安定こそが金融政策の最優先の目標であり、また、物価の安定を実現するためにはマネーサプライの動向を注視する必要があるとの基本的な認識のもとにいわゆる「マネーサプライ重視」の金融政策を推進しようとしたのである。

　森永総裁の下で「マネーサプライ重視政策」が採用されるに至った経緯を振り返ってみると、まず1975年7月に、日本銀行調査局が「日本におけるマネーサプライの重要性について」と題する『調査月報』論文を発表して、金融政策の運営においてマネーサプライを重視する必要性を世間にアピールした。同論文においては、マネーサプライ(M1やM2)と経済活動(物価、GDPなど)との関係に関する包括的な実証分析の結果に基づきながら、金融政策の企画・実施に当る当時の日本銀行総務部・営業局の意見をも考慮した上で、概ね次のような提言がなされた。第1に、今後物価の安定を確保しつつ適切な経済の発展を図っていくためには、金融政策の運営上マネーサプライの動向に十分な注意を払い、その行き過ぎを防いでいくことが大切である、第2に、マネーサプライのコントロールにあたっては、供給要因の大半

をなす民間金融機関貸出の調整が中心となるが、国債引受などの影響も少なくないので、可能な限り適切な調整を加えることが必要である[84]。そして第3に、金利政策をはじめとする各種の政策手段を活用し、マネーサプライ残高の趨勢を望ましい水準にコントロールすることが重要であるが、その際ここ当分は窓口指導を継続することもやむをえない[85]、というものであった。

　森永総裁の下での日本銀行は、1976年以降、マネーサプライの毎四半期見通し作成を試験的に進め、1978年4月にはマネーサプライの目標値を設定し公表すべきかどうかの検討を開始したが、その際に参考にされたのは、当時の欧米主要国において金融政策の主流となっていた「マネーサプライ目標政策」[86]、すなわち、金融政策の中間目標として先行き1年間程度の期間におけるマネーサプライ増加率の目標値あるいは目標範囲を公表し、それを達成しようとする政策運営方式であった。欧米主要国の中央銀行は、たとえば、西ドイツのブンデスバンクが1974年12月から「中央銀行通貨量」増加率の目標値を公表するようになったし、アメリカの連邦準備も、1975年5月にマネーサプライ（具体的には、M1, M2, M3の3指標）について先行き1年間の目標増加率レンジ（2～3％の幅）を四半期ごとに公表を開始するなど、相次いでマネーサプライ目標値（ないしは目標レンジ）の設定に踏み切っていったのである。

　しかし、日本銀行内では、マネーサプライの目標値（ないしは目標レンジ）を設定することによって自らの裁量権を制約することや、さらには、仮に目標を達成できなかった場合に責任をとらされることを警戒する意見が当時の総務部や営業局などで強く、欧米流の「マネーサプライ目標政策」への賛成者は少なかった。そうした中、前川副総裁が妥協案として「直近四半期の見通し」を公表することを提案し、最終的には森永総裁の決断によって、1978年7～9月期から「マネーサプライ見通し」の公表に踏み切ったといわれている[87]。その具体的な内容は、広義のマネーサプライ指標M2を対象として[88]、毎四半期ごとに翌四半期の前年比伸び率見通しを「○％台」「○％前後」といったレンジで公表するというものであった[89]。

　このように、森永総裁の下で開始された「マネーサプライ重視政策」の内実は、いわば妥協の産物であり、金融政策の運営上マネーサプライを実際に

どこまで重視していくのかについて、日本銀行は決して一枚岩ではなかった。また、マネーサプライ・コントロールのために短期金融市場での自由化を進める一方で、金融政策の手段として「窓口指導」を引き続き活用する方針がとられるなど、旧態依然たる側面を残していた。ともあれ、森永総裁自身は、記者会見や講演の場において、しばしばマネーサプライの重要性について言及することによって広く世間に「マネーサプライ重視政策」を知らしめていった。また、森永総裁の退任後は、後継者に指名された前川総裁が「マネーサプライ重視政策」を忠実に継承する態度を示し、上述した1982年10月12日の創立百周年記念式典における記念講演の中でも、「通貨価値の安定を図るため、日本銀行は通貨供給量を重視するという考え方の下で金融政策を遂行しております」と明言したのである。[90]

　森永総裁から前川総裁へと引き継がれた「マネーサプライ重視政策」の下で、前掲の図表2-1、図表2-3に示したとおり、マネーサプライ伸び率（前年比）は、循環的な変動を伴いながらも1976年の15.1％から1983年の7.4％へと趨勢的に低下し、消費者物価指数前年比も、同様な循環的変動を伴いながらも1976年の9.4％から1983年の1.9％へと低下した。また、1976年に5.4％であった卸売物価指数前年比は、第2次石油危機によって1980年に15.0％と高騰したものの、その影響が収まった後は急速に低下して、1983年には－0.6％と僅かながらもマイナスに転じた。すなわち、「マネーサプライ重視政策」の下で、趨勢的にみてマネーサプライ伸び率の低下とインフレ率の低下が同時並行的にもたらされたのである。

　このように「マネーサプライ重視政策」が、「物価の安定」という最終目標を達成する上で成功を収めたのは、既述のとおり1973年から1974年の大インフレーションに対する厳しい金融引締め政策の後、森永総裁の下での金融緩和政策がきわめて慎重に行われたことや、第2次石油危機の発生に際しては「インフレ期待」の再燃を防ぐべくいち早く予防的引締めに移行した（また、前川総裁が、予防的引締め政策を忠実に継承したこと）によるものであった。もっとも、ここで注意しておくべきことは、森永総裁から前川総裁へと引き継がれた「マネーサプライ重視政策」の下で、上述したとおり日本銀行はマネーサプライの見通しを大雑把な形で公表したに過ぎず、欧米諸国のように

図表 2-6　マネーサプライ伸び率と国内銀行貸出金伸び率の推移
（1975～1997年）

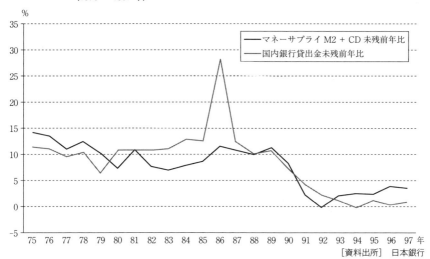

[資料出所]　日本銀行

一定の目標レンジ内にマネーサプライ伸び率を収めるという意味での「マネーサプライ目標政策」を実施したわけではなかった。また、第1次石油危機直後の森永総裁の下では、マネーサプライ伸び率の低下がインフレ率の低下をもたらしたという意味での因果関係が比較的はっきりと観察されたのに対して、前川総裁への交代後においては、前掲図表1-7に示したようにマネーサプライ伸び率が比較的安定に推移したこともあって、そうした因果関係は次第に不明瞭化していたように窺われるのである(91)。

　ところで、「マネーサプライ重視政策」の下で、従来から行ってきた銀行貸出量（正確にいえば、民間金融機関の貸出量）のコントロールに替えて、マネーサプライのコントロールを前面に出した理由の一つは、国債の大量発行開始（および民間金融機関による国債大量引受）につれて、銀行貸出量の伸び率とマネーサプライの伸び率との間に乖離が生じる（すなわち、前者を後者が上回るようになる）ことへの懸念であった。図表2-6に示したように、森永総裁の下では、マネーサプライ伸び率が国内銀行の貸出金伸び率を上回りつづけており、そうした懸念が現実のものとなっていたのであるが、前川総

図表 2-7　マネーサプライ伸び率と信用面の対応

(単位：％)

	M2＋CD前年比(末残)	対外資産寄与度	財政部門向け信用寄与度	民間向け信用寄与度	うち貸出寄与度	その他寄与度
1975年	14.5	−0.8	4.9	12.7	12.1	−2.3
1976年	13.5	0.7	4.4	12.0	11.6	−3.6
1977年	11.1	1.7	2.5	9.0	8.7	−2.1
1978年	13.1	0.3	3.4	10.1	9.6	−0.7
1979年	9.1	−2.3	3.5	7.7	7.0	0.2
1980年	7.2	−1.0	1.3	8.0	7.4	−1.1
1981年	11.0	−0.2	2.6	9.0	8.3	−0.4
1982年	7.9	−0.6	1.3	8.6	8.2	−1.4
1983年	7.3	0.5	0.9	8.4	8.1	−2.5
1984年	7.8	−1.3	1.4	9.2	8.8	−1.5
1985年	8.7	−1.0	−0.1	10.7	10.1	−0.9
1986年	9.2	−2.3	1.3	9.6	9.0	0.6
1987年	10.8	−0.9	0.0	11.3	10.3	0.4
1988年	10.2	−0.5	1.5	11.1	9.6	−1.9
1989年	12.0	−1.0	1.6	11.9	10.3	−0.5

(注1)　M2＋CD前年比＝対外資産寄与度＋財政部門向け信用寄与度＋民間向け信用寄与度＋その他寄与度
(注2)　「その他」には、地方公共団体向け信用を含む。

[資料出所]「日本銀行統計年報」

裁への交代後においては、むしろマネーサプライ伸び率が国内銀行伸び率を下回るようになり、銀行貸出量よりもマネーサプライを重視すべき理由の一端は失われたのである。なお、前川総裁への交代後（ことに1982年以降）、マネーサプライ伸び率が国内銀行貸出の伸び率を下回るようになったのは、当初の想定とは逆に政府向け信用の寄与度がむしろ低下したことによるものであった（図表2-7を参照）。

　したがって、金融政策の運営指標としては、日本銀行が従来において採用していた銀行貸出量の方が、マネーサプライよりも引き続き優れていたのかもしれない（言い換えれば、銀行貸出を通じる資金の流れが圧倒的であった日本の金融システムにおいては、金融政策の波及メカニズムについても、マネーサプライよりも銀行貸出量の方が引き続き重要ではなかったのか）という重大な疑問が残されていたといえよう。第3章で後述するように、そうした不安が、バ

ブル期およびバブル崩壊期において不幸にも的中することになるのである。

[注]
(1) 森永貞一郎氏（1910年9月9日生―1986年5月30日没、宮崎県出身）は、1932年に東京帝国大学法学部を卒業して大蔵省に入省し、静岡税務署長、大臣官房企画課長、大臣官房長、主計局長などを経て、1957年に事務次官の座に上り詰めた。森永氏は、本文で述べたように旧制五校の先輩に当たる池田勇人氏とのつながりが深く、大蔵省の後輩にあたる大平正芳氏や宮澤喜一氏らとともに、いわゆる「池田人脈」に連なることとなった。なお、同じく旧制五校の先輩である一万田尚登氏とは、最初は一万田氏が鳩山一郎内閣の蔵相に就任した際に主計局長として、次いで岸信介内閣の蔵相として再登場した際には次官としてそれぞれ仕えた。
(2) 塩田潮編著『金利を動かす男たち』（かんき出版、1992年）95〜96ページを参照。
(3) 日本銀行百年史編纂委員会『日本銀行職場百年　下巻』（1982年）575〜576ページを参照。なお、「開かれた日銀」という森永総裁の意向を受けて、1976年11月に総務部広報担当調査役が置かれることになった。
(4) 日本銀行調査局「昭和50年の金融経済の動向」（『調査月報』増刊、1976年6月）を参照。
(5) この点に関連して、当時の日本銀行内における調査研究は、第1次石油危機後における日本経済の成長率が、原油輸入量・資本設備・労働力などの供給面の制約から中期的にみて上限6%であるとみており、そうした低成長経済に日本経済を円滑に移行させるためには、今後1〜2年かけて抑制気味の金融政策運営を続けることが必要であると主張していた。日本銀行百年史編纂委員会『日本銀行百年史　第六巻』（1986年）443〜444ページを参照。
(6) 前掲『金利を動かす男たち』106ページから引用。
(7) 武田委員は、公定歩合の幅0.5%単独引下げによって1年物定期預金金利と標準貸出金利が同一水準（7.7%）になるが、そのように金利体系を崩すことが昭和46〜48年に「過剰流動性」を発生させてしまったことに留意すべきだとした。これに対して森永総裁は、両金利が同一水準となることは金利体系上許される限界であり、今後更に公定歩合を引下げる場合には、預金金利引下げを当然考えなければならないと述べた。前掲『日本銀行百年史　第六巻』471ページを参照。
(8) 第4次公定歩合引下げ当時において日銀大阪支店長であった中川幸次氏によれば、「森永総裁は就任以来郵政当局の抵抗にあったのはこれがはじめてだったので、郵貯問題は聞きしにまさるとびっくりされたようだった。（中略）総裁は郵政省の抵抗に業をにやしたようだった」と述懐している。中川幸次『体験的金融政策論』（日本経済新聞社、1981年）74ページを参照。
(9) 同年11月に安宅産業のメインバンクである住友、協和両銀行の伊部恭之助、色部義明各頭取が森永総裁と秘密裡に会談し、安宅産業の破綻食い止めで合意した後、主力5行による支援体制がとられていたが、12月7日の『毎日新聞』スクープによって安宅産業の経営危機が世間に表面化した。その後、安宅産業は1977年10月に伊藤

(10) 1975年11月には、第1次準備率引下げ（定期性預金は預金規模上位・中位行についてのみ0.25％、その他預金は各業態0.5％）と同時に預金残高区分の改定が行われたため、実質的な資金解除額は約5300億円と大きかった。1976年1月の第2次準備率引下げ（定期性預金は預金規模上位・中位行についてのみ0.25％、その他預金は上位行から順に0.75～0.25％）による資金解除額は約3800億円であった。前掲『日本銀行百年史　第六巻』448～451ページを参照。

(11) 前掲『体験的金融政策論』78ページを参照。なお、中川氏は同ページにおいて、当時における景気の持ち直しやマネーサプライの伸び率上昇に後日振り返ってみると、「この時の金利引下げはむしろしなかった方がよかったのかもしれない」と述べている。

(12) フランス（ヴァレリー・ジスカール・デスタン大統領＝議長）、アメリカ（ジェラルド・フォード大統領）、イギリス（ハロルド・ウィルソン首相）、ドイツ（ヘルムート・シュミット首相）、日本（三木武夫首相）にイタリア（アルド・モロ首相）を加えた6か国が参加した。なお、第2回サミットからはカナダが加わって7か国となった。

(13) アメリカの航空機製造大手ロッキード社による旅客機トライスターの売り込みに絡んだ世界的な汚職事件。日本では、全日空の新型機導入に関連してロッキード社の代理店であった丸紅を通じて多額の工作資金が運輸族関連議員などに配られたとされた。

(14) 当時の衆議院定数は511人であった。なお、自民党は総選挙後の追加公認を加えると261議席となり、辛うじて単独政権を維持した。

(15) 前掲『体験的金融政策論』79～80ページを参照。

(16) 「三木おろし」の渦中において、福田・大平両氏の間で、大平氏は福田氏を次期総理総裁に推挙する代わりに、福田氏は大平氏を自民党幹事長にして党務を委ね、2年後には大平氏へ政権を禅譲するとの「大福密約」が交わされたといわれている。なお、福田政権の成立に際して、自民党総裁（任期2年）公選については、国会議員のみによる本選挙に先立って、党員・党友による予備選を行うとの規定が導入された。中村隆英『昭和史Ⅱ』（東洋経済新報社、1993年）630ページを参照。

(17) ちなみに、1976年の日本の経常収支は4年ぶりに黒字（約37億ドル）を記録した。

(18) 三木内閣の副総理兼経済企画庁長官であった福田氏は、1975年5月23日の参議院決算委員会で、第1次石油危機後の日本経済について「まあ私の診断によれば、これは全治3カ年の大やけどをしたといってよい状態」と発言した。

(19) 1977年1月末頃に、当時の時事通信記者として日銀記者クラブに所属していた藤原作弥氏が書いた記事によれば、森永総裁は「年末から年明けにかけて少なくとも三回は福田首相と会談している。坊蔵相とは五回。」とのことであり、福田首相と森永総裁との密接な関係が窺われる。藤原作弥『素顔の日銀総裁たち』（日本経済新聞社、1991年）218ページを参照。

(20) 森永総裁は、第5次公定歩合引き下げ発表後における金融界代表者との会合で、従来行ってきた公定歩合と同幅の標準金利引下げ要請を今回は行わないと表明した。

しかし、実際には公定歩合と標準金利の連動関係はその後も維持された。前掲『日本銀行百年史　第六巻』456ページ、および、前掲『体験的金融政策論』83ページを参照。
(21)　前掲『体験的金融政策論』84～85ページを参照。
(22)　第3次の準備率引下げ（定期性預金につき0.125％、その他預金につき0.5％）は、9月20日に決定され、10月1日から実施された。なお、同時に預金残高区分の改定が行われた。
(23)　ちなみに、1977年の経常収支は約109億ドルの黒字となった。
(24)　『日本経済新聞』1977年9月30日、および、前掲『日本銀行百年史　第六巻』465ページを参照。なお、森永総裁は、IMF総会から帰国後の記者会見において、海外諸国による対日批判が、「自分が東京で予想していた以上に強いということを印象づけられた」と述べたとされている。
(25)　前掲『日本銀行百年史　第六巻』467ページを参照。
(26)　前掲『体験的金融政策論』94ページを参照。
(27)　第8次公定歩合の引下げに伴う預貯金金利の引き下げ交渉は従来と同様に難航を重ねたが、民間の定期預金金利は0.75％、要求払い預金金利は0.5％の引下げが4月17日から実施された。一方、郵便貯金金利については、同幅の金利引下げが4月25日から実施された。前掲『日本銀行百年史　第六巻』469ページを参照。
(28)　「全方位外交」とは、日米関係を基軸としつつ、その他地域（特に東南アジア）にも外交基盤を広げていくことを意味した。
(29)　前掲『昭和史Ⅱ』631ページを参照。
(30)　前掲『昭和史Ⅱ』633～635ページを参照。
(31)　原油価格の上昇率は第1次石油危機時の約4倍に対して第2次石油危機時は2.8倍にとどまったものの、石油輸入代金増加額の対名目GDP比をみると、第1次石油危機時の2.0％に対して第2次石油危機時は2.2％と上昇した。なお、第2次石油危機時における他の主要国の同比率は、アメリカ1.2％、イギリス－0.1％、西ドイツ1.1％、フランス1.6％であり、いずれも日本より小さかった。前掲『日本銀行百年史　第六巻』522ページを参照。
(32)　前掲『体験的金融政策論』113ページから引用。
(33)　前掲『体験的金融政策論』112ページから引用。
(34)　都市銀行・長期信用銀行に対する窓口指導は、4～6月期以降、1～3月期よりも幾分抑制色を強めた。また、4～6月期には信託銀行・地方銀行・相互銀行、7～9月期には大手信用金庫へと貸出抑制指導の対象先を拡大していった。
(35)　前掲『日本銀行百年史　第六巻』500ページを参照。
(36)　経済企画庁の報告は、当時の情勢を第1次石油危機当時と比べて、労働の需給が緩く企業マインドは慎重である、マネーサプライの増加率が低い、政府の政策スタンスが慎重であるなどの違いがあることを強調し、早期利上げを暗に批判する内容であった。前掲『体験的金融政策論』125ページを参照。
(37)　前掲『体験的金融政策論』115～116ページを参照。
(38)　山際正道第20代総裁時代の1959年には、9月26日に襲来した伊勢湾台風により東海地方が大きな被害を蒙った影響もあって、卸売物価の上昇が目立つようになっ

たのに対応して、12月1日に公定歩合の日歩1厘引上げ（1.9銭→2.0銭）を決定した。当時は輸出が比較的好調で国際収支は黒字基調を維持したにも拘らず、山際総裁は景気の過熱化を事前に予防するために公定歩合引上げに踏み切ったのである。また、宇佐美洵第21代総裁時代の1969年には、それまで比較的安定していた卸売物価が春頃から夏場にかけて上昇を続けるなど、景気過熱を懸念すべき状況となった一方で、国際収支（経常収支）は輸出の好調に支えられて大幅黒字を持続しており、高度成長と国際収支の大幅黒字が併存するという日本にとって未曾有の局面を迎えた。そうした状況の下で、宇佐美総裁は、経済の安定的成長を実現するための予防的な金融引締め措置として、8月30日に公定歩合を従来の日歩1銭6厘（＝年利5.840％）から年利建てに改めて年率6.25％に引上げた。

(39)　前掲『体験的金融政策論』127ページを参照。
(40)　前掲『日本銀行百年史　第六巻』503ページを参照。
(41)　前掲『昭和史Ⅱ』631～632ページを参照。なお、大平氏の長女である森田芳子氏は、消費税を公約に掲げたら選挙に負けるといわれた大平氏が、「何十年先の日本を考えたら国民は消費税が必要とわかってくれる。」「僕は信じる。絶対に分かってもらえる。」と反論していたと述懐している。『日本経済新聞』2010年4月1日を参照。
(42)　前掲『日本経済新聞』2010年4月1日を参照。
(43)　ボルカー議長による「新金融調節方式」の内容については、レナード・サントウ（緒方四十郎監訳）『FRB議長』（日本経済新聞出版社、2009年）173～182ページを参照。
(44)　前掲『体験的金融政策論』131～132ページを参照。
(45)　前掲『体験的金融政策論』136～137ページを参照。
(46)　パフラヴィー元国王がアメリカに入国したことに抗議したイスラム法学校生らがテヘランのアメリカ大使館を占拠して、外交官など52人を人質にとり、元国王の身柄引き渡しを要求した。
(47)　前川春雄氏（1911年2月6日生―1989年9月22日没、東京都出身）は、1935年に東京帝国大学法学部を卒業して日本銀行に入行し、第2次世界大戦開始約半年前の1941年3月に同盟国イタリアのローマ駐在を命ぜられた。大学時代にフランス語を学んでいたことから、ラテン語系の語学能力を見込まれての抜擢であった。1943年9月のイタリア降伏とともに、同盟国ドイツのベルリン駐在となり、さらに1945年5月のドイツ降伏後はシベリア鉄道経由で敗戦直前の日本に帰国するという数奇な体験をする中で、日銀内では「外国畑」の逸材と目されるようになった。

　戦後は、総務部総務課長などを経て、1949年6月に新設された政策委員会庶務部の初代部長に就任した。当時の一万田尚登第18代総裁に重用された前川氏は、日銀の最高意思決定機関としての政策委員会の運営という難事を託されて、高松支店長に就任するまで実に4年8か月に亘って畑違いの政策委員会庶務部長を務めることとなった。しかし、再び本店に戻った後は、本来の「外国畑」に戻り、1958年にニューヨーク駐在参事、1960年に外国為替局長（1963年に為替管理局併合に伴い外国局長）、1963年に理事を歴任して、国際派エースの座を占め続けた。1970年には日本輸出入銀行副総裁に転出したが、1974年に佐々木直第22代総裁から森永貞一郎第23代総

裁へ交代したのと同時に、副総裁として日本銀行に戻り、大蔵省出身の森永総裁を5年間献身的に補佐し続けた。

(48)　前掲『素顔の日銀総裁たち』221～222ページを参照。
(49)　前掲『素顔の日銀総裁たち』223ページを参照。
(50)　藤原作弥氏によれば、森永人事の衝撃について、「森永総裁は日銀の人事はすべて前川副総裁に任せたが、今回初めて一度だけ自分で鉛筆をなめた。その結果、当てのはずれた犠牲者の屍々累々。(中略)澄田氏の顔写真と略歴を二度も掲げた某新聞では編集局長らに処分者が出た。」と述懐している。前掲『素顔の日銀総裁たち』225ページから引用。
(51)　その後金価格は、1990年代における冷戦の終結や世界的な物価安定傾向を背景に水準を切り下げ、欧州各国の中央銀行による保有金の売却や鉱山会社によるヘッジ売りもあって、1999年8月には1トロイオンス＝252ドルの安値をつけることになった。
(52)　この間の事情については、前掲『日本銀行百年史　第六巻』509～510ページを参照。
(53)　中川幸次氏の回顧するところによれば、「この時期、前川新総裁にとっては苦悩にみちた期間であった。あとからの述懐によれば、日頃健康と若さを誇る同氏も眠れぬ夜が続いたという。われわれは全力を挙げて大蔵省と折衝を続けた。しかし大蔵省のカベは厚かった。」前掲『体験的金融政策論』145ページから引用。
(54)　前掲『日本銀行百年史　第六巻』512ページを参照。大平首相との会談に臨んで、「就任早々の前川氏は辞職すら決意していたらしい」(前掲『素顔の日銀総裁たち』252ページから引用)といわれている。
(55)　第4次公定歩合引上げに伴う預貯金金利の引上げ(定期性預金1％、要求払い預金0.75％)は、民間金融機関、郵貯ともに3月10日から実施された。
(56)　前掲『素顔の日銀総裁たち』253ページを参照。
(57)　速水優『海図なき航海』(東洋経済新報社、1982年)218～221ページを参照。
(58)　前掲『日本銀行百年史　第六巻』517～522ページを参照。
(59)　この点に関して、『日本銀行百年史』は、「本行が金融政策の機動的な運営を図ろうとした際、政府首脳が(中略)本行首脳の果敢な決断に対し理解ある対応をとったこともホームメイド・インフレーションの回避を可能にさせた一因として見逃すことはできない」前掲『日本銀行百年史　第六巻』522ページ)と記している。大平首相への謝辞と読むべきであろう。
(60)　第3次まで行われた土光臨調の答申は、行政機構の簡素化と官業の民営移管を旗印として極めて野心的な内容であったが、各省庁の抵抗にあって、鈴木内閣の下ではほとんど実現しないままに終わった。前掲『昭和史Ⅱ』646ページを参照。
(61)　準備率引下げの内容については、前掲『日本銀行百年史　第六巻』539ページを参照。
(62)　正式には「基準貸付利子歩合とは別に定める利子歩合による貸付方式」であり、金利は予め設定されておらず、一時的例外的なものとして、政策委員会が機動的・弾力的に発動・変更できる。当時の西ドイツにおける「特別ロンバート貸付」がモデル

(63) 預貯金金利引下げ交渉の経緯については、前掲『日本銀行百年史 第六巻』547〜548ページを参照。
(64) 小倉委員が表決を棄権した理由については、前掲『日本銀行百年史 第六巻』551ページを参照。
(65) 欧米主要国が日本に対して貿易不均衡の是正と市場開放を求めてきた経緯については、前掲『日本銀行百年史 第六巻』557〜558ページを参照。
(66) 日本銀行調査統計局「昭和57年の金融および経済の動向」(『日本銀行調査月報 昭和58年5月号』)24ページは、「短期市場金利の高目誘導」について、「円安への対処には明らかに限界があった」としながらも、「景気に配慮しつつ円安加速を回避するという日本銀行の意図はそれなりに内外市場に伝達されたと判断しうる。また、海外からの円安誘導ないし放置といういわれなき批判を和らげる点でも効果があったと考えられる」と精一杯の評価をしている。
(67) 前掲『体験的金融政策論』155ページを参照。
(68) 前掲『素顔の日銀総裁』257〜258ページを参照。
(69) 日本銀行百年史編纂委員会『日本銀行百年史 第一巻』(1982年)1〜9ページを参照。
(70) 前掲『昭和史Ⅱ』647ページを参照。併せて、『読売新聞』2015年4月18日掲載記事「昭和時代第5部 1980年代第4回」を参照。
(71) 前掲『昭和史Ⅱ』648〜649ページを参照。
(72) 田中元首相は、1983年1月26日にロッキード事件の受託収賄・外為法違反で懲役5年の求刑を受け、同年10月に懲役4年、追徴金5億円の実刑判決が下された。
(73) 日本銀行調査統計局「昭和58年の金融および経済の動向」(『日本銀行調査月報 昭和59年5月号』)を参照。
(74) 日本銀行調査統計局「昭和59年の金融および経済の動向」(『日本銀行調査月報 昭和60年5月号』)を参照。
(75) 前掲「昭和59年の金融および経済の動向」2ページから引用。
(76) 「日米円ドル委員会」の模様については、久保田勇夫『日米金融交渉の真実』(日経BP社、2013年)第2章の26〜70ページを参照。
(77) 「日米円ドル委員会」報告書に基づいて実施された自由化・国際化措置については、西村吉正『金融システム改革50年の軌跡』(金融財政事情研究会、2011年)186〜191ページを参照。
(78) 詳細については、拙著『日本の金利構造』(東洋経済新報社、1982年)第1章の20〜22ページを参照。
(79) 詳細については、前掲『日本の金利構造』第8章の234〜235ページを参照。
(80) 前掲『日本の金利構造』14〜15ページの第1-2表「公社債売買高(東京・店頭)の債券種類別内訳」を参照。
(81) 筆者は、当時の日本銀行営業局証券課において債券流通市場を担当しており、国債整理基金等の資金による長期国債買入れ操作を自ら体験することによって、「市場の流れには抗しえない」ことを実感した。もっとも、2013年春以降における黒田東

彦第 31 代総裁の下での日本銀行の「異次元緩和」は、莫大な長期国債買入れオペを継続的に実施することによって長期国債利回りを実際にコントロールしてしまっている訳であり、まさに隔世の感を禁じ得ない。
(82) 前掲『日本の金利構造』第 8 章の 245 〜 251 ページを参照。
(83) この主張は、金融政策の最終目標として物価の安定を最優先し、そのためにマネーサプライの動向を注視すべきことについて、日銀としての合意が得られたことを示唆している。そうした意味での「マネーサプライ重視政策」に日銀が全体として転換した背景には、やはり 1973 〜 74 年にマネーサプライの急増と大インフレーション（狂乱物価）の発生を引き起こしてしまったことに対する深い反省があったといえよう。
(84) マネーサプライ統計対象金融機関の「信用面の対応」（資産サイド）を構成する、(a) マネーサプライ統計対象金融機関による企業や個人向け貸出などの形での対民間信用、(b) それら金融機関による国債引受などの形での対政府信用、(c) それら金融機関による対外資産買い入れなどの中で、(a) のウェイトが圧倒的に大きいことに変わりはないものの、国債の大量発行に伴い (b) のウェイトが次第に無視しがたいものとなってきていることについて日銀内での合意が得られたことを示唆している。もっとも、マネーサプライ統計の「信用面の対応」は、あくまでも事後的な姿を示したものであり、マネーサプライのコントロールを目指す場合に、(b)、(c) などを与件としておいて、(a) に「適切な調整を加える」というのは実際には容易な技ではない。たとえば、横山昭雄氏は、「大幅な財政払超は、それにつれて銀行貸出を増加させるような論理が、金融機構の中に内在している」以上、対政府信用が増えたら、その分だけ対民間信用を抑えればよいというのは、「ことの本質をみない形式論理としかいいようがない」と厳しく批判している。横山昭雄『現代の金融構造』（日本経済新聞社、1987 年）150 ページを参照。
(85) 当時の日銀内部では、本来ならば金利政策などを活用したマネーサプライのコントロールを志向すべきなのだが、日本の金融市場における金利自由化が依然として不十分な状況では、金利政策の効果には限界があると考えられていたことを示している。日銀が、1970 年代後半から短期金融市場を中心として金利自由化を推進したのは、基本的にはそうした問題意識を背景とするものであり、金利自由化が達成された暁には、「窓口指導」という直接的規制手段に依存した金融政策からの脱却が可能となることが期待されたのである。
(86) 日本銀行調査局「欧米主要国におけるマネーサプライ残高重視の傾向とその背景」（『日本銀行調査月報』昭和 50 年 3 月号）を参照。
(87) 中川幸次氏は、当時の日銀内部での議論を回想して、文字通りの「マネーサプライ目標政策」導入に対して「日銀内部には賛成者が少ないようだった。そして、そのうち前川副総裁が『直近四半期の見通し』を公表することを提案された。日銀内部にも、この程度ならと賛成者が多かったし、私もこのほうがよいかなと思った。そして、森永総裁の決断で実施が決まったのである」（前掲『体験的金融政策論』190 ページ）と述べている。
(88) 1979 年 4 〜 6 月期以降は M2+CD（譲渡性預金）に対象が変更された。
(89) 筆者は、1983 年 3 月から 1984 年 11 月にかけて日本銀行調査統計局内国調査課

金融財政係の担当副調査役として、実際に「マネーサプライ見通し」の作成にあたった。
(90)　前掲『日本銀行百年史　第一巻』6ページから引用。
(91)　ちなみに、マネーサプライ（M2、1979年4〜6月期以降はM2+CD、平残）前年比と消費者物価指数前年比との時差相関係数（2年ラグ）を計算すると、佐々木・森永総裁時代（1970〜79年）の0.88に対して前川総裁時代（1980〜84年）は0.54に低下する。

［参考文献］
新井俊三・森田一（1982）『文人宰相　大平正芳』春秋社
久保田勇夫（2013）『日米金融交渉の真実』日経BP社
黒田晁生（1982）『日本の金利構造』東洋経済新報社
小宮隆太郎（1994）『貿易黒字・赤字の経済学』東洋経済新報社
塩田潮編著（1992）『金利を動かす男たち』かんき出版
鈴木淑夫「日本経済のマクロ・パフォーマンスと金融政策」（1985）『金融研究』第4巻第3号
中川幸次（1981）『体験的金融政策論』日本経済新聞社
中村隆英（1993）『昭和史Ⅱ』東洋経済新報社
西川善文（2011）『ザ・ラストバンカー』講談社
西村吉正（2011）『金融システム改革50年の軌跡』金融財政事情研究会
日本銀行調査局（1975）「日本におけるマネーサプライの重要性について」『日本銀行調査月報』昭和50年7月号
日本銀行調査局（1975）「欧米主要国におけるマネーサプライ残高重視の傾向とその背景」『日本銀行調査月報』昭和50年3月号
日本銀行調査局（1976）「昭和50年の金融経済の動向」『日本銀行調査月報（増刊）』
日本銀行調査局（1977）「昭和51年の金融経済の動向」『日本銀行調査月報（増刊）』
日本銀行調査局（1978）「昭和52年の金融経済の動向」『日本銀行調査月報（増刊）』
日本銀行調査局（1979）「昭和53年の金融経済の動向」『日本銀行調査月報（増刊）』
日本銀行調査局（1980）「昭和54年の金融経済の動向」『日本銀行調査月報（増刊）』
日本銀行調査統計局（1981）「昭和55年の金融および経済の動向」『日本銀行調査月報』昭和56年5月号
日本銀行調査統計局（1982）「昭和56年の金融および経済の動向」『日本銀行調査月報』昭和57年5月号
日本銀行調査統計局（1983）「昭和57年の金融および経済の動向」『日本銀行調査月報』昭和58年5月号
日本銀行調査統計局（1984）「昭和58年の金融および経済の動向」『日本銀行調査月報』昭和59年5月号
日本銀行調査統計局（1985）「昭和59年の金融および経済の動向」『日本銀行調査月報』昭和60年5月号

日本銀行百年史編纂委員会（1982a）『日本銀行百年史　第一巻』日本銀行
日本銀行百年史編纂委員会（1982b）『日本銀行職場百年　下巻』日本銀行
日本銀行百年史編纂委員会（1986）『日本銀行百年史　第六巻』日本銀行
速水優（1982）『海図なき航海』東洋経済新報社
浪川攻（2008）『前川春雄「奴雁」の哲学』東洋経済新報社
藤原作弥（1991）『素顔の日銀総裁たち』日本経済新聞社
前川春雄（1983）「日本銀行の使命」『金融研究』第2巻第2号
横山昭雄（1987）『現代の金融構造』日本経済新聞社
Santow, Leonard J.（2008）*Do They Walk on Water? Federal Reserve Chairmen and the Fed*, Praeger Publishers（緒方四十郎監訳、漆嶋稔訳『FRB議長　バーンズからバーナンキまで』日本経済新聞出版社、2009年）

第3章
プラザ合意と「バブル」の生成・崩壊

第1節　プラザ合意と国際的政策協調

1．澄田智第25代日本銀行総裁の就任とG5によるプラザ会議

　1984年（昭和59年）12月17日、日本銀行の澄田智副総裁が第2次中曽根康弘内閣（蔵相は竹下登氏）によって第25代日本銀行総裁に任命された。澄田氏は、1966年7月に大蔵省銀行局長に就任して「金融効率化行政」を推進するなど目覚しい業績をあげた後、1969年8月には大蔵事務次官となり、在任期間中に第一勧業銀行を誕生させるのに貢献した。澄田氏は、大蔵省を退官後の1972年に日本輸出入銀行総裁に就任し、1978年に退任した。日本輸出入銀行総裁は、「大蔵省のドン」と呼ばれ第23代日本銀行総裁となった森永貞一郎氏がかつて占めたポストであり、森永日銀総裁の任期満了が近づくにつれて、その最も有力な後継者として衆目の一致をみていたのが澄田氏であった。しかし、第2章で述べたように森永総裁の最終的な人事決断は、日銀プロパー（生え抜き）の前川春雄副総裁を第24代日銀総裁に抜擢し、澄田氏には副総裁として5年後の日銀総裁就任に備えさせるという極めて意外なものであった。

　澄田氏にとっては閑職ともいうべき日銀副総裁の座は決して居心地よいものではなかったはずであるが、温厚な人柄の澄田氏はよくそれに耐えたのであった。副総裁として雌伏5年の後、漸くにして金融政策の表舞台に登場した澄田新総裁は、総裁就任の記者会見において、「頑固、愚直と言われるよう信念を貫きたい」と述べ、かねてよりの信条である「誠心誠意」の姿勢で金融政策の運営に当っていく覚悟を示した。また、澄田総裁の就任と同時に、いわゆる「たすき掛け人事」で、理事から昇格した日銀プロパーの三重野康副総裁は、総裁と「気合を合せて行く」ことを誓った。しかし、澄田・三重

野新体制を待ち構えていたものは、各国の国益がぶつかり合う通貨外交の舞台において、「国際的政策協調」というスローガンの下に日本銀行に繰り返し利下げを迫るアメリカ側（および、それに呼応した日本政府・大蔵省）からの猛烈な圧力であった。

　澄田総裁の在任期間中における日本の主要経済指標の推移は、図表3-1に示したとおりであるが、澄田総裁が就任した1984年末当時における日本の国内経済は、前年春頃からの景気回復が本格的な拡大局面へとつながっていったにもかかわらず、消費者物価や卸売物価は安定基調を維持しており、物価安定下の景気拡大という一見望ましい展開を示していた。しかし、1984年中の日本の経常収支黒字額が340億ドル（円ベースでは約9兆円）とかつてない巨額に達する一方で、円の対ドル為替相場は1980年代前半を通じて根強い円安化傾向を示し、1984年末には1ドル＝252円を記録しており、経常収支黒字下での円安はアメリカとの貿易摩擦を激化させるという形での対外不均衡問題を引き起こしていたのである。

　日本の経常収支黒字が拡大したにもかかわらず為替相場の円安・ドル高傾向が続いた主因は、アメリカの高金利によってもたらされた海外からアメリカへの巨額の資本流入であった。1981年初に就任したロナルド・レーガン大統領は、「小さい政府」を目標として掲げ、いわゆる「サプライサイド経済学」に基づいた減税措置を実施したが、その一方で財政支出削減策は後回しにされ、軍事支出を顕著に増加させたこともあって、財政赤字が急拡大した。この間、ポール・ボルカー議長の下での連邦準備制度理事会は、第2次石油危機の影響もあって猛威を振るったインフレが漸く沈静化したことを理由に、1982年秋にはマネーサプライを目標とした「新金融調節方式」に幕を引いて弾力的な金融政策運営に転じたものの、財政赤字の急拡大を主因にアメリカの市場金利が高止まりして、海外からの資本流入をもたらした。円に対するドルの過大評価は、自動車産業をはじめとしたアメリカ製造業の国際競争力を低下させ、貿易摩擦問題の激化へとつながっていったが、「強いドル」を信奉するドナルド・リーガン財務長官と為替市場への介入を頭から拒否するベリル・スプリンケル財務次官のコンビの下では、そうしたドル高の是正に向けて有効な取り組みができないままに終わっていたのである。

図表 3-1　主要経済指標の推移（1985 ～ 1989 年）

	1985年	1986年	1987年	1988年	1989年
実質GDP成長率 （1990年価格、前年比％）	4.6	2.9	4.4	6.2	4.9
鉱工業生産指数増加率 （2000年平均＝100、前年比％）	3.6	− 0.2	3.4	9.7	5.8
国内卸売物価指数上昇率 （1995年平均＝100、前年比％）	− 0.8	− 4.7	− 3.1	− 0.6	1.9
全国消費者物価指数上昇率 （1995年平均＝100、前年比％）	2.1	0.6	0.1	0.7	2.2
マネーサプライ増加率 （M2平均残高、前年比％）	8.4	8.7	10.4	11.2	9.9
日経225種平均株価 （年末値、円）	13,113	18,701	21,564	30,159	38,915
円対米ドル為替レート （インターバンク直物、年末値）	200.60	160.10	122.00	125.90	143.40
経常収支 （円ベース、10億円）	11,970	14,244	12,186	10,461	8,711
日本銀行公定歩合 （年末値、％）	5.00	3.00	2.50	2.50	4.25

［資料出所］日本銀行「経済統計年報」ほか

　1985 年初にレーガン大統領が第 2 期に入るとともに、弁護士出身で実務家のジェームス・ベーカー大統領首席補佐官とリーガン財務長官とのスワップ人事が行われ、新たに財務長官となったベーカー氏は、同じく弁護士出身の腹心リチャード・ダーマン氏を副長官として伴い財務省入りした。一方、リーガン氏が大統領首席補佐官に就任して財務省を去った後、しばらくしてスプリンケル財務次官も経済諮問員会（CEA）委員長に転じた。こうして、新たに財務省を率いることになったベーカー＆ダーマン組は、アメリカ議会で燃え盛る保護主義に水をかける狙いで、2 月から 3 月初にかけてドル高・欧州通貨安を是正するための為替市場介入を欧州諸国（ことに西ドイツ）と協調して頻繁に実施した。総額 100 億ドルに及ぶ協調介入の効果もあって、2 月に対マルクで 1 ドル＝ 3.4 マルク台（対円で 1 ドル＝ 260 円台）の高値をつけたドルは、3 月以降緩やかな下落局面に入った。[4]

国際的政策協調路線へと方針転換したアメリカ財務省に日本側で呼応したのが、中曽根首相から日米貿易摩擦問題を解決するために円・ドル調整を含めた総合対策を検討するよう指示されていた竹下登大蔵大臣であった。1985年2月に創政会を旗揚げしたばかりの竹下蔵相にとっては、国際的に知名度を上げる好機到来と映ったやに窺われるのである。同年6月に東京で開催された主要10か国（G10）蔵相・中央銀行総裁会議の際にベーカー財務長官と竹下蔵相が会談し、竹下蔵相が日米の協調介入によるドル高是正を打診したのに対して、ベーカー財務長官は日本に積極的な内需拡大を求めるという形で議論は平行線を辿ったが、この会談を契機としてベーカー＝竹下チャネルによる日米間の政策協調に関する交渉が急速に具体化していった。アメリカの財務省と日本の大蔵省によって開始されたドル高是正のための政策パッケージ（為替市場介入、財政政策、金融政策などの総合対策）作りは、まもなく西ドイツ、イギリス、フランスの蔵相を巻き込んだ主要5か国（G5）蔵相ベースの国際的政策協調へと拡大され、9月下旬にニューヨークのプラザ・ホテルでG5会議を開催した上で、各国がドル高是正のために為替市場での協調介入に踏み切るという具体案が、蔵相代理レベルでまとめられていった。この間、為替市場への介入権限を有するブンデスバンクのカール・オットー・ペール総裁を除けば、各国中央銀行総裁はほとんど蚊帳の外に置かれていた。アメリカ内部では、高金利是正のためには財政赤字の削減こそが必要だと主張していたボルカー連邦準備議長は、レーガン政権下のホワイトハウスから煙たがられており、ベーカー財務長官から特に相談を持ちかけられることはなかったし、イギリス、フランスでは中央銀行には一切相談なしに事態が進行していた。日本銀行の澄田総裁が、大蔵省の大場智満財務官から、プラザ・ホテルで開催予定のG5会議において各国が為替市場での協調介入実施を決定する方針であるとの説明を受けたのは、会議4日前の9月18日のことであったとされている。

2．外国為替市場での協調介入と短期金利の「高め放置」

　1985年9月22日（日曜日）、G5の蔵相・中央銀行総裁会議がニューヨークのプラザ・ホテルで開催された。会議場である「ホワイト＆ゴールドの間」

に集まったのは、アメリカ、日本、西ドイツ、イギリス、フランスの蔵相・次官（財務官）および中央銀行総裁であり、日本からは竹下蔵相、大場財務官、そして澄田日銀総裁が出席した。

　午前11時半から約5時間に亘って開催された会議では、まず蔵相代理レベルで予め準備された共同声明文についての最終的な詰めが行われ、保護主義に抵抗するためには「ファンダメンタルズの現状および今後の変化を照らして、主要非ドル通貨の対ドルでのある程度の一層の秩序ある上昇が望ましい」こと、そして、「G5各国は、これを促進するよう密接に協調する用意がある」ことを共同声明として発表することで合意した[8]。次いで、ドル高を是正するための為替市場介入戦略についての討議が行われ、近い将来においてドルをIMF方式で10～12％下方調整すべく各国が協調介入を実施すること、介入期間・規模は6週間程度の電撃作戦で180億ドルを目途とすること、介入資金の分担をアメリカ・日本各30％、西ドイツ25％、フランス10％、イギリス5％とすることなどで合意した。会議の席上、竹下大蔵大臣は、ドル高是正のための協調介入に一貫して積極的な姿勢を示し、1ドル＝200円の大幅な円高をも容認する旨の発言をして、会議での合意形成に貢献したといわれている[9]。アメリカと日本が協調介入で連携したのに対して、欧州勢は協調介入に消極的なスタンスであり、結局、協調介入を実施すること自体をG5の共同声明文に盛り込むことはせず、共同声明発表後に実際に協調介入に踏み切ることで市場に対して意思表示するという妥協策がとられた。

　プラザ合意のもうひとつの柱は、ドル高（その裏返しとしての円安・マルク安）の是正を各国間の政策協調と結びつけたことであった。すなわち、財政政策に関しては、アメリカが1986会計年度（1985年10月～86年9月）の財政赤字削減パッケージを実施する一方、西ドイツは中期的な税制改革の一環として1986年および88年に減税を実施する方針を表明した。所得税減税を求められた竹下蔵相は、G5の共同声明とは別途に、日本の税制調査会での審議を今後進めることを独自に発表することでその場を凌いだが、後日、ベーカー財務長官から日本の内需拡大の目玉として減税の実施を要求されることになった。ドル高是正をもっぱら協調介入によって実現したい竹下蔵相の思惑と、日本、西ドイツの内需拡大によって対外不均衡問題を解決したいとする

ベーカー財務長官の思惑とは、プラザ合意において既に微妙にすれ違っていたのである。

次に、金融政策に関しては、一般論として各国中央銀行が大蔵当局と協力して柔軟に対応する方針について合意がなされたのみで、介入と金融政策をどのように結びつけるのかについては議論すら行われなかった。各国の中央銀行が、金融政策の運営について少なくとも建前上の中立性・独立性を与えられていることを勘案すれば、政治家を含めたG5会議は、そもそも金融政策のあり方を議論する場としてはふさわしくなかったと言うべきであり、プラザ会議の段階においては、中央銀行の中立性・独立性に対する配慮がまだ残されていたといえよう。しかし、プラザ合意後において国際的政策協調路線が実施に移されるにつれて、日本において最も顕著であったように、各国蔵相たちは中央銀行の金融政策に容赦無く足を踏み込むようになっていった。

プラザ合意の翌日に当る1985年9月23日（月曜日）から開始されたドル売り（円・マルク買い）の協調介入[10]は、当初の目標期限であった10月末にかけて実施され、介入総額は102億ドル（内訳はアメリカ32億ドル、日本30億ドル、西ドイツ・フランス・イギリスの3か国合計20億ドル、その他のG10参加国20億ドル）に達した。ブンデスバンクのペール総裁は、プラザ会議後2週間足らずで1ドル=2.65マルクまでドル安が進んだのをみて、更なるドル売り介入には及び腰となったが、プラザ会議で協調介入に向けて議論を主導したと自負する竹下蔵相は大蔵省事務当局に徹底介入を指示し、日本銀行は、大蔵省と協力して大規模なドル売り（円買い）介入を繰り返し実施した。10月末のドル相場は、プラザ会議前の水準と比べると、対円で13%、対マルクで10.5%のドル安となり、プラザ合意の目指した10～12%のドル安目標はほぼ達成された（図表3-2を参照）。

この間において日本銀行は、プラザ合意から約1か月後の10月24日から、公定歩合を5%に据え置いたまま、それまで6.5%程度で推移していたコールレートを一挙に7～8%台へと引上げる「高め放置」[11]に踏み切った。三重野副総裁の腹心の部下である佃亮二営業局長が主導した短期金融市場金利の「高め放置」は、前年夏以来の国債市場における市況の過熱（利回りの急低下）とキャピタル・ゲイン狙いの短期回転売買活発化[12]に対処することを直接的な

第 3 章　プラザ合意と「バブル」の生成・崩壊　89

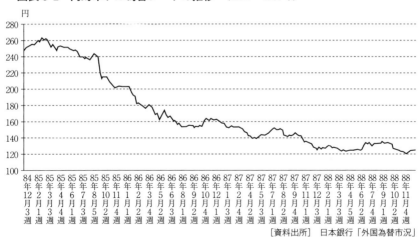

図表 3-2　円対米ドル為替レートの推移　(1984～1988年)

[資料出所]　日本銀行「外国為替市況」

狙いとしていたが、それと同時に為替市場におけるドル高・円安の是正を一段と促すことを意識した措置であった。「高め放置」によって国債利回りは急上昇し、1ドル＝ 215 ～ 8 円で足踏み状態にあった為替相場も再び円高化して、11 月には 200 円台にまで増価した。もっとも、「高め放置」の直後には長期プライムレート引上げ前の駆け込みで長期貸出が急増したほか、自由金利預金への資金シフトによってマネーサプライ（M2＋CD 平残）前年比が10 ～ 12 月期には 9% 台に高まるなど、金融自由化が過渡期にあったことを背景として、日本銀行にとって予期せざる事態も生じていた。

　日本銀行が独断で実施したコールレートの「高め放置」は、プラザ会議の席上ではほとんど議論されないままに終わっていた金融政策の協調に関する各国（および、財政当局と中央銀行）の思惑違いを表面化させた。すなわち、プラザ会議の準備段階においてベーカー財務長官が目論んでいたのは、ドル高是正のための為替市場介入に協力する代りに、日本、西ドイツには財政支出拡大・減税と金利引下げによる内需拡大を実現させることであった。したがって、プラザ会議での協調介入戦略を準備した G5 蔵相代理会議においても（各国中央銀行を蚊帳の外に置いたままではあったが）、日本、西ドイツの金融政策に関しては金利引下げ方向での柔軟な対応を内々に期待していたので

あった。

　プラザ会議から約1か月を経た段階において、そうしたアメリカ側の意図は、緒方四十郎理事（国際関係統括）を介して澄田総裁にも薄々は感じられていたはずである。しかし、澄田総裁は、当面は日本銀行の独自の政策手段を活用することによってドル高・円安是正の流れを確実にすることに賭ける形で、三重野副総裁の肝いりの策である「高め放置」の実施にゴー・サインを出したのである。日銀が突如実施したコールレートの「高め放置」に驚いた大蔵省の大場財務官は、澄田総裁に抗議の電話を入れ、山口光秀次官を通じて日本銀行に「高め放置」を直ちに取り止めるよう要請したといわれている。しかし、そうした大蔵省からの圧力に対して、三重野副総裁は強く抵抗し、結局12月18日まで約50日間に亘って「高め放置」を継続した。この間、緒方理事や太田赳理事（国際関係副担当）は、一連の国際会議などにおいてアメリカをはじめとした海外諸国から「高め放置」に対する厳しい批判の矢面に立たされることとなり、そのことが日本銀行内部における国際派と国内派の間にわだかまりを生ずることにつながったのである。

3．各国間の協調利下げ交渉とG7によるルーブル合意

　1986年に入ると円高が急速に進行して、澄田総裁の下での日本銀行は、一転して公定歩合の連続引下げを余儀なくされる破目に陥った。まず、1月下旬にロンドンで開催されたG5においては、各国の内需拡大を狙った協調利下げ交渉が不調に終わったが、その帰途にアメリカを訪問した竹下蔵相が1ドル＝190円を例示して円高を容認する趣旨の発言を行ったのを契機として、円相場は190円台に突入した。日本銀行は、「高め放置」の矛をおさめた後、国内景気の減速に配慮すべく公定歩合引下げの機会を探りながらも、それに伴い円安・ドル高への呼び戻しが起きることを警戒して逡巡していたが、竹下蔵相の口先介入がもたらした円高進行によって引導を渡される形で、1月29日に単独で公定歩合の0.5％引下げ（5％→4.5％）を決定した。澄田総裁にとって第1次（前川総裁時代からの通算では第6次）の公定歩合引下げは、円高進行に伴う国内景気後退への対応策として実施されたのである。しかし、一旦はずみのついた円高に歯止めはかからず、2月中旬には1ドル＝180円

を突破した（前掲図表3-2を参照）。

　一方、アメリカでは2月24日に連邦準備制度理事会でいわゆる「宮廷クーデター」が起き、ボルカー議長は辞任の瀬戸際に追い込まれた。レーガン政権によって指名されたプレストン・マーチン副議長らが景気刺激のための公定割引率（ODR）引下げを提案し、アメリカの単独利下げによるドル急落を懸念するボルカー議長の反対を押し切って、同提案を4対3で可決してしまったのである。追い詰められたボルカー議長は、日本、西ドイツとの協調利下げ実現までODR引下げを待ってもらうようクーデター派の了解を取りつけた上で、まず日銀の澄田総裁に緒方理事を通じて協調利下げを促し、次いでブンデスバンクのペール総裁に対しては直接説得に当った。こうしてアメリカ、日本、西ドイツの協調利下げ体制が急遽整えられ、ブンデスバンクの再割引率引下げ（3月6日、4%→3.5%）、アメリカ連邦準備のODR引下げ（7日、7.5%→7%）と合せて、7日に澄田総裁は第2次の公定歩合引下げ（→4.0%）を決定した。

　4月に入ると、ワシントンDCでのG10会議に際して、8日にベーカー＝竹下会談、10日にボルカー＝澄田会談がそれぞれ行われた。5月の東京サミットを前に、為替の安定化を必死で求める竹下蔵相に対して、ベーカー財務長官は日本側が内需拡大に努めるべきだと切り返した。また、ボルカー議長は澄田総裁に対してアメリカの景気に陰りがみられるようになったことを理由に再び協調利下げを求め、円高によるデフレ効果を懸念する澄田総裁はボルカー議長の申し出を受け入れて、アメリカと日本による二度目の協調利下げがまとめられた。4月18日にアメリカ連邦準備がODR引下げ（→6.5%）を実施した後、19日に日本銀行は第3次の公定歩合引下げ（→3.5%）を決定した。しかし、その後も円高が進行して、4月下旬に円相場は1ドル＝170円を突破した（前掲図表3-2を参照）。

　1986年に入ってから日本銀行が3回に亘って公定歩合を引下げた過程において、1月の単独利下げはもちろんのこと、アメリカ側からの要請に応じる形であった3月、4月の協調利下げについても、あくまでも円高進行に伴う景気後退への対応策として日本銀行内部における合意を形成した上での利下げ決定であった。その意味で、日本銀行の金融政策運営における澄田総裁

と三重野副総裁の「二人三脚」体制は、この段階においてはまがりなりにも維持されていたとみられるが、3月、4月の協調利下げに際しては、日銀の「伝家の宝刀」である公定歩合操作が、アメリカ側（ことにボルカー議長）の主導で進められた（それに、海外において総裁代理を務める緒方理事が深く関与した）ことは、三重野副総裁にとっておそらく不快な出来事だったと推察される。[17]

　5月のゴールデンウィークに東京で開催されるサミットを約1か月後に控えた4月7日に、中曽根首相の私的研究会である「国際協調のための経済構造調整研究会」の報告書が発表された。前日銀総裁の前川氏を座長とする同研究会報告書（いわゆる「前川レポート」）は、従来の輸出依存型経済を国際協調型経済に改めることを狙いとし、住宅対策・都市開発事業の拡充、週休二日制完全実施による消費生活の充実、地方における社会資本整備などの形で内需拡大を図る一方、農産物の輸入拡大、海外直接投資の推進などにより経常収支黒字の削減に努めることを提言した。[18]しかし、そのために必要とされる国内での規制改革や市場開放に対する国内の抵抗は根強く、実現可能性の低い「不毛の報告書」と一部で揶揄されることになった。[19]

　東京サミットでは、円高で悲鳴を上げる輸出産業への配慮を迫られた中曽根首相がレーガン大統領に対して為替安定化を必死で訴えたものの、さしたる成果は得られなかった。ベーカー財務長官は、新しい政策協調の枠組みとして、各国の経済活動・政策運営についての多角的監視を効果的に実施するための「インディケーター」（具体的には、GNP、インフレ率、金利などの10の経済指標）を取り上げ、その実績と見通しについて検討することが合意されたものの、実際の「インディケーター」作りは各国の利害対立によって難航し、その後における政策協調の枠組みとしては機能しなかった。

　サミット後に、円相場は一時1ドル＝160円を突破し、中曽根首相は窮地に追い込まれたが、強引に持ちこんだ7月6日の衆参同時選挙では、「大型間接税（売上税）は導入せず」との公約を掲げた自民党が圧勝し、衆議院で300議席を超える安定基盤を確立した。これを受けて7月22日に発足した第3次中曽根内閣では、蔵相の座から退いた竹下氏が自民党幹事長に就任し、それまで政務調査会長であった宮澤喜一氏が代わって蔵相となった。プラザ合意以降の通貨交渉が歯止め無き円高をもたらしていると批判してきた宮澤

氏は、攻守所を変えて今度はアメリカを主たる相手とした通貨交渉の矢面に立たされることになったのである。なお、相前後しての大蔵省人事で、大蔵次官は山口光秀氏から吉野良彦氏に、財務官は大場智満氏から行天豊雄氏に交代した。

　この間において、11月の中間選挙を控えて景気浮揚を図りたいベーカー財務長官は、ボルカー議長を巻き込んで日本と西ドイツに利下げの圧力をかけ続けたが、ブンデスバンクのペール総裁は協調利下げの見返りにアメリカ側がドルの安定を確約することを求めて譲らず、澄田総裁も、三重野副総裁を中心とする国内派から強硬な反対論が起きている状況の下で、更なる協調利下げの要請に応ずることはなかった。結局、アメリカ連邦準備は、7月10日と8月21日にODRを単独で0.5％ずつ引下げて5.5％とすることにより、日本と西ドイツの利下げへの呼び水となることを期待したのであった。

　9月26日にワシントンDCでIMF・世銀総会（並行してG5）が開催される直前に、それまで澄田総裁の随行として協調利下げに深く関与してきた緒方理事（国際関係統括）が日本開発銀行副総裁に更迭され、その後任には太田赳理事が起用された。当時における日本開発銀行副総裁ポストは、日本輸出入銀行副総裁ポストとともに、日本銀行の理事経験者にとっては有力な「天下り先」ではあったが、本来の活躍の場である通貨交渉の舞台から突然の退場を命ぜられた緒方氏にとってはいささか不本意な人事であったに相違ない。日本銀行を退職した翌年に緒方氏が日本銀行行友会誌『行友』に寄稿したエッセーは、それまでの協調利下げの過程で緒方氏を批判していた国内派の「内弁慶」ぶりへの不満を極めて直截的に表明したものであった。[20]

　9月26日からワシントンDCで開催された一連の国際会議の際には、宮澤＝ベーカー会談と澄田＝ボルカー会談が並行してもたれた。宮澤蔵相は、ベーカー財務長官に対して日本政府が9月19日にとりまとめたばかりの補正予算案（3.6兆円）を中心とした総合経済対策の内容を説明し、見返りに為替安定化へのコミットメントを求めた。一方、ベーカー財務長官の意を汲んだボルカー議長は、澄田総裁との二度にわたる会談で執拗に公定歩合の引下げを要請し、根負けした澄田総裁はついに利下げを前向きに検討するとの言質を与えてしまったといわれている。[21] アメリカの中間選挙を目前に控えた

10月31日午後7時に、為替安定化を謳った宮澤＝ベーカー共同声明が発表され、日本側は、①補正予算案の国会提出、②税制改革の早期実現を推進、③公定歩合の引下げ、を表明する一方、アメリカ側は、①財政赤字の削減、②税制改革の法制化、③保護主義圧力への抵抗、を表明した。同日、宮澤＝ベーカー共同声明の発表に先だって、日本銀行は「景気が予想以上に悪化している」ことを理由に第4次の公定歩合引下げ（→3％）を決定した。

　ワシントンDCでの一連の国際会議から10月末の宮澤＝ベーカー共同声明の発表（および、第4次の公定歩合引下げ）に至る過程で、澄田総裁と三重野副総裁の意見対立は決定的となった。まず、澄田総裁がアメリカでの記者会見の席で、日本は西ドイツよりも景気に一層配慮する必要性があるとの認識を示し、それがマスコミを通じて「利下げ容認」発言として流布されると、10月3日の衆議院予算委員会における参考人として出席した三重野副総裁は、「マネーサプライが増えて潜在的なインフレの芽が育っている現状は、乾いた薪の上にいるようなものだ」と発言して、更なる公定歩合引下げの必要性を明確に否定した[22]。その翌日、海外出張から帰国した澄田総裁は、三重野副総裁をはじめとした日銀内国内派の強力な利下げ反対論に一日は同調する姿勢を示したが、アメリカの中間選挙前にベーカー財務長官との交渉をまとめあげて為替安定化を実現したい宮澤蔵相（および、その意を受けた行天財務官）は、澄田総裁に直接に利下げを迫ってついに約束させたといわれている[23]。その後、宮澤首相と澄田総裁の間での直談判で公定歩合引下げの約束が交わされていたことを知った三重野副総裁は、もはやこれまでと軍門に下ったのである。

　日米蔵相共同声明の後、円相場は概ね1ドル＝160円台で小康状態を続けたが、1987年に入ると、宮澤蔵相が約束した財政面からの内需拡大策が空手形に過ぎなかったことに不満を持ったベーカー財務長官の「トークダウン」[24]（口先介入によるドル安誘導）によって再び円高が進行し、日本側での必死のドル買い・円売り介入にも拘らず、1月19日には1ドル＝150円を突破した（前掲図表3-2を参照）。たまりかねた宮澤蔵相は、急遽ワシントンDCに飛んでベーカー財務長官と会談したが、その際に、吉野次官が率いる大蔵省事務方の抵抗にあって積極予算を意図したようには組めない宮澤蔵相がベー

カー財務長官への「お土産」としたのは日本銀行の更なる公定歩合引下げであったといわれている。会談後の1月21日に、宮澤蔵相とベーカー財務長官は、為替安定化を再確認した共同声明を発表し、1月28日のニューヨーク市場では、日本銀行の介入と合せて、ニューヨーク連邦準備銀行がプラザ合意以来初の円売りドル買い介入（5千万ドル）に踏み切った。

　2回にわたる日米共同声明による為替安定化の合意は、それまで政策協調に及び腰であった西ドイツに対する圧力となり、ブンデスバンクが1月23日に漸く重い腰を上げて、再割引率を3.5％から3％に引下げた。さらに、欧州諸国を交えた政策協調を求めて、フランスのルーブル宮殿における2月22日のG7会議開催へとつながっていった。ドル安に歯止めがかからなくなった状況下で、アメリカへの資本流入が鈍化してTB入札への悪影響が懸念され始めたため、ベーカー財務長官も追い詰められていた。G7会議に先立つ2月20日に、澄田総裁は第5次の公定歩合引下げ（幅0.5％）を決定し、日本銀行の公定歩合は2.5％と当時としては史上最低の水準になった。1月の宮澤＝ベーカー会談において宮澤蔵相が「お土産」とした日本銀行の公定歩合引下げは、アメリカ側が実施のタイミングに異論を唱えたため、しばらくの間宙ぶらりんの状態となっていたが、G7会議の開催を前にして、ようやく正式決定をみたのであった。2月20日のドル相場は、対円で1ドル＝153円、対マルクで1ドル＝1.825マルクであった（前掲図表3-2を参照）。

　ルーブル宮殿での会議では、維持不可能な対外不均衡問題を世界の経済成長によって解決することを狙いとして、為替相場を「当面の水準の近辺」で安定させることで合意した。また、ワーキング・ディナーの席上では、為替相場安定の具体策として、会議前の為替相場を中心レートとし、上下5％を変動幅と定め、上下2.5％ずつ動いた段階で市場に介入することにまで、議論が進められた。この「ルーブル合意」は、緩やかな「目標相場圏」ともいうべきものであったが、具体的な中心レート、変動幅、介入義務などについては会議後に一切公表されなかったこともあり、どこまで合意したのかについて参加国間で意思統一がとれていなかった。また、為替安定化の裏づけとなる各国の政策協調に関する合意を欠いていた。ルーブル会議の後、為替相場はしばらく小康状態を保ったが、3月に入ると再び円高・ドル安が進行して、

3月23日には約2か月ぶりに1ドル＝150円を割り込んだ。

4月に入ると、為替市場ではドル売り一色となり、日米欧の通貨当局による必死のドル買い介入にも拘らず、ドル安に歯止めはかからなかった。4月8日にワシントンDCで開催されたG7の際に、ボルカー議長と会談した澄田総裁は、ボルカー議長から公定歩合の更なる引下げを求められたが、さすがに「もう利下げは十分だ」として、今度はこれを拒否したといわれている。その後4月27日に、ドルは対円で1ドル＝140円、対マルクで1ドル＝1.8マルクの大台を突破した（前掲図表3-2を参照）。[28]

第2節　行き過ぎた金融緩和と「バブル」の生成

1．円高不況の克服と金融緩和の副作用

「プラザ合意」から始まった国際的政策協調路線の下で、澄田総裁は1986年1月から1987年2月にかけて5回にわたり公定歩合を引下げ、公定歩合の水準は当時としては史上最低の2.5％となったが、澄田総裁が推し進めた金融緩和政策は、当時の国内経済情勢に照らしてみると、それなりの説得力を持つ政策であった（前掲図表3-1を参照）。日本経済は、1985年秋からの急速な円高の進行によって、輸出関連企業を中心に生産活動が落込み、1986年の鉱工業生産指数は前年比－0.2％と1975年（同－11.1％）以来の前年比マイナスとなったほか、円高と原油価格低下の影響で、1986年の国内卸売物価指数が前年比－4.7％と戦後最大の下落を記録するなどデフレーションが進行していた。したがって、一連の公定歩合引下げの内幕が為替相場に振り回されたものであったにせよ、それが実際に「円高不況対策」として有意義だったことを見逃してはならない。事後的にみると、1986年暮れには既に景気は底入れしていたのであり[29]、結論としては、1987年2月に澄田総裁が実施した第5次の公定歩合引下げは「余計なことであった[30]」とする三重野副総裁に軍配が上がることになろうが、その後も1987～88年にかけて消費者物価や卸売物価などの一般物価が極めて落ち着いていたことを勘案すると、物価安定を目的とする金融政策としては、澄田総裁が敢えて踏み切った第5

次の公定歩合引下げが致命的な失敗であったとは言い難いのである。なお、1987年5月末に緊急経済対策として総額6兆円の大型補正予算（公共事業追加と減税）が発表され、かねてより積極財政への転換の必要性を唱えていた宮澤蔵相は面目を保つことができたものの、事後的にみれば遅すぎた財政面からの景気刺激策だったことになる。

　一方、当時における金融面の動向に目を転じると、金融緩和の行き過ぎが懸念すべき幾つかの副作用をもたらしつつあった。第一に、1980年代に入ってから進展した金融自由化・国際化を背景として、この頃には大企業を中心に社債や株式（増資）など資本市場からの資金調達が活発化して、大企業のいわゆる「銀行離れ」が顕著となった。そして、多くの大企業が、活発な外部資金調達の結果として積みあがった余裕資金を特定金銭信託やファンド・トラストなどで運用する「財テク」を手掛けるようになっていた。第二に、中曽根首相の民活路線の下で民営化されたNTT（旧日本電信電話公社）の第一次株式売却（165万株）が1986年11月に大蔵省から発表されると、個人投資家の間で爆発的な人気となり、売出し価格は市場関係者の当初予想を大きく上回る119万7,000円、そして、1987年2月9日の上場時点での初値は160万円となった。上場後もNTTの株価は上昇を続けて、次第にバブルの様相を呈するようになり、上場から2か月半後の4月22日には最高値318万円をつけた。第三に、預金金利の自由化などに伴う資金調達コストの上昇傾向に加えて、資金運用面では従来の顧客である大企業の「銀行離れ」現象に直面した大手銀行は、1980年代央頃から不動産担保の中小企業向け貸出や不動産関連業種（不動産業、ノンバンク、建設業）向け貸出を次第に積極化するようになっていた。また、多くの大手銀行が、金融自由化に対応した収益力の強化を狙いとして組織改革を行い、国際・大手法人・国内業務などマーケット（顧客）別の本部による分権制を新たに導入する下で、従来は相互に独立していた営業推進と融資審査の機能が一体化され、ともすれば収益力の強化のために営業推進が優先されるようになっていた。ちなみに、「国内銀行」（都市銀行、地方銀行、第二地方銀行、信託銀行、長期信用銀行の合計）の貸出金残高（銀行勘定、末残）は、1986年に前年比28.6％という異常な伸びを示現した（前掲図表2-6参照）。

図表 3-3　日経 225 種平均株価の推移　(1970〜2002 年)

[資料出所]　東洋経済統計年鑑

　株式市場や土地市場におけるマクロの価格指標も、この頃には既に警戒すべき上昇傾向を示していた。株式市場においては、日経225種平均株価が1987年1月30日に初めて2万円台に乗せ、1984年1月9日の1万円台乗せから約3年という短期間での大台替わりであった(図表3-3を参照)。ちなみに、1984年初から1987年初までの3年間における株価上昇率は、年平均23％(ことに1986年初からの最後の1年間の上昇率は43％)という凄まじいものであった。

　また、土地市場においても、1986年4月に国土庁が発表した公示地価は、全国・全用途平均で前年比2.6％(うち東京圏・商業地平均は同12.5％)の上昇であったが、その翌年に発表された公示地価は、全国・全用途平均で前年比7.7％(うち東京圏・商業地平均は同48.2％)へと一挙に騰勢を強めたのである(図表3-4を参照)。

　こうした株式・土地市場での懸念すべき動向に対して危機感を抱いていた三重野副総裁は、かねてからの持論である「乾いた薪」論を展開することによって行き過ぎた金融緩和に警鐘を鳴らし続けた。そして、1987年4月からはコールレートを高めに誘導するという形で金融緩和の是正が試みられたが、5月にワシントンDCで行われた中曽根首相とレーガン大統領の会談後の共同声明では、日本銀行の金融調節についても異例の言及がなされ、日本

図表3-4　六大都市市街地価格指数の推移　(2000年3月末＝100)

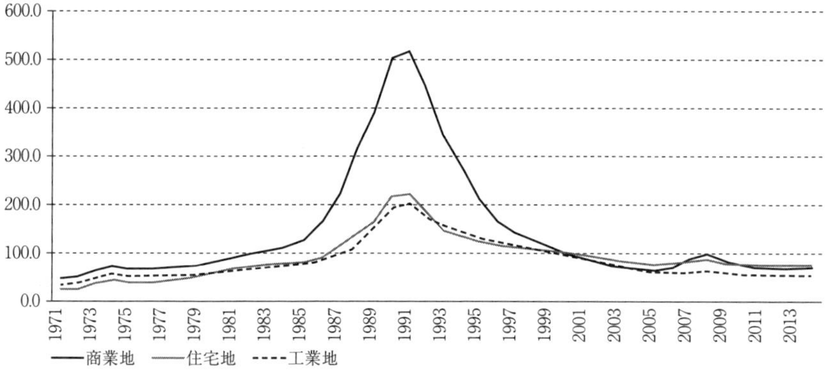

[資料出所]　日本不動産研究所

銀行はコールレートの高め誘導を一旦撤回せざるをえなくなった。なお、(34)
1987年1～3月期までは都市銀行など民間金融機関の自主計画を全面的に尊重していた窓口指導についても、同年4～6月期からは、「節度ある融資態度の堅持」を求める形で貸出抑制的な姿勢を示すようになったが、公定歩合の引き上げを伴わない窓口指導は実効性を欠くというのが、日銀内外の関係者間での従来からの共通理解であり、この時点における窓口指導の強化は実際にはさほどのものではなかったといえよう。(35)

2．「ブラック・マンデー」後の対応と「バブル」の膨張

1987年の夏から秋にかけて、国際金融の潮流に大きな変化が生まれた。アメリカでは、「宮廷クーデター」以降、連邦準備内での居心地が悪くなっていたボルカー議長が6月1日にレーガン大統領に辞意を表明し、任期満了となった8月11日にアラン・グリーンスパン氏（フォード政権下の経済諮問委員会委員長）に議長を交代した。グリーンスパン新議長は、ニューヨーク株式市場で年初に2000ドルの大台乗せをしたダウ工業株30種平均価格が8月中旬には2700ドルへと急騰しているのに警戒感を抱き、9月4日の理事会でいきなりODR引上げ（5.5%→6%）を実施した。一方、日本銀行では、澄田総裁が（三重野副総裁を中心とした国内派からの強い要請もあって）先行き

の公定歩合引上げを念頭におきながら、8月末から短期市場金利の高め誘導を再開し、西ドイツでも、ブンデスバンクのペール総裁が国内インフレを懸念して10月から短期金利の高め誘導に踏み切った。そうした一連の動きに対して警戒感を強めたベーカー財務長官は、ブンデスバンクが短期金利の高め誘導に踏み切った際には、テレビ番組でブンデスバンクの政策スタンスがルーブル合意に反するものだと強く非難し、米独の対立が一挙に表面化した。[36]

この間、日本では、当時「ニューリーダー」と称されていた自民党の竹下幹事長、宮澤蔵相、安倍晋太郎総務会長による中曽根首相の後継者争いが繰り広げられていた。実質的に白紙委任された形となった自民党の後任総裁選びにおいて、中曽根首相は、5年間の長期政権の任期切れ間近となった1987年10月19日（月曜日）夜、3人の候補者の中から竹下幹事長を最終的に指名した。その直後、（時差を伴って開いた）同日のニューヨーク株式市場では、ダウ工業株30種平均株価が前週末比で史上最大の22.6％（508ドル）の大暴落となった。[37]これが、いわゆる「ブラック・マンデー」である。ニューヨーク市場での株価暴落は、翌20日には東京市場に飛び火して、日経225種平均株価は前日比14.9％（3,836円）の暴落となり、さらに、ヨーロッパ市場へと飛び火していった。

ニューヨーク株式市場の「ブラック・マンデー」に始まった世界的な株価大暴落は、翌20日からグリーンスパン議長が迅速かつ大量の流動性供給を行ったことに加えて、日本銀行やブンデスバンクが直ちに短期金利の高め誘導を中断し、市場に流動性を供給するという形で市場安定化のための協調行動をとったことによって歯止めがかけられた。21日のニューヨーク市場ではダウ平均株価が辛うじて下げ止まり、東京市場では暴落をチャンスとみた個人投資家などからの買いが入って日経平均株価が前日下落分の半値戻しとなったことを契機として、世界の株式市場での混乱は収束に向かった。一方、外国為替市場においては、「ブラック・マンデー」とともに再燃したドル安（円高・マルク高）が収まらず、11月には1ドル＝130円台、12月には120円台へとドル相場が急落した。欧州では、マルク高にたまりかねたブンデスバンクが、12月4日に再割引率引下げ（3％→2.5％）に踏み切った。12月22日

には、G7が（会議を実際には開くことなく）ドル安防止を呼びかけた共同声明を緊急発表したが、年明け後の円相場は1ドル＝122円70銭の高値を記録した。

「ブラック・マンデー」が起きたことによって、三重野副総裁らが描いていた金融引締めへの転換は中頓挫を余儀なくされることになった。「もし、日本が金融引締めを実施すると再び株式市場が混乱し（中略）、それが為替相場の不安定をもたらすことのないよう、金利引上げに慎重にならざるを得なかった」(38)からである。営業局長時代には、「市況担当者は常に動物的な勘を持て」が口癖であった三重野副総裁であったが、「ブラック・マンデー」に直面した際には、大恐慌時を上回る株価の大暴落への恐怖心が支配的となった状況の下で、従来からの持論であった「乾いた薪」論を棚上げせざるを得なかったのである。

この間において、「ブラック・マンデー」の混乱がまだ収まりきらぬ1987年11月6日に竹下登内閣が発足し、宮澤氏は竹下内閣においても蔵相として続投することになった。年明け後にレーガン大統領を表敬訪問した竹下首相は、1月13日の日米共同声明において、日本銀行は為替安定化のために短期金利を低めに維持することに同意していると発表した。すなわち、「プラザ合意」以降における国際協調路線の維持を改めて確認したのである。帰国後の竹下首相は、自民党内の最大派閥を率いると同時に、党内外の幅広い人脈を生かして、中曽根前首相が果たせなかった売上税（消費税）導入に向けた根回しを進めていった。

さて、恐れていた「ブラック・マンデー」の後遺症がさほど深刻ではないことが次第に明らかになると、アメリカ連邦準備の公開市場操作委員会（FOMC）は1998年3月からFFレートの誘導目標を少しずつ引上げていき、グリーンスパン議長は8月9日に2回目のODR引上げ（→6.5%）に踏み切った。景気拡大が続きインフレ圧力が高まっていることに対処した利上げ措置であった。西ドイツのブンデスバンクは、アメリカの金利上昇によって為替相場がドル高・マルク安に転じた機会を捉えて、6月以降ドル売り・マルク買い介入を実施するとともに、7月1日、8月26日には再割引率を各0.5%引上げて、ルーブル会議開催に先立って実施した引下げ以前の水準である3.5%

に戻した。ブンデスバンクのペール総裁もまた、行き過ぎた金融緩和の是正を図ったのである。一方、ドル高・マルク安と並行して、若干のドル高・円安が進んだにも拘らず、日本の大蔵省と日本銀行は不動の構えをとり続けた。「ルーブル合意」において1ドル＝150円～160円の円高防御ラインを死守しようとした宮澤蔵相には、1ドル＝130円台は依然として過度の円高であり、ここでドル売り・円買い介入をしたり、公定歩合を引上げたりする発想は全くなかったと推察される。一方、日本銀行の側から見れば、太田理事（国際関係統括）が後日回顧したように、「88年夏場での円相場の小康持続、特に88年10月央以降再び円高方向に推移した為替市場の動向と、終始一貫した物価の安定持続の下では、これはなかなかできない相談であった」ということになる。ともあれ、日本銀行が金融引締めへの転換の機会をしばらく摑みかねていたことが、かつての債権国イギリスやアメリカがそうであったように、経常収支黒字国である日本では長期間にわたって低金利が持続するという「資産大国＝低金利国」論が喧伝される中で、世間一般に低金利の持続予想を定着させることになったのである。

　当時における日本経済の動向に目を転じると、1988年に入ってからの日本経済は一見好調そのものであった（前掲図表3-1を参照）。1988年の実質GDP成長率は6.2％と前年の4.4％を上回り、第1次石油危機前の1972年（同9.1％）以来の高さであった。景気拡大を主導したのは、高度経済成長期以来の高い伸びを示した設備投資であった。活発な設備投資は、技術革新の進展・規制緩和・円高進展に伴う構造調整などの潮流変化への企業の対応としてのものであったが、円高不況を克服する中で、日本経済に対する企業の中長期的な見通しが著しく強気化していたことを見逃せない。設備投資とともに景気拡大のけん引役を果たしたのは、個人消費であった。賃金・雇用の増加や所得税減税に加えて、地価・株価の上昇による多大なキャピタル・ゲインもあり、自動車・宝飾品などの高級品ブームが象徴するように家計の消費態度も積極化した。

　物価面では、景気拡大に伴い製品・労働需給は逼迫傾向を示したにも拘らず、円高や原油価格低下の効果によって総じて落ち着いた推移であった。ちなみに、1988年中の国内卸売物価指数は前年比－0.5％、全国消費者物価指

数は同 0.7％であった[41]。また、対外収支面では、ドル・ベースの経常収支黒字には明確な縮小傾向がみられなかったものの、円高進展によって円ベースの経常収支黒字は 1986 年の 14.2 兆円（対名目 GDP 比率 4.2％）から 1988 年には 10.4 兆円（同 2.7％）へと顕著に縮小した。プラザ合意以降の懸案であった内需拡大による力強い経済成長が実現する一方で、物価の安定は維持され、対外不均衡問題が解消に向かったのである。こうした日本経済の好調ぶりを背景として、1988 年 11 月 5 日、澄田総裁は「プラザ合意」以降の国際的政策協調に貢献したことを理由に上智大学から名誉経済学博士号を授与された。

　日本経済の「見事なパフォーマンス」が欧米各国から賞賛され、日本全体が自らの経済力に自信を抱くようになった中で、株価・地価は一段と上昇して「バブル」が膨らんでいった。すなわち、株式市場においては、前年 1 月に 2 万円台乗せを達成したばかりの日経 225 種平均株価が 1988 年 12 月 7 日には初の 3 万円台乗せとなり、翌 1989 年の大納会には既往最高値の 3 万 8,915 円まで上昇した（前掲図表 3-3 を参照）。この間、東京証券取引所 1 部の時価総額は、1986 年末の 277 兆円から 1989 年末の 591 兆円へと 3 年間で 2 倍以上に膨らんだ（図表 3-5 を参照）。同期間に PER（株価収益率）は、47.3 から 70.6 へと急上昇しており、当時における企業収益の好調などでは説明しきれない株価の上昇（すなわち、「バブル」）が生じていたことを窺わせる[42]。ちなみに、PER が 1981～85 年の 5 年間における平均値＝30.9 で推移したとすると、1989 年末の時価総額は 264 兆円（1986 年末値＝47.3 でそれ以降横ばいとしても、396 兆円）にしかならなかったと試算される。

　土地市場では、前年に急騰した東京圏の公示地価が、1988 年（1 月初時点）には全用途平均で前年比 65.3％（住宅地平均は 68.6％、商業地平均は 61.1％）と更に上昇スピードを増したのみならず、大阪圏や名古屋圏にも地価高騰が波及していった。大都市圏ではオフィスビルなどの大規模開発を狙いとした「地上げ」の嵐が吹き荒れ、全国各地でリゾート開発が繰り広げられるようになった。日本全体の土地評価額（68SNA ベース）は、1986 年末の 1257 兆円から 1991 年末の 2365 兆円へと 5 年間で 2 倍近くに膨らんだ（図表 3-6 を参照）。この間、名目 GDP（同）は 1986 年の 335 兆円から 1990 年の 430 兆

図表 3-5　株式時価総額と PER の推移　（1971 〜 1998 年）

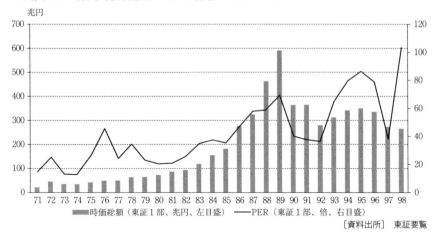

［資料出所］　東証要覧

円へと年平均 7 ％程度の目覚しい成長を遂げたものの、土地評価額対名目 GDP 比率は、同期間に 375 ％から 550 ％へと急上昇した。ここで、土地評価額対名目 GDP 比率が 1981 〜 5 年中の平均値＝ 312 ％で推移したとすると、1990 年末の土地評価額は 1342 兆円（また、1986 年末値＝ 375 ％で以降横ばいとしても、1612 兆円）にしかならなかったと試算される。土地市場においては株式市場を遥かに上回る規模の「バブル」が発生していたと窺われるのである。

　このように株価・地価が著しい高騰を示していたにもかかわらず、当時の日本においては政界・官界・財界のいずれもがそうした事態を「バブル」とは認識していなかった。まず、地価については、首都圏を中心とした土地供給の不足と土地保有に対する税制上の優遇措置を前提とすれば、東京が「国際金融センター」として発展するにつれて地価が上昇するのには合理的な理由があるとするのが多数意見であり、地価は絶対に下がらないとの「土地神話」が一般に信じられ続けていた。次に株価については、実際の企業収益を基準にすれば高すぎる株価水準だと見えても、いわゆる「リストラクチャリング」による日本企業の成長（および将来の高収益）期待が株価に織り込まれつつあると考えれば合理的に説明できる（すなわち、「バブル」ではない）

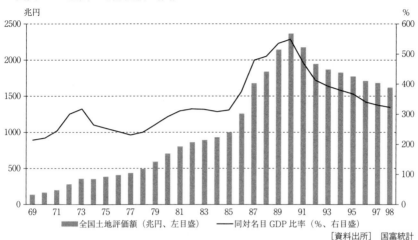

図表 3-6　全国土地評価額の推移　（1969 〜 1998 年）

[資料出所]　国富統計

というのが当時の有力説であった。[45]

　日本銀行の澄田総裁も、その時点で現に「バブル」が進行しているとの認識は稀薄であった。ちなみに、日本銀行旧友会会報『日の友』が2007年に開催した「75周年記念特別誌上座談会」において、「プラザ合意」以降の金融緩和政策が「バブルにつながるという懸念は多少お持ちでしたか」という司会者の質問に対して、澄田氏自身は「多少はありましたけれど、私は他に道はないという信念を持ってやっておりました。ですから、私が職を退いてから起こってきた現象ではありますが、あの時点では、ああいう考え方以外にないと確信しておりました」と述べている。[46]一方、金融緩和の行き過ぎがもたらした副作用に人一倍の懸念を抱いていた三重野副総裁は、本音としては資産価格（ことに地価）の高騰していること自体が問題であり、それを是正するために金融引締めが必要だと考えていたように窺われるが、既述のとおり、円高の進行や原油価格の低下の効果によって、1988年中の消費者物価・卸売物価がきわめて安定していた状況下においては、「これまでの通念で引締めに転ずるきっかけが摑み難かった」。[47]結局、日本銀行としては、マネーサプライの増加率上昇に象徴される「金余り現象」[48]が世間の注目を集める中で、足元における地価・株価の高騰が一般物価へのインフレ圧力を高めつつ

あるから予防的な金融引締めにできるだけ早く転換すべきだという主張に止まってしまったのである。

3．遅すぎた金融引締めへの転換と澄田総裁の退任

アメリカでは1988年秋の大統領選挙で圧勝したジョージ・ブッシュ（父）氏が1989年初に大統領に就任し、日本では1989年1月7日の昭和天皇崩御によって昭和から平成へと時代が移っていく中で、通貨外交の舞台も変化していった。アメリカ側では、財務長官を辞任してブッシュ氏の選挙応援本部入りしていたベーカー氏が、ブッシュ政権の誕生とともに国務長官に就任し、レーガン政権下でベーカー財務長官の後任に選ばれたニコラス・ブレイディ氏は、ブッシュ政権においても財務長官としての続投が決まった。一方、日本側では、1988年12月9日に宮澤蔵相がリクルート事件で引責辞任を余儀なくされ、若干の間をおいて村山達雄氏が蔵相に就任した。1989年に入ると、大平内閣以来の懸案であった消費税（3％）の導入を4月1日に果たした竹下首相自身も、4月25日にリクルート事件の責任をとって退陣することを表明した。6月3日に竹下内閣が総辞職した後を継いで成立した宇野宗佑内閣は、消費税・リクルート事件に加えて首相自らの女性スキャンダル発覚もあり、7月の参議院選挙で自民党が大敗した（この結果、参議院では土井たか子委員長の率いる社会党が第1党となった）ため、69日間の短命政権で終わった。8月10日に、中小派閥の河本派に所属する当時弱冠58歳の海部俊樹氏が、逆にその清新さを買われて、自民党最大派閥の竹下派にかつがれる形で首相の座についた。海部内閣の蔵相には、竹下派の有力メンバーである橋本龍太郎氏が起用された。

この間において、日本銀行は、1988年11月に短期金融市場における一段の自由化措置を導入するとともに、金融調節方式に関しては金利コントロールの目標を比較的短期のコールレートに絞る（その一方で、やや長めのレートについては市場の期待形成にゆだねる）という形で大幅な見直しを行った。(49) その結果、それまで民間金融機関が硬直的な国内短期金融市場を嫌ってユーロ円市場へシフトさせていた資金の還流が進んで、日本銀行がコールレートのコントロールを通じて金融政策を展開する場が整えられた。(50) 日本銀行は、短

期金融市場の自由化措置と相前後して、当時 4％近辺にあったコールレートに上昇圧力を与えるよう厳しめの金融調節を実施したが、この段階においてはまだ公定歩合引上げには踏み切れなかった。

澄田総裁の下での日本銀行が、公定歩合の引上げに向けて漸く本格的な準備に取り組みはじめたのは、1989 年に入ってからのことであった。西ドイツ・ブンデスバンクのペール総裁が 1 月 20 日に再割引率引上げ（→ 4.0％）を実施してインフレ対策に本腰を入れて来たことが(51)、いまだに超低金利政策を続けている澄田総裁にとって利上げへの追い風となった。2 月 24 日には、アメリカ連邦準備のグリーンスパン議長が 3 回目の ODR 引上げ（→ 7.0％）を実施したこともあって、円の対ドル相場は夏にかけて円安化していった。4 月に入ると、前年 12 月に国会で可決された消費税が実施に移されたのに伴い消費者物価も相応の前年比上昇となったことで、公定歩合引上げの環境は整えられた。5 月下旬に村山蔵相（竹下内閣）の合意を取りつけた澄田総裁は、5 月 29 日に為替相場が 1 ドル＝ 142 円まで円安化した機会を捉えて、翌 30 日に公定歩合引上げ（2.5％→ 3.25％）を決定した。

澄田総裁にとってようやく実現した第 1 次の公定歩合引上げであり、日本銀行にとっては前川前総裁の下での最後の公定歩合引上げ（1980 年 3 月）以来、実に 9 年 2 か月ぶりのことであったが、「プラザ合意」以降の協調利下げを経て定着してしまった超金融緩和状態を是正するには、余りにも「遅すぎて、小幅すぎる(52)」利上げであった。その後も景気は拡大を続け、一旦下落した日経平均株価が再び力強い上昇を遂げる中で、澄田総裁は 10 月 11 日に第 2 次の公定歩合引上げ（→ 3.75％）を決定し、即日（午後から）実施したが、日経平均株価は既述のとおり大納会での 3 万 8,915 円の既往最高値まで上昇を続けた。結局、澄田総裁の下での 2 回にわたる公定歩合引上げは、将来のインフレ懸念に対処した「予防的金融引締め政策」の域を超えるものではなく、すでに加速化してしまった株価・地価の高騰をチェックするためには迫力不足であった。澄田総裁の退任を前に、大都市圏を中心とした地価の異常な高騰は、一般市民の住生活に多大な悪影響を及ぼすようになっていたが、澄田総裁にとって「資産価格の安定」（すなわち、「バブル」の抑制）は金融政策の目標とは意識されないままに終わったのである。

ところで、澄田総裁が任期満了で退任した1989年は、第2次世界大戦後長い間にわたって続いてきた東側（ソヴィエト連邦を盟主とする共産主義陣営）と西側（アメリカを盟主とする資本主義陣営）の間での冷戦構造が終焉を迎えた年でもあった。1985年3月に就任したソ連のミハイル・ゴルバチョフ共産党書記長が推進した「ペレストロイカ（改革）」によってソ連・東欧諸国で民主化・自由化のうねりが起きた中で、1989年6月にポーランドの総選挙で改革派「連帯」が圧勝し、続いて8月にハンガリーの改革派が催した「汎ヨーロッパ・ピックニック」（大量の東ドイツ国民が国境を越えてオーストリアに脱出）が契機となって、同年11月9日にベルリンの壁が崩壊した。そして、同年12月にはブッシュ（父）大統領とゴルバチョフ書記長による米ソ首脳会談がマルタで行われ、冷戦の終了が宣言されたのである。

　その後、ソ連は、1991年8月の保守派によるクーデター失敗を経て同年12月に共産党による連邦支配が解体され、ソ連を構成した15か国のうち（独立したバルト3国を除く）12か国は新たな枠組みとしての独立国家共同体（CIS）に移行した（加盟国のうちジョージアは、1993年に脱退した）。これら諸国では、ロシアをはじめとして資本主義を取り入れる形での市場経済化が進行することになる。また、東欧諸国では、東ドイツなどで次々に社会主義体制が崩壊し、1990年10月には西ドイツが東ドイツを編入する形での東西ドイツ統一が実現したほか、ポーランド、ハンガリー、チェコ、スロバキアなどいずれの国においても、ロシアと同様に市場経済化の推進が標榜された。

　この間、アジアにおいては、中国で1989年6月4日に起きた天安門事件によって民主化運動が弾圧されたものの、鄧小平元中央軍事委員会主席が1992年1～2月に深圳や上海を視察した際に発表した「南巡講話」の中で1978年からの改革開放路線が確認され、1992年10月の第14回共産党大会で社会主義体制の下で市場経済を導入するという「社会主義市場経済論」が基本方針として採択された。また、ベトナムでも、1986年の共産党大会で市場経済化と対外開放を掲げた「ドイモイ（刷新）」政策が採択されて以来、計画経済から市場経済への移行が図られた（1993年の新憲法で、「ドイモイ」路線が再確認された）。

　こうして、東西の冷戦構造が終焉してアメリカが軍事的には世界唯一の超

大国となり、また社会主義・計画経済が崩壊して資本主義化・市場経済化の方向で世界経済が統一されていく中で、日本経済は「バブル」の最終局面を迎えることとなったのである。

第3節 「バブル退治」と株価・地価の暴落

1．三重野康第26代日本銀行総裁の就任と「バブル退治」

　1989年12月16日に澄田総裁は任期満了で退任し、日本銀行プロパーの三重野副総裁が第26代総裁に昇格した。⁽⁵³⁾「ブラック・マンデー」直後には、それまで日本銀行の利上げの必要性を強く主張していた三重野副総裁に対して「国際音痴」だとする批判の声が政界・官界で高まったりしたが、海部俊樹内閣（橋本龍太郎蔵相）は、既に慣例になった感がある大蔵省OBと日本銀行プロパーの間でのいわゆる「たすき掛け人事」を踏襲する形で、三重野新総裁を任命したのであった。⁽⁵⁴⁾なお、三重野総裁の在任期間中における日本の主要経済指標の推移を図表3-7として予め示しておく。

　さて、総裁に就任した三重野氏は、当面の金融政策の目標を「バブル退治」に定め、就任して間もない12月25日に第1次（澄田前総裁の下での金融引締めを含めれば、第3次）の公定歩合引上げ（3.75％→4.25％）を実施した。この公定歩合引上げは、当初12月22日から実施予定であったものが、正式発表前に『読売新聞』などがスクープ記事を掲載したことに怒った橋本蔵相が一旦は「白紙撤回」を要求するという椿事が発生したことにより、当初予定から3日遅れで何とか実施に漕ぎ着けたという曰くつきのものであった。

　1990年に入ってからも、三重野総裁は一段と金融引締めを強化すべく第2次（同、第4次）の公定歩合引上げの機会を探り続けた。海部首相に率いられた自民党が2月の衆議院選挙で勝利して安定多数を確保した機会には、大蔵省との利上げ交渉で待ったをかけられて足踏み状態となったが、漸く3月20日になって公定歩合引上げ（→5.25％）が実現した。その後、8月2日には、サダム・フセイン政権下のイラク軍がクウェートに侵攻して湾岸危機が勃発し、原油価格が上昇して世界的なインフレが懸念される状況になった

図表 3-7　主要経済指標の推移（1990 ～ 1994 年）

	1990年	1991年	1992年	1993年	1994年
実質GDP成長率 （1990年価格、前年比%）	5.1	3.8	0.1	0.3	0.6
鉱工業生産指数増加率 （2000年平均＝100、前年比%）	4.1	1.7	－6.1	－3.9	1.0
国内卸売物価指数上昇率 （1995年平均＝100、前年比%）	1.5	1.0	－0.9	－1.6	－1.7
全国消費者物価指数上昇率 （1995年平均＝100、前年比%）	3.1	3.4	1.6	1.3	0.6
マネーサプライ増加率 （M2＋CD平均残高、前年比%）	11.7	3.6	0.6	1.1	2.1
日経225種平均株価 （年末値、円）	23,848	22,983	16,924	17,417	19,723
円対米ドル為替レート （インターバンク直物、年末値、円／ドル）	135.40	125.25	124.65	111.89	99.83
経常収支 （円ベース、10億円）	6,473	9,175	14,234	14,669	13,342
日本銀行公定歩合 （年末値、%）	6.00	4.50	3.25	1.75	1.75

［資料出所］日本銀行「経済統計年報」ほか

　ことから、三重野総裁は、橋本蔵相と今度は緊密に連絡を取り合った上で、8月30日にいち早く第3次（同、第5次）の公定歩合引上げ（→6.0%）を決定した。

　三重野総裁が、就任後1年足らずで公定歩合を6%まで引上げた（同時に、コールレートを8%近辺にまで上昇させた）ことによって、まず株式市場の「バブル」が崩壊した（前掲図表3-3参照）。日経平均株価は、1990年に入ると下落に転じ、2月21日に1,161円安、同月26日に1,569円安、3月13日に1,353円安、同月30日に1,045円安、4月2日に1,978円安と波状的に急落し、4月2日には終値で28,002円の安値をつけた。8月になって湾岸危機が起きると、日経平均株価は再び急落商状となり、10月1日には20,221円まで下落した。その後、日経平均株価は一旦下げ止まり、1991年3月18日の27,146

円まで一旦は戻したものの、ソ連で保守派によるクーデター騒ぎが起きた同年夏頃からはまたしても急落商状となり、1992年8月18日の14,309円まで下落した。1989年大納会の既往最高値38,915円と比べて、実に3分の1水準へと接近する大暴落であった。

　一方、土地市場においては、金融引締め政策への転換に対して株式市場ほどの速やかな反応はなかったものの、1990年3月27日に大蔵省が金融機関に対して「不動産業向け貸出総量規制」の通達を出したこともあって、次第に六大都市圏の地価が騰勢鈍化傾向を示すようになった。不動産研究所「市街地価格指数」でみると、六大都市の地価(全用途平均)は、1990年3月に前年比30.1％と上昇率のピークを記録した後、同年9月には20.3％、1991年3月には3.0％へと上昇率が鈍化し、同年9月には－6.9％とついに下落に転じた。さらに、1992年に入ると、同前年比は3月の－15.5％、9月の－19.4％と下落率を拡大していった。その後長期間にわたる地価下落局面の始まりであった。なお、大蔵省による「不動産業向け貸出総量規制」の実施後は、土地関連融資が抑制された結果、各銀行が、平行して実施中であった日銀の「窓口指導」枠をむしろ持て余し気味で、その消化に苦労するようになったのが実情であった。

　この間、1987年から1990年にかけて年平均で約5％の実質GDP成長率が続いた日本経済の高成長(いわゆる「バブル景気」)は、日本銀行による金融引締め政策の効果もあって、1991年に入るとついに最終局面を迎えた[55]。実質GDP成長率は、1991年には3.8％、1992年には0.1％へと急速に低下した。それまで高い伸びを続けてきた設備投資、住宅投資、耐久消費財などが、いずれも自律的なストック調整の局面に入り、金融引締め政策の効果と相俟って、そうした最終需要の伸び率が鈍化したからであった。そのため多くの産業で在庫調整が本格化し、製品需給は緩和して国内卸売物価指数の上昇率を押し下げる方向に働いた。鉱工業生産指数は、1990年の前年比4.1％から1991年の同1.7％へと伸び率を鈍化させた後、1992年には同－6.1％と1986年(同－0.2％)以来6年ぶりのマイナス成長を記録した。一方金融面では、1987年から1990年にかけて年平均で約11％の高い伸びを続けてきたマネーサプライ(M2+CD平均残高)が、1991年には前年比3.6％、1992年には0.6

％へと急速に伸び率を低下させた。

　「バブル景気」が調整局面に入ったと判断した三重野総裁は、1991年7月1日に第1次の公定歩合引下げ（6％→5.5％）を実施するとともに、同年4～6月期を最後に「窓口指導」を撤廃し、金融緩和の方向へと舵をとった。三重野氏は、杏林大学で後日行った『金融政策講義』の中でこの第1次公定歩合引下げを回顧して、アメリカの性急な協調利下げ要求に与するものではなかった点をまず強調した上で、「ピークを過ぎてから二カ月、統計の発表されるタイム・ラグを考えると、極めて適切な時期に緩和に踏み切ったというべきである」としているが、その一方で、当時の新聞論調にみられたように世の中一般の受け止め方としては、拙速な金融緩和によってバブル再発の危険性を指摘する向きが大勢であったと述懐している。

　1991年夏頃までは、バブルの再燃を警戒する声がマスコミではなお根強かった。また、政府による景気の現状判断は、1986年12月から始まった景気拡大局面が当時としては戦後最長の「いざなぎ景気」をまもなく越えようとすることを意識する余りか、いかにも楽観的過ぎる状況であった。そのように政府がいまだに「景気後退」を認めなかった段階において、三重野総裁がいち早く金融緩和政策に転換したことは評価されるべきであろうが、事後的に判断された景気の「山」は1991年2月であったから、金融緩和に転じたタイミングは実際には遅すぎたことになる。

2．銀行や証券会社を舞台にした不祥事の多発

　三重野総裁が1990年8月までに3回にわたり公定歩合引き上げを実施した後、「バブル景気」が次第に調整色を濃くしていった1991年夏頃までの局面においては、主要な銀行や証券会社を舞台とした不祥事が相次いで発生していた。まず、一連の金融不祥事の先駆けとなったのは、それまで他行に先んじて積極的な貸出拡張戦略を展開していた住友銀行であった。1990年10月7日に、同行青葉台支店の元支店長が出資法違反事件で逮捕されたことを受けて、磯田一郎会長が辞意を表明し、同月16日に東京本部で開かれた経営会議で引責辞任した。

　次に、1991年6月になって証券大手四社の大口顧客に対する損失補填問

題が相次いで発覚した。6月19日には、当時の証券界における圧倒的な存在感から「ガリバー」と称されていた野村證券が大口投資家に対して損失補塡をしていたことが報道され、同月22日には大手四社のうち大和証券、日興證券、山一證券も同様な損失補塡をしていたことが報道された。その後7月29日に大手四社が公表した損失補塡先リストには、鉄鋼、電機、自動車、商社など幅広い業種の大企業が名を連ねて世間の耳目を集めることになった。この間、野村證券は、東京急行電鉄株の大量推奨販売に絡んだ株価操縦の疑いがもたれたことに加えて、暴力団稲川会前会長への資金提供があったことが発覚したため、6月27日に田淵義久社長が引責辞任した（同日、稲川会前会長に同様に資金提供をしていた日興證券の岩崎琢弥社長も辞任した）。さらに、野村證券会長であった田淵節也氏は、7月1日に一連の不祥事の責任を問われて、就任して半年ばかりであった経団連副会長の職を解任され、同日、野村證券会長を辞任した。

7月に入ると都市銀行などの不正融資事件が相次いだ。7月25日には富士銀行赤坂支店の元渉外課長が、架空の預金証書でノンバンクから総額7000億円の資金を引出し、地上げや不動産投資に当てたことが報道された。翌26日には協和埼玉銀行東京営業部（旧埼玉銀行東京本部）、28日には東海銀行秋葉原支店でも、同様の不正融資が行われていたことが報道された。さらに、8月13日には、大阪府の料亭「恵川」の女将が、東洋信用金庫の架空預金証書を使ってノンバンクから総額3400億円超の資金を引出した事件で逮捕され、この女将の「財テク」に「産業金融の王」とされてきた日本興業銀行が深く関与していたことが、取り調べの過程で明らかになった。これら一連の不正融資事件は、銀行トップの引責辞任へとつながった。10月3日には、富士銀行の端田泰三会長が同行赤坂支店の架空預金証書事件の責任をとって、また、10月22日には、日本興業銀行の中村金夫会長が東洋信用金庫事件の責任をとって、それぞれ辞任した。

こうした一連の証券・金融不祥事は、大蔵省のそれまでの金融行政が問われる問題でもあった。まず、証券会社の損失補塡問題についての経緯をみると、1965年の「改正証券取引法」は予め損失を保証した有価証券取引の勧誘（すなわち、事前の損失保証）を禁止していたが、バブル期に多くの企業が

活発に利用した営業特金（証券会社に運用を一任した「特定金銭信託」）は、実際には事前の損失保証にきわめて近いものであった。大蔵省証券局は、そうした事態を踏まえた上で、営業特金契約を自粛するように証券会社を指導していたが、損失補塡の事例が起きてきたことから、1989年12月26日には、①事後的な損失補塡も以後は慎むこと、②営業特金契約を解消すること、などを内容とする証券局長通達（いわゆる角谷通達）を出して指導を強化した。ところが、その直後にバブルが崩壊し、証券会社が大口顧客との営業特金契約を解消していく過程において巨額の損失補塡が行われてしまったのである。

　大蔵省は、当初それをやむをえざる事態として黙認していたやに窺われるが、当然のことながら公式には損失補塡を否定しており、今日に至るまで真相は「藪の中」である。ともあれ、上述したように1991年6月になって損失補塡問題が表面化し、世論の批判が高まると、大蔵省は、同年7月末に日本証券業協会に対して証券会社の内部管理体制強化についての通達を出した後、10月3日には、証券会社の損失補塡問題に対処すべく、損失補塡の禁止（および罰則の規定）や取引一任勘定の禁止などを内容とした「改正証券取引法」を国会で成立させた。また、それに先立つ9月13日に臨時行政改革推進審議会が「証券・金融の不公正取引の基本的是正に関する答申」をとりまとめ、アメリカ型の証券取引委員会（SEC）に倣って大蔵省の行政部門から独立した「証券・金融検査委員会」を設置すべしとの議論を展開すると、それを受けた大蔵省は、省内に証券取引（および金融先物取引）を監視する証券取引等監視委員会を（独立性・中立性は弱める形で）設立するようにと動いた。このように損失補塡問題の表面化に際して巧みに立ち回ったかにみえた大蔵省であったが、その結果、証券大手四社（なかんずく野村證券）との間で築き上げてきた「持ちつ持たれつ」の協調関係には大きな亀裂を生じることになった。

　次に、乱脈融資や不正融資などによる銀行トップの一連の引責辞任は、確かに社会的にみてセンセーショナルな出来事ではあったものの、1989年から1992年まで大蔵省銀行局審議官であった西村吉正氏が回顧するように、「大きな銀行等にはまだ余力があって自分自身の不祥事で破綻する恐れもなく、また、小さな銀行等を吸収する余裕を持っていた」というのが大蔵省による

当時の現状認識であった。そのため、一連の銀行不祥事が契機となって従来における大蔵省銀行局の裁量的な金融（銀行）行政に対する危機意識が生まれることもなかった。そうした状況の下で、やがて主要銀行の屋台骨を揺るがすことになる不良債権問題が、水面下で着実に進行していったのである。

3．宮澤喜一内閣の成立と金融緩和の要請

　当時の政治情勢に目を転じると、自民党最大派閥の竹下派に担がれる形で発足した海部内閣は、1990年2月の衆議院選挙ではその清新さをアピールして勝利を収めたものの、同年8月に起きた湾岸危機に際してはイラクに反撃する多国籍軍への支援問題でつまずいた。さらに、1991年9月には最大の公約として掲げていた「政治改革関連法案」が、野党はもとより自民党内部の反対もあって衆議院で審議未了・廃案となったことから行き詰まり、海部首相は、自民党の次期総裁選挙への再出馬を断念した。

　1991年10月の自民党総裁選挙は、宮澤喜一氏、渡辺美智雄氏、三塚博氏による争いとなり、竹下派会長代行の小沢一郎氏が3人の候補を事務所に呼びつけて面接を行ったことが世論の批判を浴びたが、結局竹下派の支持をとりつけた宮澤氏が勝利して、同年11月5日に宮澤内閣が成立した。宮澤首相は、国会での所信表明演説において「品格ある国・生活大国」の建設を政策目標として掲げ、かつて自分が秘書官として仕えた池田勇人元首相の「所得倍増計画」に倣って、「資産倍増」構想を打ち上げた。

　「生活大国」構想を掲げた宮澤内閣（蔵相には竹下派の羽田孜氏が就任）は、内需主導による景気回復を早急に実現すべく、その発足当初から日本銀行に対して大胆な金融緩和政策を求めてきた。三重野総裁は、漸く下落に転じた地価の鎮静化を確実なものにしたいという思いと、株価の急落やマネーサプライ伸び率の急低下を背景として不況色が次第に強まる現実とをにらみ合わせながら、実際には宮澤内閣が発足して間もない11月14日に第2次公定歩合引下げ（→5.0％）を実施した。さらに、アメリカのジョージ・ブッシュ（父）大統領の来日予定（1992年1月8日・9日）を前に宮澤内閣から再び利下げ要請が強まった中で、12月30日には第3次公定歩合引下げ（→4.5％）を実施した。なお、大蔵省が金融機関に対して1990年4月から実施していた「不

動産業向け貸出総量規制」は、1991年末をもって解除された。[70]

　三重野総裁としては、おそらくは不況の進行に対して極力弾力的に対処した思いであったはずの1991年中の3回にわたる公定歩合引下げであったが、1992年1月の経済企画庁月例報告で遅ればせながら「景気後退」が公式に宣言されると、同年7月に参議院選挙を控えた自民党からは、このままの不況下では選挙を戦えないとして、更なる金融緩和を求める声が強まっていった。金丸信自民党副総裁が、「総理の言うことを聞かないような日銀総裁は、首を切ってでも、公定歩合を下げさせるべきだ[71]」と発言して世間の物議を醸したのは、こうした情勢の下においてであった。

　政界からの横槍発言によって、更なる公定歩合引下げを実施すれば政治に屈服したという印象を与えることを恐れた三重野総裁ではあったが、鉱工業生産が落ち込み、株価が下落して、一段と不況色が強まっていく中で、「意地を張っていると本当のタイミングを失することになる[72]」との判断から、結局、1992年3月末に政府が公共事業の施行促進をはじめとした7項目の「緊急経済対策」を決定したのに呼応する形で、4月1日に第4次公定歩合引下げ（→ 3.75％）を実施した。こうして三重野総裁が一段の金融緩和に踏み切ったことを政界や財界は歓迎したが、「バブル退治」の役割を期待していた一般世論は、三重野総裁が政界からの圧力に屈したとみて強く反発した。辛口で有名な評論家の佐高信氏が、朝日新聞のコラムで「十手返上した『平成の鬼平』[73]」と批判したのは、その典型的な発言例であった。

　就任当初は「バブル退治の鬼平」と喝采を博した三重野総裁は、今度は逆に徹底した「バブル退治」を求める世論から糾弾される立場に置かれることになった。しかし、宮澤内閣が1992年の通常国会で国連平和維持協力法（いわゆるPKO法）を成立させ、7月26日（日曜）の参議院選挙を乗り切った直後の7月27日に、三重野総裁は臨時政策委員会を開催して第5次公定歩合引下げ（→ 3.25％）を決定し、即日実施した。三重野総裁としては、景気の落ち込み、株価の急落、地価の下落、金融機関の不良債権積み上がりなど憂慮すべき事態の進展を眺めて、すでに早い段階で腹を固めていた第5次公定歩合引下げであったが、おそらくは政治的中立性への配慮から参議院選挙の終了を待って実施に移したと窺われるのである。

第4節　不良債権問題の発生と非自民連立政権の成立・崩壊

1．不良債権問題への三重野総裁の対応

　ここで不良債権問題の動向に目を転じると、1992年3月下旬に国土庁が公表した公示地価（全国平均・全用途）は、前年比−4.6％と第1次石油危機直後の1975年以来17年ぶりの下落であった。既述のとおり不動産研究所「市街地価格指数」でみると、六大都市の地価（全用途平均）は既に1991年9月から下落に転じていたが、国や地方自治体の用地取得の判断基準に用いられる公的な地価であり、実際の土地取引の目安ともされる公示地価（毎年初時点での調査）がついに下落に転じたのは、地価の「バブル」崩壊を象徴する出来事であった。公示地価は、これ以降2006年まで15年連続で下落し、日本の金融機関にとって長年にわたり重荷となる不良債権問題の基本的な背景を構成することになる。

　さて、三重野総裁の下での日本銀行は、地価の下落に伴い金融機関の不良債権が積み上がって深刻な状況にあることを比較的早い時点で認識していたように窺われる。ちなみに、1992年1月に開催された日銀支店長会議では、主要3業態金融機関（都市銀行、長期信用銀行、信託銀行）の「延滞債権」は本体と関連ノンバンクの合計で29兆円に達し、未収利息は1990年度の業務純益の6割強に上ると報告されていた。(74) そして、1992年春頃における三重野総裁は、「バブルのつけは結局金融機関のバランスシートに回ってきつつある。金融機関は、現在、バブル現象是正の過程で生じた不良資産の整理、換言すれば資産内容の健全化という大きな課題を抱えている。」(75) という現状認識を対外的に公表するようになっていたのである。

　一方、大蔵省は、1992年4月に主要3業態金融機関の「延滞債権」が7〜8兆円であるとの推計結果を公表しており、不良債権問題については当時における金融機関の株式含み益で十分に対応できるはずとの情勢判断であった。(76) しかし、5月26日にイギリスの『フィナンシャル・タイムズ』紙が「邦銀の不良債権が42〜56兆円」と報道するなど、内外の金融市場関係者の間では、日本の金融機関が抱えている実際の不良債権額が大蔵省の公表数字を

大幅に上回っているとの観測が広まり、年初に2万4,000円近辺であった日経平均株価は、景気の先行き不透明感の広がりもあって、8月18日には14,309円まで急落した。

　懸案の国連平和維持活動（PKO）協力法案を6月に成立させ、7月の参議院選挙も乗り切った後、軽井沢で夏休みを過ごしていた宮澤首相は、そうした株式市場の状況に危機感を抱き、かねてより公的資金注入の必要性を進言していた三重野総裁に電話をして、東京証券取引所の一時閉鎖と金融機関への公的資金注入というシナリオを持ち掛けたといわれている。宮澤首相が「銀行への公的資金投入というような唐突な政策」を提起したことに仰天した大蔵省銀行局は、急遽「金融行政の当面の運営方針」（1992年8月18日付）と題するペーパーを用意して宮澤首相を懸命に説得し、公的資金注入に待ったをかけた。翌19日に羽田孜蔵相によって発表された同ペーパーの内容は、株式売却による益出しの抑制要請や、9月中間決算での株式評価損償却の見送り容認など、主として株価対策を狙いとしたものであり、不良債権問題についてはそれまでの公式見解を繰り返す形で「基本的にはわが国経済の回復力・対応力を信頼し、過剰反応することなく着実な対応を積み重ねていくことの必要性を説いている」に過ぎなかったが、同ペーパーの発表を契機として株式市場は落ち着きを取り戻した。

　それでもやはり不良債権問題の根は深いと危惧していた宮澤首相は、8月30日の自民党軽井沢セミナーで講演した際に、金融機関の担保不動産の買い上げ会社構想に関連して「必要なら公的関与をすることにやぶさかではない」と発言して、不良債権問題を解決するための公的資金導入に初めて公の場で言及したが、今度は、マスコミはもとより財界からも一斉に反発をくらうことになった。素朴な国民感情として、かねてからの「儲けすぎる銀行、高給取りの銀行員」批判がバブル期を通じて一段と高まった経緯の下では、銀行への公的資金注入など当時としてはまさに論外であり、マスコミを含め誰も賛成しなかったのである。当事者たる銀行業界においてすら、経団連などでの財界活動に熱心な長老たちは（おそらく不良債権問題の深刻さを把握せぬまま）反対論を唱え、陣頭指揮に当たっている頭取たちは公的資金導入に伴い経営責任を問われることを恐れて（内心は忸怩たる思いで）反対論に与

したのである。[82]

　宮澤首相によって不用意に提案された公的資金注入の試みが一蹴されてしまった後、上記「金融行政の当面の運営方針」に沿って、9月18日には債権償却特別勘定の繰り入れに関する運用の改善を謳った国税庁通達が出されたほか、翌年1月27日には不良債権処理のための共同債権買取機構（民間金融機関162社の出資）が設立されたことによって、金融機関は不良債権の償却・引当に積極的に取り組む姿勢を一応は見せるようになった。[83]しかし、金融機関による実際の償却・引当金額は不良債権の「氷山の一角」に過ぎなかったし、地価の下落が続き不良債権や担保不動産の流動化が一向に進まない状況の下では、不良債権の償却・引当をしたとしても、それによって不稼働資産の現金化とキャッシュフローの改善が金融機関にもたらされるわけでもなかった。

　1992年夏に宮澤首相が引き起こした一連の騒動は、すでに深手を負ってしまっている金融機関（殊に住宅金融専門会社）の不良債権処理を速やかに進めなければと考えていた三重野総裁にとっては痛恨の出来事であった。三重野総裁は、1993年春には、金融機関自身のリストラや自己資本充実、預金保険機構を通じての思い切った公的資金の投入、受け皿金融機関の設立などを内容とする総合対策をまとめて関係方面に建言したものの、[84]大蔵省が、マスコミなどの銀行批判を背景として、公的資金注入による早急な不良債権問題の処理を頑として拒否する中で、不良債権を抱えた金融機関の多くは、いずれ地価・株価が回復することを期待してひたすら我慢の姿勢を固めることになった。

　この間において、銀行界の期待とは裏腹に1992年夏頃から景気後退が次第に明瞭なものとなった。政府は、景気対策として同年8月28日に公共投資の拡大を中心とした「総合経済対策」（総額10兆7000億円）を決定し、それを実施するために国・地方ともに大型の補正予算が組まれた。さらに、景気に配慮した平成5年度（1993年度）予算の編成に続いて、1993年4月には「新総合経済対策」（総額13兆2000億円）が策定され、景気の浮揚を狙いとして社会資本の整備や公共事業の前倒し執行などの措置がとられた。相次ぐ超大型の景気対策に大蔵省の幹部は「ミニ・バブル」への懸念を表明したが、

元来が積極財政論者であり、不況からの脱出を優先した宮澤首相はいささかも揺るがなかったとされている。なお、1992年8月の「総合経済対策」の中に、郵貯、簡保などの公的資金を利用した株価維持操作（いわゆる株価PKO）が盛り込まれたことを指摘しておく必要があろう。

一方、三重野総裁の立場は微妙であった。信念をもって「バブル」崩壊の引き金をひいた三重野総裁にとってみれば、その結果として大手銀行を中心に不良債権が積み上がりつつある現状を目の当たりにしながらも、さりとて、不良債権問題の解決のために「バブル」再発に手を貸す真似は到底できない相談であったろう。三重野総裁としては、あくまでも「日本経済を、バブルの後始末をきちんとつけ、中長期的に『インフレなき持続的成長』路線に乗せること」を眼目とし、調整過程での苦しみを和らげる意味での金融緩和は行うとしても、「バブルの調整を中途半端にして、単に景気を回復させても、もう一度調整しなければならない」から、不良債権問題を理由とした過度の金融緩和を行うべきではないと考えたのである。なお、三重野総裁が不良債権問題の解決策としての「バブル」再発に手を貸すことを拒んだ背景には、1992年10月に日本経済新聞社から出版された野口悠紀雄一橋大学教授（当時）の著書『バブルの経済学』に象徴されるような「地価上昇に対する強烈な怨嗟に覆われていたその頃の社会的な雰囲気」も大きかったことを指摘しておく必要があろう。

結局、三重野総裁は、1993年2月4日に第6次公定歩合引下げ（→2.5%）を実施し、澄田総裁時代の既往最低水準と同水準にした後、しばらくの間は上述したような宮澤内閣による積極的な財政政策の展開をにらみながら、金利低下の累積的効果によって景気が底入れすることを期待して模様眺めに転じた。しかし、1993年6月には船田元経済企画庁長官が見切り発車で事実上の「景気底入れ宣言」を行ったものの、不良債権問題による景気下押し圧力に加えて、円高の進行や長雨冷夏の影響もあって、実際には同年夏を通して景気後退局面が続くこととなった。この間、国土庁が毎年3月時点で発表する公示地価（全国・全用途平均）は、1993年には前年比−8.4%、1994年には同−5.6%と下落を続け、金融機関が抱える不良債権問題は一段と深刻化していった。

2．細川護熙非自民連立内閣への政権交代と不良債権問題の先送り

　宮澤首相は、1993年1月に招集された通常国会の施政方針演説で抜本的政治改革の実現を強調したが、3月末に閣議決定した単純小選挙区制の導入を内容とする「政治改革関連四法案」を巡って、自民党内の政治改革推進派（小沢一郎氏、羽田孜氏が率いる「改革フォーラム21」）と同反対派（梶山静六幹事長、小渕恵三氏など）の対立が次第に深刻化したことから、法案成立の目途がつかないまま次期国会へ先送りせざるを得ない状況に追い込まれていった。6月18日には、野党提出の内閣不信任決議案が、小沢氏・羽田氏グループの造反によって可決されてしまったため、宮澤首相は直ちに衆議院を解散して総選挙に打って出た。しかし、7月18日の衆議院総選挙では、内閣不信任案可決を機に自民党を離党した小沢氏・羽田氏グループが「新生党」、武村正義氏グループが「新党さきがけ」を旗揚げし、すでに同年5月にいちはやく政治改革を目指して「日本新党」を旗揚げしていた細川護熙氏（元自民党参議院議員、前熊本県知事）グループとともに、新党ブームを巻き起こしたため、自民党は223議席で過半数割れとなった。宮澤首相は、他党との連立工作も叶わぬままに、7月22日に退陣を表明した。こうして、1955年11月の自由党・民主党合体による自由民主党誕生以来約38年間続いた自民党単独政権は、ついに崩壊したのである。

　1993年8月9日、細川氏を首相とする非自民8党派（社会党、新生党、公明党、日本新党、民社党、新党さきがけ、社民連、民主改革連合の合計238議席）による連立内閣が成立した。これら8党派は、連立内閣を成立させるに当たって小選挙区比例代表並立制の導入、企業団体献金の禁止などで政策合意したが、その仕掛け人となったのが、新生党の代表幹事となった小沢氏であった。小沢氏は、比較第5党に過ぎない日本新党（35議席）の細川党首を首相統一候補に擁立し、8党派の中では最大の70議席を持つ社会党から山花貞夫委員長を政治改革担当相に起用することによって、政治改革をスローガンとした対自民党包囲網を完成させたのである。なお、連立内閣の官房長官には武村氏（さきがけ代表）、蔵相には藤井裕久氏（新生党）がそれぞれ就任した。

　細川内閣は、宮澤内閣で頓挫した政治改革の実現を最優先の課題として国会運営に取り組み、小選挙区比例代表並立制の導入を内容とする「政治改革

関連四法案」を紆余曲折の末1994年1月にはついに成立させたが、その後(90)は急速に求心力を失っていった。まず、細川首相が政治改革とともに重視していた税制改革については、大蔵省の斉藤次郎次官が小沢氏と組んで青写真を描いたとされる「国民福祉税」創設構想を細川首相が2月3日未明に唐突な形で発表したことによって、それに強硬に反対する武村官房長官や村山富市社会党委員長（入閣後に委員長を辞任した山花氏の後任）との間に亀裂が生じた。2月中旬には、武村官房長官はずしの内閣改造が取り沙汰されるよう(91)になり、連立政権は内部分裂の様相を呈するに至った。さらに3月に入ると、細川首相自身の佐川急便からの借入金問題などが国会で取り上げられ、国会での審議が空転したため、細川首相はその責任をとる形で4月8日にあっさりと辞任を表明した。その後、4月25日には細川内閣が総辞職し、羽田新(92)生党首が後任首相に指名されたものの、同時に連立与党内の新生党、日本新党、民社党などが衆議院内会派「改新」の結成を届け出たことに猛反発した社会党が翌日には連立から離脱してしまった。その結果、少数与党政権として出発した羽田内閣は、さしたる実績を挙げられないままに、6月25日に総辞職を余儀なくされ、在任期間約2か月の戦後最短命政権に終わったのである。

　この間における日本経済の動向をみると、1993年初に発足したアメリカのビル・クリントン民主党政権が、対日貿易赤字の縮小を狙いとした日米包括経済協議において自動車および同部品の輸入数値目標を要求するとともに、ドル安・円高攻勢を仕掛けてきたため、為替相場は2月初の1ドル＝125円台から8月には101円台へと増価していった（後掲図表4-2を参照）。細川連立内閣が発足した当初は、そうした急激な円高によってもたらされた輸出の減少と企業収益の悪化が企業マインドの悪化と個人消費の低迷につながって、1991年前半から始まった景気後退局面からの底入れを依然として確認できない状態であった。細川連立内閣は、こうした状況に対処すべく、1993年9月16日に規制緩和、円高差益の還元、社会資本整備を三本柱とする「緊急経済対策」（総額6兆2000億円）を発表し、不透明感の払拭を狙った中長期的な構造改革と絡める形で当面の景気対策を打ち出した。また、三重野総裁の下での日本銀行も、実体経済へのサポートをさらに強化する必要がある

と判断して、政府が「緊急経済対策」を発表した直後の9月21日に第7次の公定歩合引下げ（→1.75％）に踏み切った。

　1994年に入ると、アメリカを中心とした世界経済の回復への動きを反映して輸出が漸く下げ止まり気配となったことに加えて、個人消費に持ち直しの兆しが見られるようになった。細川連立内閣は、所得税・住民税減税（5兆5000億円）を中心とした「総合経済対策」（総額15兆3000億円）を2月8日に発表し、本格的な景気回復へと後押しをした。一方、日本銀行は、すでに公定歩合が当時としての既往最低水準となってしまったこともあって、1994年12月に三重野総裁が退任するまで一段の金融緩和に踏み込むことはなかった。

　ところで、1993年後半に入ると大阪府民信用組合、釜石信用金庫などいくつかの金融機関が地価の持続的な下落に耐え切れず経営破綻に陥るようになっていたが、(93) 大蔵省による不良債権問題への対処方針に大きな変化はみられなかった。1994年2月の「総合経済対策」決定時には、「金融機関の不良債権問題についての行政上の指針」が公表され、不良債権を計画的・段階的に処理していく方針が示された。具体的には、不良債権を①通常に比べて留意を要する債権、②金利減免等によって支援を行っている債権、③破綻先・延滞債権、の3つのカテゴリーに分けて、③については無税償却の処理と共同債権買取機構の活用を促す一方、②については再建計画の実施を管理する特別目的会社の設立による「流動化」が促された。(94) このように、大蔵省が、②について速やかな有税償却ではなく、とりあえず子会社へ不良債権を譲渡することによって将来の情勢好転を待つという選択を金融機関に促したことによって、大手銀行を含めた多くの金融機関が不良債権問題の解決を先送りし、やがて決定的な金融危機を招くことになってしまったのである。(95)

3．村山富市自民・社会・さきがけ連立内閣の成立と三重野総裁の退任

　1994年6月30日に村山富市氏を首相とする自民・社会・さきがけ連立内閣が発足した。村山連立内閣は、1947年に成立した片山哲内閣（日本社会党・日本自由党・国民協同党の連立内閣）に次ぐ戦後2度目の社会党首班内閣であった。自民党の河野洋平総裁は、衆議院内会派「改新」の結成を巡る小沢氏

との確執から羽田連立内閣を離脱した社会党の村山委員長を首相に擁立し、同様に小沢氏と抜き差しならぬ対立関係にあった新党さきがけの武村氏とも組むことによって、再び政権与党の座に復帰したのである。河野氏は副総理兼外務大臣、武村氏は大蔵大臣としてそれぞれ入閣した。

村山首相は、就任後初めての衆議院本会議で日米安保条約を維持し、自衛隊を合憲と認める旨の発言をして、従来の日米安保条約破棄・自衛隊違憲という日本社会党の基本路線を大きく変更させる一方で、1995 年 8 月 15 日には過去の一時期における植民地支配と侵略に対する反省とおわびを明記した「戦後50 年の総理談話」を発表することによって社会党政権らしさを示した。また、経済政策面では、細川連立内閣の下では自らも猛反対して葬り去った「国民福祉税」構想が大蔵省によって消費税率引き上げという形で蒸し返されたのに対して、村山首相は、当初は反対の姿勢を崩さなかったものの、消費税率引き上げに理解を示す自民党との政権維持を最優先して柔軟な姿勢に転じ、1994 年 11 月には、消費税率引き上げ（3％→5％、1997 年 4 月から実施）を盛り込んだ税制改革関連法を国会で成立させた。

村山連立内閣の下において消費税率引き上げ問題では漸く愁眉を開いた大蔵省であったが、その一方で、金融機関の不良債権問題は次第に泥沼化しつつあった。村山連立内閣の成立直後に大蔵省銀行局長に就任した西村吉正氏は、不動産融資にのめりこんだ金融機関の経営状況が非常に悪化しており、信用組合を中心にほとんど経営破綻状態に陥っている先がいくつかあるということを知って驚いた旨を、大蔵省退官後に出版した『金融行政の敗因』（文春新書、1999 年）の中で極めて率直に記している。

それらの金融機関の中で9 月中旬には、まず高橋治則氏が率いるイ・アイ・イ（EIE）インターナショナルグループへの融資が不良債権化した東京協和信用組合と安全信用組合（本店所在地はいずれも東京）の経営危機が新聞報道によって表面化した。バブル期に手広く展開したゴルフ場開発や海外でのリゾート開発が行き詰まった高橋氏は、主力の日本長期信用銀行による支援が1993 年 7 月に打ち切られた後、自らが理事長を勤める東京協和信用組合および親密先である安全信用組合からの融資で再建を目指したものの、両信組への返済は滞り不良債権化していった。両信組の直接の監督当局である東京

都は抜本的な処理には当初及び腰であったものの、約1100億円の債務超過で自力再建困難と判断した大蔵省・日本銀行が東京都に対して破綻処理を促したため、東京都も10月に異例の検査を実施した上で、両信組を破綻処理することに合意した。同年12月9日には、東京都・民間金融機関・日本銀行の出資によって新たに設立する「東京共同銀行」に清算した両信組の事業を譲渡するという破綻処理構想が発表された。⁽¹⁰⁰⁾しかし、後述するように国会で両信組からの不正融資問題が糾弾されるに及んで、大蔵省の金融行政に対する厳しい批判を呼び起こすことになるのであった。

　東京協和・安全両信組の破綻処理構想が発表された1週間後の12月16日に三重野総裁は5年間の任期満了で退任した。既述のとおり、三重野総裁は1992年夏までにいちはやく公的資金の注入による不良債権問題の解決を宮澤首相に進言し、1993年春には不良債権問題への総合対策をまとめて関係方面に働きかけていたが、結果的には、在任中に成し遂げられたことはわずかであった。三重野総裁は、経営危機の表面化した（ないしは、いわゆる「飛ばし」によって隠蔽している）金融機関の経営責任を厳しく問わないままで、不良債権問題の解消を狙いとして地価を回復させるための金利引き下げを行ったり、個別の金融機関を延命させるための資金を供給したりすることには、一貫して反対の立場をとり続けた。そうした立場は、「バブル」を引き起こした金融機関の経営者のモラル・ハザードを許してはならないという意味で確かに正論であったが、結果的には、不良債権を抱えた金融機関の貸出行動を萎縮させ、マネーサプライ伸び率を急低下させた。ちなみに、前掲図表3-7に示したとおり、マネーサプライ（M2+CD平残前年比）は、1991～1994年の間で平均2％弱の低い伸びにとどまった（同期間において国内銀行貸出金の末残前年比も平均2％弱の低い伸びであった）。このように三重野総裁が「バブル」崩壊後の時期においてマネーサプライの伸び率急低下を容認したことが、地価の持続的な下落と不良債権の累積的な増加を招いた基本的な背景であったといえよう。金融機関が将来における地価の回復を期待して不良債権問題の先送りを図る一方、日本銀行は不良債権問題をなし崩し的に解消させるための金融緩和には頑として反対するという両者にらみ合いの構図の下で、最終的には各金融機関の体力を超えて不良債権問題がとことん深刻化するま

で事態は放置されてしまったのである。

[注]
(1)　澄田智氏（1916年9月4日生―2008年9月7日没、群馬県出身）は、1940年に東京帝国大学法学部を卒業し、大蔵省に当時の山際正道秘書課長（後の第20代日銀総裁）に勧められて入省した。ほどなくして海軍経理学校に入校し、海軍主計将校として従軍先のセレベス島で敗戦を迎えた。1946年に大蔵省に復帰した後は、ベルギー・フランス両大使館駐在、理財局総務課長、主計局次長、経済企画庁官房長などを経て、1966年に銀行局長に就任した。本文で述べる「金融効率化行政」の後ろ盾となってくれたのは、大蔵省OBかつ同郷の福田赳夫蔵相（当時）であったことから、澄田氏は「福田人脈」に連なるとみられるようになった。
(2)　銀行局長に就任した澄田氏は、従来の「横並び方式」による金融行政を改めて、金融機関の配当自由化や店舗配置の自由化などの形で競争原理の導入による効率化を図ろうとした。また、「金融機関の合併および転換に関する法律」を制定して、金融機関の再編成への道を切り開いた。
(3)　筆者は日銀本店の大会議室で開かれた澄田総裁・三重野副総裁の就任式に日銀の一職員として参列したが、その折に印象的であったのは、澄田総裁が型通りの就任挨拶を述べた後、三重野副総裁が「新総裁に気合を合せていきます」とだけ述べて即座に挨拶を済ませたことであった。
(4)　西ドイツは、この時点での協調介入がドル高からの転換点になったと自負する一方、協調介入への参加を見送った日本は、その見返りに同年9月のプラザ会議で積極的な介入を要求されることになったといわれている。船橋洋一『通貨烈々』（朝日新聞社、1988年）44～45ページを参照。
(5)　1985年8月になって、ベーカー財務長官からドル高是正のための協調介入戦略を漸く知らされたボルカー議長は、そうした戦略がドルの暴落とアメリカの影響力低下につながることを強く懸念した。ポール・ボルカー「私の履歴書第24回」（『日本経済新聞』2004年10月25日）を参照。
(6)　緒方四十郎『円と日銀』（中公新書、1996年）21ページ、および、滝田洋一『日米通貨交渉』（日本経済新聞社、2006年）190ページを参照。なお、太田赳『国際金融　現場からの証言』（中公新書、1991年）103ページでは、プラザ会議の準備はすべて大蔵省次官級のG5代理レベルで行われ、日銀には事前に知らされていなかったと記されている。
(7)　プラザ会議の内容については、前掲『通貨烈々』第1章（19～58ページ）、および、前掲『日米通貨交渉』第5章（195～223ページ）を参照。
(8)　G5は、プラザ会議以前においては国際金融問題を非公開で議論する場として位置付けられており、会議後に共同声明を発表するのは初めてのことであった。G5発足の経緯については、行天豊雄「私の履歴書第15回」（『日本経済新聞』2006年10月16日）を参照。
(9)　前掲『通貨烈々』30～31ページ、および、前掲『円と日銀』22ページを参照。

(10) 日本は、たまたま9月23日が「秋分の日」で為替市場も休みだったため、24日から市場介入を実施した。
(11) コール市場において、ドル売り介入などに伴う資金不足による金利上昇圧力を「放置」する措置という意味であるが、実際にはコール・レートを通常よりは高めに「誘導」する措置であった。「高め放置」の詳細については、日本銀行『調査月報』昭和61年2月号論文「最近における短期金融市場の動向について」を参照。
(12) 1984年6月から銀行等による公共債ディーリングが漸次解禁されたのを契機として、ディーラー間市場において国債のいわゆる「指標銘柄」の回転売買が活発化した。
(13) 第2章で述べた「日米円・ドル委員会報告書」における預金金利自由化方針に沿って、1985年3月からCD（譲渡性預金）の発行条件緩和が進められた。また、同年3月にはCDレートに連動するMMCが最低預入金額5000万円で、同年10月には自由金利の大口定期預金が最低預入金額10億円でスタートした。その後、MMC、大口定期預金とも最低預入金額が漸次引下げられていった。
(14) 緒方四十郎氏が、後日、「私は、当初、高め誘導（ママ）を当時の日本国内の過熱気味の債券市場を冷そうとした操作と理解していたが、正直なところ、その効果、影響を少なくとも私は過小評価していたといわざるをえない」（前掲『円と日銀』23ページ）と述懐しているところから推察すると、「高め放置」が議論された「円卓（役員集会）」において、その実施に敢えて異を唱えることはなかったと推察される。
(15) 前掲『日米通貨交渉』211ページを参照。
(16) 国際派の太田赳氏は「高め放置」を後日回顧して、「この時の市場金利高目誘導（ママ）については、必ずしも日銀内部で十分に議論をつくして実施されたものではなく、どちらかといえば市場調節オペレーションの一環として円安是正策に結び付けて行われたものであったこと、また、プラザ合意で国際協調を謳い上げた直後であったにもかかわらず、この高目誘導（ママ）については事前に関係国に対し格別の連絡もなしに行われたこと（中略）等から、私としては現在なお若干釈然としないものが残っていることは否定し得ない」（前掲『国際金融　現場からの証言』105ページ）と、国内派への不満を吐露している。
(17) この間の事情について、緒方理事は次のとおり回顧している。「公定歩合の議論が海外からはじまることに、日銀内部には相当の抵抗感があった。当時の日銀では（現在もそうだと思うが）、公定歩合の変更はもっぱら日銀自身の判断に基づいて発意されるべきものであり、いったん変更したら、当分は変更すべきでなく、国内物価安定の重要性にかんがみ、引上げはともかく、引下げにはとくに慎重であるべきである、という考え方が支配的であった。その意味で私ごときが金利問題を他国中銀の首脳部と話し合うのは迷惑千万という考えの同僚も少なくなかったと思う。」前掲『円と日銀』25ページから引用。
(18) 当時において日本銀行調査統計局調査役であった筆者は、前川座長の事務方スタッフの一員を務めたが、その折に前川座長が、報告書の狙いは日本国民の「better quality of life」の実現にあると説いていたのがいかにも国際派の前総裁らしく印象的であった。

(19) 同研究会の主要メンバーであった加藤寛慶応大学教授は、規制緩和や市場開放に対して役所や政治家が猛烈に抵抗し、「黒字解消のため内需拡大するには、国債大量発行による財政刺激を容認する」ことが「前川レポート」の結論だと都合よく解釈されてしまったと後日慨嘆している。加藤寛「私の履歴書第 26 回」(『日本経済新聞』2005 年 5 月 27 日) を参照。

(20) 緒方四十郎「外遊百戒」(日本銀行行友会文芸部『行友』49 号、1987 年 2 月) を参照。

(21) 更迭された緒方前理事に代って澄田総裁に随行した太田理事は、一連の協議を通じて、「この際、何をおいても財政面での対応を考えることが不可欠。しかし、もし両政府が財政面で十分に腰を上げるようであれば、円高行過ぎ回避のため金融面でも若干のおつきあいは避けて通れまい」(前掲『国際金融 現場からの証言』109 ページ) との印象を持ったと回顧しているが、おそらくは澄田総裁自身も同様な考え方であったと推察される。

(22) 塩田潮編著『金利を動かす男たち』(かんき出版、1992 年) 209 ページを参照。なお、三重野副総裁が国会で証言した「乾いた薪」論は、澄田総裁による第 3 次の公定歩合引下げ後の 1986 年夏頃から日本銀行内で主張されるようになっていた。香西泰・白川方明・翁邦雄編『バブルと金融政策』(日本経済新聞社、2001 年) 54〜55 ページを参照。

(23) 宮澤喜一「私の履歴書第 21 回」(『日本経済新聞』2006 年 4 月 22 日) では、澄田総裁と話をして日米共同声明に合わせる形で公定歩合を引下げたと述べられている。また、この間の事情について、行天豊雄財務官は、「事情を話し、大蔵省の大先輩である澄田智総裁に直接お願いした。日銀内では三重野康副総裁を急先鋒に利下げ反対派が多いなか、板ばさみになった澄田さんもかなりつらかったろう」(行天豊雄「私の履歴書第 22 回」『日本経済新聞』2006 年 10 月 23 日) と述懐している。

(24) 宮澤蔵相が約束した 3.6 兆円の補正予算のうち、いわゆる「真水」部分はごくわずかであった。また、昭和 62 年度 (1987 年度) 予算は引き続き緊縮型であった。

(25) 宮澤蔵相は、為替安定化を再確約してもらう見返りに、澄田総裁から事前に合意を取付けていた公定歩合の引下げを申し出たが、ベーカー財務官は 2 月のルーブル会議まで取っておくようにと進言したとされている。前掲『通貨烈々』262 ページを参照。

(26) G7 は、G5 にイタリアとカナダを加えた 7 か国の蔵相・中央銀行総裁会議である。ただし、実際の話し合いは 21 日に非公式に開催された G5 会議で行われ、これに怒ったイタリアが 22 日の G7 をボイコットした。

(27) ルーブル宮殿での G5 & G7 の模様については、ポール・ボルカー「私の履歴書第 26 回」(『日本経済新聞』2004 年 10 月 27 日)、および、行天豊雄「「私の履歴書第 23 回」(『日本経済新聞』2006 年 10 月 24 日) を参照。

(28) 澄田総裁はボルカー議長との会談後、随行した太田越理事に「Enough is enough. だね」と語ったといわれている。前掲『国際金融 現場からの証言』111〜12 ページを参照。

(29) 内閣府社会総合研究所の景気基準によれば、1985 年 6 月の「山」から 1986 年 11

月の「谷」に至る17か月の景気後退局面が「円高不況」であった（前掲図表1-2を参照）。
(30) 三重野康『利を見て義を思う』（中央公論新社、1999年）206ページから引用。
(31) 1980年末の外国為替法改正により外債発行が常時要許可制から事前届出制に移行したことを契機に、その後における一連の規制緩和もあって、ユーロ・ダラー市場やスイス・フラン市場を中心に海外社債市場での起債が活発化した。1983～5年度には3年連続で海外市場での社債発行額が国内市場での社債発行額を上回り「国内社債市場の空洞化」が問題視されるまでになった。なお、大企業（資本金10億円以上の会社）の資金調達純増額をみると、1983～6年には社債・株式による調達が、金融機関からの借入を上回るようになった。奥村洋彦『現代日本経済論』（東洋経済新報社、1999年）115～116ページを参照。
(32) 1980年12月には特定金銭信託等の運用における簿価分離を容認する国税庁通達が出され、1981年10月にはファンド・トラストが発売された。「特金」、「ファントラ」で運用する有価証券の評価は、企業が持合いなどで既に保有している有価証券の簿価とは切り離して行われるため、企業にとっては持合い株式の含み益を温存したままで、キャピタル・ゲイン狙いの株式投資を行える極めて有利な手段となった。
(33) 1985年に国土庁が、東京では「2000年までに超高層ビル250棟分が必要になる」との需要予測を発表したことが、首都圏の地価高騰の一因となった。
(34) 前掲『バブルと金融政策』55～56ページを参照。
(35) 前掲『バブルと金融政策』57～58ページを参照。
(36) ブラック・マンデーの引き金となった日米独の政策協調の軋みについては、前掲『日米通貨交渉』256～258ページ、および、前掲『国際金融　現場からの証言』112～114ページを参照。
(37) 1929年のいわゆる「ブラック・サーズデイ（暗黒の木曜日）」におけるダウ平均株価の前日比下落率は12.8％であった。なお、2008年9月30日には、金融安定化法案が下院で否決されたことを受けてダウ平均株価が前日比777ドル下落したが、下落率では9.3％と「ブラック・マンデー」よりは軽微であった。
(38) 前掲『利を見て義を思う』194ページから引用。
(39) 宮澤喜一氏は、プラザ合意の後始末に明け暮れた蔵相時代を回顧して、「当時の私の頭の中は急速な円高を何とか食い止めたいということでいっぱいだった。公定歩合を引上げるというような発想は全く生まれなかった」と述べている。宮澤喜一「私の履歴書第21回」（『日本経済新聞』2006年4月22日）を参照。
(40) 前掲『国際金融　現場からの証言』120ページから引用。なお、引用文中の「これ」は、「金融引締めへの転換」の意である。
(41) 第7章で述べるように、日本銀行が目標とする「物価の安定」基準として、消費者物価指数前年比でみて2％±1％以内が「S（Satisfactory）」の範囲とすると、図表3-1で示したとおり、1986～1988年の3年連続で、「S」から下方に逸脱していたことになる。したがって、竹下蔵相（および、大蔵省の通貨マフィア）が主導して開始されたドル高（円安）是正策が、行き過ぎた円高の進行という形で、日本銀行の金融政策に過度の負担をもたらすようになったように窺われる。もっとも、当時の日本銀

行が意識していた「物価の安定」基準は、あくまでも「ゼロ％」インフレであったから、「物価の安定」については満足すべき状態であるというのが一般的な認識であり、忍び寄るデフレへの警戒感はいまだ無かったといえよう。

(42) 株価決定に関する標準的な配当割引モデル（ただし、配当を企業収益で置換する）に基づいて考えると、PERは安全資産利子率＋リスクプレミアム－企業収益成長率として計算される割引率の逆数となる。したがって、PERが1981～85年平均＝30倍から1989年＝70倍に上昇したことは、同期間に割引率が3.3％から1.4％に低下したことを意味する。同期間において国債利回り（店頭、最長期物）が7.6％から5.2％に低下していたことを勘案すると、そうした割引率の低下を合理的に説明できる（すなわち、「バブル」ではなかった）との解釈も可能である。ただし、その場合には、当時における低金利状態が永続することが必要条件となる。

(43) 「バブル」の最中における一般論調がどのようなものであったのかについては、前掲『バブルと金融政策』を参照。

(44) 日本不動産研究所「市街地価格指数」でみて、第2次世界大戦後において日本の地価（全国・全用途平均）が下落したのは、1974年度のみであった。

(45) 日本証券経済研究所「日本の株価水準研究グループ報告書」を参照。同報告書では、株価は企業の資産価値（保有土地を含む）と比べると依然として過小評価である（ただし、企業の資産価値は、資産の有効利用を前提とした潜在的な収益価値を示すものであり、それを実現させるにはリストラクチャリングを行う必要がある）旨の主張が展開された。

(46) 一般論として人間の記憶は不正確極まりないが、この発言は、総裁時代の澄田氏が当時の状況をバブルとは認識していなかったことを示唆するものと解釈して間違いなかろう。澄田智・三重野康・松下康雄・速水優「誌上座談会　歴代総裁が語る四半世紀」（日銀旧友会『日の友　75周年記念特別号』2007年10月）を参照。

(47) 前掲『利を見て義を思う』206ページから引用。

(48) 金融機関の貸出増加を主因として、マネーサプライ（M2＋CD平均残高）の前年比は1987年の10.4％から1988年の11.2％へと高まり、2年連続で2桁台を記録した。なお、1987年11月にCP市場が創設され、大手商社を中心にCP市場で低利調達した資金を大口定期預金に預入して利鞘稼ぎを図る動きが広範化したことを見逃せない。

(49) 前掲『国際金融　現場からの証言』119～120ページ、および、前掲『利を見て義を思う』196～197ページを参照。

(50) もっとも、準備預金制度の「積み最終日」に民間金融機関が必要準備を丁度積めるように日本銀行が信用調節を行う（したがって、超過準備はほぼゼロとなる）という形での「伝統的な金融調節方式」には手がつけられなかった。このことが日本銀行の金融政策を同調的なものにしてしまう危険性については、拙著『金融改革への指針』（東洋経済新報社、1997年）の第3章（49～74ページ）を参照。

(51) その後、ブンデスバンクは、4月20日（→4.5％）、6月29日（→5.0％）、10月5日（→6.0％）と、1989年中に4回の再割引率引上げを実施した。

(52) 前掲『国際金融　現場からの証言』122ページを参照。

(53) 三重野康氏（1924年3月17日生－2012年4月15日没、大分県出身）は、1947

年 10 月に東京大学法学部を卒業し、日本銀行に入行した。旧制一高全寮委員長の経歴を持ち、「バンカラ」風であった三重野氏が日本銀行の面接試験を受けたのは、満州からの引揚者として生活の安定を求めたためであり、そうした三重野氏に何くれとなく助け舟を出してくれたのが、戦後の日本銀行には特色あるリーダーが必要と考えていた当時の佐々木直人事部長（後の第 22 代日銀総裁）であった。

　入行後の三重野氏は、将来を嘱望された若手日銀マンとして、山際正道総裁秘書、ニューヨーク駐在などを務めたあと、1965 年に金融政策の立案に当たる総務部企画課長の要職につき、山一證券等への日銀特別融資実施や長期国債の日銀引受発行阻止に奔走した。その後は、松本支店長、人事部次長などを経て、1973 年に総務部長、1975 年に営業局長と、日銀内での典型的なエリート・コースを歩んだ。営業局長としては、安宅産業の解体再編などに辣腕を奮い、日銀の「プリンス」としての地位を固めた上で、1978 年に理事、1984 年に副総裁に就任した。この間において、宴席での酒豪ぶりと芸達者は夙に有名であり、長年に亘って培われた日本銀行の接待文化を象徴する存在でもあった。

(54)　もっとも、副総裁に選ばれた吉本宏氏（国民金融公庫総裁）は、日銀総裁の資格要件とみなされていた大蔵次官ポストの経験者ではなかったため、5 年後の日銀総裁昇格を展望しての副総裁就任ではないというのが、当時における暗黙の了解であった。

(55)　経済企画庁（現内閣府経済社会総合研究所）の「景気基準日付」によれば、プラザ合意以降の急速な円高デフレ局面であった 1986 年 11 月を「谷」として始まった第 11 景気循環の拡張過程は、1991 年 2 月を「山」として、それ以降は後退過程に転じたと事後的に判定された。

(56)　アメリカ準備制度の連邦公開市場委員会（FOMC）は、グリーンスパン議長の下で、1989 年春頃からの景気減速とインフレ率の低下に対処すべく同年 6 月 5 日に FF レートを 9.75％から 9.5％に引き下げて金融緩和に転じた後、1990 年前半に事態の推移を見極めるため静観したのを除けば、ほぼ連続的な引下げを実施して FF レートを 1990 年末には 7％、1991 年 4 月末には 5.75％へと低下させていた。この間、ODR については、1990 年 12 月 18 日に引下げ（7.0％→6.5％）に踏み切ったのを皮切りに、1992 年 2 月 1 日（→6.0％）、同年 4 月 30 日（→5.5％）と相次いで利下げを実施していた。地主俊樹『アメリカの金融政策』（東洋経済新報社、2006 年）の第 4 章および第 6 章を参照。

(57)　前掲『利を見て義を思う』211 ページから引用。なお、同書では、景気の「山」（ピーク）は、当時のコンセンサスであった 1991 年 4 月とされている。

(58)　当時におけるマスコミの主たる論調が、金融緩和政策への転換によってバブル再燃へとつながることを警戒するものであった点については、たとえば、岸宣仁『賢人たちの誤算』（日本経済新聞社、1994 年）9～14 ページを参照。

(59)　たとえば、経済企画庁が 1991 年 8 月 9 日に公表した経済白書（『平成 3 年度年次経済報告—長期拡大の条件と国際社会における役割』）を参照。なお、事後的にみると、「バブル景気」の拡張過程は 51 か月であり、「いざなぎ景気」（1965 年 10 月～1970 年 7 月）の 57 か月には 6 か月及ばなかった。

(60)　日本証券業協会調べ（1991 年 9 月 24 日発表）によれば、同年 3 月末までに行わ

れた損失補塡は全体で787件、2164億円（うち、証券大手四社が309件、1719億円）であった。また、損失補塡先の上位には、阪和興業グループ（124億円）、丸紅グループ（92億円）、伊藤忠商事グループ（63億円）、日産自動車グループ（59億円）、トーメングループ（57億円）、川崎製鉄グループ（55億円）、昭和シェル石油（47億円）、松下電器産業グループ（47億円）などが名を連ねた。

(61) 田淵節也氏は、1991年8月29日に衆議院証券・金融問題特別委員会に証人喚問され、大量推奨販売の事実や暴力団関係者への融資については認めた一方、損失補塡や相場操縦については「法律には違反していなかったはず」と証言した。田淵節也「私の履歴書第2回」（『日本経済新聞』2007年11月2日）を参照。

(62) 料亭「恵川」の女将は、8月13日に詐欺罪で逮捕されたが、破産手続きの際の負債総額は4300億円であった。架空預金証書を振り出した東洋信用金庫は、1992年10月1日に三和銀行に資産承継され、店舗網は複数の信用金庫に譲渡される形で処理された。三和銀行には、預金保険機構から200億円の金銭贈与、日本興業銀行と全国信用金庫連合会からそれぞれ約550億円、約70億円の資金援助が実施された。なお、1971年に制定された預金保険法は、預金者保護の手段として保険金支払い（ペイオフ）方式のみを規定していたが、1986年の改正で破綻金融機関の合併・譲渡・株式取得などを行う救済金融機関に対して金銭贈与などを行う資金援助方式が新たに導入されていた（最初の適用例は、1992年4月に東邦相互銀行を吸収合併した伊予銀行に対する支援融資であった）。

(63) ただし、違反した場合は免許停止などの行政処分が課されるのみで、刑事罰の規定はなかった。

(64) 1991年6月27日に開催された野村證券の株主総会で最後の議長役を務めた田淵義久社長は、「損失補塡については、大蔵省にお届けしているものでご承認を頂戴しています」旨の発言をして、「大蔵省の逆鱗に触れる」ことになった。前掲の田淵節也「私の履歴書第2回」（『日本経済新聞』2007年11月2日）を参照。

(65) 同日、橋本蔵相が一連の不祥事に関して監督不十分であったことに加えて、元秘書が富士銀行赤坂支店の不正融資事件に関与していたことの責任をとって辞意を表明し、10月14日に辞任した。

(66) 臨時行政改革推進審議会が提唱したのは公正取引委員会と同じ国家行政組織法第8条に基づく機関であったが、実際に1992年2月に国会で設立が決まった証券取引等監視委員会（同年7月20日に発足）は、大蔵省内の審議会等と同じ位置づけである同法第3条に基づく機関であったため、大蔵省からの独立性・中立性が不十分であるとの批判を受けることになった。なお、それまで銀行局、証券局、国際金融局が個別に行っていた金融検査は、大臣官房金融検査部に統合された。

(67) 田淵節也氏は、大蔵省の損失補塡問題に対する処理策について、後日、「大蔵省の事件処理のやり方には僕も腸が煮えくり返る思いだった」と率直な心情を吐露している。前掲の田淵節也「私の履歴書第2回」（『日本経済新聞』2007年11月2日）を参照。

(68) 西村吉正『日本の金融制度改革』（東洋経済新報社、2003年）268ページから引用。

(69) 海部内閣は、アメリカを中心とする多国籍軍に総額90億ドルの資金援助を行っ

たものの、海外からは「金は出すが人的貢献をしない日本」との批判を浴びた。その後、小沢一郎自民党幹事長らの突き上げを受けた海部内閣は、1990年10月には、国連の平和維持活動に自衛隊を参加させる国連平和維持協力法案（いわゆるPKO法案）を国会に提出したが、自衛隊の初の海外派遣に反対する世論が高まる中で、結局廃案となった。

(70) もっとも、大蔵省は手放しで「不動産業向け貸出総量規制」を解除したのではなく、「バブル退治」を求める世論に配慮して引き続き「トリガー方式」による監視体制をとった。前掲『平成4年度年次経済報告』の第1章第7節を参照。

(71) 前掲『金利を動かす男たち』49ページから引用。同書によれば、金丸信氏のこの発言は、1992年2月27日に開かれた竹下派総会におけるものであり、それに先立つ2月13日には都内での講演で公定歩合を0.5％引き下げるべきだとの発言が同氏からあったとされている。

(72) 前掲『利を見て義を思う』213ページから引用。

(73) 連載コラム「新かいしゃ考」（『朝日新聞』1992年4月4日夕刊）を参照。なお、三重野氏は、前掲『利を見て義を思う』214ページにおいて、佐高信氏から「日銀総裁は政治の圧力に負けて公定歩合を下げた。つまり十手を返して盗賊たちに屈服したのである。私はこの際、三重野に引責辞職をすすめる。」と批判された旨を紹介している。

(74) 『日本経済新聞』の特集「検証ニッポンこの20年」第1部政策迷走（2010年8月15日）を参照。なお、ここでの「延滞債権」には、破綻先債権も含まれていることに注意しておく必要がある。

(75) 『日本銀行月報』1992年6月号に所収された三重野康「最近の内外経済情勢」（1992年5月11日、沖縄経済同友会・同金融協会共催講演）から引用。

(76) その後、金融機関自身による不良債権額（破綻先債権および延滞債権）の開示が1993年3月期から開始されたが、その時点における不良債権額は主要3業態金融機関の合計で12兆7800億円であった。

(77) 前掲の特集「検証ニッポンこの20年」のインタビュー（2010年9月12日）において、「銀行の不良債権問題を日銀はどうみたのか」と問われた三重野氏は「住宅金融専門会社が大きな穴をつくったことが分かり、公的資金を早く入れる必要があるという判断になった。宮澤喜一首相にもそうした話をしてあった。」と答えている。

(78) 宮澤喜一氏自身は、『日本経済新聞』に掲載した「私の履歴書第25回」（2006年4月26日）の中で「92年の夏」を回顧して次のように述べている。「私は三重野日銀総裁に電話をかけた。『一万四千円を割るようなら、ぼくは東京に帰る。帰って市場を閉めてもらう。閉めたら何か知恵を出してくれるだろうね』。こう伝えると、三重野さんは『わかりました。そんなに心配しないでください』と答えた」。なお、御厨貴・中村隆英『聞き書　宮澤喜一回顧録』岩波書店、2005年）283ページでは、「三重野さんが『わかりました。その時はなんでもしますから』ということだった」とされている。

(79) 前掲『日本の金融制度改革』300ページから引用。

(80) 前掲『日本の金融制度改革』300ページから引用。

(81) 前掲の宮澤喜一「私の履歴書第25回」(『日本経済新聞』2006年4月26日)から引用。
(82) 西川善文氏が嬰外夫住友銀行会長からの「(頭取時代の)打ち明け話」として述べるところによれば、宮澤首相が自民党の軽井沢セミナーでの講演に先立って自分の別荘に大手銀行の頭取を極秘に招き、不良債権処理を処理するための公的資金注入について内々の相談をしたときに、出席した頭取が全員反対した。西川善文『ザ・ラストバンカー　西川善文回顧録』(講談社、2011年)137～138ページを参照。
(83) 全国銀行の1993年度決算における貸出金償却等(直接償却、債権償却特別勘定への繰り入れによる引当、共同債権買取機構への債権売却に伴う売却損の合計)は、4.1兆円と前年度の1.7兆円を大幅に上回った。「平成5年度の金融および経済の動向」(『日本銀行月報1994年6月号』)を参照。
(84) 三重野氏は、前掲「ニッポンこの20年」(『日本経済新聞』2010年9月12日)で、「その後日銀で対策をまとめ幹部に大蔵省に持っていってもらったが、先方はのめないと。前提として見込んだ金融機関の損失が大きすぎる、公的資金はとても無理だと。非常に歯がゆい思いをした」と続けている。
(85) 「新総合経済対策」の策定に際して当時の尾崎護大蔵次官がバブル再発を懸念して超大型の景気対策に慎重姿勢を示したのに対して、宮澤首相は、「またバブルになったら、乾杯しましょうよ」と応じたといわれている。前掲『賢人たちの誤算』15～17ページ参照。
(86) 前掲『利を見て義を思う』212ページから引用。
(87) 「私は、本書の執筆に、偏見といってよいほどの大きな予断をもって臨んだ。それは、バブルが悪だという判断である」(まえがき)との表現から始まる同書は、「『バブルをつぶすと経済もつぶれる』と考えるのは正しくない。逆に、ポスト・バブル経済への展望は、バブルを完全につぶすことによってはじめて開けるのである」(43ページ)と一刀両断の主張を展開して、当時において多くの読者の共感を呼んだ。
(88) 翁邦雄『ポスト・マネタリズムの金融政策』(日本経済新聞出版社、2011年)112ページから引用。
(89) 事後的にみると、1991年2月を「山」として始まった景気後退局面は、1993年10月の「谷」に至るまで32か月の長きに亘った。これは、第2次石油危機後の1980年2月の「山」から始まり1983年2月の「谷」に至る36か月の景気後退局面に次いで、戦後2番目の長さであった。
(90) 小選挙区、比例代表(11ブロック)とも定数250とする政府案は、衆議院で可決されたが、参議院では社会党議員17人もの造反が出たため否決されてしまった。窮地に陥った細川首相は河野洋平自民党総裁とのトップ会談で、小選挙区300、比例代表200とすることなど10項目の合意に漕ぎ着け、修正法案が最終的に成立した。
(91) 細川首相の緊急記者会見での発表内容は、①消費税を「国民福祉税」に名称変更、②税率を3%から7%に引き上げ、③3年後の1997年4月から実施、というものであった。記者からの質問に答えた細川首相は、税率7%を「腰だめ」の数字とするなど不十分な説明で墓穴を掘ることになった。塩田潮『大蔵事務次官の闘い』(東洋経済新報社、1995年)43～66ページを参照。なお、社会党の村山委員長が「国民福祉税」

に対して徹底抗戦したことについては、薬師寺克行編『村山富市回顧録』(岩波書店、2012年) 129～134ページを参照。
(92) この間の事情については、細川護熙「私の履歴書第21回」(『日本経済新聞』2010年1月22日)、「同第22回」(『日本経済新聞』2010年1月23日) を参照。
(93) 1993年10月には、経営破綻に陥った釜石信用金庫が清算された上で岩手銀行に事業譲渡された。また、同年11月には、同様に経営破綻に陥った大阪府民信用組合が信用組合大阪弘容に吸収合併された。受け皿となった岩手銀行、信用組合大阪弘容には、預金保険機構からそれぞれ260億円、199億円の金銭贈与が実施された。このほか、1995年8月に破綻処理されることになる兵庫銀行も、すでにこの頃には危機的状況に置かれていた。佐藤章『ドキュメント金融破綻』(岩波書店、1998年) 262～267ページを参照。
(94) 詳しくは、前掲『日本の金融制度改革』303ページを参照。
(95) 1994年から大蔵省銀行局長を務めた西村吉正氏は、当時を回顧して、「この段階での対応が将来の経済情勢の回復に期待しての当面の措置という性格のものであったことは明白である。このような発想は不良債権処理の先延ばし、あるいは子会社への隔離の原因となったとの批判もある」(前掲『日本の金融制度改革』303ページ) と述懐している。
(96) 「国民福祉税」構想が葬り去られた後、税制改革については一旦白紙に戻すものの、1994年末までに税制改革法案を成立させるという方針が細川連立内閣と与党の間で採択されていた。村山連立内閣の武村蔵相は、小沢氏の大蔵省首脳陣への影響力を削ぐことを狙いとして、自民党とも共同しながら大蔵省による消費税率引き上げ路線を受け入れた。
(97) 西村氏は1992年7月から1994年6月まで財政金融研究所長として銀行行政の第一戦列から離れていたが、その2年間に不良債権問題が一挙に悪化したことを含意している。
(98) 西村吉正『金融行政の敗因』(文春新書、1999年) 105ページを参照。
(99) 1990年12月に、日本長期信用銀行は資金繰りが悪化したイ・アイ・イ・インターナショナルを管理下におき、資産売却による経営再建を図った。共同通信社社会部編『崩壊連鎖』(共同通信社、1999年) 26～30ページを参照。
(100) 前掲『金融行政の敗因』105～106ページを参照。

[参考文献]
太田赳 (1991)『国際金融 現場からの証言』中公新書
緒方四十郎 (1996)『円と日銀』中公新書
緒方四十郎 (1987)「外遊百戒」(日本銀行行友会文芸部『行友』49号)
翁邦雄 (2011)『ポスト・マネタリズムの金融政策』日本経済新聞出版社
奥村洋彦 (1999)『現代日本経済論』東洋経済新報社
岸宣仁 (1994)『賢人たちの誤算』日本経済新聞社
共同通信社社会部編 (1999)『崩壊連鎖』共同通信社

黒田晁生（1997）『金融改革への指針』東洋経済新報社
経済企画庁『平成3年度年次経済報告』（1991年8月）
香西泰・白川方明・翁邦雄編（2001）『バブルと金融政策』日本経済新聞社
国際協調のための経済構造調整研究会（1986）「報告書」（通称「前川レポート」）
佐藤章（1998）『ドキュメント金融破綻』岩波書店
塩田潮編著（1992）『金利を動かす男たち』かんき出版
塩田潮（1995）『大蔵事務次官の闘い』東洋経済新報社
地主俊樹（2006）『アメリカの金融政策』東洋経済新報社
滝田洋一（2006）『日米通貨交渉』日本経済新聞社
西川善文（2011）『ザ・ラストバンカー　西川善文回顧録』講談社
西村吉正（1999）『金融行政の敗因』文春新書
西村吉正（2003）『日本の金融制度改革』東洋経済新報社
日本銀行調査統計局（1986）「最近における短期金融市場の動向について」（『調査月報』昭和61年2月号）
日本銀行調査統計局（1994）「平成5年度の金融および経済の動向」（『調査月報』平成5年6月号）
日本証券経済研究所（1988）「日本の株価水準研究グループ報告書」
野口悠紀雄（1992）『バブルの経済学』日本経済新聞社
船橋洋一（1988）『通貨烈々』朝日新聞社
増永嶺・秋山誠一編集（1997）「歴代総裁が語る四半世紀」（日銀旧友会『日の友』75周年記念特別号）
三重野康（1992）「最近の内外経済情勢」（『日本銀行月報』1992年6月号）
三重野康（1999）『利を見て義を思う』中央公論新社
御厨貴・中村隆英（2005）『聞き書　宮澤喜一回顧録』岩波書店
村松岐夫・奥野正寛編（2002）『平成バブルの研究　上』東洋経済新報社
村松岐夫・奥野正寛編（2002）『平成バブルの研究　下』東洋経済新報社
薬師寺克行編（2012）『村山富市回顧録』岩波書店

第4章
金融システム危機と「日本銀行法」改正

第1節　円高対策と金融機関破綻処理の本格化

1．松下康雄第27代日本銀行総裁の就任と円高対策

　1994年（平成6年）11月11日未明、村山富市自民・社会・さきがけ連立内閣の武村正義蔵相は臨時の記者会見を開き、日本銀行の次期総裁にさくら銀行取締役相談役の松下康雄氏が就任すると発表した。前日の夕方に、マスコミ各社が日銀次期総裁の人事内定を巡って取材合戦を開始したことを受けての記者会見であった。松下氏は、1986年（昭和61年）に大蔵事務次官を退官した後は、神戸市の出身ということもあって民間の太陽神戸銀行に入り、取締役からスタートして1987年に頭取に就任した。1990年には、太陽神戸銀行と三井銀行との合併に伴い誕生した太陽神戸三井銀行の会長に就任し、1992年には同行の会社名変更に伴い「さくら銀行」会長となった後、次のポスト待ちという形で相談役に退いていたのであった。

　その後1か月余りを経た12月17日に、予定通り松下第27代日銀総裁が就任し、同時にその次の総裁候補として福井俊彦理事が副総裁に昇格した。これは、大蔵省OBと日本銀行プロパー（生え抜き）の間での「たすき掛け人事」そのものであり、当時「大蔵省のドン」と称されていた長岡實氏（東京証券取引所理事長、1994年3月退任）を含めた大蔵省有力OBや三重野康前総裁が率いる日本銀行プロパーの間で、すでに1994年春頃までに了解済みであったといわれている。1994年6月に成立した村山連立内閣の蔵相に就任した武村氏は、細川内閣の官房長官であった当時には大蔵省と「国民福祉税」を巡って対立した経緯もあり、そうした「たすき掛け人事」を受け入れることに当初は猛烈に反発したものの、結局のところ日銀総裁ポストに関する大蔵省と日本銀行との間での暗黙の「アコード（協定）」を突き崩すこと

はできなかった。もっとも、長年にわたる自民党の単独支配が既に崩れ去った後においては、そうした「アコード」を支える基盤も失われていたのであり、そのことは1997年の「日本銀行法」改正と大蔵省解体・再編という形でやがて露呈されることになるのである。

　さて、松下総裁の就任時における日本経済は、1993年秋を「谷」として始まった景気回復局面にあったが、1994年の実質GDP成長率（1990年基準）が0.6％に過ぎなかったことが示すように、過去の景気回復局面と比べてごく緩やかな回復テンポにとどまっていた。そのような状況の下で、1995年1月17日に阪神・淡路大震災が発生し、6437名の死者・行方不明者と約10兆円規模の損害をもたらし、被災地の生産・消費に大きな打撃を与えた。村山連立内閣は、大震災の発生に際して危機管理体制の欠如と初動の遅れを厳しく批判されたが、当初の混乱が収まった後は連立内閣が一体となって政治主導での対策に取り組み、2月24日には「阪神・淡路大震災復興の基本方針および組織に関する法律」を制定（即日施行）、2月28日には災害復旧事業費を盛り込んだ総額1兆円の第2次補正予算を成立させるなど、復興体制を整えた。それに加えて、被災地以外での生産代替が進んだことや消費自粛ムードが一時的なもので済んだことから、全国的にみると比較的早く平時モードに復することができたといえよう(4)。なお、ここで予め松下総裁の在任期間中における主要経済指標の推移を図表4-1として示しておく。

　1995年3月になると、今度は急激な円高や株価の下落によって景気の先行き不透明感が強まった。円対米ドル為替レートは、細川護熙非自民連立内閣とビル・クリントン民主党政権との間での日米包括経済協議が不調に終わったこと(5)を背景として1994年2月に1ドル＝100円割れとなった後、しばらくは97〜100円の間での小動きとなっていたが、同年12月に発生したメキシコ通貨危機が他の新興市場国にも伝染した中で、ドイツ・マルク高につられる形で大規模な円買い投機が起こり、1995年3月上旬には1ドル＝90円を突破し、さらに4月19日には当時における既往円高ピークである1ドル＝79円75銭を記録した（図表4-2を参照）。このようにプラザ合意以降の円高局面にほぼ匹敵するスピードで急速な円高が進行したことを嫌気して、前年6月中旬に2万1,000円台まで回復していた日経平均株価が、1995年3

図表 4-1　主要経済指標の推移（1995〜1997年、および1998年第1四半期）

	1995年	1996年	1997年	1998年 1〜3月
実質GDP成長率 （1990年価格、前年比％）	0.8	3.5	1.9	−1.6
鉱工業生産指数増加率 （2000年平均＝100、前年比％）	3.3	2.2	3.7	−4.6
国内卸売物価指数上昇率 （1995年平均＝100、前年比％）	−0.8	−1.6	0.7	0.3
全国消費者物価指数上昇率 （2005年平均＝100、前年比％）	−0.1	0.1	1.9	2.0
マネーサプライ増加率 （M2＋CD平均残高、前年比％）	3.1	3.7	3.2	4.7
日経225種平均株価 （年・期末値、円）	19,868	19,361	15,258	16,527
円対米ドル為替レート（インター バンク直物、年・期末値）	102.91	115.98	129.92	133.39
経常収支 （円ベース、10億円）	10,386	7,153	11,733	3,680
日本銀行公定歩合 （年・期末値、％）	0.50	0.50	0.50	0.50

［資料出所］日本銀行「経済統計年報」ほか

月下旬には再び1万6,000円割れの展開となり、7月3日には同年中の底値14,485円まで下落した（前掲図表3-3を参照）。

　日本銀行は、こうした情勢変化に対応して、まず1995年3月31日に短期金融市場金利の「低め誘導」を実施すると公表した後、4月14日には公定歩合の0.75％引下げ（1.75％→1.0％）を決定し、即日実施した。これは、松下総裁にとって最初（三重野前総裁時代からの累計では第8次）の公定歩合引下げであり、村山連立内閣が規制緩和の前倒しや公共事業の積極的実施などを盛り込んだ「緊急円高・経済対策」を同日発表したことと平仄を合わせたものであった。この「低め誘導」および第8次公定歩合引下げを受けて、それまで2％程度で推移していた無担保コールレート翌日物は1.2〜1.3％程度に低下した。

　財政・金融両面での景気刺激策が実施されたにも拘わらず、景気回復の動

図表 4-2　円対米ドル為替レートの推移　(1990～1998 年)

[資料出所]　日本銀行ホームページ

きは 1995 年夏にかけて足踏み状態となり、急速な円高の影響で国内商品市況が下落して、国内卸売物価や消費者物価が軟化するなど、物価全般に根強い下落圧力がかかる状況が続いた。ちなみに、1995 年の国内卸売物価指数は前年比 −0.8％、全国消費者物価指数は同 −0.1％といずれも下落した（前掲図表 4-1 を参照）。このため、日本銀行は、7 月 7 日に短期金融市場金利の更なる「低め誘導」を実施したことに加えて、9 月 8 日に公定歩合の第 2 次（三重野前総裁時代からの累計では第 9 次）引下げ（→0.5％）を決定し、公定歩合は「古今東西、最低の水準」になった。この「低め誘導」と公定歩合引下げに際しては、日本銀行が、コールレートが平均的にみて公定歩合をやや下回るように運営するという金融調節姿勢を表明した結果、無担保コールレート翌日物は 0.4％台にまで低下した（図表 4-3 を参照）。

　このようにしてコールレートが公定歩合を上回る従来の状態が解消されたことに伴い、日本銀行は、それまで金融調節手段の中心であった日本銀行貸出の位置付けを抜本的に見直して、これ以降は、金利の急変時等のごく例外的な場合を除いて、原則として日本銀行貸出を金融調節手段としては使用しないことに決めた。日本銀行貸出は、一時的な流動性不足の補塡や信用秩序

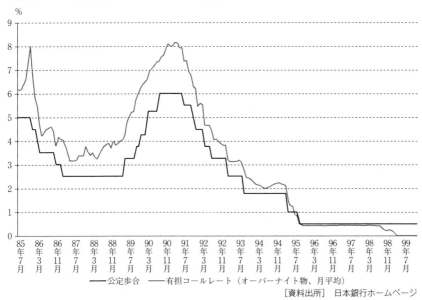

図表 4-3　公定歩合とコールレートの推移　(1986 〜 1999 年)

[資料出所]　日本銀行ホームページ

維持のための手段（すなわち、「最後の貸し手」機能）として位置付けられこ
とになったのである。

　松下総裁が、就任時において既に当時としては既往最低水準の 1.75％であ
った公定歩合を更に 2 回も引き下げたのは、急速な円高進行が強く意識され
たためと窺われるが、1995 年 1 月に就任したアメリカのロバート・ルービ
ン財務長官は「強いドルは国益にかなう」という立場をとり、4 月に首都ワ
シントン DC で開催された G7 において「為替相場の秩序ある反転が望ましい」
との合意がなされた。松下総裁による更なる金融緩和の推進、クリントン政
権側での「強いドル政策」への為替戦略の転換に加えて、6 月初めに就任し
た榊原英資大蔵省財務官が主導した大胆な円売りドル買い介入（9 月 22 日ま
でに計 8 回、介入総額 2 兆 6000 億円）もあって、同年夏以降は一挙に円高修
正が進み、8 月には 1 ドル＝ 100 円台まで戻した。その後、外国為替市場で
の潮目の変化を背景にして海外ヘッジファンドなどによる「円キャリートレ
ード」（低金利の円資金を調達し、ドルなどの外貨に換えて高収益の投資に振り向

ける取引）が活発化したこともあり、結果的には1998年8月11日の円安ピーク147円64銭まで続く比較的長いドル高・円安局面を迎えることになった（前掲図表4-2を参照）。この間、政府が1995年9月に当時としては既往最大の総額14.2兆円に及ぶ経済対策を打ち出したことも寄与して、景気は1995年10～12月期から再び回復へと向かったのである。

2．金融機関破綻処理の本格化

　松下総裁が就任した当時、金融機関が抱える不良債権問題は既に待ったなしの状況に追い込まれていたが、大蔵省および日本銀行は、第3章で既述のとおり東京都の合意を漸く取り付けて東京協和・安全両信用組合の破綻処理に着手したばかりの段階であった。

　両信用組合の破綻処理のために創設された東京共同銀行は、1927年（昭和2年）の金融恐慌時に設立された昭和銀行に倣ったものであり、東京都、日本銀行、および民間金融機関（都市銀行、長期信用銀行、信託銀行、地方銀行、第二地方銀行）が出資して、清算される両信用組合を事業譲渡する受け皿を作るのが狙いであった。東京共同銀行は、1995年1月13日に日本銀行からの出資200億円を核として（住友銀行など主要行と全国信用組合連合会からの出資を加えて）創設され、3月20日には預金保険機構からの資金援助400億円を得て、両信用組合の事業を承継した。しかし、東京協和・安全両信用組合によるEIEインターナショナル・グループへの不正融資問題が国会で取り上げられ、衆議院予算委員会に証人喚問された高橋治則前東京協和信組理事長が複数の大蔵省現職幹部との親密な交際を認めると、大蔵省の金融行政に対する厳しい批判の声が沸き起こった。さらに、4月9日の東京都知事選挙において、青島幸男氏が、鈴木俊一前都知事の推進した世界都市博覧会の中止に加えて、両信用組合への支援拒否を公約に掲げて当選したことによって、東京都からの出資は暗礁に乗り上げてしまった。無所属でいわば無手勝流の青島氏が、自民党・自由連合・社会党・公明党の統一候補として鈴木路線の継承を唱える石原信雄氏を破って当選したことは、バブルを惹き起こした金融機関への怨嗟の声が当時の都民の間でいかに大きかったかを如実に物語っている。

東京協和・安全両信用組合の破綻処理を巡る国会審議で約5か月間も「針のむしろ」に座らされることになった大蔵省は、それが一段落した1995年6月に「金融システムの機能回復について」と題する文書を公表した。同文書では、それまで主要銀行の破綻先・延滞債権として約12.5兆円とされていた不良債権が、信用金庫や信用組合などを含めた預金取扱金融機関全体に対象範囲を広げ、かつ金利減免債権等を含めた概念に拡大すると約40兆円に上ること（そして、これ以降はこの拡大された概念で不良債権問題を捉えていくこと）を明らかにした。また、金融機関の破綻処理については、①預金保険の発動によって保護されるのは、預金者・信用秩序であり、破綻金融機関の経営者・株主（または出資者）・従業員ではないこと、②預金保険の発動方式としては、1971年の預金保険制度創設時に規定されたペイオフ（預金払い戻し）よりも、1986年の「預金保険法」改正によって導入された資金援助（金銭贈与など）の方が社会的コストの小さい点で望ましいこと、③5年以内にペイオフの実施できる環境を整備すべく、金融機関の自主的な経営健全化努力やディスクロージャーの拡充を求めること、④概ね5年間はやむをえず、民間金融機関による資金拠出や「日本銀行法」第25条による支援など特別の対応をとること、などの基本方針を示した。

当時の大蔵省銀行局長であった西村吉正氏が後日回顧するところによれば、「この文書は形式的には行政当局の対処方針を体系的に説明したものに過ぎないが、その内容には法律改正を必要とする重要な事項が多数含まれ、実質的にその後数年間の破綻処理政策を決定するもの」であった。また、この文書の公表によって、大蔵省は「金融機関の破綻処理に果断に取り組むことを示すと同時に、預金者に不安を与えないため、5年間は預金全額保護を実施するとの方針が打ち出された」のである。

こうして大蔵省が金融機関破綻処理についての基本方針を固めた後、その最初の適用例となったのは泰道グループの経営するコスモ信用組合（本店は東京都）であった。コスモ信用組合は土地担保貸出の不良債権化と保有株式の大暴落で痛手を負う一方、バブル崩壊後には高金利の「マンモス定期」で預金集めをして自転車操業の状態にあったが、その経営危機が新聞報道されたことから、1995年7月末には店頭に預金引き出しの行列が出来る事態と

なった。東京都は8月1日にコスモ信用組合に対して業務停止命令を発動し、青島知事は武村蔵相と松下日銀総裁を訪問して支援を要請するとともに、東京都としても財政支援を行うことを決断した。東京協和・安全両信組の場合には財政支援を頑なに拒否した青島知事であったが、コスモ信用組合の場合は預金取付け寸前にまで追い込まれての苦渋の決断であった。これを受けて同月中に、コスモ信用組合の事業譲渡先となる東京共同銀行に対して、預金保険機構から1100億円の資金援助を行うほか、日本銀行が5年間累計で200億円程度の収益支援効果を想定した貸付を行うことなどで合意がなされた。(14)

コスモ信用組合の破綻処理を終えた後、大蔵省はかねてよりの懸案事項である兵庫銀行（本店は神戸市）と木津信用組合（本店は大阪府）の同時処理を行う方針を固めた。まず、兵庫銀行は、同行がまだ相互銀行であった1970年に就任した長谷川寛雄社長（後に会長に就任）の下で積極的な拡大路線を歩み、バブル期には資産を倍増させた（1990年3月期の資産4.4兆円）が、バブル崩壊後の1992年には関連ノンバンクの経営悪化が表面化して長谷川会長が引責辞任した。1993年には、吉田正輝元大蔵省銀行局長を社長に迎えて経営再建に努めたものの、1995年1月の阪神・淡路大震災により本店が倒壊するなどの重大な被害を蒙って破綻の瀬戸際に立たされていた。次に、木津信用金庫は、鍵弥実理事長の下でバブル期に急拡大し、預金高1兆円を超えるマンモス信組となったが、三和銀行をはじめとして都市銀行から高利多額の紹介預金を受け入れる一方、融資のほとんどは不動産関係であったため、バブル崩壊とともにたちまち窮地に陥っていた。

1995年8月30日、大蔵省は、兵庫銀行を清算消滅させ、その事業を承継する受け皿としての「みどり銀行」を地元財界の協力を仰いで新たに設立するという破綻処理策を発表した（破綻時の公表不良債権は1.5兆円であった）。「みどり銀行」は、同年10月27日に資本金709億円で設立され、1996年1月29日から営業を開始した。それに伴い、預金保険機構は「みどり銀行」に対して4730億円の金銭贈与、日本銀行は「みどり銀行」の信用を補完するために劣後特約貸付1100億円を実施した。(15)

兵庫銀行の破綻処理策が発表されたのと同日、大阪府の横山ノック知事は、

木津信用組合に対して業務停止命令を発動したが、その発表に先立って預金取付け騒ぎが発生したため、日本銀行および全国信用組合連合会が緊急融資（合計4290億円）を実施して事態の沈静化に努めた。木津信用組合の不良債権は1兆円に及び、当時の預金保険法ではペイオフ方式で破綻処理せざるをえない事態であったが、それに伴う混乱を回避するため、後述する預金保険法改正（1996年6月）を待って破綻処理へと進むこととなった。最終的には、1997年2月に木津信用組合を整理回収銀行（1996年9月に東京共同銀行を改組）に事業譲渡し、預金保険機構から整理回収銀行に対して1兆340億円の金銭贈与（特別資金援助を含む）が実施された[16]。

3．住専への公的資金投入と「金融三法」の成立

　1970年代から80年代前半にかけて、住宅ローンの提供を主たる目的として銀行などの金融機関（いわゆる「母体行」）の共同出資によって設立された住宅金融専門会社（通称「住専」）8社は、バブル期には住宅開発・不動産業者への融資に傾斜したため、バブル崩壊とともに多額の不良債権を抱えるに至った。そうした状況は、既に1992年頃には関係者の間で認識されていたが、第3章で既述のとおり大蔵省が不良債権問題の「先送り」政策を選択した中で、そのまま手つかずの状態に置かれていた[17]。しかし、1995年1月の東京共同銀行設立を皮切りに、7月のコスモ信用組合、8月の兵庫銀行・木津信用組合と、不良債権を抱える金融機関の破綻処理に本格的に取り組み始めた大蔵省は、日本住宅金融など住専7社（農林系統金融機関を母体行とする1社を除く）に対しても8月に立ち入り検査を実施し、その結果、資産の過半にあたる6兆4100億円が回収不能であると判定した旨を公表した。これによって住専の破綻処理が必至であることは公然の事実となった。

　それに先立つ1995年6月に村山連立内閣の与党3党により設置されていた金融・証券プロジェクトチーム（以下ではPTと略称）は、同年11月にかけて住専問題に関するヒアリングを行い、住専を清算する場合に問題となるのは最大の債権者である農林系統金融機関（全体で住専に対する債権は約5兆5000億円）[18]の一部（端的にはいくつかの県信連）が負担に耐え切れず破綻する懸念であり、したがって「預金者保護を図る観点から農林系統に限定した公

的資金の導入」を含めた検討を進めるとの方向に議論は傾いていった。しかし、農林系統側は、住専の経営に責任があった母体行が損失のすべてを負うべしとする「完全母体行主義」を主張して譲らず、自民党の農林族議員を巻き込んでの反撃を試みた。その結果、11月末には山崎拓自民党政調会長（及び与謝野馨政調会長代理）の主導によって、それまでのPTの議論を棚上げにした上で、農林系統の負担を極力少なくすることを主眼とした与党方針（内実は自民党方針）が強引に取りまとめられた。

　この間において、住専7社の母体行の監督官庁である大蔵省は、西村吉正銀行局長の下で一般行や農林系統を含めた関係金融機関（住専に対する債権総額に占める比率は、母体行＝27％、一般行＝30％、農林系統＝43％）の間で住専の損失をいかに負担するのかという問題に腐心し、母体行が住専への債権3.5兆円の全額を放棄し、残りの2.9兆円を一般行と農林系統で負担するという「修正母体行主義」をベースとしながら、一般行の負担を1.7兆円まで増やすことによって、農林系統の負担を1.2兆円に減らす工夫をした。しかし、「完全母体行主義」を主張してきた農林水産省側（堤英隆経済局長）は、上述した自民党主導による与党方針を背景にして譲らず、1995年12月14日深夜に開かれた西村銀行局長との会議において、あくまでも損失負担ではなく「贈与」としての5300億円以上は出せないとの最後通告を行った。これを受けて、12月19日には、農林系統負担額を5300億円とし平成8年度（1996年度）予算で住専処理のために6850億円の財政支出（すなわち、公的資金注入）を行うことが閣議決定されたのである。

　沖縄でのアメリカ兵による少女暴行事件もあって心労の重なっていた村山首相は、1996年早々、1月5日の閣議で突如退陣を表明した。そのため、当時の自民党総裁であった橋本龍太郎氏に首相の座がまわる運びとなり、1月11日には、引き続き3党連立政権としての第1次橋本内閣が成立した（蔵相には社会党の久保亘氏が就任した）。同月中に国会が始まると、小沢一郎氏の率いる新進党が政府の住専処理策に激しく反発して国会は空転したが、予算総則の書き換えという形での政治的妥協が図られて、5月に住専処理に係る財政支出を盛り込んだ1996年度予算が成立し、6月18日に「住専処理法」が成立した。7月には住専7社の資産を引き継ぐ住宅金融債権管理機構が設

立され、人権派弁護士として鳴らした中坊公平氏（元日本弁護士連合会会長）が社長に就任し、債権回収のために奮闘努力して、一時は世間の称賛を浴びることになるのであった。

　ところで、紛糾した「住専処理法」と同日（6月18日）に不良債権処理の一般的手法に関する制度を整備するための「金融三法」（「金融機関等の経営健全性確保法」、「金融機関等の更生手続特例法」、および、「預金保険法の一部改正法」）が国会で成立した。それら「三法」の内容をみると、「経営健全性確保法」は、金融機関の経営状況に応じた行政措置（いわゆる早期是正措置）を新たに規定した。早期是正措置は、各金融機関の経営状況を基本的には自己資本比率に応じて評価し、一定の基準に満たない先には、業務改善計画の提出、配当制限、役員賞与カット、新規業務の制限などの是正措置を命ずるものであった。「経営健全性確保法」に基づいた早期是正措置は1998年4月から実施に移され、後述するように同年6月に大蔵省から分離独立した金融監督庁の金融検査方針の拠り所として活用されることになる。なお、「経営健全性確保法」は、金融機関の経営内容をできるだけ透明なものとするようデリバティブなどのトレーディング勘定取引に時価主義会計を導入したことを併せて指摘しておきたい。次に、「更生特例法」は、実質的に破綻状況にある金融機関に対して監督当局が更生手続きを申し立てることができるようにするとともに、預金保険機構に多数の預金者を代理して手続きを行使する機能を与えた。さらに、「預金保険法の一部改正法」は、2001年3月末までの約5年間の金融不安解消期における時限的措置として、①特別資金援助（ペイオフ・コストを超える資金援助）の導入、②預金等の全額保護のため預金等債権の買取り制度を拡充、③そのために必要な費用としての特別保険料（0.036%）の徴収、などを定めたことに加えて、信用組合の破綻処理を円滑化するために東京共同銀行を改組して信用組合全般を対象とする整理回収銀行を創設することなどを定めた。なお、この「預金保険法」一部改正の際には、2001年3月末までの過渡期間が終了した時点での「ペイオフ解禁」（破綻金融機関のペイオフ実施に伴い、預金保険の限度額を超える預金を部分的に切り捨て）が規定されていたことを注意しておく。

　「金融三法」が成立した後、1996年11月21日に大蔵省はかねてより経営

危機が噂されていた阪和銀行（本店は和歌山市）に対して銀行法第26条に基づく業務停止命令を発動した。第二地方銀行である阪和銀行が、「銀行」としては第2次大戦後初めての業務停止に追い込まれたことは、後述するように解体・再編の渦中にあった大蔵省が「金融三法」に基づく早期是正措置（1998年度から導入予定）をモデルとした新たな金融行政方針に転換する意気込みを示したものであり、金融界に大きな衝撃を与えたのである。

第2節　大蔵省の解体・再編と「日本銀行法」改正

1．大蔵省の解体・再編による金融監督庁の設立

大蔵省は、第2次世界大戦後長い間に亘り財政・金融分野を一体で所管する「官庁の中の官庁」として絶大な権勢を誇ってきたが、1990年代後半に起きた一連の不祥事によって「大蔵省バッシング（叩き）」の嵐が吹き荒れることになった。

まず、1995年3月に上述した東京協和・安全両信用組合の乱脈経営に絡んだ接待問題で大蔵省の金融行政に対する厳しい批判の声が高まったことから、大蔵省は、幹部7名を処分し、同年5月には「綱紀の厳正な保持について」と題する大臣官房長通達を出して事態の収拾に追われる破目に陥った。

次に、同年9月に起きた大和銀行ニューヨーク支店の巨額損失事件が大蔵省の不透明な金融行政に対する疑念を国内外で抱かせることになった。同事件の経緯を振り返ってみると、9月26日、大和銀行の藤田彬頭取が緊急記者会見を行い、同行ニューヨーク支店の行員がアメリカ国債投資の失敗を隠蔽するために保有有価証券を不正に売却するなどして11億ドルの巨額損失を発生させたことを発表した。当初は一行員の単独犯行とみなされていた事件であったが、アメリカ捜査当局は同支店がニューヨーク連邦準備銀行の検査官を欺くために様々な偽装工作を行っていたことなどを次々と明らかにし、11月2日にアメリカ金融当局は大和銀行に対してアメリカからの追放措置を含む同意命令という形で厳罰に処した。大蔵省は、すでに同年8月8日にはこの事件について大和銀行から極秘に事情説明を受けていたにもかかわら

ず、事件が発覚するまでそれを公表せずにいた（大蔵省の言い分としては、当事者の処理に委ねていた）ことをアメリカ金融当局から「レギュレーションK」違反だとして厳しく批判された。(31)

　さらに、1996年に入ってから既述のとおり住専への公的資金投入が国会で議論される中で、住専7社が大蔵省の有力な「天下り」先となっていた（のみならず、住専が経営危機に陥ると、過去に送り込んだ役員の多くをいち早く引き上げてしまった）ことや、大蔵省と農林水産省との間で住専処理に関する「密約」が予め交わされていたことなどについて大蔵省の不透明な金融行政に対する批判が集中し、「財政と金融の分離」をキーワードにして大蔵省を解体・再編しようとする動きがにわかに活発化していったのである。(32)

　1996年2月には、橋本連立内閣与党3党の幹事長・政調会長クラス6名からなる「6者委員会」が設置され、その下で大蔵省改革PTを発足させることになった。同PT（座長は日本社会党の伊藤茂氏）は、まず与党3党内で反対が少ない（かつ大蔵省としても議題にすること自体への反論が難しい）「日本銀行法」改正問題を議題として取り上げることにし、同年7月の会合で首相の私的諮問機関としての「中央銀行研究会」を設置して、そこで日本銀行の独立性のあり方を検討させることにした。一方、大蔵省の金融関連部局の統合や、検査・監督機能の分離など大蔵省自体の改革問題については、大蔵省内部はもとより自民党の一部からも強い反対論があったが、伊藤座長のしたたかなリーダーシップにより、第1に銀行局・証券局を統合して「金融局」とする（国際金融局については、当面は現行体制を維持するが、機能の一部を「金融局」に移管することを検討する）こと、第2に金融の検査・監督機関は独立性の高い「公正取引委員会型」（国家行政組織法の3条機関）を基本とすること、などを骨子とする最終報告書が同年9月のPT会合でとりまとめられた。(33)

　1996年10月の衆議院議員総選挙で、自民党は239議席を獲得し、政権復帰を目指す小沢氏らが率いる新進党（156議席）、鳩山由紀夫氏らにより前月に結成されたばかりの民主党（52議席）を上回ったものの、過半数には届かなかった。しかし、閣外協力という形ではあったが、引き続き社会民主党（同年1月に日本社会党から党名変更、15議席）・さきがけ（2議席）両党との連立を維持して、同年11月7日に第2次橋本内閣が成立した（蔵相には自民党の

三塚博氏が就任した)。橋本首相は、11月29日の国会施政方針演説で行政・財政・社会保障・経済・金融システムの「五大改革」(翌年1月には教育を加えて「六大改革」)を提唱し、一挙に構造改革を推進しようとしたが、そうした基本方針の下で、大蔵省の解体・再編への流れも加速していったのである。

　大蔵省は検査・監督部門の一体分離に反対して懸命の抵抗を試みたが、大蔵省改革を行政改革[34]の目玉と位置付ける橋本首相はいささかも揺るがず、同年12月23日・24日に与党3党で行われた協議の結果、「金融行政機構の改革について」と題する合意がとりまとめられた[35]。その内容は、①大蔵省から検査・監督を切り離し、総理府に設置する「金融検査・監督庁(仮称)」に移管する(免許付与・取り消し、業務停止命令などの監督権も大蔵省から切り離し、同省には金融行政の企画立案のみを残す)、②新機関の長官は国会議員以外とし、首相が任命する、③農協系統金融機関、ノンバンク、労働金庫などの検査・監督も新機関に一元化するが、農林水産、通産、労働の各省にはそれぞれ新機関との共管を認める(言い換えれば、銀行・証券・保険などの検査・監督について大蔵省との共管を認めない)、④金融破綻の際の危機管理体制については、新機関の長官を中心に大蔵省・日本銀行・預金保険機構が定期的に協議し、金融破綻への対応は新機関が蔵相と協議して対応する、⑤大蔵省との人事交流については、新機関の長官に人事権の独立性を確保させる、というものであった。すなわち、まず検査・監督部門の一体分離という形で大蔵省の解体・再編を進めることが決まったのである[36]。

　この合意を受けて、同年12月末には新機関の設立準備室が総理府内に立ち上げられ[37]、1997年3月に政府与党が国会に提出した「金融監督庁設置法」が6月に成立した後、第5章で後述するように、1998年6月22日に金融監督庁が発足することになるのであった。

2. 「日本版ビッグバン」による金融システム改革

　第2次橋本内閣が「五大改革」の目玉としていち早く打ち出したのが、「日本版ビッグバン」を謳った金融システム改革であった。1996年10月に、経済審議会行動計画委員会ワーキンググループ(座長は池尾和人慶応義塾大学教授)が、2000年3月末までに金融規制を撤廃して利用者本位の金融システ

ムを作るという「日本版ビッグバン」構想を打ち出した後、上述したとおり大蔵省解体・再編の嵐が吹き荒れる中で金融改革を手掛かりに劣勢の挽回を図りたい大蔵省が、橋本首相に金融システム改革を持ちかけたのが背景であったといわれている(38)。ともあれ、早くも11月11日には、橋本首相から三塚蔵相（および、松浦功法相）に対し、「我が国金融システムの改革─2001年東京市場の再生に向けて─」と題して、東京市場を2001年までにニューヨーク、ロンドン並みの国際市場にすべく、① Free（自由化）、② Fair（透明なルール）、③ Global（国際化）の3原則に基づいた改革を進めるようにとの指示があり、11月15日には、証券取引審議会・金融制度調査会・保険審議会・外国為替審議会・企業会計審議会に金融システム改革プランを早急に取りまとめるよう要請が出されたのである。

5つの審議会のうちもっとも早く答申を出して「フロントランナー」となったのは外国為替審議会であった(39)。橋本内閣の「日本版ビッグバン」構想に先行して1996年9月から外国為替制度の見直しを集中的に審議していた同審議会は、いわば時流に棹差す形で、①外国為替公認銀行制度などの廃止による外国為替業務の自由化(40)、②海外預金の保有や海外向け代金の小切手支払などに関する事前の許可・届出制度の廃止、などの自由化措置を盛り込んだ答申を1997年1月にとりまとめた。これを受けて同年3月に「外国為替及び外国貿易法(41)」案が国会に提出され、5月に同法が成立した。こうして早々と大胆な自由化措置を盛り込んだ外為法改正が実現したことは、内外金融界に少なからぬショック(42)を与え、以降「日本版ビッグバン」構想を一気に推し進める力として働くことになった。

次に、証券取引審議会（総合部会座長は蝋山昌一大阪大学教授(43)）は、1996年11月の「論点整理」で証券市場を中心とした金融システムの抜本的改革の必要性を前面に打ち出すことによって、「日本版ビッグバン」構想の主導権を握った。具体的には、①証券デリバティブの全面解禁、証券総合口座の導入、銀行等による投資信託の窓口販売解禁など、投資対象商品や販売方法の多様化、②取引所集中義務の撤廃、店頭登録市場の機能強化などによる市場間の競争、③株式売買委託手数料等の自由化、証券会社の免許制から登録制への移行などによる証券会社間の競争、等々実に盛り沢山の自由化措置を提

言した。また、企業会計審議会も、かねてより審議を進めてきた連結財務諸表制度の見直しに加えて、金融商品に関する時価評価の導入、ディスクロージャーの適正性の確保など、透明でグローバルな会計ルールの整備に向けての提言を答申に盛り込んだ。

　一方、従来において金融制度改革を主導し続けてきた金融制度調査会は、「日本版ビッグバン」に関する限り、むしろ証券取引審議会に追随する立場に追い込まれた。これは、1980年代後半以降における金融制度改革論議（主として銀行、証券、信託の各業務分野の調整問題）が、1992年6月の「金融制度及び証券取引制度の整備に関する法律」（いわゆる「金融制度改革法」）成立によって業態別子会社方式による相互参入という形で一応の結着をみていたことに加えて、積み残しとなっていた持ち株会社方式についても、「日本版ビッグバン」構想に先立つ1996年6月の「独占禁止法」改正によって金融持株会社の導入への道が既に開かれていたことによるものであった。このため、金融制度調査会の答申は、「従来は証券サイドが強く抵抗していたため進まなかったが今回は証取審の積極姿勢の結果調整が大幅に進んだため、それを受けて制度整備が図られたという受動的性格のもの」が中心となった。しかしながら、それらの中で債権流動化（言い換えれば、証券化）のための法制整備が提言されたことは、「日本版ビッグバン」の志向した市場型間接金融への道を開くという意味で重要であったといえよう。最後に、従来から最も保守的であった保険審議会の答申は、①保険料率の算定会の改革、②業態間の相互参入促進、③銀行等による保険販売の容認、などの論点について、ある程度の自由化を容認しながらも、依然として業界保護的な考え方が支配的な内容であった。

　各審議会の報告・答申が出揃ったのを受けて、1997年6月に「金融システム改革のプラン」と題して、具体的措置を実施に移すための「工程表」が明示され、それ以降まず法律改正を要しない自由化措置が次々に実施に移された。さらに、法律改正が必要な措置については、23本の法律改正を一括化した「金融システム改革のための関係法律の整備等に関する法律」（いわゆる「金融システム改革法」）が国会に提出され、1998年6月に成立した。

　「金融システム改革法」の内容は、事務方としての大蔵省のとりまとめに

よれば、①資産運用手段の充実（銀行等による投資信託の窓口販売の導入、有価証券の定義拡充など）、②活力ある仲介活動を通じた魅力あるサービスの提供（株式売買委託手数料の自由化、証券業の原則登録制への移行など）、③多様な市場と資金調達チャネルの整備（取引所集中義務の撤廃、私設取引システムの導入など）、④利用者が安心して取引を行うための枠組みの整備（公正取引ルールの整備、証券会社の分別管理義務など）、の4本の柱からなり、まさに広範かつ多岐にわたる金融改革であった。[48]

「日本版ビッグバン」は、「バブル」の崩壊を経て閉塞状況に陥ってしまった日本の金融システムを一挙に改革してニューヨーク・ロンドンに伍していける国際金融センターを作り上げようとする前向きの金融改革であったが、[49] 主要金融機関が依然として巨額の不良債権を抱えたままの状態で実施されたことから、結果的には後述する財政緊縮政策への転換による景気の腰折れと相俟って、1997年秋以降における日本の金融システム危機を招来し、さらには、日本経済をデフレーションに陥れてしまうことになるのであった。

3．「日本銀行法」改正による金融政策の新たな枠組み

「日本銀行法」の改正問題に目を転じると、上述したとおり与党3党の大蔵省改革PTによって1996年6月に橋本首相の私的諮問機関としての「中央銀行研究会」（座長は、鳥居泰彦慶応義塾大学塾長）[50] が設置され、同研究会で審議した後、大蔵大臣の公的諮問機関である金融制度調査会（会長は、館龍一郎東京大学名誉教授）において細かな論点を詰めるという2段階アプローチが採られることになった。大蔵省銀行局が事務方を務める金融制度調査会での審議に日銀法改正問題を直接委ねた場合には、大蔵省寄りの改正案になってしまうことが懸念されたためといわれている。

「中央銀行研究会」は、1996年7月31日の初会合から同年11月12日の最終会合まで10回にわたり首相官邸で開催された。同研究会における議論は、日本銀行OBや大蔵省OBが委員に加えられなかったこともあり、全体として中立的な立場で進められたといえようが、最終会合において橋本首相に手渡された「中央銀行制度の改革―開かれた独立性を求めて―」と題する報告書の主要な論点をまとめれば、以下のとおりである。[51] なお、以下の［1］～

[10] において「　」内は報告書原文（首相官邸ホームページ）からの引用である。

　［1］　日本銀行の金融政策は、最も重要な目的としての「物価の安定を図ることを通じて、『国民経済の健全な発展』に資することを基本」とするが、バブル期の経験に鑑み、一般物価水準だけではなく地価・株価等の「各種価格の変動にも留意する」ことが望ましい。なお、「銀行券を発行し、通貨信用を調節すること」が「日本銀行の本質的任務」である。

　［2］　日本銀行は従来において「政府の代理人として為替介入に携わっている」が、「為替介入については、現在の国際金融システムの下では、政府が一元的に責任を持つべきである」。したがって、為替政策は従来どおり大蔵省のみが行うこととする。

　［3］　日本銀行は、決済システムの円滑かつ安定的な運営を通じて「金融システムの安定（信用秩序の維持）に寄与するべき」である。この点に関連して、政府が行う検査とは別に日本銀行の考査は必要であり、「法律上何らかの根拠規定を設ける」ことが望ましい。また、日本銀行は「最後の貸手」として重要な役割を担う必要があり、信用不安への対処は最終的な責任を負う「政府のイニシアチブで、日本銀行との合意を経て、必要な措置が実行される枠組みを用意すべき」であるが、一時的かつ緊急の流動性不足のような場合には、「日本銀行独自の判断で流動性の適切な供給を行いうる」とすべきである。

　［4］　「物価の安定を達成するためには、中央銀行に独立性を付与する必要がある」。したがって、「政府による広範な業務命令権は廃止」すべきである。また、「総裁をはじめとする役員及び外部の有識者から任命される政策委員」については、「政府に任命権を認めるべきであるが、政府と意見が異なることを理由とする解任は認めるべきではない」。

　［5］　「名実ともに政策委員会をワンボード」として、日本銀行の最高意思決定機関であることを明確化すべきである（すなわち、役員集会は廃止する）。政策委員会は、「金融政策に関する事項（中略）に加え、業務執行の基本方針を所掌することが適当」である。政策委員会の構成は、「外部の有識者か

ら任命される委員数名と総裁をはじめとする執行部門の一部とする」ことが望ましい（ただし、日本銀行内部の者が過半数を占めるべきではない）。

　［6］　政策委員会には、「必要に応じ政府の指定する者が出席できることとすべき」であるが、その者に「議決権を認めないことは当然である」。日本銀行と政府の間で、「金融政策に関する意見が異なる場合には、政府が政策委員会に対してその判断を一定期間留保するよう求めることを含めて、政府の意見を政策委員会に提出することを確保する方式を用意すべき」である。

　［7］　日本銀行の対政府信用については、「国債の引受けに関する現行日本銀行法の規定は、財政法の規定と整合性がとれていないので、日本銀行法の規定の整備を行うことが適当である」とするのみで、政府短期証券の引受問題については言及していない。

　［8］　日本銀行に期待されるのは「開かれた独立性」であり、「政策決定の透明性確保により、アカウンタビリティ（説明責任）を果たしていくことが、極めて重要である」。したがって、政策委員会の速やかな議事要旨の公開（および一定期間経過後の議事録自体の公開）が望ましい。また、金融政策について「国民や国会への説明も充実すべき」である。

　［9］　日本銀行の業務は公的性格を有することから、「役職員には守秘義務を課すべき」である。また、「日本銀行の職員の身分・規律等については、その公的性格に鑑み、国民の理解が得られるようルールを設ける必要がある」。

　［10］　日本銀行の予算については、「金融政策の独立性及び運営の自主性が担保されるよう配慮しつつ、経費を公的にチェックすることが必要である」。

　以上のような中央銀行研究会の報告書を受けて、金融制度調査会は1996年11月9日から「日本銀行法」改正に向けての審議を開始し、同日の総会において、11月中に日銀法改正小委員会（委員長は館会長が兼任）を設置し、法案要綱作りに入ることが決定された。小委員会は、11月26日から翌年2月4日まで10回にわたる会合を開催して「日本銀行法」改正に関する報告書をとりまとめ、金融制度調査会は2月6日の総会で同報告書を了承した後、同日、三塚蔵相に答申した。その後3月11日に政府与党によって「日本銀行法（全文改正）」案が国会に提出された。

6月11日に成立した新「日本銀行法」の内容を上述した「中央銀行研究会」報告書の内容［1］〜［10］と対比する形でまとめれば、以下のとおりである。(53) なお、以下の［1］〜［10］（シャドー付き箇条書き）において「　」内は新「日本銀行法」からの引用である。

　［1］　日本銀行の目的は「銀行券を発行するとともに、通貨及び金融の調節を行うこと」（第1条1項）(54)であり、通貨および金融の調節の理念は「物価の安定を図ることを通じて国民経済の健全な発展に資すること」（第2条）とされた。わかりにくい条文構成であるが、金融政策の目的としては、［1］のとおり物価の安定が採用されたと理解される。なお、［1］で言及された資産価格の変動への留意は明示されなかった。

　［2］　為替介入については、［2］のとおり、日本銀行は「国の事務の取扱いをする者」（第40条2項）とされ、日本銀行が大蔵大臣の代理人として介入を行うやり方が追認された。したがって、為替政策については、従来どおり大蔵省が単独で行うことが確認された。なお、国際金融業務については、外国中央銀行等からの預かり金など日本銀行が自分の判断で行える業務（第41条）と国際金融危機に対する国際支援など大蔵大臣の要請または承認を得て日本銀行が行える業務（第42条）とが、それぞれ限定列挙された。

　［3］　日本銀行の目的としては、「物価の安定」のほか、「資金決済の円滑の確保を図り、もって信用秩序の維持に資すること」（第1条2項）も掲げられ、［3］のとおり、日本銀行が金融政策に加えて金融システムの安定化を目的とするプルーデンス政策にも関与すると定められた。これを受けて、日本銀行は取引先金融機関等との間で「考査に関する契約を締結することができる」（第44条）、また、大蔵大臣の要請で行われる「信用秩序の維持に資するための業務」（第38条）とは別途に銀行システムの故障などによる一時的な流動性危機に対処するための「金融機関等に対する一時貸付け」（第37条）を行えるとされた。

　［4］　日本銀行の独立性については、「通貨及び金融の調節における自主性は、尊重されなければならない」（第3条）とした上で、「日本銀行の業務運営における自主性」（第5条2項）を明記し、大蔵大臣の日本銀行に対する

監督権についても「違法行為等の是正」(第56条) に限定することとした(したがって、[4]のとおり旧法において政府の広範な業務命令権や一般的監督権を定めた条文は廃止されたものの、限定条件付きではあるが政府の監督権が残された)。また、総裁・副総裁を含めた日本銀行の役員(理事を除く)は「在任中、その意に反して解任されることがない」(第25条) とされ、身分保障が明記された。

[5] 政策委員会の議決事項として、公定歩合操作、準備率操作、金融市場調節方針などの「通貨及び金融の調節に関する事項」(第15条)および、流動性危機に対処するための貸付や考査等の業務の運営に関する事項(第15条2項)が具体的に定められた(準備率変更についての蔵相の認可権は廃止された)。政策委員会は、「審議委員六人のほか、日本銀行の総裁及び副総裁二人」(第16条)の9人で構成され、議事は「出席した委員の過半数をもって決する」(第18条2項)ことになった。総裁、副総裁、審議委員は、いずれも「両議院の同意を得て、内閣が任命する」(第23条1項、2項)とされた(任期は5年である)。

[6] 大蔵大臣(または、その指名する者)と経済企画庁長官(同)は政策委員会に出席して意見を述べることができる(第19条)、また、「金融調節事項に関する議案を提出し、(中略)委員会の議決を次回(中略)会議まで延期することを求めることができる」(第19条2項)とされた。したがって、[6]では未決着であった政府代表(2人)の権利については、最終的に議案提出権、および(議決延期権ではなく)議決延期請求権が与えられたことになる。なお、採否はいずれも委員会の議決によるとされた。

[7] 日本銀行の説明責任については、「通貨及び金融調節に関する意思決定の内容及び過程を国民に明らかにするよう努めなければならない」(第3条2項)とした上で、具体的には、第20条で議事要旨および議事録の公開、第34条で国会への報告および出席が定められた。

[8] 日本銀行の対政府信用については、[8]が示唆するように政府への貸付及び国債引受の原則禁止規定を日本銀行法に明記するのではなく、「特別の理由がある場合に、国会の議決を得た範囲内」(財政法第5条但し書き)での日本銀行による政府への貸付及び国債引受を逆に明記し、さらに政府短

期の応募・引受なども列挙した。なお、政府短期証券の入札方式については、その後別途検討を重ねた結果、1998年12月に公募入札発行への移行（翌年度から開始）が決定された。

　[9]　日本銀行の役職員は、公務員に準ずることとされ、「職務上知ることができた秘密を漏らし、又は盗用してはならない」（第29条）、また、業務の公共性に鑑み「服務に関する準則を定め、これを大蔵大臣に届け出るとともに、公表しなければならない」（第32条）と定められた。

　[10]　日本銀行の経費（給与、交通通信費、一般事務費など）の予算については、「大蔵大臣に提出して、その認可を受けなければならない」（第51条）が、大蔵大臣は、日本銀行から提出された予算が適当でないとする場合には、「当該理由を公表しなければならない」とされた。したがって、[10]では曖昧なままにされていた日本銀行の予算に対する大蔵大臣の認可権は、条件付きではあるが、最終的に残された。

　さて、この間における松下総裁（大蔵省OB）および日本銀行プロパーの対応を振り返ってみると、日本銀行にとって長年の悲願であった「日本銀行法」改正は、「大蔵省バッシング」の嵐が吹き荒れる中で、三重野前総裁が後日吐露したように、「まさにひょうたんから駒が出たような感じ」[55]で浮上した。このため、福井副総裁以下の日本銀行プロパー役員は、最初は半信半疑で対応に戸惑っていたが、与党3党PTの伊藤座長が本気で「日本銀行法」改正に取り組もうとしていることを確かめると、与えられた「この機会を逸してはいけない」[56]との思いでPTに歩調を合わせることにしたのである。たとえば、1996年4月にPTメンバーが日銀本店を視察した際には、伊藤座長と松下総裁との会談が設けられ、伊藤座長が日銀の独立性強化を中心にした日銀法の改正が必要であると述べたのに対して、松下総裁は法改正が具体的なプロセスに乗った時には積極的に貢献したい旨応答したといわれている[57]。それまで日銀法改正は将来のこととして消極的であった松下総裁も、福井副総裁を中心にした日銀プロパー役員に後押しされる形で、前向きに取り組む姿勢を表明するに至ったように窺われるのである。

　松下総裁は、「中央銀行研究会」の報告書が出された1996年11月12日に

開かれた臨時政策委員会後の記者会見で、同報告書で示された基本的な指針に即して「今後、日銀法をはじめとした諸制度の見直し作業が早急に具体化していくことを強く希望している」と述べるとともに、日本銀行としてもそれと並行して、①政策委員会における金融政策決定会合の定例化、②同会合の議事要旨の公表、③考査の改善（大蔵省検査との重複回避）、④決済サービスの改善（即時決済の導入）、⑤業務・組織運営の合理化・効率化、⑥情報化時代への対応（インターネット等の利用）の6項目について、翌年春頃までを目途に運用面での見直し作業に着手する方針であると発表した。[58] 日本銀行としては、「中央銀行研究会」報告書で示された提言を先行実施することにより、日本銀行の独立性確保への方向性を確実にさせようとしたのである。

　舞台が変わって金融制度調査会の日銀法改正小委員会での審議が始まると、当初予想されていたとおり事務方を務める大蔵省の巻き返しによって、①政府と日本銀行の間で意見が異なる場合の調整方法（すなわち、政策委員会における政府代表の議決延期権対議決延期請求権に関する議論）、②日本銀行の政府に対する信用供与（とりわけ、政府短期証券の引受問題）、③政府の日本銀行に対する一般監督権・予算認可権、などの面で日本銀行サイドは劣勢に立たされた。[59] しかし、小委員会での議論が次第に大蔵省寄りに傾いていくことに対してマスコミが激しく反発したことから、1997年1月24日に開催された与党3党の幹事長・政調会長クラスによる6者協議では、大蔵省や金融制度調査会関係者を呼んで「中央銀行研究会」報告・与党合意から後退することのないように注文をつけたといわれている。[60]

　ともあれ、新「日本銀行法」の成立によって、（いくつかの制約条件付きではあるものの）長年に亘る大蔵省支配からの独立を獲得し得たのは、日本銀行にとっては基本的に歓迎すべき慶事であった。松下総裁は、日本銀行旧友会会報『日の友』が2007年に開催した「75周年記念特別誌上座談会」で司会者から日銀法改正への感想を求められて、「自慢話をするつもりは毛頭ありません」[61] と謙遜しながらも、講演では「日本銀行115年の歴史だけでなく、わが国の金融システム改革という観点からも、特筆すべき出来事」[62] とする公式見解を発表するのに吝かではなかった。また、三重野前総裁も、杏林大学で後日行った「金融政策講義」の第7講「日本銀行法改正」の中で、日本銀

行の独立性や対政府信用に関する条文については不満が残るとしながらも、新法の目的規定や日本銀行役員の身分保障については満点であるとして、総合的には100点満点中80点の合格点をつけたのである。[63]

もっとも、日本銀行に独立性（法律上は「自主性」）を与える新「日本銀行法」が制定されたことによって、それまでもっぱら大蔵省を交渉の相手方として金融政策（および、時として危機に対応したプルーデンス政策）を運営してきた日本銀行は、国民を代表する国会（すなわち、政治家）と直接相対峙することになるのであり、政界との対話経験が必ずしも豊かではなかった日本銀行プロパーにとって新たな試練の時代が到来したことを意味していた。また、「日本銀行法」改正の審議過程では、併行して進行した金融監督庁の設立と併せて、新体制の下における大蔵省（後の財務省）・日本銀行・金融監督庁（後の金融庁）の間で、為替政策・金融政策・プルーデンス政策をどのように分担する（また、どのように協調する）のが望ましいのかという重要な課題について十分な議論がなされなかったのは誠に惜しまれるところである。[64]

第3節　景気腰折れと1997年秋の金融システム危機

1．橋本龍太郎内閣の財政改革と景気腰折れ

日本経済は、既述のとおり1995年10〜12月期から再び景気回復へと向かい、1996年に入ってからは本格的な景気拡大局面に移行したかにみえた。しかし、1997年春以降は一転して減速局面に入り、その後は次第に停滞色を強めることとなった。[65]

景気の腰折れをもたらす直接的な契機になったのは、バブル崩壊後一貫して積極的姿勢を続けてきた財政政策が、第2次橋本内閣の下で緊縮的な姿勢に転じたことであった。[66] すなわち、平成9年度（1997年度）予算は「財政構造改革元年予算」と銘打たれ、1997年1月には橋本首相を議長とする財政構造改革会議が設置された。また、4月には村山内閣の下での既定路線に沿って消費税率が3％から5％に引上げられた（年度間で約5兆円の増税となった）ことに加えて、1994〜6年度にかけて実施された特別減税（年あたり約2兆円）

が廃止された。さらに、9月には医療保険制度改革によって保険料引上げや被保険者の自己負担率引上げ（1割→2割）が実施された（年度間で約1兆円の財政収支改善効果があったとされている）。

　一連の増税・社会保険料負担増は、家計の可処分所得を減少させ、家計支出の低迷をもたらした。(67)家計の消費支出は、消費税率引上げ前の駆け込み需要の反動で1997年4月以降は減少し、夏場にかけて一旦は持ち直したものの、同年7月にアジア通貨危機が勃発し、11月には国内で主要金融機関の破綻が相次ぐ中で、将来の雇用・所得環境に対する家計の不安が高まり消費者心理が慎重化したことから秋口以降再び減少した。消費支出の内訳としては、生産・所得面での波及効果が大きい自動車の販売が前年を大幅に下回り続けたほか、旅行支出も年度後半から減少傾向を辿った。また、家計の住宅投資も、新設住宅着工戸数が持家・貸家ともに1997年に入ってから減少傾向を辿ったことが示唆するように低調に推移した。

　次に企業の設備投資も、1997年度前半に緩やかな増勢を示した後、次第に頭打ちとなった。(68)その内容を見ると、製造業では輸出増加による収益増加に支えられて効率化や先端技術開発などの投資を中心に主要企業・中小企業ともに比較的堅調であったのに対して、非製造業では公共投資や家計支出の減少が収益を圧迫して中小企業を中心に大幅な前年比マイナスであった。企業の設備投資が頭打ちとなった背景には、やはり11月に主要金融機関の破綻が相次いだことから金融機関の貸出態度が急速に慎重化し、非製造業（ことに中小企業）の資金繰りが厳しくなったことが指摘されている。また、実際に資金制約に直面していなかった企業でも、アジア通貨危機や国内の金融システム危機に伴う先行き不安感が設備投資に対して抑制的に働いたように窺われる。

　1997年後半になって景気が腰折れしてしまったのは、直接的には財政政策が引締めに転じたことによるものであったが、それに加えて、「バブル」経済の崩壊後における長く深い景気後退を経て1993年秋から緩やかながらも回復に向かった日本経済が、成長を制約してデフレーションを惹起する根強い構造調整圧力に晒され続けていたこと、具体的には、①円高進行に伴うグローバルな競争圧力が強まる中で製造業を中心に海外への直接投資による

現地生産へのシフトが進められていたこと、②アメリカと対比して情報通信産業の立ち遅れが目立つなど大規模な能力増強や雇用拡大を刺激する新たなリーディング産業が見当たらなかったこと、③非貿易財中心の非製造業でも「価格破壊」現象という形でサービス価格の引下げを求める圧力が強まっていたこと、などによるものでもあった。

　この間において、1997年11月には「財政構造の改革に関する特別措置法」（略称「財政構造改革法」）が臨時国会で成立して2003年度までの財政健全化目標（財政赤字対名目GDP比率3％以内、赤字国債発行ゼロ）が定められ、また分野別の歳出削減目標に基づいて抑制的な1998年度当初予算が策定された。しかし、折悪しくも金融危機が発生して景気低迷が深刻化する中で、財政緊縮政策からの転換を求める声が急速に高まったことから、橋本内閣は、12月8日に平成9年度（1997年度）補正予算で2兆円規模の特別減税を実施することを表明した。また、景気刺激と財政構造改革路線の両立を狙った平成10年度（1998年度）予算が国会で成立した後、4月には追加の景気対策として公共投資を中心とした16兆円超の大規模な「総合経済対策」が決定された。さらに、経済情勢に応じた弾力的な赤字国債の発行や、財政健全化目標年次の延長（2003年度→2005年度）などを内容とする改正「財政構造改革法」が1998年5月に成立したことによって、橋本内閣の財政構造改革路線は早々と頓挫してしまったのである。

2．アジア通貨危機と1997年秋の金融システム危機

　ここで海外情勢に目を転じると、1997年7月にタイの通貨当局がバーツを変動相場制に移行させたことを発端とするアジア通貨危機が、次々に東アジア各国へと波及して、金融システムを動揺させ、社会不安を引き起こしていた。[70]

　タイは、1980年代から多額の外国資本を導入して輸出・設備投資主導型の工業化による経済発展を遂げたが、通貨バスケット・ペッグ（実質的には対ドル・ペッグ）の下で、1995年夏頃からドル高（円安）につられてバーツも増価したため、輸出が減速して成長の鈍化と財政収支の悪化がもたらされた。このため、1996年11月以降バーツに対する投機的攻撃が始まり、ドル

売り(バーツ買い)介入で抵抗したタイ通貨当局は1997年5月には外貨準備のほとんどを失って、7月2日に変動相場制度への移行を余儀なくされた(8月にはIMFに支援を要請した)。

　タイの通貨危機はフィリピン、マレーシア、インドネシアへと「伝染」したが、特に影響の大きかったのはインドネシアであった。インドネシアの経済は輸出に支えられた高成長を続けていたが、独占的な産業構造による非効率性、銀行部門が抱える多額の不良債権、GDPの60%にも達する高水準の対外債務などの問題点を抱えていた。そうした状況の下で、タイ通貨危機が勃発すると、インドネシアの通貨ルピアも投機的攻撃の対象とされた。インドネシア通貨当局は1997年8月に変動相場制度へと移行し、金利引上げによって投機的攻撃に対処しようとしたが、高金利政策は銀行システムの脆弱性を露呈することになり、多くの銀行を支払い不能状態に追い込んだ。11月には支援を要請したIMFの指導によって16の銀行が閉鎖され、スハルト政権を揺るがすことにつながった(スハルト大統領は1998年5月に辞任した)。

　通貨危機は、当初その影響から比較的隔離されているとみられていた韓国にも「伝染」した。韓国では、1996～7年にかけて5～6%の経済成長を続ける中で経常収支の赤字は縮小傾向にあり、財政収支もほぼ均衡状態であったが、1997年初から幾つかの財閥が破綻し、銀行部門が抱える不良債権が増加して、株価は下落していた。また、韓国の資本自由化政策は、財閥の力を抑制するために企業による長期資金の直接借入を制限する一方、金融機関を通した短期資金の流入を自由化していたため、銀行による対外短期債務の増加と企業向け貸出の増加が並行して生じていた。そうした状況の下で、1997年秋になると韓国からも資本流出が始まり、対外短期債務のロール・オーバーが困難化する一方、韓国の通貨ウォンへの減価圧力が強まった。韓国の通貨当局は、外貨準備を銀行に提供することによって危機に対処しようとしたが、11月には外貨準備をほぼ使い果たして為替変動幅の拡大(4.5%→20%)を余儀なくされた(12月にはIMFに支援を要請した)。

　タイで始まった通貨危機(および、金融システム危機)が瞬く間にアジア各国に「伝染」し、欧米諸国を中心とした世界の金融界が警戒感を強める中で、1997年11月に日本でも金融システム危機が勃発した。その経緯を辿ってみ[71]

ると、まず11月3日に三洋証券が会社更生法の適用を申請した。三洋証券は、「バブル」期に体育館並みの巨大ディーリング・ルームを設けるなどしてその名を知られていたが、「バブル」崩壊後に株式市場が低迷状態に陥った中で、拡大経営の咎めが出て破綻したのである。三洋証券は、中堅の一証券会社としての位置付けであったものの、その破綻に際してコール市場において戦後初のデフォルトが生じたことは、市場参加者のリスクに対する警戒心を高め、その後の連鎖的破綻を引き起こす契機となった。

三洋証券の破綻から2週間後の11月17日には、都市銀行の一つであり、北海道のリーディング・バンクである北海道拓殖銀行（河合禎昌頭取、本店は札幌市）が、自力での営業継続を断念し、北海道地区の業務を北洋銀行（本店は札幌市）に譲渡する方針であると発表した。北海道拓殖銀行は、都市銀行の中では下位に位置し、「バブル」期の融資競争に後れをとった焦りから、地元のカブトデコムなどへの不動産融資にのめり込んだ。その結果、1994年には公表分だけで約5000億円の不良債権を抱えるに至り、1995年3月期決算は、創業95年目にして初の赤字転落となった。1997年に入ると経営危機を噂されるようになって預金解約が始まったことから、4月1日には長年のライバルである北海道銀行（本店は札幌市）との合併（1年後を目途）に合意したと発表したが、その後の合併交渉は難航し、9月12日には合併延期を発表せざるを得なくなった。11月14日（金曜日）の準備預金積み最終日には、コール市場から必要な資金がとれなくなり、140億円の積み不足を生じる事態となって遂に力尽きたのである。週末には、大蔵省と日本銀行との間で、北洋銀行を受け皿とすること、17日（月曜日）以降に予想される預金の大量解約に備えて、改正前の「日本銀行法」第25条に基づく特別融資を実施することなどが、あわただしく決定された。

その1週間後の11月24日には、四大証券の一つである山一證券（野澤正平社長）が、2600億円を超える巨額の簿外債務の存在を認め、自主廃業すると発表した。既述のとおり「バブル」崩壊後の1991年10月に証券会社の損失補塡問題に対処すべく、損失補塡の禁止（および罰則の規定）や取引一任勘定の禁止などを内容とした「改正証券取引法」が国会で成立していたが、含み損を抱えた有価証券を会社間で転売する「飛ばし」を繰り返してきた山

一證券は、「飛ばし玉」の多くを自社のペーパーカンパニーで引き取り、簿外債務として抱え込んでいたのであった。1997年8月に総会屋への利益供与事件で行平次雄会長、三木淳夫社長ら11人の役員が一斉に退陣した後、野澤社長ら新経営陣は、簿外債務処理と業務縮小による経営再建を画策したが、メインバンクである富士銀行からの支援は得られなかった。11月に入ると三洋証券が破綻した影響で資金調達に困難をきたすようになり、同月6日にはアメリカの格付機関ムーディーズが山一證券を（投資不適格債に）格下げの方向で検討すると発表したこともあって、株価が急落し資金繰りが一挙に悪化した。同月14日に野澤社長は長野厖士大蔵省証券局長を訪問して窮状を訴えたが、その5日後には逆に自主廃業を促されて万事休したのである(75)。

　三洋証券の破綻（それに伴うコール市場でのデフォルト発生）から始まり都市銀行の一角である北海道拓殖銀行、四大証券の一角である山一證券へとつながった主要金融機関の破綻連鎖は、まさに金融システム危機と呼ぶべきものであった。しかし、「日本版ビッグバン」構想の旗振り役を演じていた大蔵省は、かつての「護送船団行政」にあっさりと見切りをつけて、放漫経営をした金融機関が市場規律によって淘汰されるのは当然であるとする当時の「正論」に与する形で、そうした危機発生を容認したのである(76)。また、北海道拓殖銀行と山一證券の破綻が、いずれも直接的には短期金融市場で資金調達ができなくなったことによるものであったが、日本銀行もまた「最後の貸し手」機能を発揮して市場が機能麻痺に陥るのを未然に食い止めようとはしなかったのである(77)。

　ところで、1997年秋に起きた日本の金融システム危機は、ユーロ市場を中心とした国際金融市場において1995年夏頃から発生していた「ジャパン・プレミアム」問題を一段と増幅させることになった。海外に進出した日本の銀行などが、国際金融市場で資金調達をする際に、市場実勢金利に上乗せして要求される異例の割増し金利（すなわち、「ジャパン・プレミアム」）は、上述した大和銀行ニューヨーク支店の巨額損失事件が発覚した1995年秋にユーロドル3か月物でみて0.05％超となった後、1996年に入ってからは0.06〜0.15％で推移していたが、1997年11月に入って北海道拓殖銀行や山一證

券が相次いで破綻する中で、一挙に1.0％台へと跳ね上がった。こうした「ジャパン・プレミアム」の急拡大は、主要銀行を含めた邦銀全体に対するものであり、日本の金融システム危機に対する海外の金融市場関係者の厳しい見方を直截的に反映していたといえよう。ともあれ、バブル期に海外支店網を広げ、ドル資金等を調達して海外貸付を膨張させてきた邦銀の多くは、「ジャパン・プレミアム」の急拡大による調達コスト上昇によって競争力を失い、バブル崩壊後における海外支店撤退や海外貸付縮小の動きを加速させることになった。なお、「ジャパン・プレミアム」が消滅して平時に戻るためには、第5章で後述するように日本銀行が1999年2月に「ゼロ金利政策」を導入し、それと相前後して潤沢な流動性供給を行うようになるのを待たねばならなかったことを予め指摘しておく。

3．大蔵省・日本銀行の接待汚職事件と松下総裁の辞任

　大蔵省の解体・再編作業が進められる中、大蔵省で再び接待汚職事件が起きた。既述のとおり、大蔵省は東京協和・安全両信用組合の乱脈経営に絡んだ接待問題で、1995年3月に幹部7名を処分し、同年5月には「綱紀の厳正な保持について」と題する大臣官房長通達を出して事態の収拾に努めたが、1998年に入ると、今度は大蔵省の金融検査に絡んだ接待疑惑が新たに表面化したのである。同年1月26日、東京地方検察庁特別捜査部は、収賄容疑で大蔵省の強制捜査に踏み切り、金融検査部のノンキャリア官僚2名を逮捕した。この不祥事の責任をとって、同月28日には、三塚蔵相が辞任した（後任蔵相には自民党の松永光氏が就任した）ほか、小村武次官も更迭された。さらに、同年3月5日には、証券会社からの接待の見返りに便宜供与を図ったとして証券局のキャリア官僚ら2名が逮捕された。[79]

　大蔵省の接待疑惑は、日本銀行にも飛び火し、3月11日に東京地検特捜部は日本銀行本店の強制捜査に踏み切り、日本興業銀行・三和銀行からの接待の見返りに便宜供与を図った容疑で営業局証券課長を逮捕した。[80] 本店に強制捜査が入り、幹部職員が逮捕されたのは、日本銀行にとって創設以来初の不祥事であり、3月20日に松下総裁は引責辞任した。かつて自らが次官を務めた古巣の大蔵省に続いて膝元の日本銀行でも不祥事が起きたことを受け

て、日頃から恬淡とした態度で知られる松下総裁は、任期を約1年9か月残して潔く辞任した。同時に、次期総裁と目されていた福井副総裁も引責辞任し、大蔵省OBと日銀プロパーの「たすき掛け人事」によって日銀総裁の座を交互に占めあう体制も、ここに一旦終わりを告げたのである。

第4節　バブル景気終焉後における伝統的金融緩和政策の総括

1．金利低下と「量的縮小」のパラドックス

　ここで、バブル景気の終焉後において三重野前総裁および松下総裁の下で実施された日本銀行の金融緩和政策について総括しておくことにしよう。日本銀行は、既述のとおりバブル景気終焉後の1991年7月1日に三重野前総裁の下で公定歩合を6.0％から5.5％に引き下げてから、1995年9月8日に松下総裁の下で1.0％から0.5％へと引き下げるまでの間に、9次にわたる公定歩合引下げを実施した。この間において、コールレート（有担、オーバーナイト物、月平均値）は1991年5月の8.19％をピークにほぼ期を逐って低下し、1995年9月には公定歩合とほぼ同水準の0.52％となった後、同年10月以降は公定歩合を若干下回る0.4％台（一時0.4％割れ）で推移するようになった（前掲図表4-3を参照）。

　政界や財界からの強い金融緩和圧力に押し切られたという側面は時としてあったものの、三重野前総裁および松下総裁の下での日本銀行がこのように実際に連続して公定歩合引下げに踏み切り、コールレートをはじめとした短期金融市場金利がそれに追随する形で急速に低下したのは事実である。すなわち、金利指標を見る限り、日本銀行はバブル景気終焉後の深刻な不況に対応すべく一貫して金融緩和政策を実施したように窺われるのである。

　一方、金融の量的指標であるマネーサプライやマネタリーベースの推移をみると、1991年7月の公定歩合引下げによって開始された日本銀行の金融緩和政策が、それらの伸び率を高めたのではなく、逆に伸び率を低めた（一時的には伸び率をマイナスとした）という意味で、結果的には「量的縮小政策」であったことが明らかとなる（図表4-4を参照）。

図表 4-4　マネーサプライとマネタリーベースの推移　（1986〜1998 年）

[資料出所]　日本銀行ホームページ

　まず、マネーサプライ（M2+CD 平残）は、1990 年 4、5 月の前年比 13.2％をピークとして 1991 年 4〜6 月には前年比 4％弱まで伸び率が低下していたが、同年 7 月に三重野前総裁の下で金融緩和が開始された後も伸び率が一段と低下して 1992 年 9 月から 1993 年 1 月まで 5 か月連続での前年比マイナス（−0.3％〜−0.6％）を記録した。バブル期に活発化した企業の「両建て」取引による資産・負債の膨張が、バブル崩壊とともに「巻き戻し」に転じたことや、不良債権問題の表面化に伴い金融機関の貸出姿勢が慎重化したことなどによるものとみられる。(82) 1993 年後半以降はマネーサプライ伸び率が徐々に回復に転じたものの、従来の金融緩和局面のように金融機関の非製造業・中堅中小企業向け貸出がいち早く増加するといった動きは見られなかった。1995 年中には松下総裁の下で公定歩合の追加引下げが 2 回実施されたにも拘わらず、1997 年にかけてマネーサプライは前年比 2〜3％台の低い伸び率に止まった。なお、新「日銀法」施行前の 1998 年 1〜3 月には、マネーサプライ前年比が 4.5％から 5.0％程度に高まって、漸く金融緩和開始前の伸び率を回復したが、これは前年 11 月に金融システム危機が起きた後、信用不

図表4-5　マネタリーベース増加率の変動要因分析　(1986～1999年)

[資料出所]　日本銀行ホームページ

安からMMF等の解約資金が増加して銀行預金や現金への資金シフトが生じたためであったとみられる。[83]

　次に、マネタリーベース（＝流通現金＋日銀当座預金、平残）も、1990年4月の前年比13.3％をピークとして1991年6月には同3.2％にまで低下していたが、同年7月の金融緩和開始以降もほぼ一貫して伸び率が低下し、同年11月から1992年10月まで12か月間にわたって前年比マイナス（-1％～-4％）を記録した（前掲図表4-4を参照）。この落ち込みは、1991年10月1日に準備預金制度の準備率引き下げが決定（同月16日から実施）され、民間金融機関の保有する準備預金が約4兆8000億円から約2兆9000億円へと減少したことによるものであった（図表4-5を参照）。もっとも、1993年に入るとマネタリーベースは徐々に伸び率を回復し、約3年後の1996年2月から8月にかけては前年比8％～9％という高い伸びを示したが、これはもっぱら景気回復を反映した流通現金（その大半を占める日本銀行券）の増加によるものであった。なお、1997年後半から景気が腰折れしたにも拘わらず、

同年11月から翌年10月にかけてマネタリーベースが同8%～10%とさらに高い伸びを示したのは、上述したように1997年11月に金融システム危機が起きた後、信用不安から「簞笥預金」等の形で現金への資金シフトが生じたためとみられる。

2．日本銀行の伝統的金融調節方式の問題点

　バブル景気終焉後における日本銀行の金融緩和政策がもたらした効果は、上述したようにコールレートで代表される金利指標面とマネーサプライやマネタリーベースで代表される量的指標面で著しく異なったものとなった（さらに仔細にみると、量的指標のうちでマネタリーベースとマネーサプライが相互にちぐはぐな変動を示した）が、そうした形での金利と量のパラドックスがなぜ生じたのかについて、第1に、「コールレートが一貫して低下したにも拘わらず、マネーサプライ伸び率の回復につながらなかったのはなぜか」、第2に、「マネタリーベースの伸び率が1993年以降回復に転じた後もマネーサプライが伸び悩んだのはなぜか」、という2つの問題に分けて検討してみよう。

　まず、第1の問題について考察すると、従来の金融緩和局面においては、日本銀行が公定歩合を連続して引き下げれば、それに応じて民間金融機関の貸出金利も引き下げられ、つれて企業の在庫投資や設備投資が自律的に回復に転じて企業の借入需要が次第に盛り上がってくるのが通例であった。しかし、バブル景気の終焉後においては、日本銀行が連続して公定歩合を引き下げたにも拘わらず、企業（とりわけ、非製造業・中堅中小企業）の投資態度は極めて慎重であり、金融機関からの借入を圧縮する先も少なくない状況の下で金融機関貸出に対する企業の需要は全体として伸び悩んだのである。この背景には、既述のとおり日本経済の成長を制約してデフレーションを惹起する実態面での根強い構造調整圧力があったが、それに加えて金融面でも、不動産業、建設、卸小売など非製造業を中心に企業のバランスシート調整圧力（債務超過や自己資本の毀損による借入の困難化）が存在していたことを指摘しておく必要があろう。[84]

　一方、金融機関側においても、バブル崩壊後における不良債権問題が深刻化して自己資本面での制約が次第に強まっていった中で、貸出姿勢が抑制的

になったことも、マネーサプライが低い伸び率に止まった要因として見逃せないところである。この間の事情を振り返ってみると、1988年7月にバーゼル銀行監督委員会で合意された「自己資本比率の国際的統一に関する基本的枠組み」(いわゆる「バーゼル合意」)が、1993年3月末(1992年度決算)から日本でも導入され、国際業務を営む銀行は、リスクに応じてウェイトをかけた総資産に対して最低8%(株式資本等の第1次自己資本で4%、準備金・引当金・劣後債・株式含み益等の第2次資本で4%)の自己資本比率を維持するよう求められることになった。「バーゼル合意」に至る交渉過程で、日本の大蔵省・日本銀行は株式含み益の45%相当分を第2次自己資本として認めさせることに成功したため、膨大な株式含み益を有する日本の銀行にとって自己資本比率規制をクリアーすることは比較的容易と当初はみられていたが、バブル崩壊に伴う株式含み益の急減によって一転して自己資本面での制約が意識されるようになった。さらに、上述したとおり1996年6月に「経営健全性確保法」が成立して1998年4月から施行予定となり、自己資本比率が国際統一基準で8%未満(国内基準では4%未満)の銀行は、早期是正措置の対象とされた一方で、1997年度に入ってからの景気低迷と株価下落によって自己資本面での制約が強まったことから、「貸し渋り」という言葉に象徴されるように銀行の貸出姿勢は一挙に慎重化したのである。

　次に、第2の問題について考察すると、日本銀行が伝統的に採用してきた金融調節(すなわち、準備預金の積立期間を通じてみれば、超過準備をほぼゼロにするという完全に受動的な金融調節)方式の下では、民間部門の現金需要プラス準備預金制度上の必要準備額によって予め決まってくるマネタリーベースの需要額にちょうど見合うように日銀信用供与(ひいては、マネタリーベースの供給)が行われるため、マネタリーベースの変動は、需要サイドの要因によって説明されることになる。

　具体的には、マネタリーベース前年比が1990年5月から1991年10月までほぼ一貫して低下したのは、バブル崩壊後における家計・企業等の現金需要伸び率が鈍化したことの反映であり、1991年11月から1年間マイナスとなったのは、皮肉なことに金融緩和を狙いとした準備率引き下げ操作の結果として必要準備額が減少したことによるものであった。また、1993年以降

マネタリーベース前年比が上昇したことのほとんどは、景気の底入れに伴う家計・企業等の現金需要の回復（1996年2月～8月）や、金融システム危機後の信用不安に伴う現金シフト（1997年11月～1998年10月）によるものであり、マネーサプライが低い伸び率にとどまったことを反映して準備預金（ほぼ必要準備額と同じ）増加の寄与度はごくわずかであった（前掲図表4-5参照）。要すれば、マネタリーベースの変動は、マネーサプライの大半を占める預金通貨（および必要準備率）によって決まる必要準備額と現金通貨の変動を反映したものに過ぎず、日本銀行の金融政策スタンスを示すものではなかったのである。

このように、バブル景気終焉後において日本銀行の金融緩和政策によってコールレートが急速に低下した一方、マネーサプライやマネタリーベースなどの伸び率が低下した（一時的にはマイナスとなった）という一見パラドックスのような現象は、日本銀行が伝統的な受動的金融調節方式を採用し続けていたことによって矛盾なく説明することができる。しかし、バブル崩壊後における不良債権問題の深刻化と並行して日本経済が次第にデフレーションの泥沼に入り込んでいく過程においても、日本銀行が頑として伝統的な金融調節を改めようとしなかったことは、2つの重大な副作用をもたらしたと考えられる。

第1は、1999年2月に日本銀行が「ゼロ金利政策」を開始するに至るまで量的緩和の可能性を頭から排除してしまった点である。日本銀行の伝統的な金融調節方式の下では、準備預金制度対象の金融機関が保有する超過準備は「ブタ銭」（すなわち、金利ゼロの無駄金）であるとみなされていた。したがって、日本銀行（および、短期金融市場の関係者）にとっては、超過準備を積極的に発生させるような金融調節は、即、コールレートをゼロにするに等しいと観念されていたのであり、上述したとおり、バブル景気の終焉後においてコールレートの低下とマネーサプライの伸び率低下（ないしは、伸び率低迷）が同時並行的に進行していく過程では、一挙に「ゼロ金利」へとジャンプする決断を下せない限り、ずるずると「量的縮小政策」を続ける破目に陥ってしまったのである。[89]

第2は、金融システム安定化策としての潤沢な流動性供給を制約してしま

った点である。伝統的な金融調節方式の下では、毎月15日に終わる1か月間の準備預金積立期間を通じてみれば超過準備はゼロであり、金融市場に常にギリギリの流動性しか供給しないようにしていたわけであるから、金融システム危機に備えて民間の金融機関が事前に自分の裁量で十分な流動性を保有する体制とは矛盾する。日本銀行が、超過準備の発生を日常的に容認するようになったのは、1997年11月に北海道拓殖銀行が破綻した後からであり、それも必要準備額3兆6000億円に対して高々1000億円程度に過ぎなかった。その後、超過準備額（プラス準備預金制度非適用先の当座預金残高）は、1998年10月、12月の日本長期信用銀行、日本債券信用銀行の破綻を経て5000億円程度に増加し、さらに、1999年2月の「ゼロ金利政策」開始を以って、1兆円を超す規模に拡大した。つまり、大手銀行が次々と破綻することによって、民間銀行が初めて自らの裁量で流動性リスク対策としての超過準備を保有するようになり、日銀がそうした動きを「容認」することによって、広汎な金融システム安定化策を採用する態勢がようやく整えられたのであった。しかし、伝統的な金融調節の呪縛[90]から逃れるまでに費やされた時間は余りにも長く、そのコストは余りにも大きかったといえよう。

[注]
(1) 松下康雄氏（1926年1月1日生—2018年7月20日没、兵庫県出身）は、1950年に東京大学法学部を卒業して大蔵省に入省した。偶然にも最初の配属先が、銀行局総務課日銀係であった。笠岡・泉大津の税務署長、国税庁・主税局・大臣官房の課長補佐、主計官という大蔵官僚として通例のキャリア・パスを経て、1971年には銀行局銀行課長、1972年には大臣官房秘書課長という主要な課長ポストに就いた。1978年には大臣官房長、1980年には主計局長を歴任した後、1982年には大蔵官僚の最高ポストである事務次官の座に上り詰め、2期4年を勤め上げた後、1986年に退官した。座右の銘は、「虚心」であり、役人らしくない恬淡な人柄と称されていた。
(2) 塩田潮『大蔵事務次官の闘い』（東洋経済新報社、1995年）123～124ページを参照。
(3) 前掲『大蔵事務次官の闘い』150～164ページを参照。
(4) 薬師寺克行編『村山富市回顧録』（岩波書店、2012年）237～239ページを参照。なお、復興対策の問題点については、遠藤勝裕『被災地経済復興への視点』（ときわ総合サービス、2013年）を参照。
(5) 1994年2月の日米首脳会議において、細川首相は、日米関係は今や「成熟した大人の関係」にあるとして、自動車および同部品の輸入数値目標に関するアメリカ側の

要求を拒否し、クリントン大統領の反発を招いた。
(6) 日本銀行「平成7年度（1995年度）の金融および経済の動向」（『日本銀行月報』1996年6月号）29ページから引用。
(7) 前掲「平成7年度（1995年度）の金融および経済の動向」を参照。
(8) 当初案では、東京都が300億円、日本銀行と民間金融機関が各200億円を出資する予定であった。
(9) 青島都知事は、6月20日の施政方針演説の中で両信組の破綻処理に関して東京都が300億円の財政支援を行わないことを公式に表明した。
(10) 「金融システムの機能回復について」の解説は、西村吉正『日本の金融制度改革』（東洋経済新報社、2003年）311～312ページを参照。
(11) 前掲『日本の金融制度改革』311ページから引用。この大蔵省文書の内容は、同年12月の金融制度調査会答申「金融システム安定化のための諸施策」にほぼそのまま盛り込まれた。
(12) 前掲『日本の金融制度改革』312ページから引用。
(13) コスモ信用組合の破綻処理については、西村吉正『金融行政の敗因』（文春新書、1999年）123～126ページを参照。
(14) その後実際には、預金保険機構は1996年3月に東京共同銀行に対して1250億円の金銭贈与、また、日本銀行は1996年4月に東京共同銀行に対して5年間2200億円の貸付を年当り0.5％という条件で実施した。
(15) 「みどり銀行」は、その後経営困難に陥り、1997年4月に預金保険機構から更に1兆560億円の資金援助を得て、阪神銀行により吸収合併され、「みなと銀行」として再出発することになった。
(16) この間の事情については、前掲『金融行政の敗因』128～129ページを参照。
(17) 1992年5月に、住専の一つである日本住宅金融が大幅な債務超過に陥っている事態に対処すべく、中心母体行である三和銀行が、①不良資産を清算会社に分離して母体行の負担で処理する案、②金利減免で支援し続ける案、の二つを大蔵省に提出した際、当時の寺村信行銀行局長は即座に②（すなわち、先送り）を選択したといわれている。佐藤章『ドキュメント金融破綻』（岩波書店、1998年）300～301ページを参照。
(18) 1990年3月に大蔵省が不動産業向け融資の総量規制（および、不動産・建設・ノンバンクの3業種に対する融資規制）を行った前後から農林系統による住専への融資が急拡大した。この間の事情については、真淵勝『大蔵省はなぜ追いつめられたのか』（中公新書、1997年）13～15ページを参照。
(19) 前掲『ドキュメント金融破綻』306～309ページを参照。
(20) 1993年2月に寺村銀行局長が真鍋武紀農林水産省経済局長との間で取り交わした覚書では、①住専の再建については母体行が責任を持って対応していく、②農林系統は今回の金利減免（4.5％に引下げ）以外には一切の負担を負わない、などとしており、この覚書が農林系統側による「完全母体行主義」の主張の根拠とされた。前掲『ドキュメント金融破綻』301～303ページを参照。
(21) この案によれば、住専への債権のうち母体行は全額（10割）、一般行は約4割、

第 4 章　金融システム危機と「日本銀行法」改正　175

農林系統は約 2 割をそれぞれ放棄することになり、農林系統の負担軽減に努めることによって妥協を図ろうとする内容であった。前掲『金融行政の敗因』149 〜 151 ページを参照。
(22)　前掲『ドキュメント金融破綻』315 〜 317 ページを参照。
(23)　「金融三法」は、1995 年 6 月の「金融システムの機能回復について」と題する文書を受けて金融制度調査会で議論が進められ、同年 12 月には「金融システム安定化のための諸施策」と題する答申が出されていた。「金融三法」の内容については、前掲『日本の金融制度改革』323 〜 331 ページを参照。
(24)　市場規律をベースとした金融行政に転換するためには、従来の取得原価主義を中心とした会計ルールを時価主義会計の適用範囲を拡大する形で改善する必要があった。この点については、拙著『金融改革への指針』(東洋経済新報社、1997) 第 7 章「プルーデンス政策のあり方」を参照されたい。
(25)　同時に一般保険料が 0.012％から 0.048％に引き上げられたため、保険料全体では 0.084％となった。
(26)　整理回収銀行は、1996 年 9 月に発足した後、第 5 章で後述する「金融再生法」(1998 年 10 月施行) によって、1999 年 4 月には住宅金融債権管理機構と統合されて整理回収機構となる。
(27)　9 月の中間決算に当たって阪和銀行の作成した決算内容が外部監査法人によって承認されなかったことが、大蔵省による業務停止命令の引き金となったとされている。高尾義一『金融デフレ』(東洋経済新報社、1998 年) 232 〜 234 ページを参照。なお、阪和銀行は、1998 年 1 月に同行の整理・清算のために設立された紀伊預金管理銀行に営業譲渡して解散し、預金保険機構から紀伊預金管理銀行に対して 849 億円の資金援助、2086 億円の資産買取、および 49 億円の債券引受が実施された。
(28)　前掲『大蔵省はなぜ追いつめられたのか』6 〜 7 ページを参照。
(29)　同事件については、その後当事者本人による告白本が出版された。井口俊英『告白』(文藝春秋、1997 年) を参照。
(30)　前掲『金融デフレ』178 〜 190 ページを参照。
(31)　「レギュレーション K」は、アメリカに進出している外国の銀行に関して、その銀行の経営等に関して重大な影響を与えると考えられる問題がアメリカ国内 (および他地域) で発生した場合、30 日以内に遅滞なくアメリカ金融当局に報告することを義務付けている。なお、同事件に関する大蔵省側の言い分として、前掲『金融行政の敗因』129 〜 135 ページを参照。
(32)　1994 年 7 月から 1996 年 6 月まで大蔵省銀行局長を務め西村吉正氏は、「1993 年に反自民連立による細川政権が誕生し、その政策運営に大蔵省が強い影響力を発揮したと考えられていたこと」が、大蔵省批判の背景としてあったと述懐している。前掲『日本の金融制度改革』304 ページを参照。
(33)　前掲『大蔵省はなぜ追いつめられたのか』212 〜 213 ページを参照。
(34)　橋本首相自身が会長を務める行政改革会議を発足させて、内閣の強化や中央省庁の再編などについて精力的な議論を行い、1997 年 12 月には、従来の 22 省庁を 1 府 12 省庁に削減する中央省庁再編を柱とする最終報告がとりまとめられた。これを受

けて、1998年1月に「中央省庁改革基本法」案が国会に提出され、同年6月に同法が成立した（2001年1月から実施された）。

(35) 前掲『大蔵省はなぜ追いつめられたのか』251～255ページを参照。

(36) なお、2001年を目途とする中央省庁全体の再編の中で、大蔵省から企画立案部門も切り離して最終的に「財政・金融の分離」を実現することについて、すでにこの段階で与党3党が予め合意した点を注意しておく必要があろう。前掲『大蔵省はなぜ追いつめられたのか』252ページを参照。

(37) 五味廣文『金融動乱』（日本経済新聞社、2012年）10～27ページを参照。

(38) 日本経済新聞社編『どうなる金融ビッグバン』（日本経済新聞社、1997年）4～6ページ、および、前掲『日本の金融制度改革』346ページを参照。なお、ゲーム理論に基づいた政治経済学的分析として、戸矢哲朗『金融ビッグバンの政治経済学』（東洋経済新報社、2003年）がある。

(39) 各審議会の答申・報告内容については、前掲『日本の金融制度改革』359～364ページを参照。

(40) 「外国為替及び外国貿易管理法」は、1979年に全面改正（1980年から施行）され、内外取引を原則自由とする体系に改められていたが、外国為替取引についてのいわゆる「為銀主義」や、資本取引について事前の許可・届出制度などが残されており、更なる自由化が求められていた。

(41) 法律の名称も、従来は「外国為替及び外国貿易管理法」であったものが、「管理」を外して「外国為替及び外国貿易法」に改正された。

(42) たとえば、前掲『金融デフレ』の第2章「改正外為法のインパクト」33～55ページを参照。

(43) 蠟山教授は、2003年6月に享年63歳で早逝されたが、筆者は、1997年秋に北海道大学で開催された日本金融学会のパネル・ディスカッションにおいて、蠟山教授が市場を中心とした「日本版ビッグバン」の重要性について聴衆に熱っぽく語りかけていたのを、鮮明に記憶している。

(44) 具体的には、銀行は証券子会社と信託子会社、信託銀行は証券子会社、証券会社は銀行子会社または信託子会社、をそれぞれ保有することができるようになり、1993年7月以降段階的に子会社免許が付与された。

(45) 1947年「独占禁止法」第9条は、財閥の復活を阻止する狙いで、純粋持ち株会社を禁止していたが、同法の改正によって持ち株会社が全面的に解禁された。これを受けて、関連の各審議会で検討が進められ、1997年12月には銀行を子会社とする持株会社などについて定めた「金融持株会社関連二法」が成立した。

(46) 前掲『日本の金融制度改革』363ページから引用。

(47) 当時は、不良債権問題によって間接金融中心の日本の金融システムが機能不全に陥っていたことから、貸出債権の証券化や投資信託による預金の代替化などを内容とした市場型間接金融へと転換させる必要があると主張されていた。

(48) 「日本版ビッグバン」以降の金融制度改革を一覧した表としては、拙編著『金融システム論の新展開』（金融財政事情研究会、2008年）9～11ページ掲載の図表1-1を参照。

(49) そうした観点から筆者自身が日本の金融システムの「バラ色」の将来像を描いたものとして日本経済研究センター『2020年の日本の金融—金融サービス業の将来像—』（1997年）を（自戒の念を込めて）挙げておく。
(50) 同研究会の委員は、鳥居座長、舘金融制度調査会長のほかに、福川伸次電通総研社長、今井敬新日鉄社長、神田秀樹東大教授、佐藤幸治京大教授、須田美矢子学習院大学教授の合計7名であり、これに専門委員として吉野直行慶大教授が加わった。
(51) 前掲『大蔵省はなぜ追いつめられたのか』258～261ページを参照。
(52) 小委員会の委員には貝塚啓明中央大学教授、江頭憲二郎東大教授、中西真彦東京商工会議所副会頭、西崎哲郎元通信社記者、藤原作弥時事通信社解説委員が選ばれた。また、オブザーバーとして岡田重明全銀協一般委員長、神田秀樹東大教授、阪田雅裕内閣法制局第三部長、三谷隆博日銀企画局審議役、吉野直行慶大教授が加えられた。
(53) 新「日本銀行法」の内容については、藤井良広『日銀はこう変わる』（日本経済新聞社、1997年）第1章（2～77ページ）、および、三重野康『利を見て義を思う』（中央公論新社、1999年）第7講（99～118ページ）を参照。
(54) 銀行券の発行については、「日本銀行は、銀行券を発行する」（第46条）とのみ定め、旧日銀法における銀行券の最高発行限度や保証物件などに関する規定は廃止された。
(55) 前掲『利を見て義を思う』100ページから引用。
(56) 前掲『利を見て義を思う』100ページから引用。
(57) 前掲『大蔵省はなぜ追いつめられたのか』170～172ページを参照。
(58) 『日本銀行月報』1996年12月号に掲載された日本銀行「中央銀行研究会報告書について」を参照。
(59) 前掲『大蔵省はなぜ追いつめられたのか』297～308ページを参照。なお、舘委員長は、小委員会での審議過程で日本銀行に対して批判的であったと言われているが、筆者自身も、1997年3月に出版した拙著『金融改革への指針』（東洋経済新報社）に対して舘委員長からの私信で「随分日銀寄りの議論をしている」との批判をいただいたことがある。
(60) 前掲『大蔵省はなぜ追いつめられたのか』308～315ページを参照。
(61) 増永嶺・秋山誠一（1997）「75周年記念特別誌上座談会　歴代総裁が語る四半世紀」（日銀旧友会『日の友』75周年記念特別号）16ページから引用。
(62) 松下康雄総裁の読売国際経済懇話会講演「金融政策運営の新しい枠組みについて」（『日本銀行月報』1997年7月号）から引用。
(63) 前掲『利を見て義を思う』99～118ページを参照。なお、三重野前総裁による新「日本銀行法」の項目別評価は、各項目25点満点として、①目的＝25点、②独立性＝15点、③対政府信用＝15点、④任期・罷免権＝25点、となっている。
(64) 筆者としては、特に次の2点が残された重要な問題点と考える。すなわち、①プラザ合意以降の経験は、大蔵省による為替政策の失敗（当初の想定を上回る円高の進行）が、「物価の安定」を目標とする日本銀行の金融政策に過重な負担（円高デフレ対策としての行き過ぎた金融緩和）を強いたことを示唆している。自由な資本移動の下では為替政策と金融政策とは相互に密接に関連しているのであり、日本銀行が「物

価の安定」目標を達成するためには、為替政策について大蔵省（財務省）任せでは済まないのではないか。また、②日本銀行の目的として「物価の安定」と「金融システムの安定」の２つを並列して両者の間に優先順位を付けなかったことは、プルーデンス政策への配慮によって金融政策の独立性が損なわれる危険性を残したことになる。具体的には、金融機関を救済するための金融緩和の行き過ぎがインフレーションを招く惧れがあるのではないかと考える。もっとも、本書の第７章で言及するように黒田東彦第31代日本銀行総裁の下での「異次元緩和」では、政府が求める２％の「物価安定目標」をひたすら忠実に達成しようとするあまり、その副作用として「金融システムの安定」に重大な懸念が惹起されるようになるという、筆者としては想定外のケースが発生していることを注意しておく。

(65) 日本銀行調査統計局・企画室「1997年度の金融および経済の動向」（『日本銀行調査月報』1998年６月号）を参照。なお、内閣府経済社会総合研究所によれば、事後的にみて、1997年５月を「山」として景気後退に転じたとされている。

(66) 前掲「1997年度の金融および経済の動向」32〜34ページを参照。

(67) 前掲「1997年度の金融および経済の動向」40〜47ページを参照。

(68) 前掲「1997年度の金融および経済の動向」35〜39ページを参照。

(69) 前掲「1997年度の金融および経済の動向」47〜51ページを参照。併せて、「構造調整下の設備投資回復について」『日本銀行月報』1997年３月号を参照。

(70) アジア通貨危機については、石山嘉英『通貨金融危機と国際マクロ経済学』（日本評論社、2004年）第２章「1990年代の東アジアの危機」（41〜80ページ）を参照。

(71) アジア通貨危機は、①日本からアジア諸国への自動車関連財・鉄鋼等の輸出の減少、②アジア通貨の減価に伴う輸入品価格の下落、③日本企業のアジア諸国に対する直接投資（生産拠点の設定）の見直し、などを通じて、日本経済に相応の影響を及ぼす筋合いではあったが、日本の金融システム危機は、既述のとおりバブル崩壊以降長い間にわたって先送りされてきた不良債権問題が一挙に表面化したものであり、アジア通貨危機の「伝染」効果による面は軽微であったといえよう。

(72) 拓銀が破綻に至った経緯については、北海道新聞社編『検証拓銀破たん10年』（北海道新聞社、2008年）を参照。

(73) 1998年２月に、中央信託銀行（本店は名古屋市）が、本州店舗を譲り受けることで合意し、同年10月に預金保険機構から北洋銀行および中央信託銀行に対して両行合計で１兆7947億円の金銭贈与及び１兆6166億円の資産買取が実施された。

(74) 山一證券が破綻に至った経緯については、北澤千秋『誰が会社を潰したか　山一證券の罪と罰』（日経BP社、1999年）を参照。

(75) 山一證券が自主廃業を発表した後、顧客資産の払い戻しに備えて日銀特別融資（ピーク時で１兆2000億円）が実施された。

(76) 前掲「日本の金融制度改革」374〜375ページを参照。

(77) 松下総裁は、後日「日銀として何か手を打てなかったのか」と問われて、「口には出さなくても備えをしておく、ということだ」などの曖昧な答えに終始している。前掲「75周年記念特別誌上座談会　歴代総裁が語る四半世紀」（日銀旧友会『日の友』75周年記念特別号）21ページを参照。

(78) 前掲『金融デフレ』259～263ページを参照。
(79) 一連の接待疑惑事件を受けて、大蔵省は民間金融機関からの過剰接待についての内部調査を実施した結果、4月27日に停職1名・減給17名・戒告14名・訓告22名を含む計112名に対する処分を行った。
(80) 民間金融機関からの過剰接待に関する日銀の内部調査結果が4月10日に公表され、譴責・給与返上5名、譴責36名、戒告39名を含む計98名が処分された。そのうち、譴責・給与返上の処分を受けたのは、理事（営業局担当）・理事（元営業局長）・前営業局長・元営業局金融課長ら5名であった。このことは、過剰接待が逮捕された営業局証券課長個人の問題ではなく、日銀営業局全体の長年にわたる接待文化が断罪されたことを示している。その意味で、1978～80年に亘って日銀営業局に在籍した筆者自身も責めを負う立場にあると自戒している。
(81) 松下氏は、接待汚職事件について、「あの事件につきましては、ほんとに残念なことではありましたけれども、しかし皆さんがずっと緊張感を持たれて、絶対に再発させないという決意の下でその後の取り組みをやっておられると思っております。どうかそのお気持ちを忘れずにお願いしたいと思います」と後日のインタビューで述べている。前掲「歴代総裁が語る四半世紀」（日銀旧友会『日の友』75周年記念特別号）から引用。
(82) 日本銀行「最近のマネーサプライの動向」（『日本銀行月報』1992年9月号）を参照。
(83) 前掲「1997年度の金融および経済の動向」75～77ページを参照。
(84) 前掲「1997年度の金融および経済の動向」47～51ページを参照。
(85) 前掲「1997年度の金融および経済の動向」78～82ページを参照。
(86) 太田赳『国際金融　現場からの証言』（中公新書、1991年）138～142ページを参照。
(87) 1997年度末にかけての「貸し渋り」対策として、国内基準適用先に対する早期是正措置の弾力的運用、上場株式の評価方法について原価法と低価法の選択制導入、自己資本比率算定において土地再評価益を第2次資本に算入容認などの措置が採られた。
(88) 日本銀行の伝統的な金融調節方式の下では、マネタリーベースの受動的供給が必ずもたらされることについては、拙著『入門金融（第5版）』（東洋経済新報社、2011年）第7章を参照。
(89) 翁邦雄「『日銀理論』は間違っていない」（『週刊東洋経済』1992年10月10日号）を参照。
(90) 筆者は、拙著『日本の金融市場』（東洋経済新報社、1988年）においてハイパワード・マネー（＝マネタリーベース）を完全に受動的に供給する日本銀行の伝統的な金融調節方式（レジームB）に代わるものとしてハイパワード・マネーの供給を能動的にコントロールする（市場メカニズムによりコールレートを決定する）方式（レジームA）の可能性を提示したことがあるが、日本銀行が1999年2月に「ゼロ金利政策」を開始して実際にレジームBを放棄するに至るまでに、その後10年超を要したことになる。

[参考文献]

井口俊英（1997）『告白』文藝春秋
石山嘉英（2004）『通貨金融危機と国際マクロ経済学』日本評論社
岩田規久男（1993）『金融政策の経済学』日本経済新聞社
遠藤勝裕（2013）『被災地経済復興への視点』ときわ総合サービス
太田赳（1991）『国際金融 現場からの証言』中公新書
翁邦雄（2011）『ポスト・マネタリズムの金融政策』日本経済新聞出版社
小塩隆士（2000）『新・日銀ウォッチング』日本経済新聞社
共同通信社社会部編（1999）『崩壊連鎖』共同通信社
北澤千秋（1999）『誰が会社を潰したか 山一証券の罪と罰』日経BP社
熊倉修一（2008）『日本銀行のプルーデンス政策と金融機関経営』白桃書房
黒田晁生（1988）『日本の金融市場』東洋経済新報社
黒田晁生（1997）『金融改革への指針』東洋経済新報社
黒田晁生編（2008）『金融システム論の新展開』金融財政事情研究会
黒田晁生（2011）『入門金融（第5版）』東洋経済新報社
五味廣文（2012）『金融動乱 金融庁長官の独白』日本経済新聞社
佐藤章（1998）『ドキュメント金融破綻』岩波書店
塩田潮（1995）『大蔵事務次官の闘い』東洋経済新報社
高尾義一（1998）『金融デフレ』東洋経済新報社
高木仁・黒田晁生・渡辺良夫（1999）『金融システムの国際比較』東洋経済新報社
中央銀行研究会（1996）「中央銀行制度の改革―開かれた独立性を求めて―」首相官邸
戸矢哲朗（2003）『金融ビッグバンの政治経済学』東洋経済新報社
西村吉正（1999）『金融行政の敗因』文春新書
西村吉正（2003）『日本の金融制度改革』東洋経済新報社
西村吉正（2011）『金融システム改革50年の軌跡』金融財政事情研究会
日本銀行（1992）「最近のマネーサプライの動向」『日本銀行月報』1992年9月号
日本銀行（1996a）「平成7年度（1995年度）の金融および経済の動向」『日本銀行月報』1996年6月号
日本銀行（1996b）「中央銀行研究会報告書について」『日本銀行月報』1996年12月号
日本銀行（1997a）「構造調整下の設備投資回復について」『日本銀行月報』1997年3月号
日本銀行（1997b）「1996年度の金融および経済の動向」『日本銀行月報』1997年6月号
日本銀行金融研究所編（1992）『日本銀行の機能と業務』日本銀行金融研究所
日本銀行調査統計局・企画室（1998）「1997年度の金融および経済の動向」『日本銀行調査月報』1998年6月号
日本経済研究センター（1997）『2020年の日本の金融―金融サービス業の将来像―』
日本経済新聞社編（1997）『どうなる金融ビッグバン』日本経済新聞社
藤井良広（1997）『日銀はこう変わる』日本経済新聞社
淵田康之（1997）『証券ビッグバン』日本経済新聞社
北海道新聞社編（2008）『検証拓銀破たん10年』北海道新聞社

増永嶺・秋山誠一（1997）「75周年記念特別誌上座談会　歴代総裁が語る四半世紀」（日銀旧友会『日の友』75周年記念特別号）
松下康雄（1997）「金融政策運営の新しい枠組みについて（読売国際経済懇話会講演）」『日本銀行月報』1997年7月号
真淵勝（1994）『大蔵省統制の政治経済学』中央公論社
真淵勝（1997）『大蔵省はなぜ追いつめられたのか』中公新書
三重野康（1999）『利を見て義を思う』中央公論新社
三木谷良一（1998）「新日銀法の問題点」日本金融学会『金融経済研究』第15号
村松岐夫・奥野正寛編（2002）『平成バブルの研究　下』東洋経済新報社
村松岐夫編著（2005）『平成バブル先送りの研究』東洋経済新報社
薬師寺克行編（2012）『村山富市回顧録』岩波書店

第5章
デフレーションと「ゼロ金利政策」・「量的緩和政策」

第1節　新「日銀法」施行と金融システム危機への対応

1．速水優第28代日本銀行総裁の就任と新「日銀法」下での政策委員会

　1998年（平成10年）3月11日に日銀本店が接待汚職事件で東京地検の強制捜査を受けた責任をとって、松下康雄第27代総裁が辞意を表明した後、次期総裁として衆目の一致するところであった福井俊彦副総裁も共同責任を問われて辞任を余儀なくされたことから、第2次橋本龍太郎内閣（自民党単独内閣、官房長官は梶山静六氏）によって後任の総裁選びが急遽進められることになった。従来のような大蔵省と日本銀行プロパー（生え抜き）による「たすき掛け人事」を排する狙いから、当初は民間人の総裁起用が指向されたものの、有力候補に挙げられた今井敬新日本製鐵会長（前章で述べた「中央銀行研究会」委員の一人）らがいずれも難色を示す中で、日銀退職後に日商岩井社長・会長を務めた速水優氏が、准民間人とも言える経歴の持ち主として総裁候補に急浮上したのであった。(1)

　速水氏(2)は、1947年（昭和22年）の日銀入行であり、三重野康第26代総裁と同期であるが、三重野氏が総務部長や営業局長などを歴任し日銀本流のエリート・コースを歩んだのに対して、速水氏は理事就任に至るまで一貫して「外国畑」を歩んだため、1981年5月の理事退任まで将来の総裁候補に擬せられることはなかった。「外国畑」出身にも拘わらず総裁になった例としては、前川春雄第24代総裁が挙げられるが、理事退任後の前川氏が日本輸出入銀行副総裁を経て日本銀行副総裁に就任し日銀総裁の座への射程距離圏内に一応留まっていたのに対して、民間企業（商社）の一経営者に転じた速水氏が日銀総裁になる可能性は、正副総裁の同時辞任という非常事態が無ければ、限りなくゼロに近かったはずである。それだけに、73歳寸前という高齢に

して日銀総裁の座に就くことになった速水氏が望外の幸運に喜びの表情を隠せなかった(3)としても無理からぬところであった。しかし、セントラル・バンカーは「通貨の尊厳さの番人（guardian of the integrity of money）」としての職責を全うすべきとの信条(4)に基づいて、根っからの円高論者であり、かつまたインフレ・ファイターである速水氏が、バブル崩壊後における金融システム危機と並行して日本経済がデフレーションの泥沼に入り込んでいく過程において日銀総裁に就任したことは、日本経済にとって不運な巡り合わせであったといわざるをえない。

　1998年3月20日に橋本内閣によって速水氏が第28代日銀総裁に任命されたのと同時に、新「日銀法」で定められた2名の副総裁の一人として時事通信解説委員の藤原作弥氏が任命された。藤原氏は、第4章で述べたとおり金融制度調査会の日銀法改正小委員会のメンバーとしてマスコミの立場から日銀の独立性・透明性を高める必要性を強く主張していたことを買われての起用であった。(5)日銀記者クラブ詰めとして日銀の取材経験は長かったものの、文字通り「攻守所を変えて」金融政策を運営する側に初めて立たされることになった藤原氏は、副総裁就任に際して「金融はずぶの素人です」(6)と発言して周囲を煙に巻いていたとのことであるが、その胸中では新「日銀法」の下において日銀の独立性・透明性を確立する重責を担わんとして秘かに期するものがあったと拝察されるのである。

　新「日銀法」下でのもう一人の副総裁として抜擢されたのが、日銀プロパーの理事としては最も若い年次（1964年入行）の山口泰氏であった。山口氏は、東京大学経済学部を首席で卒業した俊秀であり、マルクス経済学の安藤良雄ゼミ（日本経済史）出身でありながらも、マクロ経済理論（近代経済学）や計量分析に秀でた日銀エコノミストとして早くから頭角を現し、調査統計局長、企画局長などの主要ポストを歴任した上で、1996年2月に理事に昇格していた。山口氏が、先輩諸理事を追い越して副総裁に抜擢されたのは、(7)経済情勢の分析を踏まえた金融政策の立案能力を買われたためと窺われる。しかし、「孤高のエコノミスト」とも称され、繊細な性格の山口氏にとって、それまで日銀プロパーのリーダー役を務めてきた福井前副総裁が「世の中に迷い出る」との言葉を残して突如日銀を去った後、金融政策の企画立案には不慣れ

な速水総裁の下で政策委員会の論議をリードする役割を担わされることになったのは、途方もない重圧に感じられたであろうと拝察されるのである。[8]

ともあれ、速水総裁と藤原・山口両副総裁は、1998年4月9日に開催された新「日銀法」下での最初の政策委員会・政策決定会合から始まり、2003年4日・5日の同第89回会合に至るまで、表面上は三者一体で議長（執行部）提案への賛成投票を続けることになる。したがって、以下では速水総裁と藤原・山口副総裁の3名を（特に個人として区別する必要がある場合を除き）まとめて「速水執行部」と表現する。

さて、新「日銀法」下での政策委員会は正副総裁および6人の審議委員の合計9名によって構成され、議決は出席者の過半数によることになったが、6名の審議委員の顔ぶれは、（就任月日の古い順にみると）次のとおりであった（図表5-1を参照）。

後藤康夫氏（元農林水産次官）は、旧「日銀法」時代の1995年10月に農林系代表として任命委員（任期4年）となり、新「日銀法」の施行時点で1年7か月の任期を残していたため、自動的に審議委員に就任し、残りの任期を務めることになった。また、武富将氏（前日本興業銀行調査本部長）も、旧「日銀法」時代の1997年6月に形式上は大手銀行の代表として任命委員（任期4年）となり、後藤氏と同様に新「日銀法」施行とともに自動的に審議委員に就任して残り3年3か月の任期を務めることになった。もっとも、武富氏の場合は、すでに任命委員就任の時点で新「日銀法」が国会で成立しており、業界代表の任命委員としてよりは新法切り替え後における審議委員を念頭に置いた上での人選による任命であったといわれている。[9]

新「日銀法」が施行された1998年4月1日に篠塚英子氏（前御茶の水女子大学教授）、中原伸之氏（元東燃社長）、三木利夫氏（元新日本製鐵副社長）の3名が、また、その1週間後の4月8日に植田和男氏（前東京大学教授）が、[10]それぞれ審議委員に任命された。なお、新「日銀法」の下での審議委員の任期は本来5年であるが、4名の審議委員が5年後にほぼ一斉に退任するのは政策運営の継続性の観点から望ましくないとの配慮から、新「日銀法」施行当初の運用上の措置として、植田委員は2年（再任含み）、篠塚委員は3年（再任含み）、中原委員と三木委員は4年（再任なし）の任期とされたのである。

図表 5-1　政策委員会メンバーの推移（1998年3月～2003年3月）

		1998年	1999年	2000年	2001年	2002年	2003年
総裁		速水　優　自：1998年3月20日　至：2003年3月19日					
副総裁		藤原作弥　自：1998年3月20日　至：2003年3月19日					
副総裁		山口　泰　自：1998年4月8日　至：2003年3月19日					
審議委員	後藤康夫　自：1995年10月10日　至：1999年10月9日			田谷禎三　自：1999年12月3日　至：2004年12月2日			
審議委員	武富　将　自：1997年6月17日　至：2001年6月16日				中原　眞　自：2001年6月17日　至：2006年6月16日		
審議委員	篠塚英子　自：1998年4月1日　至：2001年3月31日				須田美矢子　自：2001年4月1日（2006年、再任）　至：2011年3月31日		
審議委員	中原伸之　自：1998年4月1日　至：2002年3月31日					福間年勝　自：2002年4月5日　至：2007年4月4日	
審議委員	三木利夫　自：1998年4月1日　至：2002年3月31日					春　英彦　自：2002年4月5日　至：2007年4月4日	
審議委員	植田和男　自：1998年4月8日（2000年、再任）　至：2005年4月7日						

［資料出所］日本銀行

　かくして、新「日銀法」の施行とともに、上述した9名から構成される政策委員会（議長は速水総裁）が発足して、金融政策の運営に当たることになった。速水執行部時代の金融政策は、緩和積極派（いわゆる「ハト派」）の中原委員と緩和慎重派（いわゆる「タカ派」）の篠塚委員を両極として、審議委員からも活発な政策提案が行われ、そうした中で速水執行部が、意見の集約にリーダーシップを発揮するというよりは、むしろ審議委員（特に中原委員）

図表5-2 主要経済指標の推移（1998～2002年度）

	1998年度	1999年度	2000年度	2001年度	2002年度
実質GDP成長率 (2000年価格、前年比％)	-0.9	0.6	2.5	-1.1	0.8
鉱工業生産指数増加率 (2010年平均＝100、前年比％)	-6.9	2.7	4.2	-9.2	2.9
国内卸売物価指数上昇率 (1995年平均＝100、前年比％)	-2.2	-0.9	-0.0	-1.1	-0.6
全国消費者物価指数上昇率 (2005年平均＝100、前年比％)	0.3	-0.6	-0.9	-1.3	-0.7
マネーサプライ増加率 (M2+CD平均残高、前年比％)	3.7	3.2	2.2	3.1	2.9
日経225種平均株価 (年度末値、円)	15,836	20,337	12,999	11,024	7,972
円対米ドル為替レート (インターバンク直物、年度末値)	119.99	105.29	125.27	132.71	119.02
経常収支 (円ベース、10億円)	14,349	13,605	13,580	11,400	13,145
無担保コールレート (翌日物、年度末値、％)	0.05	0.04	0.12	0.012	0.021

［資料出所］日本銀行「経済統計年報」ほか

から突き上げられながら、妥協点を探り続けた過程として特徴づけられよう。なお、前掲図表5-1に示すとおり、2000年4月に再任された植田委員を除く上記5名の審議委員は、全員が2002年4月までに順次任期満了で退任となった。[11]

　ここで予め速水執行部時代の5年間（1998～2002年度）における日本の主要経済指標の推移を示しておけば、図表5-2のとおりであり、バブル崩壊から約10年を経た日本経済が、低成長とデフレーションによって特徴づけられるようになった姿を端的に示している。まず、年度ベースでみて生産面では、実質GDP成長率（2000年価格基準）が、1998年度に-0.9％、2001年度に-1.1％と2回にわたりマイナス成長となったのが響いて5年間の平均成長率はわずか0.4％に止まった。なお、鉱工業生産指数増加率（前年比）でみると、1998年度に-6.9％、2001年度に-9.2％と実質GDP成長率よりも

遥かに大幅な落ち込みを示しており、5年間の平均でも-1.3％のマイナス成長であった。一方、同様に年度ベースで物価面をみると、国内卸売物価指数の前年比は1998年度から5年連続（2000年度も微かなマイナス）、全国消費者物価指数の前年比も1999年度から4年連続でマイナスを記録し、5年間の平均値は、各々-1.0％、-0.6％といずれの物価指数でみても、軽度とはいえ紛れもないデフレーションであった。

この間において、1998年3月末に16,527円であった日経225種平均株価は、1999年に入ってからの「IT（情報技術）ブーム」を反映して2000年3月末の20,337円（ピークは、4月12日の20,833円）まで戻したものの、その後は「ITブーム」の終焉から急落して、2003年3月末には7,972円であった。速水執行部時代を通じてみると、スタート時点において既にバブル期のピーク比4割程度に過ぎなかった株価水準が、更にほぼ半値に切り下がってしまったのである。

ところで、新「日銀法」施行前の準備段階として、旧「日銀法」下で1998年1月16日から3月26日までの5回にわたって新しいやり方での政策委員会が試みられ、いずれの会合においても金融市場調節方針として「無担保コールレート（オーバーナイト物）を平均的にみて公定歩合（0.5％）をやや下回って推移するよう促す」という議長案が全員一致で採択されていた。すなわち、金融政策運営が松下前総裁から速水執行部の下での政策委員会へとバトンタッチされた時点において、当時は至極当然のことと認識されていた「名目金利のゼロ％制約」（名目金利の下限は0％であり、マイナス金利はありえない）を前提条件にすると、日本銀行にとって更なる金融緩和の余地は、わずか0.5％弱に過ぎなかった。このため、速水執行部が発足してからしばらくの間、日本銀行の金融政策は、次第にデフレーションへと落ち込んでいく日本経済の景気情勢を眼前にしながら、この0.5％弱という狭い「糊代」をどのようにして活用するのかという近視眼的な状況に追い込まれていくことになるのであった。

2．橋本内閣・小渕恵三内閣による金融システム危機対策と公的資金の注入

速水執行部による金融政策の運営について検討する前に、1997年秋から

1998年末にかけての金融システム危機に橋本内閣（および、1998年7月に成立した小渕恵三内閣）の下で大蔵省（および、大蔵省から分離設立後の金融監督庁）と与党自民党がどのように対応したのかを見ておくことにしよう。速水執行部時代に推進された大胆な金融緩和政策は多分に金融システム危機に配慮したものであった（言い換えれば、速水執行部時代の金融政策は金融システム問題によって強く制約されていた）と考えられるからである。

　第4章で述べたとおり1997年秋に金融システム危機が勃発して日本国中に預金者不安が広がる中で、前年の「住専処理法」成立に至る不手際からしばらくの間政治的にタブー視されてきた公的資金注入の必要性が再び論議されるようになり、自民党は緊急金融システム安定化対策本部（本部長は宮澤喜一元首相）を設置して、12月15日に公的資金注入を含む金融システム安定化対策をとりまとめた。

　1998年に入ると、2月16日に金融システムの早期安定化を図る緊急措置として「改正預金保険法」および「金融機能安定化緊急措置法」（併せて「金融安定化二法」と略称）が国会で成立し、30兆円の公的資金枠（内訳は、金融機関が破綻した場合の預金者保護や不良債権買取の原資とするために17兆円、金融機関の自己資本の充実を図るために13兆円）が確保された。これを受けて、2月中に金融危機管理審査委員会（委員長は、佐々波楊子慶応義塾大学教授）が預金保険機構内に設置され、3月には都市銀行など主要21行に対して総額1兆8156億円の資本注入が決定された[12]。しかし、あくまでも各行の申請に基づいた公的資金（資本）注入であり、経営責任を問われることを恐れた各行が公的資金注入の受け入れを躊躇したこともあって、たとえば都市銀行が「横並び」で1行あたり約1000億円の資本注入額に止まるなど、結果的に不徹底な運用にとどまった。こうして、住専処理以来封印されてきた公的資金注入が再開されたことによって一旦は金融危機が収まったかに見えたものの、健全銀行であることを建前としての「点滴的な資本注入」[13]は、すでに泥沼に落ち込んでいた主要行の不良債権問題を抜本的に解決（それによって金融システムの安定化を実現）するには程遠い対症療法に過ぎなかった。

　この間において、1997年9月の自民党総裁選挙で無競争再選を果たした橋本首相は、その直後の内閣改造でロッキード事件の有罪が確定していた佐

藤孝行氏を総務庁長官に起用したことから国民の批判を受け、1997年後半から景気が腰折れして同年秋には金融システム危機を招来したことも響いて、橋本内閣への国民の支持率は急低下した。1998年6月9日には、公約とした「六大改革」の一つである行政改革の仕上げとして、2001年1月をめどに、①1府21省庁を再編して1府12省庁とする、②郵政3事業は郵政事業庁（総務省外局）に移管したのち郵政公社に移行する、③内閣機能を強化するため内閣府を設置する、などを骨子とする「中央省庁等改革基本法」が国会で成立したものの、1998年7月12日の参議院選挙では、自民党が追加公認1名を含めても45議席（非改選議席59と合わせて104議席は、総議席252に対して大幅な過半数割れ）にとどまり、橋本首相は大敗の責任をとって退陣を表明した。[14] 後任を争う自民党総裁選挙には、小渕恵三外務大臣、梶山静六前官房長官、小泉純一郎厚生大臣の3名が立候補したが、最大派閥である竹下派の継承者たる小渕氏が自民党総裁の座を射止めて、7月30日に小渕内閣が成立した。[15] なお、小渕内閣の大蔵大臣には、首相自らの「三顧の礼」にほだされて宮澤喜一元首相が就任した。首相経験者が閣僚として再登板するのは、第2次世界大戦後においては初めてのことであり、金融危機への対応を期待されての異例の再登板であった。

　小渕内閣発足後の1998年8月7日に召集された臨時国会（いわゆる「金融国会」）においては、日本長期信用銀行の処理問題が最大の争点となった。ここで、日長銀が経営危機に陥った経緯を振り返ってみると、[16] 同行は、堀江鉄弥頭取の下で1989年4月から中小企業に重点を置いた融資拡大路線を標榜する第6次長期経営計画をスタートさせたが、同計画に先立って実施した大グループ制への組織改革で審査部門が融資部門に取り込まれてしまったことと相俟って、環太平洋リゾート開発で一世を風靡したEIEインターナショナル（高橋治則社長）などへの不動産関連融資にのめりこんでいった。バブルが崩壊すると、系列ノンバンクを含めて巨額の不動産関連融資が実質的に不良債権化したが、堀江頭取の下で受け皿会社への「飛ばし」によって不良債権の抜本的処理を先送りする方針が選択されたといわれている。[17]

　1995年4月にEIEインターナショナル・グループへの過剰融資の責任をとって堀江頭取が辞任した後、後任となった大野木克信頭取は、翌年4月か

ら10月にかけて行われた大蔵省検査において、受け皿会社への融資の大半を日長銀本体が全面的に支援する限り受け皿会社が破綻することはないとの理由で第4分類（回収不能債権）や第3分類（回収に重大な懸念がある債権）には当たらないと認めてもらう[18]一方、外資系金融機関との提携による生き残りを企図して、1997年7月15日にスイス銀行（SBC）と、①相互に発行済み株式の3％を持ち合う、②日長銀はSBCを引受主幹事として2000億円（優先株1300億円と劣後債700億円）の資金調達を行い自己資本に充当する、という形での資本提携[19]について合意したと発表した。しかし、SBCは、細部を詰めて同年9月19日の正式契約締結に至る過程で、持ち合い比率をとりあえず1％に下方修正し、2000億円の資本調達についても継続協議とするように契約内容の変更を求め、さらに、同年11月に北海道拓殖銀行や山一證券などが破綻して日本全体が金融システム危機の様相を呈するようになると、2000億円の資本調達の無期延期を通告してきた。[20]追い込まれた日長銀は、1998年3月に、上述した「金融安定化二法」による公的資金（資本）の注入（申請額2000億円に対して1779億円）を受けて一息ついたが、同年6月5日発売の月刊誌『現代』7月号が、「長銀破綻で戦慄の銀行淘汰が始まる」というタイトルのレポートを掲載したことから一挙に経営危機説が広まった。さらに、6月9日には、SBC（合併後のUBS）との提携で月初に発足したばかりの合弁子会社「長銀ウォーバーグ証券」によって日長銀株140万株が市場で売りに出されるという想定外の事態によって株価が暴落し、日長銀の本支店には金融債「ワリチョー」「リッチョー」の解約客が殺到する事態に立ち至った。[21]破綻の瀬戸際に立たされた日長銀の大野木頭取は一縷の望みをかけて住友信託銀行（高橋温社長）との合併に奔走し、6月26日夜に日銀記者クラブで合併に向けて検討を始めたことをそれぞれが公表したが、「不良債権処理は体力の中でやっていける」として通常の合併であることを強調する大野木頭取と、住友信託銀行による救済合併であり「正常債権しか引き取らない前提」であるとする高橋社長との間での意見の食い違いは、その後の合併交渉の難航を窺わせるものであった。[22]

小渕内閣発足後の「金融国会」において政府・自民党は、上述した「金融安定化二法」の改正を含む「金融再生トータルプラン」[23]関連法案を国会に提

出して倒産前の公的資金注入による経営健全化を可能とする法的枠組みの整備を図るとともに、8月20日には小渕首相が住友信託銀行の高橋社長を官邸に呼んで日長銀と合併するよう直接説得にあたったといわれている。政府の支援を受けた日長銀は、8月21日に、①系列ノンバンク向け債権5200億円の放棄、②経営陣の総退陣、③海外拠点からの全面撤退などのリストラ策を発表し、それに伴う自己資本減少を補塡するために再び公的資金（資本）の注入を申請する意向を表明した。[25]しかし、国会においては、野党3党（民主党・公明党・自由党）が日長銀への公的資金再注入に強硬に反対し、参議院での優位を背景にして金融再生委員会の設置・特別公的管理（一時国有化）などを内容とする対案を提出するとともに、日長銀を特別公的管理（一時国有化）によって処理することを主張した。さらに、自民党内でも「政策新人類」と呼ばれた石原伸晃氏・塩崎恭久氏らが野党に同調する動きを示したことから、政府・自民党は方針を変更して野党に歩み寄り、9月26日に日長銀を特別公的管理（一時国有化）によって処理するということで与野党の妥協が成立した。これを踏まえて小渕内閣は、野党案を丸呑みする形での修正を受け入れ、10月13日に「金融機能の再生のための緊急措置に関する法律」（略して「金融再生法」）および一連の関連法（まとめて「金融再生関連法」と略称）が2001年3月までの時限立法として成立した（10月23日から施行）。[26]なお、国会では「金融再生関連法」が衆議院を通過した後、自民党議員の提案による「金融機能の早期健全化のための緊急措置に関する法律」（略して「金融機能早期健全化法」、2001年3月までの時限立法）が、自由党・公明党の協力を得て10月16日に成立した（「金融再生関連法」とともに、10月23日から施行）。[27]

　この間において、金融行政面では、1998年6月22日に大蔵省から金融機関の検査・監督機能を分離する形で発足した金融監督庁の初代長官に司法界出身の日野正晴氏（前名古屋高等検察庁検事長）が就任した。発足したばかりの金融監督庁は、従来の大蔵省による検査・監督に関して「銀行の健全性低下がもたらす国民経済上の負担を覆い隠すために（中略）実態把握を歪めているのではないか」との疑問が国民の間で蔓延している状況を解消すべく、[28]公正で透明な金融行政に向けて舵を取っていくことになった。金融監督庁は、

同年7月から大手銀行の一斉検査に着手したが、その際に拠り所としたのは、同年4月に施行された「金融機関等の経営健全性確保法」によって新たに規定されたいわゆる「早期是正措置」制度であった。同制度においては、まず金融機関が資産の自己査定を行い、適正な償却・引当を行うことによって実態を反映した財務諸表を作成する（外部の会計監査法人が、その適正性と正確性をチェックする）こととされたが、それを踏まえて、金融監督庁の検査は、「不良債権に対する適正な引き当て規模を弾き出し、銀行の自己資本比率の認定も行う。自己資本比率が健全性の目安となる基準値を下回っていれば、数値の度合いに応じて業務改善命令や業務停止命令を出すことができるようになった」とされたのである。

　金融監督庁は、上述した「金融国会」における日長銀問題の審議状況の帰趨を窺うかのように日長銀に対する検査を延々と続けたが、1998年10月19日に、日長銀に対して保有有価証券などの含み損を考慮すると同年9月末時点で約3400億円の債務超過だったとの検査結果を通知した。従来の大蔵省検査における「系列ノンバンクの子会社などへの融資は銀行本体が支えている以上それらが破綻することはないので不良債権には当たらない」とする論理は否定され、「融資した資金が何年で戻ってくるかを、貸付先企業のキャッシュ・フローによって割り出す」ことによって不良債権か否かを判断するという新たな検査方針が貫かれたことによって、日長銀が同年3月期決算で行った自己査定と比べると、第3分類・第4分類が一挙に膨れ上がり、追加的な償却・引当が求められた結果であった。「金融再生法」が施行された10月23日に、日長銀は特別公的管理（一時国有化）を申請し、会計上は債務超過ではないとして同法37条に基づく破綻前処理を期待したが、柳澤伯夫金融担当大臣（国土庁長官との兼務で当日就任）は、金融監督庁の検査結果を踏まえて日長銀が実質的に破綻していると認定した上で、同法36条に基づく破綻後処理として特別公的管理の開始を決定した。一時国有化された日長銀の新頭取には、安斎隆氏（前日銀理事・信用機構担当）が就任した。

　1998年10月に日長銀が特別公的管理（一時国有化）に追い込まれた後、次の焦点は長期信用銀行3行の中で最も経営内容が悪いとされていた日本債券信用銀行であった。日債銀が経営危機に陥った経緯を振り返ってみると、

1982〜92年の長期にわたって頭取・会長として君臨した頴川史郎氏の下で神田神保町地区の地上げなど不動産関連融資を積極化した咎めで、バブル崩壊後に実際上回収の見込みのない巨額の不良債権を抱えるに至ったが、それらの多くを系列ノンバンクが設立したペーパーカンパニーを受け皿会社としたいわゆる「飛ばし」形態で塩漬けすることによって、不良債権が表面化するのを回避する方針をとったのが事の始まりとされている。(36)

1993年6月には、大蔵省OBの窪田弘氏（元国税庁長官）を頭取に迎え入れて大蔵省主導の下で経営再建に努めたものの、1997年に入ると株式市場で日債銀の経営不安が噂されて株価が急落し、同行が発行した金融債「ワリシン」「リッシン」の解約が相次ぐようになった。さらに、同年3月21日にはアメリカの格付け機関ムーディーズ・インベスターズ・サービスが同行の発行する金融債を「Ba1（投資不適格債）」に格下げしたことによって、経営危機が一挙に表面化した。このため、4月1日には大蔵省が中心となり（日本銀行も協力して）主要株主である大手銀行、保険会社に対していわゆる「奉加帳方式」で約2900億円の増資引き受けを要請する一方、窪田頭取が日銀記者クラブにおいて、①海外からの全面撤退、②人員削減、③役員賞与の返上・報酬削減、④直系ノンバンク3社への支援断念、などからなる経営再建策を発表した。(37)(38)

大蔵省は、1997年4月16日から日債銀の金融検査に入り、上述した受け皿会社への融資を含めて第3分類（回収に重大な懸念がある債権）を約1兆1000億円とする検査結果を9月11日に通知したが、日債銀側は、日債銀本体が全面的に支援する限り受け皿会社が破綻することはないはずとの理由で第3分類を約7000億円とするのが正当として譲らず、結局両論併記することで債務超過ではないとされたのである。(39)(40)この間において、同年7月に上述した「奉加帳方式」での増資手続きが完了したのを受けて、8月に、窪田頭取は会長に退き、後任の頭取には前年5月から日債銀に招じられていた東郷重興氏（前日本銀行国際局長）が昇格した。大蔵省OBの窪田会長・日銀OBの東郷頭取による新体制の下で、翌1998年3月に上述したとおり600億円の公的資金注入を得たことに加えて、4月にはアメリカの大手投資銀行バンカース・トラストとの業務提携（日債銀の海外での融資業務などをバンカース・(41)

トラストが継承）を発表して、当面の経営危機を脱したかに見えたのであった。

　日長銀の破綻処理を終えて間もない1998年11月16日に、金融監督庁は、日長銀と同様に7月から検査を続けていた日債銀に対して同年3月末時点で約2900億円の債務超過であったとの検査結果を通知した。上述したとおり1年前の大蔵省検査では日債銀が債務超過ではない旨認定されていたが、金融監督庁による新たな検査方針の下では、日長銀の場合と同様に、不良債権の「飛ばし」のために設立した受け皿会社への融資の大半が第3分類・第4分類とされ、追加的な償却・引当が必要とされたため、「明確に債務超過」[42]となったのである。債務超過であるとの検査結果を通知され自己資本の調達を迫られた日債銀は、かねてより窪田会長が進めていた中央信託銀行（遠藤荘三社長）との合併交渉に生き残りをかけ、大蔵省も支援する姿勢をみせた。しかし、12月9日に東郷頭取と遠藤社長が行った記者会見では、両行が業務提携について基本合意したことを発表したものの、遠藤社長は合併の可能性を明確に否定した。合併交渉が不調に終わったことを見届けた政府は日債銀を破綻処理する方針を固め、12月13日に先の日長銀と同様に「金融再生法」第36条に基づく特別公的管理（一時国有化）とすることを決定した[43]。一時国有化された日債銀の新頭取には、藤井卓也氏（前日銀発券局長）が就任した。

　この間における金融行政面での体制変更をみると、1998年12月5日には、上述した「金融再生法」に基づいて金融再生委員会（金融機関の不良債権問題や破綻処理問題に対処するために設立された暫定的な委員会）が発足し、10月23日に初代金融担当大臣に就任したばかりの柳澤伯夫氏（国土庁長官との兼務）は、金融再生委員会が発足すると、その初代委員長に就任した[44]。金融再生委員会事務局長には、森昭治氏（元大蔵省東京関税局長）が起用された。

　柳澤委員長が率いる金融再生委員会は、1999年1月20日に、①不良債権問題のこれ以上の先送りは許されない、②金融機関は横並び体質を排し、行政においても護送船団方式と訣別する、③1999年3月期で不良債権処理を基本的に終了し、2001年3月期までに強い競争力を持った金融システムを再構築する、などを内容とする「運営の基本方針」を公表した。そして、中途半端に終わった佐々波委員会の失敗を繰り返さないとの固い決意の下で、最優先の課題として上述した「金融機能早期健全化法」で新たに設定された

60兆円の公的資金枠を活用した第2次資本注入の早期実現に取り組み、1999年3月12日には大手15行に総額7兆4592億円という思い切った額の公的資金（資本）注入を実施することを公表するに至ったのである。公的資金の注入を受けた15行は、同年3月期までに不良債権に対する十分な償却・引当を行って基本的に処理を完了するとともに、公的資金の申請に際して金融再生委員会に提出した経営健全化計画の履行を求められることになった。

　金融再生委員会にとってのもう一つの課題は、特別公的管理（一時国有化）の下に置かれた日長銀と日債銀の譲渡先を早期に見つけ出すことであった。まず、日長銀については、名乗りを上げたJPモルガン・オリックス連合、パリバ、中央信託・三井信託連合など国内外の有力な買い手と金融再生委員会との間での紆余曲折の交渉を経て、1999年9月にリップルウッド社（アメリカの企業再生ファンド）を中心とする「ニューLTCBパートナーズ」を最優先交渉先とすることが決定された。その後、日長銀の株主たる国（預金保険機構）は、2000年3月1日に約3兆6000億円の債務超過分を公的資金によって補塡した上で、日長銀の全株を「ニューLTCBパートナーズ」に10億円で売却し、同日付で特別公的管理は終了した。新日長銀の会長兼社長には八城政基氏（元シティバンク在日代表）が就任し、同年6月には新生銀行に行名を変更して再スタートしたのである。次に、日債銀については、ソフトバンク・オリックス・東京海上火災の国内3社からなるソフトバンク・グループとサーベラス社（アメリカの企業再生ファンド）の一騎打ちとなったが、2000年2月にソフトバンク・グループを最優先交渉先とすることが決定された。その後、金融再生委員会との熾烈な交渉を経て、同年9月1日に日債銀は、約3兆2000億円の債務超過分を公的資金によって補塡した上で、ソフトバンク・グループに10億円で売却され、同日付で特別公的管理は終了した。新日債銀は、2001年1月に行名を変更して、あおぞら銀行となり、初代社長には丸山博氏（前オリックス・クレジット社長）が就任した。

　日長銀、日債銀の譲渡先探しと並行して、1999年に入ってからの金融再生委員会は、長年にわたって経営上の問題点が指摘されてきた第二地方銀行5行を次々に破綻処理していった。4月に東京の国民銀行（公的資金による破綻処理コスト約1800億円）、5月に大阪の幸福銀行（同約4900億円）、6月に

東京相和銀行（同約7600億円）、8月に大阪の「なみはや」銀行（同約6500億円）、10月に新潟中央銀行（同約3800億円）をいずれも「金融再生法」に基づいた金融整理管財人による管理という形で破綻処理したのである。なお、初代の金融再生委員長として、「金融再生法」に基づくこれら一連の処理を指揮した柳澤委員長は、1999年10月に越智道雄氏に交代した。

第2節 「ゼロ金利政策」の開始から解除までの過程

1．「ゼロ金利政策」の開始と政策的コミットメント[48]

新「日銀法」の下で名実ともに日銀の最高意思決定機関と位置づけられた政策委員会・金融政策決定会合が初めて開かれた1998年4月9日に時計の針を戻すと、当時の日本経済は前年夏頃から始まった景気後退局面の最中で停滞感が期を逐って強まる状況であったが、デフレ・スパイラル顕在化[49]のリスクはいまだ差し迫ったものではないとの認識が政策委員会の大勢を占め、「無担保コールレート（オーバーナイト物）を、平均的にみて公定歩合水準（筆者注、0.5％）をやや下回って推移するよう促す[50]」という現状維持の議長（速水総裁）案が全員一致で採択された。なお、同日夕刻に政府（第2次橋本内閣）は総額16兆円規模の総合経済対策の基本方針を発表し、24日に閣議決定した（同対策を盛り込んだ補正予算案は、6月17日に国会で成立した）。

政策委員会・金融政策決定会合で全員一致による議長案の採択が崩れたのは、6月12日に開かれた第4回目の会合であった。三木委員は「準備率引き下げにより、所要準備額を約1兆円減額（約3兆5000億円→約2兆5000億円）」、中原委員と後藤委員は無担保コールレート（オーバーナイト物）の誘導水準をそれぞれ「0.4％前後」、「0.4～0.5％の範囲」に変更することを提案したが、いずれも提案者本人のみの賛成にとどまり、結局、現状維持の議長案が7対2で採択された（反対は、三木委員と中原委員）。中原委員は、その後の金融政策決定会合においても、景気が引き続き停滞していることや金融不安が抬頭していることなどを理由に、無担保コールレート（オーバーナイト物）の誘導水準に関する提案を「平均的にみて0.4％前後」（6月25日）、

「0.35％前後」(7月16日、28日)、「0.25％前後」(8月11日)と次第に切り下げて金融緩和に積極的な姿勢を明確にしていったが、いずれも否決された(賛成は提案者本人のみ)一方、現状維持の議長案が8対1で採択され続けた(反対は中原委員)。

　こうした中で8月17日にロシアが債務不履行となり、世界の金融市場では投資家によるいわゆる「質への逃避」が一斉に起きた。このため、割安な新興国債券を買うと同時に割高な先進国債券を空売りするポジションをとっていたアメリカの大手ヘッジファンド「ロング・ターム・キャピタル・マネジメント(LTCM)」は、評価損失が一挙に膨らみ、顧客の解約が殺到して破綻の瀬戸際に立たされた。LTCMの総資産は1290億ドル、デリバティブ契約残高は1兆2500億ドルと巨額であり、その破綻はグローバル金融市場を危機に陥れる危険性大であるとみなされたため、9月2日にニューヨーク連邦準備銀行(FRB of New York)が主導してアメリカの主要金融機関の資金融通による処理策が急遽取りまとめられた。[51]その直後の9月4日にロバート・ルービン財務長官と宮澤喜一蔵相による日米蔵相会議がサンフランシスコで開催され、日銀からは速水総裁に代わって山口副総裁が出席したが、帰国した山口副総裁は、「米側に何かを背負わされてきたという感じ」[52]で、追加緩和に慎重なそれまでの姿勢を一変させたといわれている。

　一方、日本国内では、上述したとおり日本長期信用銀行の処理を巡って国会で与野党が激しい攻防戦を繰り広げており、政府が主導した住友信託銀行との合併と公的資金再注入による日長銀救済シナリオが崩れつつあった。そうした内外情勢の変化を背景として、9月9日の金融政策決定会合では、それまで利下げに否定的であった速水執行部が、無担保コールレート(オーバーナイト物)の誘導水準を「0.25％前後」に引き下げる議長案(「なお、金融市場の安定を維持するうえで必要と判断されるような場合には、上記のコールレート誘導目標にかかわらず、一層潤沢な資金供給を行う」と付記)を提出し、8対1で採択された。[53]速水執行部がそれまでの姿勢を豹変させて、前回の会合における中原委員の提案をいわば丸呑みした形での議長提案を行ったのは、「なお書き」に示された内外の金融システム問題への強い懸念があったと窺われるのである。[54]

1998年秋の「金融国会」で「金融再生関連法」「金融機能早期健全化法」が国会で成立し、保有有価証券などの含み損を考慮すると債務超過と認定された日長銀が10月に破綻処理されると、追加の公的資金注入なしでは自己資本不足比率の低下による金融不安説を否定しきれない大手銀行を中心として「貸し渋り」「貸しはがし」の動きが広がっていった。11月16日に、政府（小渕内閣）は6兆円の所得税・法人税減税を含めて約24兆円の事業規模に及ぶ緊急経済対策を決定したが、その対策効果が現れるのは翌年度に入ってからと予想されていた。そうした中で開催された11月13日の金融政策決定会合では、年末の企業金融支援策として、①CP（コマーシャル・ペーパー）オペの拡充、②臨時貸出制度（金融機関の貸出増加額の一定割合〈50％〉を対象に日銀が公定歩合で融資する制度）の創設、③社債担保オペの導入をセットにした議長案が提出され、8対1で採択された（反対は、中原委員）。中原委員は、すでに10月28日の金融政策決定会合で、CPオペの拡充を先行提案していた（1対8で否決された）が、11月13日の議長案に反対したのは、臨時貸出制度と社債担保オペに反対したためである。[55]

　年末を控えた12月22日の記者会見で宮澤蔵相が、市場で流れていた「大蔵省資金運用部による国債買い入れ停止の可能性」という噂をあっさりと肯定する一方、速水総裁が都内の講演で日銀の国債買い入れ増額に懸念を表明したことから、前日まで1.5％であった10年物国債利回りが一挙に2％台に上昇した。これを契機に、平成11年度（1999年度）予算案に基づく新規国債発行（約31兆円）の消化難が懸念されたこともあって、国債利回りは上昇傾向をたどり、1999年2月4日の記者会見で野中広務官房長官が長期金利の上昇を封じるために日銀による国債買いオペ増額論を提唱して市場を騒然とさせた。[56] 野中官房長官の公然たる問題提起に対して、速水執行部および審議委員が一斉に身構える中で開かれた2月12日の金融政策決定会合では、「より潤沢な資金供給を行い、無担保コールレート（オーバーナイト物）をできるだけ低めに推移するよう促す。その際、短期金融市場に混乱を生じないよう、その機能の維持に十分配慮しつつ、当初0.15％前後を目指し、その後市場の状況を踏まえながら、徐々に一層の低下を促す」という議長案が提出され、8対1で採択された（反対は篠塚委員）。これが、いわゆる「ゼロ金利政策」[57]

への入口となった政策決定であり、実際にコールレートがゼロ近傍に到達するのは、3月に入ってからのことであった。

　金利が実際上ゼロになるという、金融政策の運営にとってまさに未曽有の領域に予想外にすんなりと到達した後、次の焦点は「ゼロ金利政策」をいつまで続けるのか(言い換えれば、その解除条件をどのように定めるのか)に移っていった。4月9日の金融政策決定会合では、山口副総裁から「現在の政策は経済の自律回復力がみえ、且つ物価の下落圧力が減衰し始めるまで維持する必要がある。(中略)換言すると、現在のオーバーナイト・ゼロ金利政策がある程度長期化するのを覚悟するということである」との意見表明があり、すでに3月25日の政策決定会合で更なる金融緩和への選択肢として同様の意見を述べていた植田委員も「何らかの形でオーバーナイト・ゼロの政策に強いコミットメントを持っていることをマーケット等に表明することには私も共感を覚える」と同調した。同会合では、現状維持の議長案が7対2で採択された(反対は篠塚委員と中原委員)に過ぎなかったが、4日後の記者会見では、速水総裁が「デフレ懸念の払拭ということが展望できるような情勢になるまでは、(中略)無担保コール・オーバーナイトレートを事実上ゼロ％で推移させ、そのために必要な流動性を供給していくという現在の政策を続けていくことになると思っている」との見解を表明した。こうして、デフレ懸念が払拭されるまで「ゼロ金利政策」を続けるという政策的コミットメントを主軸とする(後に、「時間軸政策」と呼ばれるようになる)政策的枠組みが導入されたのである。

2．デフレーションの進行と「量的緩和・現状維持・利上げ」の3案並立

　1999年2月12日の政策委員会・金融政策決定会合で速水執行部が「ゼロ金利政策」に踏み切り、金融調節においては必要準備額約3兆8000億円を1兆円ほど上回る潤沢な資金供給を行ったことに加えて、既述のとおり3月12日には、「金融機能早期健全化法」に基づいて都市銀行など大手15行に対して総額7兆4592億円の公的資金が再注入されたことによって、金融システム不安に漸く歯止めがかけられ、かねてよりの懸案であった「ジャパン・プレミアム」が漸く解消されるに至った。また、前年11月に決定された小

渕内閣の緊急経済対策（約24兆円の事業規模）の効果で公共事業や住宅投資が増加したことを主因に、景気は1999年春頃から下げ止まり、次第に明るさを増した。この間、前年10月9日に12,879円まで下落した日経平均株価は、1999年初には13,000円台に留まっていたが、3月には15,000円台、7月には18,000円台と順調に回復し、折からのIT（情報技術）関連株ブームも加わって、2000年4月12日のピーク20,833円まで約1年半に亘る上昇相場を続けることとなった。

一方、物価面では、国内卸売物価指数の前年比が、1998年度に－2.2％の後、1999年度も－0.9％と下落し続けたことに加えて、全国消費者物価指数の前年比も1998年度に0.3％まで低下した後、1999年度は－0.6％とついにマイナスに転じるなど、緩やかながらもデフレーションの様相を呈するようになった（図表5-3を参照）。設備投資など民間需要の自律的回復がはっきりとせず、名目賃金が下落傾向をたどる中、日本銀行『金融経済月報』における基本的見解として毎月繰り返し指摘されていたとおり、「物価に対する潜在的な低下圧力」（言い換えれば、デフレーションへの吸引力）が働き続けていたのである。

この間において、円対米ドル為替レートは、1998年8月11日に147円64銭のドル高・円安ピークを付けた後、上述したLTCM危機を契機として「円キャリートレード」の解消が進められたことなどからドル安・円高局面へと転換し、同年末には115円台へと急速に円高が進行した。1999年に入ると、2月に日本銀行が「ゼロ金利政策」に踏み切ったこともあって5月の124円台まで一旦は戻したものの、後述するように為替政策と金融政策の運営に関して大蔵省と日本銀行の足並みの乱れが表面化したことから、9月半ばには103円台、11月下旬には101円台へと円高が再び進行した（図表5-4を参照）。円高は、アジア諸国の景気回復によって増加し始めた輸出にマイナスの影響を及ぼすと同時に、輸入価格の下落を通じて物価への追加的な低下圧力として働くことになった。なお、1999年1月1日にヨーロッパで統一通貨ユーロが誕生し、1月4日には1ユーロ＝1.1789米ドルの初値がついたが、その後はユーロ安が進行して2000年1月27日には1ユーロ＝1米ドルのパリティを下回った（言い換えれば、円はユーロに対して、対米ドルで見た以上のペー

図表 5-3　物価上昇（下落）率の推移　（1997～2002年）

──消費者物価指数（全国・総合）前年同月比％　──国内卸売物価指数（総合）前年同月比％

［資料出所］　総務省ホームページ、日本銀行ホームページ

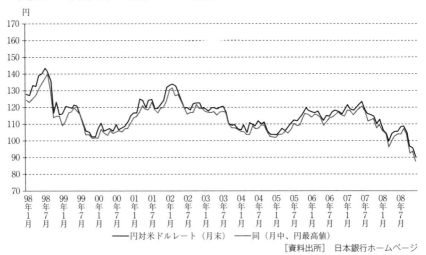

図表 5-4　円対米ドル為替レートの推移　（1998～2008年）

──円対米ドルレート（月末）　──同（月中、円最高値）

［資料出所］　日本銀行ホームページ

スで増価したのである）。

　こうした経済情勢を背景として、「ゼロ金利政策」の導入以降、後述するようにそれを解除することになる2000年8月11日の金融政策決定会合に至

る約1年半の期間においては、量的緩和を志向する「ハト派」の中原委員と利上げを志向する「タカ派」の篠塚委員による提案が、いずれも否決される中で、現状維持の議長案（言い換えれば、速水執行部案）が採択され続けるという状況が続いた。具体的にみると、中原委員は、1999年2月25日の金融政策決定会合で中期的に消費者物価指数（全国、除く生鮮食品・間接税の影響）の前年比が1％程度となることを企図して、1999年第4四半期のマネタリーベース前年比が10％程度に上昇するよう量的緩和を図るという内容の新たな政策（中原委員は、「物価目標付きのマネタリーベース・ターゲティング」と称した）を提案して否決されて以降、毎回の会合で同様の提案を続けていった。一方、実体経済に明確なプラス効果をもたらしえない「ゼロ金利政策」からの脱却への布石を打っておくべきだとする篠塚委員は、1999年4月23日の金融政策決定会合で「無担保コールレート（オーバーナイト物）を平均的にみて0.03％前後で推移するよう促す」ことを提案して否決された後、5月18日の会合からは誘導水準を「0.25％前後」に変更して、同様の提案を毎回の会合（ただし、9月9日から10月27日までの4回を除く）で繰り返していった。

　中原委員と篠塚委員の提案がいずれも反対多数（賛成は提案者本人のみ）で否決される中、「ゼロ金利政策」の継続を内容とする「現状維持」の議長案が7対2（反対は、中原委員と篠塚委員）で採択され続けたが、議長案に賛成した審議委員4名の中では、植田委員が、「時間軸効果」を含めた「ゼロ金利政策」を「現在の中長期金利に影響を与える政策であり、量的ターゲットやインフレーション・ターゲットとある種同等の効果を持つ政策である」[61]と当初から認識していたと述べており、量的緩和を主張する中原委員に比較的近い立場であったと窺われる。一方、後藤委員・三木委員・武富委員は、金利と量の両にらみ状況の中で、（濃淡の差はあれ）伝統的な金利政策こそが金融政策の本来の姿であり、マネタリーベース・ターゲティングに否定的であったという意味では、利上げを主張する篠塚委員（および、当面中立のスタンスをとる速水執行部）と一脈相通ずるものがあったといえよう。

　このように「量的緩和」「利上げ」「現状維持」の3案が並立する状況が続く中で、大蔵省の「ミスター円」こと榊原英資財務官が1999年7月8日の退官を控えて、円安誘導を狙いとした米ドル買い介入（6月10日から7月5[62]

日までに6回、合計約3兆8000億円）を仕掛けたことが、金融政策決定会合での議論に大きな波紋を投げかけることになった（図表5-5を参照）。この大規模介入は、円安誘導によって景気回復を支援しようとの狙いであったと拝察されるが、アメリカ側で7月初めに財務副長官から長官に昇格したばかりの盟友ローレンス・サマーズ氏が榊原財務官の主導した介入を公然と批判したこともあって、円対米ドル相場は逆に6月末の120円台から9月半ばには103円台まで円高化してしまったのである。こうした状況下、政府内では円高是正のために日米協調介入を求める動きが強まり、9月16日に宮澤蔵相と速水総裁が急遽会談したことから、マスコミでは、アメリカ側が協調介入に応じる条件として日本銀行が、「非不胎化介入」(すなわち、大蔵省の円売り介入によって供給される円資金をそのまま日銀当座預金に積み上げる形での金融調節)による量的緩和に踏み切るのではとの観測が一挙に広がった。

　市場関係者が固唾を呑んで見守っている中で開かれた9月21日の政策委員会・金融政策決定会合においては、マスコミが政府（大蔵省）の為替政策と結び付けて日銀の金融政策を論じることに反発する雰囲気が支配する中で、すでに8月9日の会合で「介入を不胎化するなという議論に現状ではあまり根拠がない」と述べていた植田委員を始めとして「非不胎化介入」への反論が相次いだ。最終的には、速水総裁が「経済の実勢を反映した円高は国益に反しない」との持論を展開し、「為替相場そのものに金融政策を直接割り当てるのが適当でないことも、かつてバブルの発生・崩壊の過程から得られた貴重な教訓である」とした上で、「現在の金利政策の下で資金はまさにじゃぶじゃぶの状況」であり、日本銀行として「責任の持てる緩和措置はもはやこれ以上は考え難くなっている」と総括した。結局、追加的な金融緩和を拒否する意味合いでの現状維持の議長案が、7対2で採択されたのである（反対は、中原委員と篠塚委員）。なお、唯一人「非不胎化介入」を支持する立場をとる中原委員が、従来からの「物価目標付きのマネタリーベース・ターゲティング」を提案したが、武富委員が「頭の中の理科の実験室でできたようなものでは困る」と発言するなど、従来の会合にもまして厳しい批判を受けることとなった（賛成は提案者本人のみ）。

　「非不胎化介入」論争の余燼がいまだ冷めやらぬ10月9日に、後藤委員が

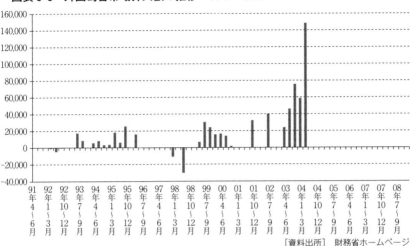

図表 5-5　外国為替市場介入額の推移　（単位：億円）

［資料出所］財務省ホームページ

　4年間の任期満了となり退任した。新「日銀法」に移行後初めての審議委員の交代であったが、後任の人選に手間取って2か月近く空席となった後、12月3日に田谷禎三氏（前大和総研常務理事）が就任した。田谷氏は、大和総研の国際派エコノミストとして前年7月時点で量的緩和策への転換を主張しており、マスコミは田谷氏の就任に伴い政策委員会の量的緩和派が1名増えたと観測した。しかし、田谷委員は、初登板となった12月17日の金融政策決定会合において現状維持の議長案に賛成する一方、中原委員の「物価目標付きのマネタリーベース・ターゲティング」案には棄権して、持論であったはずの量的緩和論を一旦は封印したのである。

　この間において、10月13日の金融政策決定会合では、西暦2000年になるとコンピューターが一斉に誤作動する可能性があるとされた「Y2K問題」に伴う資金需要の急増に対処すべく、金融調節手段として、①短期国債のアウトライト・オペ（売戻し条件あるいは買戻し条件を付けない売買）の導入、②レポ・オペ（売戻し条件あるいは買戻し条件を付けた売買）の対象国債として2年債を追加、などが決定された。実際に年末年始にかけては、危機に備えた民間金融機関の資金需要（超過準備の保有意欲）が強まったことから、

日本銀行は総額46兆5000億円もの資金を供給し、1999年末の日銀当座預金残高は約23兆4000億円に達した。もっとも、新年を迎えてもマスコミで騒がれていたようなコンピューター誤作動による日常生活の大混乱は一切起きず、結果的には「大山鳴動して鼠一匹」に終わったのである[68]。

ともあれ、「Y2K問題」に関連して日本銀行が大量の資金供給を行ったことによって、日本銀行による伝統的な金融調節に終止符が打たれたことを指摘しておく必要があろう。その含意するところを説明すると[69]、上述した「ゼロ金利政策」導入以降において準備預金制度の適用先が常に多額の超過準備を保有し、同時に準備預金制度の適用されない短資会社等に相当の資金が滞留し続けるようになってきたことから、日本銀行の伝統的な金融調節方式の下での前提（すなわち、①準備預金積立期間を通じてみれば超過準備が発生しないこと、②日本銀行による資金供給が準備預金制度の適用先のみによって保有されること）は、いずれもなし崩し的に解消されてきた。しかし、日本銀行は引き続きこれらの前提に基づいた「積み上幅見込み額」（当日の金融調節後における準備預金残高見込みが、残り所要額を上回る幅）を公表してきたため、その予想額（金融調節による資金供給がすべて準備預金制度適用先によって、しかも必要準備を満たすために保有されると仮定して計算）が過大となって、実績額と大幅に乖離するようになった。さらに、「Y2K問題」に関連して日本銀行が大量の資金供給を行った結果、そうした乖離が一段と拡大して日本銀行の金融調節スタンスに関する市場関係者の解釈を混乱させることになった。このため日本銀行は、2000年2月14日に、「資金需給表」の形式を従来の「資金過不足＋金融調節＝準備預金増減」から「資金過不足＋金融調節＝当座預金増減」へと改めるとともに、定例の金融調節オファー時点での「積み上（下）幅見込み額」の通知を取りやめ、「当日の金融調節」とその結果としての「当座預金残高の前日比増減額見込み」を代わりにアナウンスすることを公表した（3月16日の「積み開始日」から実施した）。このように、「Y2K問題」への対応を経て、「資金需給表」の対外公表形式そのものが変更されたことによって、日本銀行は伝統的な金融調節と形式的にも訣別したのである。

3．森喜朗内閣への交代と「ゼロ金利政策」の解除

　当時の政治情勢に目を転ずると、1998年秋の「金融国会」で野党案の丸呑みを強いられた小渕内閣（野中官房長官）は、国会での多数派工作を進めて1999年1月14日に自由党（小沢一郎党首）との連立政権に漕ぎ着け、続いて同年10月5日には、公明党（神崎武法代表）を加えた自民・自由・公明連立内閣を成立させて、国会運営の主導権を回復した（官房長官は、青木幹雄氏に交代した）。しかし、自民党と自由党の対等合併を画策する小沢氏と自民党内の「反小沢勢力」との軋轢が次第に強まる中で、2000年4月1日夜に行われた小渕＝小沢会談では、小沢氏が連立からの離脱を表明し、両者はついに決裂したとされている。翌2日未明に、首相官邸で脳梗塞を発症した小渕首相は、順天堂大学病院に緊急入院して、そのまま5月14日に死去した。小渕首相の昏睡状態が続く中、都内ホテルに集まった自民党の有力議員5人（青木官房長官、森喜朗幹事長、村上正邦参議院議員会長、野中幹事長代理、亀井静香政調会長）の密室協議によって、森幹事長を後継総裁とすることが急遽決定されたといわれている。4月5日には、青木首相臨時代理によって小渕内閣の総辞職が決定され、閣僚構成員をそのまま引き継ぐ形で自民・公明・保守連立の第1次森内閣が成立した。

　森首相は、同年6月に衆議院解散・総選挙に踏み切ったが、「日本は神の国」といった森首相の発言問題もあって自民党は東京、大阪などの大都市圏で惨敗し解散議席を大きく割り込んだ。自民・公明・保守の与党3党では辛うじて過半数を確保して、7月4日に第2次森内閣が発足したものの、生前の小渕前首相が準備に心を砕いた7月の「沖縄サミット」（第26回主要国首脳会議）を乗り切った後は、10月に側近の中川秀直官房長官がスキャンダルで辞任に追い込まれ（後任には福田康夫氏が就任）、11月21日には野党が提出した内閣不信任案採決に自民党内反主流派の加藤紘一氏らが同調した「加藤の乱」[71]が起きるなど、政権基盤は大きく揺らいだ。2001年1月6日には、橋本内閣の下で決定済みの1府12省庁への中央省庁再編が実施されて、首相のリーダーシップが発揮できるよう内閣府が設置され、首相が議長を務める経済財政諮問会議が発足したが、そうした政治主導の新体制を森首相は活かせなかった。内閣支持率が10％台へと急落する中、2月10日にハワイ沖で

アメリカ原子力潜水艦との衝突によって起きた宇和島水産高校実習船「えひめ丸」の沈没事故の際には森首相自身の責任感の欠如が問われることとなって、3月10日夜の自民党三役との会談で森首相は事実上の辞意を表明したのである。

　さて、速水総裁は、2000年1月19日の定例記者会見でゼロ金利が「異常な金利であることは間違いのないところ」であり、「デフレとの闘いになるべく早く勝利したい」というのが「私の偽らざる気持ちである」と述べ、「ゼロ金利政策」解除に向けての強い意志を窺わせた。さらに、第1次森内閣成立後間もない4月10日に開かれた政策委員会・金融政策決定会合では、「大方の委員方の意見を伺うと、ゼロ金利解除の機が熟しつつあるという私の見解に自信を得ることができた」と述べ、2日後の定例記者会見では「ゼロ金利解除の条件は整いつつあるとお考えか」との記者の質問に対して、「おっしゃるとおりです」と即答したのである。

　当時の景気動向を日本銀行『金融経済月報』(2000年4月)に即してみると、海外景気の好転を背景にした輸出の増加傾向や、補正予算の執行に伴う公共投資の下げ止まりに加えて、成長性の高いIT関連分野を中心に設備投資も緩やかながら回復に転じるなど、景気持ち直しの動きが明確化していた。もっとも、企業が人件費抑制スタンスを堅持する中で、家計の所得環境は引き続き厳しい状況にあり、個人消費は回復感に乏しかった。また、物価面では、国内卸売物価指数が前年比でほぼ横ばいであった一方、消費者物価指数は引き続き前年比マイナスであった。需要の弱さに由来する物価への潜在的な低下圧力は、ひところに比べて後退しているものの、引き続き留意していく必要があるというのが基本的な認識であった。

　こうした情勢判断の下で、「ゼロ金利政策」解除に前のめりになった速水執行部にとって課題となったのは、「デフレ懸念が払拭されるまで」という条件をどのようにして満たすのかであったが、この点に関して政策委員会・金融政策決定会合で持ち出されたのが「良い物価・悪い物価」論であった。すでに同年1月17日の会合において、「タカ派」の篠塚委員が、「技術革新や流通の効率化などを反映した物価下落圧力が織り込まれていることはとくに注意が必要」であり、「私は技術革新などの供給要因が強く働く結果とし

て物価が下落しても、経済のプラスのモメンタムが働いている場合にはデフレ懸念が強いとはいえないと理解している」と発言していたが、3月24日の会合では、速水執行部の山口副総裁が「銘柄変更や流通構造の変化の影響から生じている下落の部分はデフレ圧力の表現ととる必要はないというのが大方の意見ではないか」と展望した。さらに、4月10日の会合では、それまで現状維持派と目されてきた三木委員も「卸売物価は需給悪化に端を発する悪い物価下落リスクは止まり、（中略）消費者物価についても需給悪化からくる下落リスクは止まったと思われ、先行きは合理化、生産性向上、技術向上による価格下落のみになってきているのではないか」と述べ、「良い物価・悪い物価」論に与した。こうして、実際に消費者物価指数の前年比がマイナスを続けているにも拘わらず、「デフレ懸念が払拭されるまで」という「ゼロ金利政策」の解除条件が満たされたとする意見が決定会合での多数派を形成するに至ったのである[74]。

　速水総裁は、衆議院総選挙後の6月28日に開かれた政策委員会・金融政策決定会合で、ゼロ金利という「異常な事態」を1年半も続けてきたことは「金融政策としては半分死んでいたと言ってもいい」ので、「正常に戻せる時に早く正常に戻したい」との心情を吐露し、7月21日から開催される沖縄サミット前には「ゼロ金利」を解除する意向であったといわれている[75]。一方、決定会合に出席者を出している大蔵省（宮澤蔵相）と経済企画庁（堺屋太一長官）は、「ゼロ金利」解除は時期尚早であるとして、もし決定会合で「ゼロ金利」解除提案があれば、共同して議決延期を請求する決意を6月半ば頃には固めていたともいわれている[76]。速水執行部と政府の意向が対立する中、6月27日に新生銀行（旧日本長期信用銀行）が自主再建を目指していた大手百貨店「そごう」向け債権に関する瑕疵担保条項を発動したことから政治問題化したいわゆる「そごう問題」が起きたこともあって、7月17日に開かれた会合では、速水執行部は「ゼロ金利」解除提案を見送り、「現状維持」の議長提案が7対2で採択された（反対は、中原委員と篠塚委員）。しかし、8月7日には、国会に呼び出された速水総裁が「デフレ懸念の払拭が展望できたと思っている」と明言し、さらに、翌日の月例経済報告閣僚会議でも、堺屋長官が「ゼロ金利」解除に慎重姿勢を求めたのに対して、政策委員会の

大勢は解除に賛成である旨反論して、週末11日の会合で決着をつける覚悟を示した。(78)

こうして迎えた8月11日の政策委員会・金融政策決定会合では、いつものように執行部から最新の金融経済情勢の説明とそれに基づいた各委員による討議が行われた後、金融政策運営方針に関する各委員の意見表明に移ったが、「ゼロ金利」解除に賛成の意向を示したのは7名（速水執行部3名、武富委員、田谷委員、三木委員、篠塚委員）、反対の意向を示したのは「足許のインフレ率動向等からみて（待つ）コストは非常に小さいのでは」として現状維持を支持する植田委員と量的緩和の必要性を一貫して主張してきた中原委員の2名であった。その後、政府からの出席者による意見陳述があり、大蔵省の村田吉隆総括政務次官は、「わが国経済がデフレ懸念の払拭が展望できるような情勢になり、民需中心の本格的な景気回復を実現するかについては、なお見極めが必要」として「現行の金融市場調節方針を継続していただきたい」、また、経済企画庁の河出英治調整局長は、「景気が自律的回復軌道に乗ったことを確認できる状況にはない」として「現時点でゼロ金利政策を解除することについては、時期尚早と考えている」、といずれも「ゼロ金利」解除に反対である旨を述べた。

続いて議案のとりまとめに移り、中原委員から従来どおりの「物価目標付きのマネタリーベース・ターゲティング」案、速水議長から「ゼロ金利政策を解除し、無担保コールレート（オーバーナイト物）を平均的にみて0.25％前後で推移するよう促す」との「ゼロ金利」解除案が提示されたところで、村田次官と河出局長からの求めによって一旦会議が中断され、再開後に両名から議長案に係る「政策委員会の議決を次回会合まで延期する」との議案が提出された。これは、新「日本銀行法」（第19条第2項）で定められた政府による「議決延期請求権」の初めての行使であった。同議案について、まず中原委員が、政府による議決延期請求は重大な事態であり、①議長案の採決を強行すると「内外から日銀を含めた日本の政策当局に対する不信感が決定的なものとなり、今後の施策運営に禍根を残す」、②日本銀行が独立性を獲得してまだ2年余りで、議会制民主主義の下で日本銀行の独立性のあり方について問題が投げかけられたわけであり、「然るべき冷却期間を置くのが適

当である」、などの理由で賛成した。これに対して山口副総裁が、①政府と日銀の間でのギャップは、今後の景気回復の持続性について「若干の差がある程度」であり、②政府との間でそうした認識ギャップがある場合、新「日本銀行法」は日銀に「自主的な判断、独立的な判断の余地を与えている」、③「そうして選択された政策については、当然、日銀が責任を負うべきである」、として真っ向から反対し、これに三木委員と武富委員が賛同した。採決の結果、政府による議決延期請求案は、1対8で否決された（賛成は中原委員のみ）。次に、中原委員案と議長案の順に採決に付され、中原委員案は1対8（賛成は提案者本人のみ）で否決された後、議長案が7対2（反対は、中原委員と植田委員）で採択されて、「ゼロ金利」解除が決定されたのである。

　政府の反対を一蹴して「ゼロ金利政策」解除を成し遂げた速水総裁は、日本銀行の独立性を守ったという高揚感を周囲に隠せなかったように窺われる[80]。しかし、日本銀行の金融政策運営に関する独立性は、「物価の安定を図ることを通じて国民経済の持続的な発展に資する」（新「日本銀行法」第2条）という理念（目的）を日本銀行が果たすべく付与されたものであることに鑑みると、差し迫ったインフレ・リスクがおよそなかった状況の下で、「ゼロ金利は異常な事態」と観念する速水総裁のセントラル・バンカーとしての矜持に引っ張られる形で敢えて利上げに踏み切ったのは、そもそも国民の利益を守るためという大義名分を欠くものであった。しかも、山口副総裁の言によれば景気回復の持続性に関する政府との認識ギャップは「若干の差」に過ぎなかったにも拘わらず、政策委員会・金融政策決定会合において政府による「議決延期請求権」行使とその否決という形で、森自民党内閣との決定的な対立を招いてしまったのは、政治的にみて稚拙な戦略であった。これらのことから、速水執行部が「ゼロ金利」解除の根拠とした日本の「景気回復の持続性」についての楽観的観測が、その後まもなく景気が失速したことによって裏目に出ると[81]、速水執行部はたちまち窮地に追い込まれることになるのであった。

第3節 「量的緩和政策」への移行と混迷

1.「ITバブル」崩壊と「量的緩和政策」への移行

　アメリカでは、1990年代末にかけてシリコンバレーを中心にインターネット関連ベンチャー企業（いわゆる「ドットコム会社」）の設立ブームが起き、それらIT関連銘柄の比率が高いナスダック（NASDAQ）総合株価指数は、1996年に1000前後であったものが、1998年9月に1500、1999年1月には2000を超え、2000年3月10日のピーク5038まで急騰した。(82)その後、2000年前半までは高値圏で推移したものの、同年後半から2001年にかけて急落し、2001年9月11日の「同時多発テロ」事件の影響もあって2002年には1000台へと戻ってしまった。こうして、株式市場における「ITバブル」（別称「ドットコム・バブル」）が生成・崩壊した過程で、1990年代に入ってから長期にわたって景気拡大が続いてきたアメリカ経済（いわゆる「ニューエコノミー」）も変調をきたし、2000年後半からは失速するに至った。アメリカの「ITバブル」崩壊と景気失速の影響は、アメリカ向け輸出の減速と生産の落ち込みという形で日本経済にも及び、日本銀行『金融経済月報』における景気判断は2000年12月から下方修正を余儀なくされた。また、日本の株式市場においても、日経平均株価が2000年4月12日の20,833円をピークとして下落基調となり、同年末には13,785円、さらに2001年3月末には12,999円と13,000円を割り込むに至った。

　このように景気が失速し株価が下落していく中で開かれた2000年9月14日から2001年1月19日までの7回の政策委員会・金融政策決定会合においては、現状維持（すなわち、無担保コールレート〈オーバーナイト物〉の誘導水準＝0.25％前後）の議長提案が8対1（反対は中原委員）で採択され続けたが、2000年末には通常の年末資金需要に加えて、翌年初に「日銀ネット」をRTGS（即時グロス決済）に移行することに伴う流動性需要への対応もあって、日本銀行は50兆円を超す大量の資金供給を実施した。さらに、2001年1月19日の会合の最後に、速水議長から年度末を控えて金融市場への流動性供給方法に関する改善策を検討することにしたいとの見解が示され、「流動性

供給方法の面で改善を図り得る余地があるかを検討し、次回会合までに報告すること」という議長から執行部への指示についての対外公表文が 7 対 2（反対は、中原委員と篠塚委員）で採択された。この指示は、政府・自民党側からの圧力の強まりを背景として、速水総裁が増渕理事（政策担当）以下の事務方に当面の打開策を検討させるという意味合いのものであったが、これを契機として、これまで速水執行部の政策立案を実質的に担ってきた山口副総裁の立場は微妙なものとなったように窺われる。

　ともあれ、同年 2 月 9 日の政策委員会・金融政策決定会合においては、まず前回会合での指示を受けて増渕理事以下の執行部が作成した「流動性供給方法の改善策」として、公定歩合（当時 0.5％）により受動的に貸出を実行する「ロンバート型貸出」制度の新設が提案され、全員一致で採択された。続いて、金融市場調節方針についての議案の取りまとめに移り、中原委員からの従来どおりの「物価目標付きのマネタリーベース・ターゲティング」案が 1 対 8（賛成は本人のみ）、田谷委員からの初めての提案である「無担保コールレート（オーバーナイト物）を、平均的にみて 0.10％前後で推移するよう促す」とともに、公定歩合を「0.25％引き下げる」という案が 3 対 6（賛成は、田谷委員、中原委員、植田委員）でそれぞれ否決された後、速水総裁から「無担保コールレート（オーバーナイト物）を平均的にみて 0.25％前後で推移するよう促す」、また、公定歩合については「0.15％引き下げる」という 2 つに分けた形で議長案が提案され、前者は 6 対 3（反対は、中原委員、植田委員、田谷委員）、後者は 8 対 1（反対は篠塚委員）で、それぞれ採択された。つまり、速水執行部としては、「ロンバート型貸出」制度の新設に伴いコールレート変動の上限を画することになった公定歩合の引下げ（0.5％→0.35％）によって、とりあえずの緩和姿勢を示そうとしたが、田谷委員の提案に上記のとおり 3 名が賛成したことは、審議委員の間で更なる緩和策を求める声が増えていることを速水執行部に認識させることになったのである。

　次の 2 月 28 日の政策委員会・金融政策決定会合では、同日発表された 1 月の鉱工業生産指数が前月比でマイナス 3.9％の大幅な落ち込みとなったというショッキングなニュースが伝わる中で、追加緩和策を巡る議論が一段と錯綜した。中原委員は、「無担保コールレート（オーバーナイト物）を、でき

るだけ低めに推移するよう促す」（すなわち、「ゼロ金利」への回帰）とともに、公定歩合を「0.25％引き下げる」（引下げ後の水準は0.10％）という提案をした。それまで同委員が一貫して主張してきた「物価目標付きのマネタリーベース・ターゲティング」に転換する前段として、とりあえず「ゼロ金利」への復帰で合意を得ようと画策したように窺われるが、1対8で否決された（賛成は本人のみ）。一方、「タカ派」の急先鋒として「ゼロ金利」解除を先導した篠塚委員は、コールレートの誘導水準を現状維持（0.25％前後）としながら、国債買切りオペについて「消費者物価指数（除く生鮮食品）の前年同期比が安定的にゼロ％以上になるまでの間、（中略）買入金額を現在の月4000億円程度から増額する。なお、当面は、買入金額を月8000億円程度とする」という提案をした。これは、ある種の「量的緩和策」であり、事態の急転によって追い込まれた篠塚委員による窮余の策ともいうべきものであったが、2対7で否決された（賛成は、篠塚委員と中原委員）。結局、前回に続いて金利を小幅に引き下げる議長案が、「無担保コールレート（オーバーナイト物）を、平均的にみて0.15％前後で推移するよう促す」、また、公定歩合については「0.10％引き下げる」（引下げ後の水準は、0.25％）という2つに分けた形で提案され、いずれも7対2（反対は、中原委員と篠塚委員）で採択された。

　3月16日に公表された政府の『月例経済報告』は、「現在、日本経済は緩やかなデフレにある」として初のデフレ宣言を行った。3月19日にアメリカの首都ワシントンDCでジョージ・ブッシュ（子）新大統領（2001年1月就任）と会談する森首相は、上述した「えひめ丸」沈没事故への対応の不手際もあって既に辞意を表明しており、そうした政治情勢を背景として日本銀行の金融政策に対する政府の水面下での攻勢も強まっていたといわれている。もはや単なる「ゼロ金利」への回帰では済まされない状況に、速水執行部は追い込まれていたのである。

　3月19日に（時差の関係で、同日のアメリカでの日米首脳会談に先立って）開かれた政策委員会・金融政策決定会合においては、いつものとおり執行部から最新の金融経済情勢の説明が行われた後、金融政策運営方針に関する各委員の意見表明に移り、一回りしたところで速水総裁が、議長としての立場から、①「金融市場調節方式を変更して日銀当座預金残高を操作目標とする」、

②「そうした方式を消費者物価指数の前年比上昇率が安定的にプラスになるまで継続する」、③「所要資金を供給するため必要な場合には長期国債の買切オペを増額する」「ただし、銀行券発行残高という明確な条件（引用者注：上限の意味）を設ける」、④また、「当面の当座預金残高の目標値としては、（中略）最近の当座預金残高4兆円強を1兆円程度上回ることで取り敢えず3月16日から4月15日までの間の平均的な残高を5兆円程度とする」との提案をしたいと述べ、増渕理事以下の執行部によって予めお膳立てされたと見られる緊急事態打開策の内容を開陳した。

　ここで、速水総裁が議長案の内容を明らかにする前の段階における各委員の意見を整理してみると、まず副総裁2名のうち、藤原副総裁は、追加緩和策として考えられる手段を列挙した上で、マネタリーベースや日銀当座預金残高のターゲティングについて、「現下の情勢においては、著しい弊害がないという限度において試みる価値が出てきている」としたのに対して、山口副総裁は、「まず金利面で実質的にゼロ金利にしていくことが素直な対応」であり、リザーブターゲティング的な枠組みへの転換は、「これまで我々が主張してきた政策の発想とは（中略）相容れない部分がある」。また、「実質ゼロ金利になった後に銀行システムに追加的にリザーブを注入し続けていくことに（中略）余り積極的な意味を認め難いと思うし、リザーブターゲティングに転換することによって、追加的な緩和の余地が大いに生まれてくるような、ある種のイリュージョンを与えることにもなりかねない」と反論した。

　次に6名の審議委員については、中原委員が従来どおり「物価目標付きのマネタリーベース・ターゲティング」を主張したのに加えて、三木委員も新たに「（日銀）当座預金残高が平均的にみて5兆円前後になるようにする」リザーブターゲティングを主張して、金融市場調節方式の操作目標を「金利」から「量」に転換すべしとの意見であった。一方、武富委員は、残されている政策オプションの中では「ゼロ金利」と時間軸効果の組み合わせが「論理的には（中略）一番わかりやすい」と「金利派」の立場をとり、植田委員も、将来の金融緩和政策へのコミットメントは「ゼロ金利で約束した方が、量で約束するよりもコミットメントの強さは強い」と主張した。さらに、田谷委員も、「ゼロ金利」回帰のために必要な流動性供給プラス時間軸効果の明確

化という形での追加緩和を主張した。前年8月に「ゼロ金利」解除を主導した篠塚委員は、ただ一人「ゼロ金利」への回帰にも反対した。

　このように、速水総裁から議長案の内容が明らかにされた時点では、速水総裁が「日本銀行120年の歴史の中で初めての試み」であると強調するリザーブターゲティングへの転換を核心とする議長案に過半数の支持が得られるかどうか定かではなかったと拝察される。しかし、総裁発言の直後に、それまで「ゼロ金利」回帰プラス時間軸効果（すなわち、ターゲットは、あくまでもコールレート）を主張していたはずの植田委員が、「ここは少しずるく立ち回る余地はなくもない」とした上で、「ほぼゼロ金利を達成したいことと、量についても何か目標を設けることは必ずしも矛盾しない」、また、「量にまつわるイリュージョンを利用する効果（中略）を必ずしも一概にゼロであると言い切ってしまう必要もない」との理屈付けで、「総裁の提案に大体賛成である」と発言したことによって、議論の流れは一気に議長案支持に傾いていった。守勢に立たされることになった金利派のうち、田谷委員は「5兆円という当座預金残高を（中略）ターゲットとした場合は金利のコントロールは難しい(86)」と反論し、武富委員は「量を目標とすることは貨幣数量説や物価が貨幣的現象だという（中略）相当イリュージョンだと思われる理屈に乗る訳である」と疑念を示したが、もはや大勢には抗しがたい情勢となった。

　採決に移ると、中原委員からは前々回までと同様の「物価目標付きのマネタリーベース・ターゲティング」案、篠塚委員からは前回と同趣旨の「無担保コールレート（オーバーナイト物）の現状維持（筆者注、0.15％以下）＋国債買切りオペ増額」案が出されたが、それぞれ1対8（賛成は提案者本人のみ）で否決された。続いて議長案は、①「金融市場調節の目標を日本銀行当座預金残高とすること」、②この「金融市場調節方式を消費者物価指数（全国、除く生鮮食品）の前年比上昇率が安定的にゼロ％以上となるまで継続すること」、③この「金融市場調節方式のもとで、日本銀行当座預金残高を円滑に供給するうえで必要と判断される場合には、長期国債の買入れを増額すること。ただし、日本銀行が保有する長期国債の残高は、銀行券発行残高を上限とすること」から成る「金融市場調節方式の変更に関する件」と「日本銀行当座預金残高が5兆円程度となるよう金融市場調節を行う」という「金融市場調節

方針の決定に関する件」を分けた形で採決が行われ、いずれも8対1で採択された（反対は、いずれも篠塚委員）。すなわち、中原委員と篠塚委員以外の7名（速水執行部3名を含む）は、中原委員の「物価目標付きのマネタリーベース・ターゲティング」案には反対する一方、議長の「消費者物価上昇率が安定的にゼロ％以上になるまでというコミットメント付きの日銀当座預金ターゲティング」案には賛成票を投じたのである（中原委員は、両案に賛成した[87]）。採決の後、対外公表文の作成に移り、上記の議長案として採択された措置について「日本銀行は、通常では行われないような思い切った金融緩和が必要と判断」して決定したことを強調するとともに、「日本経済の持続的な成長軌道への復帰が実現されるためには、不良債権問題の解決を始め、金融システム面や経済・産業面での構造改革が不可欠の条件である」として、構造改革に向けた政府のリーダーシップを要請する内容の公表文が賛成8（篠塚委員は棄権）で採択された。

　こうして導入された新たな金融調節の枠組みは、「ゼロ金利」解除とその失敗の責任を問う政界・経済界・マスコミ（さらには、学界）からの日銀批判に対して、増渕理事以下の日銀執行部が日銀を守るために捻りだした苦肉の策（以下、「増渕案」）であったといえよう。[88] 元来は「量的緩和」を忌み嫌っていたはずの速水総裁が、「増渕案」を議長案として容認したのは、日銀という組織にとっての危機回避を自らの信念よりも優先したからに他ならない。また、藤原副総裁は、外部からの圧力に対して日銀を守るという点で速水総裁に同意して事実上の露払い役を務めたように窺われる。さらに、「増渕案」の孕む危険性を見抜いていたはずの山口副総裁が、採決において賛成票を投じたのは、やはり「日銀プロパー」として組織防衛を優先したということであろう。一方、6名の審議委員の中では、従来から一貫して「量的緩和」を主張してきた中原委員（および、3月19日の会合で「量的緩和」派に鞍替えした三木委員）に加えて、植田委員が、「量」にまつわるイリュージョンを利用することの危険性を十分承知していたにも拘わらず、日銀当座預金残高をターゲットとする議長案（すなわち、「増渕案」）に賛成したことが、当日の[89]決定会合における議論の帰趨を定めたように窺われるが、植田委員が議長案に賛成した理由が「より広い層にアピールし、それによって政策効果を高め

ようという狙い[90]」であったとするならば、（一部有力学者を含めた）世論への迎合であったといえよう。

　3月19日の政策決定会合で「量的緩和」にただ一人反対した篠塚委員は、同月31日に3年間の任期満了で退任した。当初は再任含みであったにも拘わらず、退陣を間近にした森内閣から再任への承認を得られなかったのである。代わりに、「日本銀行法」改正案を審議した「中央銀行研究会」の委員の一人であった須田美矢子氏（前学習院大学教授）が、審議委員に急遽就任した。

2．小泉純一郎内閣の成立と「量的緩和政策」の混迷

　森首相の退陣表明を受けて実施された2001年4月の自民党総裁選挙は、国会議員のみによってではなく、党員参加の予備選方式によって行われたが、4月24日の予備選では「構造改革なくして景気回復なし」をスローガンとし、「自民党をぶっ壊す」と叫んだ小泉純一郎氏（元厚生大臣）が橋本龍太郎氏（元首相）、麻生太郎氏（経済財政相）らを圧倒した（地方に与えられた141票のうち、小泉氏は123票を獲得した）。その勢いを駆って、翌日の両院総会においても、小泉氏は1回目の投票で過半数（244票）を大きく上回る298票（地方分を含む）を獲得して、橋本氏（155票）、麻生氏（31票）を大差で破り、次期総裁に選ばれた。4月26日には、自民・公明・保守連立の第1次小泉内閣（福田康夫官房長官）が成立した。派閥順送り人事を無視して、田中真紀子外務大臣、石原伸晃行政改革担当大臣など異色の人事を断行した小泉内閣の人気は高く、内閣発足時の各社世論調査では70％台から80％台という驚異的な内閣支持率を記録した。

　小泉政権が発足した翌日（4月27日）の『読売新聞』夕刊は「速水総裁が辞意。健康不安理由に」とのスクープ記事を掲載し、28日朝刊は各紙一斉に「速水辞任」記事を報道した。アメリカの首都ワシントンDCで28日（現地時間）から開催されるG7蔵相・中央銀行総裁会議に出席する速水総裁は、ダレス空港到着後に報道陣に取り囲まれて真意を正されたが、その際には報道の真偽についてあいまいな応答に終始したとされている[91]。しかし、5月22日の定例記者会見では、「私は御覧のように健康は極めて良好である。それ

から、(森) 内閣に辞任を表明したという事実もない」と辞任報道を明確に否定して、2003年3月末の任期一杯まで務める意思を表明した。速水総裁にとっては経済同友会代表幹事時代からの旧知の仲である小泉首相の登場によって、森内閣の下で喧しかった速水総裁の責任問題が一旦は揉み消されたと窺われるのである。速水総裁の辞任騒動が空騒ぎに終わった後、6月16日には武富委員が任期満了で退任し、その後任には中原眞氏 (前東京三菱銀行副頭取、旧東京銀行出身) が就任した。なお、以下では、2人の中原委員を区別するために、中原 (伸) 委員、中原 (眞) 委員と表記する。

ところで、3月19日の政策委員会・金融政策決定会合で日銀当座預金残高をターゲットとする「量的緩和政策」が開始された後、速水執行部が「当面金融政策としてできることはやった」との姿勢をとり、「ハト派」の急先鋒である中原 (伸) 委員も「ここ暫くの間は現在の政策で宜しいのではないか」と応じたため、4月12日・13日から7月12日・13日までの6回の会合においては、「日本銀行当座預金残高が5兆円程度となるよう金融市場調節を行う」とする現状維持の議長案が全員一致で採択され続けた。しかし、アメリカ、ヨーロッパ、アジアの同時景気後退が進む中で、半導体関連の輸出・生産の落ち込みから国内景気の下振れリスクも高まったことから、8月13日・14日の政策決定会合では、「日本銀行当座預金残高を6兆円程度とするよう金融市場調節を行う」(これに合わせて、国債買い入れ額を月4000億円ペースから月6000億円ペースに増額する) という議長案が8対1で採択された (反対は中原〈伸〉委員)。なお、中原 (伸) 委員は、「2003年1～3月に同時期平均の消費者物価指数 (全国、除く生鮮食品) の前年比上昇率をゼロ％以上とすることをターゲット」とするというインフレ目標案と「日本銀行当座預金残高が7兆円程度となるよう金融市場調節を行う」案とを提出したが、いずれも1対8で否決された (賛成は本人のみ)。

8月14日の記者会見で速水総裁が、「追加緩和措置の効果は、既に長短金利の水準が非常に低いものになっているだけに、必ずしも確実に出てくるとは限らない」と水を差すような発言をしたこともあって、「量的緩和」の拡大にも拘わらず、日経平均株価はニューヨーク株式市場における株価下落に引きずられる形で下がり続け、8月29日には1万1,000円台を割り込んだ。

さらに、アメリカで9月11日朝（日本時間では、同日夜）に同時多発テロ事件が起き、突然の大事件に世界が驚愕する中、翌12日の東京市場では日経平均株価が急落して1984年8月以来の1万円台割れとなった（終値は9,610円であった）。日本銀行は、緊急事態に対応すべく12日未明に危機対策本部（本部長は藤原副総裁）を設け、午前9時の市場開始直後に1兆円、さらに10時過ぎに1兆円の資金供給を行って、コールレートの跳ね上がりを抑制した（この結果、日銀当座預金残高は一時8兆3000億円に膨らんだ）。

　同時多発テロ事件後の9月18日に開かれた政策委員会・金融政策決定会合では、第6章で後述するように「30社問題」の一つとして経営不安を噂されていた大手スーパーのマイカルが9月14日に東京地方裁判所に民事再生法を申請したこともあり、先行きの景気下振れリスクが一段と強まったとして、中原（伸）委員が前回同様のインフレ目標案に加えて「日本銀行当座預金残高が8兆円程度となるよう金融市場調節を行う」案を提出したが、いずれも1対8で否決された（賛成は本人のみ）。これに対して議長案は、①「日本銀行当座預金残高が6兆円を上回ることを目標として潤沢な資金供給を行う」、②公定歩合を0.15％引き下げて0.10％とする、③補完貸付制度の利用可能期間（5営業日）を9月16日から始まる積み期間においては臨時措置として10営業日に延長する、というものであり、①②は8対1（反対は中原〈伸〉委員）、③は全員一致で採択された。中原（伸）委員の提案が、同時多発テロ事件に対応して膨れ上がった日銀当座預金残高8兆円をベースにして「量的緩和」を促進しようとするものであったのに対して、速水執行部（および多数派の審議委員）は、市場が安定化すれば資金需要が減退して日銀当座預金残高は自然に元の6兆円水準に戻るかもしれないとして、8月13日・14日に決定した追加緩和水準をベースにして同時多発テロ事件に伴う資金需要の上振れを容認することとしたのである。

　しかし、同時多発テロ事件のショックが収まった後も、日銀当座預金残高は、日々の振れを伴いながら概ね9兆円程度で推移して、元の6兆円水準には戻らなかった。在日外銀が保有する超過準備が3兆円強に及んだことに加えて、国内景気の下振れや株価の下落を背景として再び金融システム不安がささやかれるようになり、国内銀行も不測の事態に備えて超過準備を増やし

ていったからである。そうした状況下、10月11日・12日から11月29日に至る4回の政策委員会・金融政策決定会合において、中原（伸）委員は、「量的緩和」を一段と強化する必要があるとして日銀当座預金残高の目標を10兆円程度に引き上げる提案に併せて、10月29日の会合からは従来の物価安定目標に換えて「物価水準目標」を設定する案(99)、さらに、11月15日・16日の会合からは「外債購入」を開始する案(100)を提出したが、各回においてすべて1対8で否決された（賛成は本人のみ）。一方、10月11日・12日の会合で植田委員は、「これ以上のリザーブの増加はあまり効果がない」とした上で、日銀当座預金への需要が不安定化しているため「当面は、日銀当預が金融政策の指標としての資格を失いつつある」から、「今後の方針としては、目標がゼロ金利であることを明確化するのが一つの方法かと思う」と発言し、山口副総裁も「流動性需要が不安定な時に量のターゲットを設けることの無理が露呈してきている」と植田委員に同調した。さらに、10月29日の会合では、速水総裁が「流動性を増やし続ければ、流動性過多になりいずれインフレになるのは間違いない」として、「量的緩和政策」の際限なき拡大に警鐘を発するに至った。さりとて、一旦始めてしまった「量的緩和政策」をデフレが一段と進行する状況の下で撤回する術はなかった。結局、速水執行部は、しばらく事態の推移を見守るべきだとして模様眺めの姿勢をとり、日銀当座預金残高が6兆円を上回ることを目標とする現状維持の議長案が8対1で採択され続けた（反対は中原〈伸〉委員）。

11月30日にアメリカの大手総合エネルギー取引業者エンロン社の経営危機が報道されると、日銀当座預金残高は14兆円にまで拡大した。年末資金需要の増加や株価下落に伴う金融システム不安への対応を考慮して、速水執行部は漸く重い腰を上げることになった。12月18日・19日の政策委員会・金融政策決定会合においては、速水総裁から、①「日本銀行当座預金残高が10〜15兆円程度となるよう金融市場調節を行う」（これに合わせて、国債買い入れ額を月6000億円ペースから月8000億円ペースに増額する）、②金融市場調節手段の拡充を図る観点から「ABCPをCP買現先オペの対象および適格担保とする」(101)また「適格担保となるABSの範囲を拡大する」(102)ための実務的検討を開始する、という2つの議長案が提出され、いずれも8対1で採択さ

れた（反対は中原〈伸〉委員）。中原（伸）委員は、①上述の「物価水準目標（ただし、基準とする時期を 2001 年 1 ～ 3 月期、目標とする時期を 2003 年 7 ～ 9 月期に変更）」案、②日銀当座預金残高目標を 15 兆円程度とする案、③上述の「外債購入」を開始する案、の 3 つを提出したが、いずれも 1 対 8 で否決された（賛成は本人のみ）。

　さらに、年明け後の 2002 年 2 月 28 日の政策委員会・金融政策決定会合においては、年度末に向けて金融市場の安全確保に万全を期すため、①当面、日銀当座預金残高目標（10 ～ 15 兆円程度）に拘わらず、「一層潤沢な資金供給を行う」（これに合わせて、国債買い入れ額を月 8000 億円ペースから月 1 兆円ペースに増額する）、② 3 月 1 日から 4 月 15 日までの間、補完貸付制度の利用可能期間をすべての営業日とする、との議長案が提出され、いずれも 8 対 1 で採択された（反対は中原〈伸〉委員）。なお、中原（伸）委員は、年明け後の会合においても一段の「量的緩和」推進の手を緩めることなく、日銀当座預金残高の目標を 1 月 15 日・16 日の会合では 15 兆円、2 月 7 日・8 日の会合では 18 兆円、2 月 28 日および 3 月 19 日・20 日の会合では 20 兆円とする案を提出したが、いずれも 1 対 8 で否決された（賛成は本人のみ）。[103]

　中原（伸）委員は、2002 年 3 月末で 4 年間の任期満了となって退任した（三木委員も同日に任期満了で退任した）。新「日本銀行法」の下での政策委員会がスタートしてからの 4 年間、中原（伸）委員は、「ハト派」の急先鋒として政策委員会での議論をリードする役割を演じてきた。多くの政策決定会合において、速水執行部による議長案に対して中原（伸）委員が代替案を提示することによって政策委員会での議論が活発化したのである。さらに、束の間の「IT ブーム」を挟んで、日本経済が景気後退とデフレの進行に苦しめられる中で、中原（伸）委員による積極緩和の諸提案が（ほとんどの場合、単独の）少数派として先行スタートしながらも、しばらくすると速水執行部によって若干の修飾を施された上で実際の政策として受容されることになった。だが、中原（伸）委員によるマネタリーベース・ターゲティング案と類似した日銀当座預金ターゲティングが、人々の「期待」に働きかける効果についての疑念を残したままで、「ゼロ金利政策」解除の結果責任を問われた速水執行部による苦し紛れの組織防衛策として実施に移されてしまったのは、そ

第 5 章　デフレーションと「ゼロ金利政策」・「量的緩和政策」　223

の後における日本銀行（ひいては、日本国民）がたどることになる苦難の道への一つの重要な分岐点であったといえよう。なお、中原（伸）委員と三木委員の後任の審議委員には、4 月 1 日付で福間年勝氏（元三井物産副社長）と春英彦氏（前東京電力副社長）が、それぞれ就任した。

[注]
(1)　藤井良広『縛られた金融政策』（日本経済新聞社、2004 年）40 ～ 43 ページを参照。
(2)　速水優氏（1925 年 3 月 24 日生— 2009 年 5 月 16 日没、兵庫県出身）は、1947 年 10 月に東京商科大学（木村元一ゼミ）を卒業して日本銀行に入行した。外国為替局、ロンドン駐在、ニューヨーク駐在（次長）を経て、1966 年に「外国畑」の要職である外国局総務課長に就任した。その後も、1970 年に外国局次長、1971 年にロンドン駐在参事、1975 年に外国局長、1978 年に理事（外国局担当）とほぼ一貫して「外国畑」を歩み、1981 年 5 月に日本銀行を退職した。

　　速水氏は、岳父の永井幸太郎氏が日商の設立者であったことの縁で、1981 年 6 月に日商岩井に招ぜられ、専務取締役、副社長を経て、1984 年に代表取締役社長、1987 年に同会長に就任した。その後 1994 年に相談役に退くまで商社経営を陣頭指揮しながら、1989 年からは経済同友会副代表幹事、1991 年からは同代表幹事に就任して、財界活動にも積極的に取り組んだ。なお、速水氏は、戦後まもなく日本基督教団の阿佐ヶ谷教会で洗礼を受けた敬虔なクリスチャンであり、1992 年からはミッション系の東京女子大学の理事長を務めた。
(3)　前掲『縛られた金融政策』43 ページを参照。
(4)　速水優『中央銀行の独立性と金融政策』（東洋経済新報社、2004 年）の「はしがき」および序章「私の中央銀行論」を参照。
(5)　この間の事情について藤原氏自身が述懐するところによれば、「一介の新聞記者だった私が日銀副総裁というポストについたことは、人生の皮肉というより、矛盾とも言うべき動天霹靂の出来事だった」（藤原作弥「"恩師"の思い出」全国銀行協会『金融』2011 年 3 月号、24 ページ）が、「私が日銀副総裁のポストを最終的に引き受けたのは『仏を作ったら魂を入れるべきだ』というある人の叱責にも似た説得が一因だった」（藤原作弥『攻守ところを変えて』時事通信社、1999 年、54 ページ）由である。
(6)　中原伸之『日銀はだれのものか』（中央公論新社、2006 年）21 ～ 22 ページから引用。
(7)　1997 年 5 月に再任されていた永島旭理事（1962 年入行、国際関係総括担当）は、副総裁への昇格が見送られて、1998 年 5 月に退任した。また、本間忠世理事（1963 年入行）も 1998 年 4 月に退任したため、日銀プロパーの年長理事として残ったのは安斎隆氏（1963 年入行）と鴨志田孝之氏（同年入行）の 2 名であった。なお、内部管理担当理事として過剰接待問題や職員給与水増し問題などの対応に奔走した鴨志田氏は、1998 年 5 月の連休中に不幸にして他界された。謹んでお悔やみ申し上げる。
(8)　筆者は、1971 年 7 月に日本銀行に入行し、最初の配属先である調査局内国調査課

において山口泰氏から約1年間にわたり日本経済を対象とした実証分析の基礎を教えていただいた。本書執筆のこの機会に、改めて厚くお礼申し上げる。
(9) 前掲『縛られた金融政策』20〜22ページを参照。
(10) 旧日銀法の下で商工業代表の任命委員であった濃野滋氏（元通産次官）の任期が1998年4月7日まであり、形式的には濃野氏が旧法上の委員のまま退任して、その後任として植田氏が4月8日に審議委員に任命された。なお、旧日銀法下での地銀代表の任命委員は、1996年3月末に井倉和也氏（元滋賀銀行頭取）が退任した後、新法施行時まで空席のままであった。
(11) 当初は再任含みとされていた篠塚委員は、後述するように就任3年後の2001年3月末で退任した。
(12) 都市銀行9行（東京三菱、第一勧銀、さくら、住友、富士、三和、東海、あさひ、大和）、長期信用銀行3行（興銀、日長銀、日債銀）、信託銀行6行（三菱信託、住友信託、三井信託、安田信託、東洋信託、中央信託）、および、地方銀行3行（横浜、北陸、足利）の合計21行であった。各行別の公的資金注入額などの詳細については、高木仁・黒田晃生・渡辺良夫『金融システムの国際比較分析』（東洋経済新報社、1999年）198〜200ページを参照。
(13) 前掲『日銀はだれのものか』46ページから引用。
(14) 1996年9月に鳩山由紀夫氏・菅直人氏・鳩山邦夫氏らによって結成された（旧）民主党は、新進党分裂（1997年12月）後の民政党・新党友愛・民主改革連合などが1998年4月に合流して（新）民主党となっていたが、同年7月の参議院選挙では27議席（非改選議席と合わせて47議席）を獲得する大勝で野党第1党としての地位を固めた。
(15) 国会における首相指名選挙で、衆議院では自民党総裁の小渕氏が首相に指名されたものの、与野党勢力の逆転していた参議院では民主党代表の菅直人氏が自由党・公明党などの支持を得て指名され、衆議院の優越規定（「憲法」67条）によって辛うじて小渕氏が首相に選ばれた。
(16) 日本長期信用銀行が破綻に至る過程については、共同通信社社会部編『崩壊連鎖』（共同通信社、1999年）を参照。
(17) 前掲『崩壊連鎖』39〜46ページを参照。
(18) 日長銀内部の試算では、仮に受け皿会社への融資を含めると回収不能債権の総額は約1兆円に及んでいたとされるが、1998年10月に通知された大蔵省の検査結果では、受け皿会社への融資の大半が第2分類（回収に注意を要する債権）として認められたため、第3分類・第4分類は約7000億円とされた。前掲『崩壊連鎖』72〜73ページを参照。
(19) 資本提携に加えて、①日長銀がSBCウォーバーグの香港現法に40％出資して長銀ウォーバーグ証券を設立する、②SBCブリンソンが長銀投資顧問に50％出資して合弁の投資顧問会社を設立する、などの業務提携についても合意した。この合意を受けて、SBC（合併後のUBS）との合弁で、1998年4月15日に投資顧問子会社の「長銀UBSブリンソン投資顧問」、同年6月1日に証券子会社の「長銀ウォーバーグ証券」が営業を開始した。なお、1997年12月8日にSBCはスイス・ユニオン銀行（Union

第5章　デフレーションと「ゼロ金利政策」・「量的緩和政策」　225

Bank of Switzerland: UBS）と合併してスイス・ユナイティッド銀行（United Bank of Switzerland: UBS）となることを発表した。

(20)　資本提携が解消になった場合の株価暴落が破綻につながることを恐れた日長銀は、SBC の通告に従うしかなかった。さらに、1998 年 3 月には、日長銀と UBS のいずれか一方の株価が 3 日以上続けて額面を割った場合には、提携で設立した子会社の当該銀行保有株式を相手銀行に譲るという「ディストレス（破綻）条項」を承認させられることになった。渡邉秀明『長銀四十六年の攻防』（創英社／三省堂、2009 年）240 〜 243 ページを参照。

(21)　前掲『長銀四十六年の攻防』249 〜 250 ページを参照。「長銀マン」であった渡邉氏は、苦渋に満ちた回顧録の中で、「スイス銀行に上手い相撲をとられ、破綻を早めてしまった」（同書、281 ページ）と総括している。

(22)　前掲『崩壊連鎖』98 〜 105 ページを参照。なお、速水総裁は同日に両行の合併構想を高く評価する総裁談話を発表した。

(23)　政府・自民党は、退陣前の橋本首相による不良債権問題の早期処理方針を受けて、同年 7 月 2 日に、不良債権に関する情報開示の徹底、経営破綻した金融機関の受け皿としての「ブリッジバンク」創設を柱とした「金融再生トータルプラン」を決定していた。

(24)　中原伸之氏は、小渕首相に高橋社長と直接会って話をするよう勧めたことを後日明らかにしている。前掲『日銀はだれのものか』43 ページを参照。

(25)　速水総裁は、同日の総裁談話で、日長銀の資金繰り面を含めて住友信託銀行との合併構想を支援する方針を示した。

(26)　それに先立つ 10 月 8 日に、政治に振り回された住友信託銀行は、政府・自民党の対応に見切りをつけて日長銀との合併交渉を白紙撤回すると発表した。

(27)　「金融機能早期健全化法」は、元来の「金融再生トータルプラン」の要素を復活させたものであり、公的資金枠が 60 兆円（金融再生勘定 18 兆円、特例業務勘定 17 兆円、金融機能早期健全化勘定 25 兆円）に拡大された。このうち金融機能早期健全化勘定は、経営悪化に伴い自己資本比率が適正水準を割り込んだ（すなわち、必ずしも健全な金融機関ではない）金融機関にも公的資金を注入することによって金融機能の維持・再建を図るものであった。なお、同法の制定に伴い、「金融機能安定化緊急措置法」は廃止された。西村吉正『日本の金融制度改革』（東洋経済新報社、2003 年）385 ページを参照。

(28)　五味廣文『金融動乱：金融庁長官の独白』日本経済新聞出版社、2012 年）21 ページから引用。

(29)　第 4 章における「金融三法」を参照。

(30)　「早期是正措置」導入への準備手順として、1997 年 3 月に金融機関の資産の自己査定について解説した大蔵省金融検査部通達（ガイドライン）が全銀協宛てに出され、同年 7 月には全銀協が資産査定についての「Q&A」を作成して各金融機関に配布した。この通達は、それまで大蔵省の指導の下で税法基準に基づいて行われてきた不良債権の認定とその償却・引当処理についての判断が、今後は各銀行の自己責任においてなされるべきことを意味していた。これを受けて、1997 年 9 月中間決算では東京三菱

銀行が公表不良債権の102％を一挙に償却したのを契機に、堰を切られたように体力に余裕のある銀行の間での大幅償却競争が開始された。前掲『長銀四十六年の興亡』236～238ページを参照。

(31) 前掲『金融動乱：金融庁長官の独白』34～35ページから引用。
(32) 前掲『金融動乱：金融庁長官の独白』36～37ページを参照。
(33) 前掲『長銀四十六年の攻防』257ページを参照。
(34) 金融監督庁内部では、大蔵省の影響が強い監督部が破綻前処理に傾斜したのに対して、ノンキャリア中心の検査部が破綻後処理を強硬に主張して譲らず、結局、検査部の主張が通ったといわれている。前掲『日銀はだれのものか』50～51ページを参照。
(35) 日本債券信用銀行が破綻に至る過程については、前掲『崩壊連鎖』を参照。
(36) 前掲『崩壊連鎖』151～153ページおよび162～163ページを参照。なお、第3章で既述のとおり、1994年2月に大蔵省が公表した「金融機関の不良債権問題についての行政上の指針」では、金利減免等によって支援を行っている債権については再建計画の実施を管理する特別目的会社の設立による「流動化」が促されていた点に留意しておく必要があろう。
(37) 「奉加帳方式」での増資の内訳は、①日本銀行による800億円の優先株引受（1996年9月に設立された「新金融安定化資金」への日銀拠出分による出資）、②大手12行による700億円の普通株引受、③保険会社22社による劣後ローンのうち約1400億円を普通株と優先株に振替、であった。なお、日本銀行側で「奉加帳増資」のとりまとめに奔走した本間忠世理事は、後に一時国有化される日債銀がソフトバンクなどのグループに売却された後の初代社長に就任する。
(38) 同日午前中に、日本信用ファイナンス、日本トータルファイナンス、クラウンリーシングの3社が、東京地裁に自己破産を申し立てた。負債総額は約1兆9000億円であった。
(39) 日債銀側は、受け皿会社への融資は第2分類（回収に注意を要する債権）とすべきであると主張した。前掲『崩壊連鎖』169～172ページを参照。
(40) 東郷氏は、増資引受先の金融機関に対して第3分類は7000億円と説明して回ったが、それは大蔵省の検査報告書に「受け皿会社向け貸出金を加えると第3分類は1兆1000億円になるが、受け皿会社への貸出金は日債銀が支援する限りは回収不能のおそれがないと、はっきり書かれていた」からであると後日弁明している（『日本経済新聞』2012年4月24日夕刊から引用）。
(41) 日債銀は3000億円を申請したが、結果的に600億円に削られた。東郷氏は、「大蔵省や大手銀行に対する世論の批判が高まり、金融機関に対して公的資金による増資をしにくい雰囲気があったのだろう」と述懐している（『読売新聞』2014年4月19日夕刊から引用）。
(42) 前掲『金融動乱：金融庁長官の独白』47ページから引用。
(43) 一時国有化が決定された後、日債銀は「債務超過ではない」との弁明書を政府に提出して、異議申し立てをしたが却下された。
(44) 金融再生委員会の委員には、清水湛氏（元広島高等裁判所長官）、片田哲也氏（コマツ会長・経団連副会長）、中地宏氏（日本公認会計士協会長）、磯部朝彦氏（日立総

第 5 章　デフレーションと「ゼロ金利政策」・「量的緩和政策」　227

合計画研究所長・元日本銀行業務管理局長）の 4 人が選ばれた。なお、金融再生委員会の設立に伴い、その下部組織として位置づけられた金融監督庁は、金融担当大臣の指揮下に置かれることになった。

(45)　都市銀行 8 行（第一勧銀、さくら、住友、富士、三和、東海、あさひ、大和）、長期信用銀行 1 行（興銀）、信託銀行 5 行（三菱信託、住友信託、三井信託、東洋信託、中央信託）、および、地方銀行 1 行（横浜）の合計 15 行であり、東京三菱銀行は公的資金を申請しなかった。なお、富士銀行への公的資金注入 1 兆円には安田信託銀行の第三者割当増資引受分 3000 億円が含まれていた（同増資の結果、安田信託銀行は富士銀行の子会社に転じた）。

(46)　新日債銀の初代社長に就任した本間忠世氏は、2000 年 9 月 20 日に大阪のホテルで不幸にして他界された。謹んでお悔やみ申し上げる。

(47)　これら 5 行の破綻処理の詳細については、藤井良広『金融再生の誤算』（日本経済新聞社、2001 年）233 ～ 282 ページを参照。

(48)　公開された毎回の金融政策決定会合の「議事録」等を丹念に読み込んで、1998 年 4 月以降における金融政策の決定過程を分析した労作として、梅田雅信『日銀の政策形成』（東洋経済新報社、2011 年）を挙げておきたい。

(49)　4 月 9 日の金融政策決定会合における金融政策判断の基礎となった経済および金融の情勢に関する基本的見解は、「家計支出の減退等を背景とした景気の停滞が続く中で、企業マインドも広汎に悪化しており、経済活動全般に対する下押し圧力が強い状況にある」（日本銀行『金融経済月報（1998 年 4 月）』）というものであった。

(50)　以下において、金融政策決定会合の議論および議決内容についての引用は、特に断りのない限り、日本銀行ホームページに掲載されている「金融政策決定会合議事録」による。

(51)　ニューヨーク連銀の指示により、関連 14 銀行が LTCM に 36 億 2500 万ドルを融通し、当面の取引契約を実行しながら LTCM を徐々に解体する方針がとられた。また、グリーンスパン議長の下で公開市場操作委員会（FOMC）は、9 月 29 日、10 月 15 日、11 月 17 日と異例の 3 か月連続で FF レートを各 0.25%（5.50%→4.75%）引き下げて金融不安の鎮静化を図った。

(52)　前掲『日銀はだれのものか』43 ページから引用。

(53)　利下げは家計を苦しめるとして議長案に唯一反対した篠塚委員は、代わりに現状維持を提案したが、1 対 8 で否決された。

(54)　速水執行部が利下げ提案に踏み切ったのは、景気判断の下方修正によるものではなく、内外の金融システム問題への配慮が本当の理由であったという点については、前掲『縛られた金融政策』85 ～ 89 ページを参照。なお、梅田雅信氏は、前掲『日銀の政策形成』38 ～ 42 ページにおいて、日長銀問題への配慮が主であり、国際協調的側面は従であったと結論付けている。

(55)　中原委員によれば、臨時貸出制度については、「過去の例ではほとんど失敗しているし、あるいは逆に日銀貸出がどんどん増加する危険がある」こと、社債担保オペについては、「制度とするには、もう少し検討が必要」であり、「必要があれば国債等を活用した正統的な金融政策」で対応すべきであるというのが、反対の理由であった。

前掲『日銀はだれのものか』48〜50ページを参照。
(56) 前掲『縛られた金融政策』104〜108ページを参照。
(57) 1999年1月19日の金融政策決定会合で中原委員が実質「ゼロ金利政策」を提案しており（1対8で否決された）、その内容を速水執行部が受け入れたことになる。なお、中原委員は、2月12日の会合において、さらに一歩進んで「一層の量的緩和（マネタリーベースの拡大）」に言及した提案を別途行ったが、1対8で否決された。
(58) 2月12日の金融政策決定会合で、後藤委員は、金利がゼロになった場合に金融市場を不安視して、「童話の世界のアリスの国のようなワンダーランドに本行が踏み込むことになる」と形容した。
(59) いわゆる「時間軸政策」のアイデアおよび導入の経緯については、植田和男『ゼロ金利との闘い』（日本経済新聞社、2005年）61〜70ページを参照。
(60) 内閣府によれば、事後的には景気の「谷」は1999年1月であったと判定されている。
(61) 前掲『ゼロ金利との闘い』69ページを参照。
(62) 榊原財務官の後任には、黒田東彦氏（後の第31代日本銀行総裁）が就任した。
(63) 前掲『縛られた金融政策』128〜129ページの「ミスター円の失敗」を参照。なお、余談ではあるが、1999年4月からサンフランシスコ連邦準備銀行客員研究員としてアメリカに1年間滞在していた筆者は、予期せざる円高・ドル安進行の恩恵に浴することになった。
(64) 前掲『日銀はだれのものか』78〜79ページの「非不胎化論争」を参照。
(65) 「ゼロ金利」政策の下ではという意味である。
(66) 追加緩和拒否による市場への影響を懸念して、会合の終了後に日本銀行「当面の金融政策運営に関する考え方」と題する声明文を対外公表することになった（中原委員以外の8名が賛成した）。その要旨は、①「ゼロ金利政策」採用以降、日本銀行は必要準備を約1兆円上回る資金を市場に供給しており、その7〜8割は短資会社等に積みあがっている（また、日本銀行の買いオペに際しては、いわゆる「札割れ現象」も起きている）のが現状である、②日本銀行が追加的な資金供給を行っても、為替相場等に目に見える効果を及ぼすとは考えられない（市場の「期待」に応えたとしても、その効果は一回限りで永続しない）、③日本銀行は為替市場の介入資金も含めてすべての資金の流れを勘案した上で豊富で弾力的な資金供給を行っており、「非不胎化介入」の議論に特に意味はない、といったものであった。しかし、追加緩和の「期待」が裏切られた市場では、一時的ではあったが円高・株安を招来することになった。
(67) 『日経金融新聞』1997年7月27日を参照。併せて、前掲『縛られた金融政策』137〜138ページを参照。
(68) 「Y2K問題」対策のためとはいえ、実際に12月に大幅な資金供給（その結果としての巨額の日銀当座預金残高）を実現できたことは、速水執行部による、「大量の資金供給は金融調節の実務上難しい」という主張にさしたる根拠がなかったことを意味していた。中原委員は、この事実を踏まえて「私は、これで量的緩和とは何かの定義ができたのではないかと思いました」（前掲『日銀はだれのものか』9650ページ）と述べている。

(69) 宮野谷篤「日本銀行の金融調節の枠組み」(『日本銀行調査月報』2000 年 3 月号)を参照。
(70) 小沢氏が小渕連立政権からの離脱を表明した後、連立継続を望む海部俊樹氏、野田毅氏らは自由党を離党して保守党を結成した。
(71) 衆議院の加藤派(宏池会)45 人とこれに同調する山崎派(近未来政治研究会)19 人が造反すれば、森内閣不信任案が可決されて内閣総辞職か衆議院解散を迫られるところであったが、野中自民党幹事長による切り崩し工作にあって、「加藤の乱」は失敗に終わった。
(72) 以下における総裁定例記者会見については、日本銀行ホームページを参照・引用。
(73) 小渕内閣は、1999 年 11 月 11 日にミレニアム・プロジェクトなど総事業規模 18 兆円の「経済新生政策」を決定し、同 25 日には第 2 次補正予算案を閣議決定した。
(74) 武富委員も、6 月 12 日の会合では、「今後設備投資や個人消費の増加に繋がるような企業部門の貯水池の水位が徐々に高まってきている」という「ダム論」を展開して、「利上げ」へと傾斜していったように窺われる。
(75) 前掲『縛られた金融政策』158 ページを参照。
(76) 前掲『日銀はだれのものか』117 ページを参照。
(77) リップルウッド社を中心とする「ニュー LTCB パートナーズ」に日長銀が売却された際に、債権譲渡後 3 年以内に 2 割以上の価値下落が生じた場合、買い手が国(預金保険機構)に対して当該債権を当初価格で買い戻すことを請求できる解除権を認める規定(瑕疵担保条項)がつけられていた。新生銀行が瑕疵担保条項を発動したことにより、「そごう」は一転して民事再生法による処理となった。負債総額は 1 兆 8700 億円であり、ノンバンクを除くと当時においては既往最大の倒産であった。
(78) 前掲『日銀はだれのものか』126 ページを参照。
(79) 植田委員は、「現状維持」を支持する理由として、テーラー・ルールに基づいた適正金利を計算してみると、①「まだ大きな水準の需給ギャップが存在している可能性がある」、②「目標インフレ率次第では、現実のインフレ率との差が大きい」、という 2 つの要因から、「適正金利はまだ若干のマイナスかぎりぎりのプラスになった状態位である可能性を否定できない」ことを挙げた。もっとも、試算結果を「現実の金融政策に直ちに応用するには誤差等が大きすぎてなかなか難しい面があるかもしれない」とヘッジした上で、「皆さんに説得されれば変わることに吝かではない」と迎合する姿勢を見せたため、「ゼロ金利」解除派の藤原副総裁から「もしお考えを微調整していただけるなら、非常に有難いと思う。というのは、政策決定はやはりできるだけ多数の賛同を得た形にしたいと思うので」と誘いをかけられる一幕があった。なお、テーラー・ルールについては、拙著『入門金融(第 5 版)』(東洋経済新報社、2011 年)115〜116 ページに簡単な解説があるので、参照されたい。
(80) 前掲『日銀はだれのものか』131 ページを参照。ちなみに、速水総裁は 2003 年 3 月 19 日の退任に際しての記者会見で、「ゼロ金利」解除に触れ、「私にとってはあの時期が、この五年間の中では今でも一番忘れないことであったと思う」と述懐している。
(81) 内閣府社会総合研究所によれば、戦後における第 13 景気循環は、1999 年 1 月の「谷」

から 2000 年 11 月の「山」までが景気拡張期であったとされており、この期間がいわゆる「IT ブーム」に相当する。
(82) 当時筆者が住んでいたサンフランシスコ郊外のプレザントヒルでは、ショッピング・モールでジュエリーショップを営む日本人夫妻が「かつてない宝飾品ブーム」だと語り、2000 年の「ニューイヤーズ・イブ」を飾るサンフランシスコ湾の花火大会は、シリコンバレーを中心とした IT ブームを象徴する豪華絢爛たる祭典であった。
(83) 流動性供給方法の改善策として、既存の金融調節手段である、①短期国債買い切りオペの積極的活用、②手形オペ(全店買い入れ)導入の具体化、も併せて承認された。なお、新設された「ロンバート型貸出制度」は、2 月 9 日の政策委員会・金融政策決定会合で「補完貸付制度」と公式に命名された。
(84) 篠塚委員は、政策委員会・金融政策決定会合における議論の中で、長期国債の買入額を増額する狙いは、「物価の下落という状況を日銀がもう放置しないというメッセージを出したい」ためであり、「ある意味では目くらましみたいなものだが、長期国債買切オペ増額であれば量的緩和だと思うのではないか」と述べた。
(85) 前掲『日銀はだれのものか』165〜168 ページを参照。併せて、翁邦雄『ポスト・マネタリズムの金融政策』(日本経済新聞出版社、2011 年)199 ページを参照。
(86) 金融不安などの場合に、金利跳ね上がりのリスクがあるという意味の発言であった。
(87) 中原委員は、自らの提案が 1 対 8 で否決されたにも拘わらず、議長案が可決されたことによって「まさに私の年来の主張が受入られた」として、その日の日記に「わが事成れり。満二年にわたる中原提案は、ほぼ悉く実現したことになる」と「無量の感慨を込めて」書いたことを後日出版した著書の中で明かしている。前掲『日銀はだれのものか』167 ページを参照。
(88) 日銀 OB の梅田雅信氏(首都大学教授)は、「ゼロ金利政策を解除して半年強で金融緩和に転換することに伴うクレディビリティロスを最小化する観点から編み出した。新しい政策パッケージであった」(前掲『日銀の政策形成』133 ページ)と位置付けている。
(89) 政策委員会・金融政策決定会合での議論の帰趨がほぼ定まった段階で、日銀当座預金残高 5 兆円を操作目標として「ゼロ金利」回帰を果たした後の経路について、植田委員が「暫く経ってみると大して景気もよくならないし、場合によっては物価も下がり続けている。そして日銀に対して更なる緩和要求が来て 5 兆円というように動かせるものを作ってしまったから 6 兆円にしよう、7 兆円にしようとなる。(中略)それで期待インフレ率が上がっていったり、景気がよくなっていくとなれば良いが、ならないと地獄になる」と予想したのを受けて、武富委員は「そう、地獄だ。量的緩和で、後は市場や世の中が(中略)もう少し増やせば何か違うことが起きるだろうと言ってくる訳であるが、(中略)そうするともっともっともっとということになる」と応じた。本書刊行間近の 2018 年末時点において、「量的緩和」導入以降における日銀の金融政策を振り返ってみると、両委員の予想した「地獄シナリオ」が不幸にして的中してしまったことに、筆者は戦慄を覚えるのである。
(90) 日銀ホームページ掲載の「青森県金融経済懇話会における植田審議委員基調説明

要旨、2001年4月18日」から引用。同懇話会において植田委員が、議長案の「量的緩和」と「ゼロ金利」プラス時間軸とは「現在だけでなく将来についても、同じコインの裏と表である」と説明しているのは、政策委員会・金融政策決定会合において交わされた議論の内容をいささか身勝手に解釈したものといえよう。ちなみに、武富委員は、外部での同様な講演において、新たな政策パッケージの内容を「強力な時間軸を付与した従来の金利による政策と、人々の期待に働きかける新しい政策を同時に組み入れた、思い切った措置である」と紹介している（日銀ホームページ掲載の「山梨県金融経済懇話会における武富審議委員冒頭説明要旨、2001年4月26日」から引用）。

(91) 前掲『日銀はだれのものか』182～183ページを参照。

(92) 当時日経新聞社の記者であった藤井良広氏は、4月27日、28日の各紙報道について、「必ずしも誤報ではなかった。速水が首相の森と蔵相の宮沢に任期途中での辞意を漏らしたのは、まず間違いなかった」（前掲『縛られた金融政策』212ページ）としている。

(93) 政界事情に通じている中原委員によれば、「速水さんは運が良かったのです。速水さんを嫌っていた森さんが首相を退任し、四月二十四日の自民党総裁選挙で勝利した小泉純一郎さんが首相となったことで、首の皮がつながるのです」（前掲『日銀はだれのものか』176ページ）ということであった。

(94) 4月12日・13日の政策委員会・金融政策決定会合における山口副総裁の発言。

(95) 国債買切りオペの具体的な額は、3月11日に導入された新しい金融調節方針の下で執行部に授権されたため、決定会合での採決事項ではないとされた。ただし、対外公表文では、日銀当座預金残高目標の引き上げと併せて、国債買切りオペの増額も公表された。

(96) 中原（伸）委員は、日銀当座預金残高目標の引き上げと併せて、金融市場調節を円滑に実施するために「日本銀行が保有する長期国債残高は、銀行券発行残高を上限とする」という制約条件（3月19日の決定会合における決定事項）を削除することを提案した。なお、9月18日から3月19日・20日までの会合においても同様の提案を繰り返したことを付言しておく。

(97) ①アメリカン航空11便（ボストン・ローガン空港発ロサンゼルス空港行き）、②ユナイテッド航空175便（同）、③アメリカン航空77便（ワシントンDC・ダレス空港発ロサンゼルス空港行き）、④ユナイテッド航空93便（ニューヨーク・ニューアーク空港発サンフランシスコ空港行き）の4機がアラブ系グループによってほぼ同時にハイジャックされ、①と②はニューヨークの世界貿易センタービル（北棟と南棟）、③はバージニア州アーリントンの国防総省本部（ペンタゴン）にそれぞれ激突した。④は、乗客の抵抗によってペンシルバニア州の山地に墜落した。同時多発テロ事件の犠牲者（確認された死者）は、全部で3025人であった。

(98) 在日外銀は、為替スワップ取引を介して実質的にマイナス金利で円資金を調達し、それを日銀当座預金（ゼロ金利）に預けるという形での利鞘稼ぎを活発に行った。

(99) 全国消費者物価指数（除く、生鮮食品）の2003年1～3月期平均水準について、2001年1～3月期の同平均水準を基準にして、それを維持ないしそれ以上に引き上げることを提案した。

(100) 新「日本銀行法」第40条1項は「日本銀行は必要に応じ自ら、又は（中略）国の事務の取扱いをする者として、外国為替の売買を行う」、また、同条2項は「日本銀行は、その行う外国為替の売買であって（中略）外国為替相場の安定を目的とするものについては、（中略）国の事務の取扱いをする者として行う」と定めている。中原（伸）委員は、財務省による外国為替市場介入（日本銀行にとっては、「国の事務の取扱いをする者」としての外国為替売買）と区別するために、金融市場調節上の必要から継続的かつ安定して外債を購入することを提案した。
(101) 企業の売掛債権などを担保にして発行されるCP（コマーシャル・ペーパー）。
(102) 住宅ローン債権や不動産などを担保にして発行される資産担保証券。
(103) 1月15日・16日の政策委員会・金融決定会合では、前回と同様の「物価水準目標」案と「外債購入」案とのセットで、2月7日・8日以降の決定会合では、「インフレ目標（2003年10～12月期平均の消費者物価指数〈除く生鮮食品〉前年比で1～3％）」案と「外債購入」案とのセットでの提案であった。

［参考文献］

岩田規久男（1993）『金融政策の経済学』日本経済新聞社
岩田規久男（2000）『金融政策の論点：検証ゼロ金利政策』東洋経済新報社
植田和男（2005）『ゼロ金利との闘い』日本経済新聞社
梅田雅信（2011）『日銀の政策形成』東洋経済新報社
翁邦雄（1992）「『日銀理論』は間違っていない」『週刊東洋経済』1992年10月10日号
翁邦雄（1993）『金融政策』東洋経済新報社
翁邦雄（2011）『ポスト・マネタリズムの金融政策』日本経済新聞出版社
共同通信社社会部編（1999）『崩壊連鎖』共同通信社
黒田晁生（1988）『日本の金融市場』東洋経済新報社
黒田晁生（2016）「日本銀行の金融政策（1994～1998年）」明治大学政治経済研究所『政経論叢』第84巻第1・2号
黒田晁生（2011）『入門金融（第5版）』東洋経済新報社
五味廣文（2012）『金融動乱：金融庁長官の独白』日本経済新聞出版社
鈴木恒男（2009）『巨大銀行の消滅』東洋経済新報社
高尾義一（1998）『金融デフレ』東洋経済新報社
高木仁・黒田晁生・渡辺良夫（1999）『金融システムの国際比較分析』東洋経済新報社
中原伸之（2002）『デフレ下の日本経済と金融政策』東洋経済新報社
中原伸之（2006）『日銀はだれのものか』中央公論新社
西村吉正（2003）『日本の金融制度改革』東洋経済新報社
西村吉正（2011）『金融システム改革50年の軌跡』金融財政事情研究会
日本銀行（1998）「金融経済月報（98年4月）」『日本銀行調査月報』1998年5月号
日本銀行調査統計局・企画室（1998）「1997年度の金融および経済の動向」『日本銀行調査月報』1998年6月号
速水優（1999）「最近の金融経済情勢について—中央銀行の役割とバランスシート」『日

本銀行調査月報』1999 年 1 月号
速水優（2004）『中央銀行の独立性と金融政策』東洋経済新報社
深尾光洋・吉川洋編（2000）『ゼロ金利と日本経済』日本経済新聞社
藤井良広（2000）『頭取たちの決断』日本経済新聞社
藤井良広（2001）『金融再生の誤算』日本経済新聞社
藤井良広（2004）『縛られた金融政策』日本経済新聞社
藤原作弥（1999）『攻守ところを変えて』時事通信社
藤原作弥（2011）「"恩師"の思い出」全国銀行協会『金融』2011 年 3 月号
前田裕之（2015）『ドキュメント銀行』ディスカヴァー・トゥエンティワン
宮野谷篤（2000）「日本銀行の金融調節の枠組み」『日本銀行調査月報』2000 年 3 月号
渡邉秀明（2009）『長銀四十六年の攻防』創英社／三省堂

第6章
「量的緩和政策」の進展と「いざなみ景気」

第1節　小泉内閣の構造改革路線と日銀のプルーデンス政策への傾斜

1．小泉内閣の構造改革路線と不良債権問題の延引

　2001年（平成13年）1月6日の中央省庁再編前後における金融行政の体制変更を見ておくと、金融監督庁は前年7月1日に前倒しで金融庁へと改組され、金融システムに関する企画立案機能が大蔵省から分離されて金融庁に移管された。さらに、金融再生委員会（暫定機関）が2001年1月5日に廃止されると、翌6日からは内閣府外局として位置づけられた金融庁を金融担当大臣が統括するようになった（同日付けで、森昭治金融再生委員会事務局長が、第2代金融庁長官に就任した）。前章で述べたとおり1998年10月に初代の金融担当大臣（小渕恵三内閣）となり約1年間在任した柳澤伯夫氏は、その後2000年12月に森喜朗内閣の金融担当大臣に返り咲き、2001年4月に小泉純一郎内閣（福田康夫官房長官）成立後も金融担当大臣としての続投が決まった。また、中央省庁再編に伴い大蔵省は名称変更されて財務省になったが、小渕・森両内閣での宮澤喜一蔵相に代わって、小泉内閣では80歳にならんとする「首相の後見人」塩川正十郎氏が財務大臣に就任した。さらに、小泉内閣の経済財政政策担当大臣には、民間から竹中平蔵氏（慶応義塾大学教授）が起用され、経済財政諮問会議（議長は小泉首相）の運営を（議長代理としての立場で）実際上取り仕切ることになった。なお、2000年5月24日の「預金保険法」改正によって、システミック・リスクなどが顕現化した場合の対応措置を決定する「金融危機対応会議」（議長は内閣総理大臣、メンバーは内閣官房長官、金融担当大臣、金融庁長官、財務大臣、日銀総裁の5名）が定められ、2001年1月6日の中央省庁再編とともに内閣府の特別機関の一つとして設置された。

　一方、民間金融機関側では、前章で述べたとおり1999年3月に都市銀行

など大手15行に対して総額7兆4592億円の第2次公的資金（資本）注入が実施されたことによって、それまでの度重なる金融システム危機に漸く歯止めがかけられた後、公的資金の注入を申請するに当たって提出した経営健全化計画（具体的には、今後における業績改善・リストラや、不良債権処理などの目標値）の履行達成を迫られた大手銀行は、生き残りをかけた合併再編へと一挙に進んだ。(2)

まず、メガバンク形成の皮切りとして、1999年8月20日に第一勧業銀行（杉田力之頭取）、富士銀行（山本恵朗頭取）、日本興業銀行（西村正雄頭取）が共同記者会見を開き、3行の経営統合について合意したと発表した。これら3行は、2000年9月に日本最初の金融持ち株会社「みずほホールディングス」を設立した。(3) 次いで、1999年10月14日には、住友銀行（西川善文頭取）とさくら銀行（岡田明重頭取）が共同記者会見を開き、2002年4月までに経営統合すると発表した。両行は、実際には経営統合計画を1年前倒しで実行して、2001年4月に三井住友銀行を設立した。(4) また、2001年4月には、東京三菱銀行が三菱信託銀行、日本信託銀行（同年10月に三菱信託銀行と合併）と共同で金融持ち株会社「三菱東京フィナンシャル・グループ」を設立したほか、三和銀行、東海銀行、東洋信託銀行も金融持ち株会社「UFJホールディングス」を設立した。(5) なお、2000年3月時点では、「あさひ銀行」（1991年4月に埼玉銀行が協和銀行を合併してできた協和埼玉銀行が、翌年に改称）も「UFJ」グループへの経営統合入りで一旦合意していたが、その後の合併交渉を巡って三和銀行と対立し、2000年8月に同グループの経営統合から離脱した。かくして、2001年春には、「みずほ」「三井住友」「三菱東京」「UFJ」によるいわゆる「4メガバンク」体制が一旦は形成されるに至ったのである。なお、「三菱東京」グループによる「UFJ」グループの経営統合といわゆる「3メガバンク」体制への移行については、後述する。

以上のような状況の下で、2000年12月に金融相に返り咲いた柳澤氏にとっての金融行政の喫緊の課題は、1999年12月に与党3党（自民・自由・公明）による政治的決着という形で1年延長（2001年4月からであったのを2002年4月からに変更）が決まった「ペイオフ解禁」(6)に向けて、金融機関の不良債権処理を進め、金融システムの安定化を実現することであった。柳澤金融相

は、問題のある中小金融機関（信用金庫、信用組合）の破綻処理を急ぐとともに、不良債権の売却、企業の再建計画に基づく銀行の債権放棄、取引先企業の法的整理に伴う直接償却などの方法による「不良債権の最終処理」方針を掲げて、不良債権処理を促進しようとした。(7) しかし、デフレの進行に伴い金融機関の収益環境は悪化し、株価の下落によって保有株式の益出しによる決算もままならぬ状況の下で、金融庁は不良債権処理を徹底した結果としての各行の赤字決算を容認する姿勢に転じ、2001年3月期決算においては、第2次公的資金（資本）注入を受けなかった東京三菱銀行のほか、同公的資金注入を受けた三和銀行、東海銀行、大和銀行なども赤字決算に切り替えた。公的資金注入に当たって各行が提出した経営健全化計画で定めていた収益目標を達成できずに赤字転落になったにも拘わらず、金融庁は、各行に対して追加的なリストラや業務改善命令を発動することなく、事実上経営健全化計画のフォローアップを棚上げにしたのである。(8) 柳澤金融相の下での不良債権処理策が、後に「ソフト・ランディング路線」と形容されるようになる所以である。

さて、小泉首相は2001年5月7日の国会における所信表明演説で、「従来の需要追加型の政策から、不良債権処理や資本市場の構造改革を重視する改革へ」という基本方針を掲げ、日本経済再生の処方箋として、①2年から3年以内の不良債権の最終処理、②競争的な経済システムをつくるための構造改革、③国債の新規発行を年30兆円以下に抑えることを目標とした財政構造改革、を提示し、6月21日の経済財政諮問会議では、「聖域なき構造改革」を進めるための具体的な基本方針（いわゆる「骨太の方針」）をとりまとめた。小泉政権の構造改革路線は、短期的には景気悪化要因でありデフレーション圧力を強めると懸念されたが、7月29日の参議院選挙では内閣発足後3か月経過してなお極めて高い小泉人気を背景に自民党が改選議席（61）を上回る64議席を獲得し、与党3党で非改選議席と合わせて139議席と安定多数（129議席）を超えた。参議院選挙で自民党が勝利したことによって、小泉内閣の構造改革路線とそれに伴うデフレ圧力がまさに現実化することになった。

8月14日の日銀政策委員会・政策決定会合に出席した竹中経済財政相は、「小泉総理はじめ内閣は、本気で構造改革をやる姿勢になっていることを是

非認識頂きたい」と述べた上で、「デフレ・ファイターとしての日銀の決意を示す」方法としてインフレ・ターゲティング論などを含めて議論し、「一層の量的緩和に向けて早い行動をとって頂くこと、毅然たる態度でそういった政策に向かって頂くことを高く期待申し上げたい」と注文をつけた。また、財務省から出席した藤井秀人大臣官房総括審議官は、8月10日に閣議決定された平成14年度（2002年度）の予算概算要求基準に基づいて、「国債発行額を30兆円以下に抑えるとともに、歳出全般に亘る徹底した見直しを行う」とした上で、金融政策運営については、中長期国債買い入れの増額など「経済により効果のある政策を幅広く検討頂きたい」として、財務省の立場から日銀の積極的金融政策への要望を表明した。

　竹中経済財政相は、日銀に対して一段の金融緩和強化を求める一方で、不良債権問題については、銀行の引当金積み増しと、その結果として資本不足に陥る銀行への公的資金（資本）注入を主張して、従来の不良債権処理方針を継続する（したがって公的資金の注入は不要）との立場を堅持する柳澤金融相（および森金融庁長官）と激しく対立していた。竹中経済財政相が自らの主張の拠り所としたのは、日銀OBで金融コンサルタントの木村剛氏が喧伝していた「不良債権は30社問題」との持論であったといわれている。木村氏が、2000年6月12日に自民党の経済産業部会で講師として展開した主張を要約すると、①不良債権問題の核心は、建設・不動産・流通という特定業種で過剰債務を抱える「大手30社問題」である、②それらの大手企業への融資が実質的には「破綻懸念先債権」であるにも拘わらず、銀行の自己査定では「要注意先債権」に分類されて、銀行が十分な引当金を積んでいないことが問題なのである、③「大手30社」向け債権について十分な引当金を積んだ結果、過小資本に陥る銀行が出てくれば、ためらいなく公的資本の再注入を行うべきである、というものであった。木村氏の提唱した「30社問題」は、そのうちの1社と憶測されていた大手スーパーのマイカルが9月14日に東京地裁に民事再生法の適用を申請したことによって、当時の市場関係者の間に一挙にひろまり、銀行株を中心として日経平均株価は大幅に下落した（図表6-1を参照）。

　9月18日には、小泉首相が首相官邸に樋口廣太郎内閣特別顧問（アサヒ

図表6-1　日経225種平均株価の推移　(1988〜2012年)

[資料出所]　東洋経済統計年鑑ほか

ビール名誉会長)、森金融庁長官、木村氏の3名を呼んで、不良債権問題に関する勉強会という形で意見を戦わせるに至ったが、木村氏が「30社」に的を絞った銀行の引当金積み増しと公的資金の再注入の必要性を訴えたのに対して、森長官は現行の金融行政を正当化する話に終始して、議論は平行線を辿ったとされている。小泉首相の面前での森＝木村対決を経て、9月21日に竹中経済財政相がまとめた構造改革の工程表においては、「市場の評価に著しい変化の出ている企業への融資については、金融庁が主要行に対して特別検査を実施し、隠れている不良債権は洗い出す」という形で柳澤金融相との間で当面の妥協が図られた。

　2001年7月に金融庁検査局長に就任した五味廣文氏は、同年秋から開始された特別検査について、「銀行の（引用者注：自己査定による）債務者区分からすれば優良な債務者だったはずの企業が突然破綻する事例がいくつか起きていた。そうした実態を考えれば、1998年の集中検査の時に比べ、大手銀行の状態が改善したとは言いがたい状況だった」と率直に認めた上で、特別検査という「大変な劇薬」を実施して、「銀行とほぼ運命共同体である大口債務者の資産査定が厳格に行われているかをリアルタイムで精査した」ことによって、正常先や要注意先から破綻懸念先への債務者区分の変更（それ

に伴う引当金の積み増し) が次々に行われた結果、大手銀行は 2002 年 3 月期において軒並み赤字決算に追い込まれることになったと、後日述懐している(12)。

2. 速水総裁のプルーデンス政策への傾斜と「金融再生プログラム」

　既述のとおり、「量的緩和政策」に踏み切った 2001 年 3 月 19 日の政策委員会・金融政策決定会合後における対外公表文には、不良債権問題の解決を始めとした構造改革に向けて「政府の強力なリーダーシップの下で、各方面における抜本的な取り組みが速やかに進展することを期待している」との一文が追加されたが、その翌月に「構造改革なくして景気回復なし」をスローガンとした小泉内閣が誕生したことは、速水総裁にとって歓迎すべき方向への急展開であった。ちなみに、同年 6 月 19 日の記者会見において、速水総裁は、「我々としては、構造改革に向けた政府の取り組みや企業経営の面で、現在の強力な金融緩和をうまく利用するような、前向きの動きが出てくること、即ち各種の構造改革が民間主導で動き出していくことを強く期待している」と述べたのに続いて、「幸い新内閣が (中略) 構造改革に手を打ち始めておられる。これは、私共としても『待っておりました』と言いたいところである」と心情をあからさまにしている。次いで、8 月 13 日・14 日の政策決定会合で日銀当座預金残高目標を 1 兆円増額して「6 兆円程度」とすることを決定した後、同月 16 日の総裁定例記者会見においては、「金融政策だけで景気回復を確実なものにすることは難しいということはご承知のとおりであり、そのためには構造改革の推進が不可欠である」ので、「当面は構造改革の工程表が市場の信認を得られるような形で策定されていけばよいと思っている」と述べ、小泉内閣に下駄を預けるような姿勢を示した。

　しかし、現実にデフレが進行する中で、不良債権問題解決への目途は一向につかず、むしろ小泉内閣の構造改革路線に沿った財政緊縮政策がデフレ圧力を一層強めるようになった。また、政府の内部においては、上述したように銀行の引当金積み増しと資本不足に陥る銀行への公的資金注入を主張する竹中経済財政相と公的資金の注入は不要とする柳澤金融相 (および金融庁) が激しく対立するようになった。そうした中で、速水総裁は、不良債権問題

の克服に向けて公的資金の再注入やむなしとの立場に傾斜していったように窺われる。ちなみに、「金利派」の巻き返しが目立った 10 月 11 日・12 日の金融政策決定会合の後、同月 16 日の総裁定例記者会見において、速水総裁は、「我々は構造問題が現存している状況では、金融緩和だけで物価の下落を回避するのは困難であると思う」と述べ、デフレを克服するためには、構造問題（すなわち、不良債権問題）の解決こそが重要であるとの認識を示した。さらに、11 月 20 日に経済財政諮問会議が開かれた翌日の総裁定例記者会見において、「仮に自己調達で資本増強が上手くいかず、更に不良債権処理をした場合、総裁ご自身としては、公的資金の再注入が必要になる場合もあり得るということか」との記者の質問に対して、「起こり得ると思う」と即答したのである[13]。

　2001 年の最後となる 12 月 19 日・20 日の政策委員会・金融政策決定会合で日銀当座預金残高目標を「10〜15 兆円程度」に引上げることを決定した後、21 日の総裁定例記者会見において、速水総裁は、構造改革路線の評価について「景気の面だけから言えば、やはり景気を下押しする可能性が強いものであるだけに、一方で景気を支えながら構造改革を推進してもらいたいという、この複雑な気持ちで年を越す」ことになると苦渋に満ちた感想を漏らしたが、年明け後の 2002 年 2 月 18 日に、速水総裁は自分の判断でひとつの賭けに出た。来日したジョージ・ブッシュ（子）アメリカ大統領の歓迎レセプションが首相官邸で開かれた際に、速水総裁から小泉首相に「一度ゆっくりお話ししたい」[14]と申し入れ、翌日午後に官邸で小泉＝速水会談が持たれたのである。会談では、同月 28 日の政策委員会・金融政策決定会合の開催を前にして、速水総裁が金融緩和策追加の見返りに公的資金（資本）再注入の政治決断を小泉首相に求めたとみられるが[15]、同会合後の記者会見において速水総裁は、小泉首相との直接会談の内容について「30 分ぐらいだったが今の金融情勢、経済情勢、そして金融市場の状況をお話しした。（中略）その中にはもちろん不良債権の話も含まれていたことは確かである。しかし、そのために訪問した訳ではない」[16]とぼかしている。

　速水総裁による小泉首相への直談判の効果もあってか、金融政策決定会合前日の 27 日に経済財政諮問会議で決定された政府の「総合デフレ対策」では、

「不良債権処理の促進」（金融庁は特別検査を3月末までに実施など）と「金融システムの安定化」（日銀に対して金融危機の回避のための流動性供給を要請など）が2本の柱とされ、後者との関連で公的資金再注入について「必要な場合には、資本増強を含むあらゆる手段を講じる」との言及がなされた[17]。一方で、「総合デフレ対策」とりまとめの過程で、塩川財務相が日銀に対して国債買切りオペの月1兆円への増額を求めたとのニュースが、マスコミを通じて大々的に報道されたことから、28日の会合では、日銀の金融政策に対する政府の介入であるとして、藤原・山口両副総裁および中原（眞）・須田両審議委員などから政府およびマスコミを糾弾する発言が相次いだ[18]。政府との板挟み状態になった速水総裁は、政府からの出席者に向けて「金融政策運営に関する政府の意見はあくまで決定会合の場で伺う（中略）というルールを厳守して頂くよう私から重ねて申し上げたい」と一応の仁義を切った上で、前章で述べたとおり、年度末に向けて金融市場の安全確保に万全を期すため、当面、日銀当座預金残高目標（10～15兆円程度）に拘わらず、「一層潤沢な資金供給を行う」との議長案を提出し、8対1（反対は、中原〈伸〉委員）で採択されたのである（これに合わせて、国債買い入れ額を月8000億円ペースから月1兆円ペースに増額することも承認された）。

　2002年4月1日には上述した「ペイオフ解禁」が、まず定期性預金について実施されたが、それに先立って預貯金は定期性預金から2003年度末までは全額保護措置が継続される流動性預金へと、また金融機関別では、中小金融機関から大手銀行へと大量にシフトした。依然として金融不安が払拭できない状況の下で、より安全な先を求めて個人マネーの大移動が起きたのである。政府は、5月17日の月例経済報告閣僚会議で景気底入れを宣言したが、日銀が5月22日に公表した『金融経済月報』では、「悪化のテンポは緩やかになっている」との表現に止められたように、景気回復の実感がなかなか得られない状況が続いた[19]。日経平均株価は、政府が景気底入れを宣言した後一時上昇する局面があったものの、アメリカの株価下落傾向や円高の進行の影響もあって、7月14日に終値で1万円を割り込んだ後、2003年春にかけてずるずると下落していった。

　この間において、中原（伸）委員が2002年3月末に退任した後の政策委

員会・金融政策決定会合は、全くの無風状態が続いた。同年4月10日・11日から同年10月10日・11日まで9回の会合では、「現状維持」の速水議長案が全員一致（9対0）で採択され続けた（議長以外の委員による提案は皆無であった）。速水総裁が小泉首相に直談判して3月の「総合デフレ対策」に盛り込ませた公的資金（資本）の注入が、閣内における柳澤金融相と竹中経済財政相の意見不統一から実施見送りとなってしまった以上、速水執行部としては更なる「量的緩和」を進める誘因を欠いたのである。

　速水執行部が動いたのは、同年9月17日・18日の政策委員会であった。政策委員会には、金融市場調節の方針など金融政策に関する事項を決定する「金融政策決定会合」のほかに、その他の業務に関する事項を決定する「通常会合」があるが、この時は、「金融政策決定会合」ではなく「通常会合」において、大手銀行などが保有する株式を直接買い取る方針を決定したのである。その具体的内容は、保有株式が自己資本を上回る銀行（4大銀行をはじめとした大手銀行と一部の地方銀行）を対象として、それらの銀行が保有する上場株式を、時価（市場価格）で買い取るというものであった（10月11日に公表された買入スキームでは、2003年9月末までに総額2兆円の上場株式買入を行うとされた）[20]。日銀が民間企業の株式を買い取るという主要国中央銀行としてはおよそ先例がない大胆な政策に敢えて踏み切ったのは、大手銀行を中心とした金融機関の経営不安定要因となっている保有株式の価格変動リスクを軽減することが、「金融システムの安定性を確保するとともに、金融機関が不良債権問題の克服に着実に取り組める環境を整備するという観点からも、喫緊の課題」[21]であると判断したからであった。また、政策決定の場として、「金融政策決定会合」ではなく、「通常会合」を選択したのは、速水執行部が銀行保有株式の直接買い入れを金融市場調節（すなわち、金融政策）の一環としてではなく、金融システム安定化（すなわち、プルーデンス政策）のための手段として位置づけたことを示唆している[22]。

　日銀が銀行保有株の直接買取を決定した後、9月30日に行われた小泉内閣の改造では柳澤金融相が更迭され、竹中経済財政相が金融相を兼務することになった。竹中金融相は、10月3日に「金融分野緊急対応戦略プロジェクト・チーム」[23]を立ち上げ、10月30日には「金融再生プログラム」（いわゆ

る「竹中プラン」)を発表して、「平成16年度には、主要行の不良債権比率を現状の半分程度に低下させ、問題の正常化を図るとともに、構造改革を支えるより強固な金融システムの構築を目指す」(24) と宣言した。「主要行の不良債権問題解決を通じた経済再生」を副題とした「竹中プラン」の主たる狙いは、資産査定の厳格化を狙いとして「ディスカウント・キャッシュフロー(DCF)法」(25) を採用するとともに、繰り延べ税金資産の自己資本への算入を適正化する(26)ことを銀行に求め、経営健全化計画が未達成な銀行に対しては業務改善命令を出す、などというところにあった。こうして「竹中プラン」では、主要行に対して不良債権の迅速な処理を促す一方で、「新しい企業再生の枠組み」として、既述の整理回収機構(RCC、1999年4月に創設)への不良債権売却の促進や企業再生ファンドの活用などに加えて、企業・産業の再生に取り組むための新たな機構の創設を提言した。これを受けて、2003年4月には、事業再生の支援を目的とした産業再生機構が創設されることになるのであった。なお、「竹中プラン」では、2005年4月に全額保護の対象とする「決済用預金」を導入することとして、それまでペイオフの完全実施(すなわち、流動性預金もペイオフの対象とすること)を延期することが併せて発表された。

柳澤金融相が更迭され、後任の竹中金融相による「金融再生プログラム」が発表されたことによって、不良債権問題の処理は、いわゆる「ソフト・ランディング」路線から「ハード・ランディング」路線への急展開を遂げた。そのため、銀行の自己資本内容への懸念が強まり、日経平均株価は銀行株を中心に急落した。政府は、株価対策として10月30日に「総合デフレ対策」をとりまとめ、日銀も同日の政策委員会・金融政策決定会合で、「日銀当座預金残高が15～20兆円程度となるよう金融市場調節を行う」(「なお書き」による弾力条項付き)という議長案を全員一致で採択した(併せて、長期国債買切りオペを月1兆2000億円に増額した)。

政府の「総合デフレ対策」と日銀の更なる「量的緩和」にも拘わらず、日経平均株価は2002年末には8,578円、2003年3月末には7,972円へと一向に下げ止まらなかった。しかし、速水執行部は、もはや手を打ち尽くしたかの如く模様眺めを決め込み、11月18日・19日から2003年2月13日・14日までの4回の金融政策決定会合では、「現状維持」の議長案が全員一致で

採択され続けた。なお、速水執行部にとって最後となった3月4日・5日の会合では、同年4月1日以降、日本郵政公社が発足して新たに日銀当座預金取引先となることに対応して、日銀当座預金残高の目標レンジが2兆円引き上げられた。

　速水総裁は、2003年3月19日に任期満了で退任した（同時に、山口・藤原両副総裁も任期満了で退任した）。同日午後に開かれた総裁退任記者会見において、速水総裁は、5年前に松下前総裁の任期途中での辞任後という大変な仕事を引き受けたのは、「神様のお召し（calling）」と考えたからであったが、「日本経済の再生が道半ばのまま、本日の退任を迎えるに至ったことは、私としても大変残念である」と無念の想いを吐露した。次いで記者との応答において、激動の5年間において「一番印象に残った出来事は？」との問いに、「2000年8月11日にゼロ金利政策解除をした」ことであると答えた一方、「2001年3月、量的緩和を決断されたその前後、（中略）その当時の心境をお聞かせ頂きたい」との問いには、「よく覚えていない。あの時に何があったかということはもう忘れてしまった」と、頑なに回答を拒否した。速水総裁が、常日頃「座右の銘」として挙げていたのは、神学者ラインホールド・ニーバー師の「神よ、変えるべきものについて、それを変える勇気を、変えることのできないものについては、それを受け入れる冷静さを、そして、この両者を識別する知恵を与え賜え」で始まる「静穏の祈り」であったが、根っからの円高論者であり、かつまたインフレ・ファイターである速水総裁が、在任中その信念を曲げなかったことが、日本経済にとってやはり不幸な結果をもたらしてしまったとの思いを筆者は禁じ得ない。

第2節　「量的緩和政策」の進展とデフレ脱却の頓挫

1．福井俊彦第29代日本銀行総裁の就任と「いざなみ景気」の実相

　小泉首相は、就任後の2001年6月に訪米した際にジョージ・ブッシュ（子）大統領とのキャンプ・デービッド会談で築いた個人的信頼関係をベースとして、クリントン政権時代には冷却した感のあった日米関係を修復するのに貢

献した。まず、同年9月11日に起きた同時多発テロ事件に際しては、ブッシュ大統領の「テロとの戦い」を支持し、アメリカのアフガニスタン侵攻を支援する「テロ対策特別措置法」を国会で成立させて、海上自衛隊をアメリカ軍らの後方支援に当たらせた。さらに、2003年3月20日にアメリカがイラクに侵攻すると、小泉首相は、日米同盟こそが外交の基軸との立場を堅持して、同年7月に「イラク特別措置法」を成立させ、イラクの戦後復興を目的として陸上自衛隊を現地に派遣した。この間、2002年9月17日には、朝鮮民主主義人民共和国（北朝鮮）を電撃的に訪問して、「日朝平壌宣言」に署名し、拉致被害者のうち5名を帰国させることに成功した。これらの外交的成果もあって、「構造改革路線」を推進する小泉内閣への支持率は、発足当初における70〜80％台の驚異的な高水準と比べると低下したものの、相応の水準を維持して、小泉首相は2003年9月の自民党総裁選挙で再選されることになるのであった。

さて、速水第28代日銀総裁の任期切れが近づいた2002年後半から、次期総裁の候補者がマスコミや金融市場関係者の間で取り沙汰されるようになった。任命権者である小泉首相は、「構造改革路線」を進める中で改革の代名詞となる民間人の起用にこだわっていたとされており、当初は松下第27代総裁の後任候補に擬せられたこともある今井敬氏（新日本製鐵会長）が最有力候補にあげられていた。しかし、今井氏が、小泉首相の要請で就任していた道路関係四団体民営化推進委員会委員長を同年12月に辞任した際に、取り沙汰されていた日銀総裁の座についても、「次期総裁への就任はあり得ない」と自ら否定したことによって今井氏の総裁起用の目はなくなった[28]。

代わりに急浮上したのが、同年3月まで日銀政策委員会審議委員として積極的に金融緩和路線を推進した中原伸之氏であった。中原（伸）氏は、故小渕元首相や森前首相を始めとした自民党の有力者とかねてから親交を結んでおり[29]、次期総裁候補に挙げられて当然ともいうべき存在ではあったが、「自民党をぶっ壊す」と叫んで政権を獲得した小泉首相が、「構造改革路線」を標榜した緊縮型の経済政策を志向しており、金融政策に関しては中原（伸）氏が主張してきた「インフレ目標」に対して懐疑的であったことが[30]、大きな壁であったとされている。しかし、その小泉首相自身が、12月17日になっ

て「次期総裁にはデフレ退治に積極的な人がいい」(『朝日新聞』2002年12月18日朝刊)と思わせぶりな発言したことによって、一挙に中原(伸)氏が総裁候補として有力視されるようになったのである。

　速水総裁を始めとして日銀執行部は、後任の総裁候補に福井俊彦前副総裁(引責辞任の後、1998年11月に富士通総研理事長、2001年1月に経済同友会副代表幹事に就任していた)をかねてより推していたといわれているが、次期総裁レースに中原(伸)氏が登場したことを契機として、「日銀執行部は公然と、『福井推薦・中原阻止』の一大キャンペーンを張っていく」ことになった。既述のとおり中原(伸)氏と速水総裁(および速水執行部)は、「ゼロ金利政策」の導入(および、その解除)や「量的緩和政策」の導入(および、その拡大)を巡って事あるごとに対立を繰り返したが、その内容は単に政策的な意見対立というよりは、むしろ全人格的な対立ともいうべきものに深刻化していたように窺われるのである。ともあれ、速水総裁の陣頭指揮によるキャンペーンが功を奏してか、経済同友会代表幹事の小林陽太郎氏(富士ゼロックス会長)、日本経団連会長の奥田碩氏(トヨタ会長、経済諮問委員会委員)、日本商工会議所会頭の山口信夫氏(旭化成会長)らが福井氏支持で足並みを揃えるようになり、2003年2月4日の経済同友会定例記者会見では、小林代表幹事が福井氏を名指しで支持するに至った。また、これに先立って1月中に福井氏と面接した宮澤喜一元蔵相は、インフレ目標論には与しないものの、積極的な金融緩和政策を実施することに吝かではないとの回答を福井氏から得て、その旨を小泉首相に伝えたといわれている。与党内でインフレ目標の導入を求める声が高まる中で、国債価格の暴落などの副作用を恐れた宮澤氏は、小泉首相に対してインフレ目標には慎重であるべきことを説きながら、次期総裁として福井氏を推したと拝察されるのである。

　この間、塩川財務相を通じて財務省が次期副総裁に推したのは、武藤敏郎氏であった。武藤氏は、1998年1月28日に大蔵省不祥事の責任をとって三塚博蔵相と小村武事務次官が引責辞任した際に、当時の官房長としての責任をとるべく橋本首相に自ら辞意を申し出たが、一度に次官と官房長が交代すると大蔵省が機能麻痺に陥りかねないとして首相から慰留され、総務審議官への降格人事で省内にとどまった。そうした経緯はあったものの、2000年

6月に大蔵省事務次官に昇格し（2001年1月には省庁再編に伴い財務省事務次官）、2003年1月まで2年半に亘って次官の座を占めて、「大物次官」の仲間入りを果たしたのである。復権をかけた財務省の狙いどころは、とりあえず日銀の副総裁ポストを占めて、5年後の総裁ポストを窺うというものであったといわれている。(35) 一方、竹中平蔵経済財政・金融担当相は、もう一人の副総裁候補として岩田一政氏を強く推したとされている。岩田氏は、旧経済企画庁エコノミストを経て、1986年10月に東京大学教養学部助教授（1991年4月に同教授）となり、2001年1月から兼務で内閣府政策統括官に就任しており、インフレ目標を早くから提唱していた。同様にインフレ目標を提唱していた竹中大臣は、岩田氏を日銀執行部内に送り込ませることを画策したかに窺われるのである。(36)

かくして2003年3月20日、奇しくもアメリカがイラク攻撃の開始を宣言した日に、小泉純一郎内閣（福田康夫官房長官）によって日銀プロパーの福井俊彦氏が第29代日本銀行総裁に任命された。(37) 同時に、副総裁として任命されたのは、財務省OBの武藤敏郎氏と旧経済企画庁OBの岩田一政氏であった（以下では、福井総裁と武藤・岩田両副総裁を併せて福井執行部と呼ぶ）。同日夕方に開かれた記者会見において、福井総裁は「日本銀行の最も強力な武器である金利機能が使えない状況に至っている（中略）ので、日本銀行の総力を挙げて知恵を絞り出し（て）」行くとの決意を表明し、武藤副総裁は「日本銀行の独立性というものに対する理解は、人後に落ちないつもり」であり、「福井総裁を補佐して全力投球したい」と足並みを併せた。一方、岩田副総裁は、持論としてきた「物価安定数値目標」について、中央銀行としての「極めて正統的な手段だと思っている」ので、「（政策委員会で）民主的な議論を積み重ねていきたい」と述べ、インフレ目標導入へ譲らない姿勢を示した。なお、福井執行部がスタートした時点での6人の審議委員のうち、須田美矢子委員は、2006年4月に再任されることによって福井執行部の任期終了時点まで在任するが、それ以外の5人は、2004年12月に田谷禎三委員、2005年4月に植田和男委員、2006年6月に中原眞委員、2007年4月に福間年勝委員と春英彦委員、の順に任期満了で退任することになる（図表6-2を参照）。

ここで予め福井執行部時代の5年間（2003～2007年度）における日本の主

図表 6-2　政策委員会メンバーの推移（2003 年 3 月～2008 年 3 月）

	2003年	2004年	2005年	2006年	2007年	2008年
総裁	福井俊彦　自：2003年3月20日　至：2008年3月19日					
副総裁	武藤敏郎　自：2003年3月20日　至：2008年3月19日					
副総裁	岩田一政　自：2003年3月20日　至：2008年3月19日					
審議委員	田谷禎三　自：1999年12月3日　至：2004年12月2日		水野　温　自：2004年12月3日　至：2009年12月2日			
審議委員	中原　眞　自：2001年6月17日　至：2006年6月16日				野田忠男　自：2006年6月17日　至：2011年6月16日	
審議委員	須田美矢子　自：2001年4月1日（2006年4月1日再任）　至：2011年3月31日					
審議委員	福間年勝　自：2002年4月5日　至：2007年4月4日					亀崎英敏　自：2007年4月5日　至：2012年4月4日
審議委員	春　英彦　自：2002年4月5日　至：2007年4月4日					中村清次　自：2007年4月5日　至：2012年4月4日
審議委員	植田和男　自：2000年4月8日再任　至：2005年4月7日			西村清彦　自：2005年4月8日　至：2008年3月20日（副総裁昇格）		

［資料出所］日本銀行

要経済指標の推移を示しておけば、図表6-3のとおりであり、速水執行部によって開始された「量的緩和政策」が福井執行部によって2006年3月まで展開・継続される中で、長い景気回復がもたらされたことがわかる。この景気拡張局面は、「ITバブル」崩壊後の2002年1月を「谷」として始まったものであったが、途中で3回の踊り場を経て、結局2008年2月の「山」に至る既往最長の73か月間となり、「いざなみ景気」と称されるようになっ

図表 6-3　主要経済指標の推移（2003 ～ 2007 年度）

	2003年度	2004年度	2005年度	2006年度	2007年度
実質GDP成長率 (2005年連鎖価格、前年比％)	2.3	1.5	1.9	1.8	1.8
鉱工業生産指数増加率 (2010年平均=100、前年比％)	2.9	3.8	1.6	4.6	2.8
国内企業物価指数上昇率 (2000年平均=100、前年比％)	-0.5	1.6	1.8	2.0	2.3
全国消費者物価指数上昇率 (2010年平均=100、前年比％)	-0.4	-0.1	-0.4	0.3	0.1
マネーサプライ増加率 (M3平均残高、前年比％)	1.6	1.9	0.3	-0.4	0.5
日経225種平均株価 (年度末値、円)	11,715	11,668	17,059	17,287	12,525
円対米ドル為替レート (インターバンク直物、年度末値)	103.95	106.97	117.47	118.05	99.37
経常収支 (円ベース、10億円)	17,830	19,234	19,412	21,886	24,337
無担保コールレート (翌日物、年度末値％)	0.001	0.001	0.001	0.524	0.504

［資料出所］日本銀行「経済統計年報」ほか

た。

　もっとも、図表6-3によって、「いざなみ景気」の実相をやや仔細にみると、生産面では、実質GDP成長率（2005年連鎖価格基準）が、2003年度（2.3％）から2007年度（1.8％）まで極めて安定した伸びを続けたものの、この5年間の平均成長率は1.9％と第7章で解説する安定成長期（およびバブル期）の長期的成長率のピーク5.1％を大きく下回っており、「いざなみ景気」が、期間だけは長いものの殆ど高揚感のない景気拡大に終わったことを示唆している。なお、鉱工業生産指数増加率（前年比）でみると、この5年間の平均伸び率は、3.1％であった。

　この間において、円対米ドル為替レートは、福井執行部時代になってからも暫くの間は円高圧力に晒され続けたが、2003年初から2004年春にかけて財務省による大量の円売り介入（それと並行して、福井執行部による「量的緩和」

の拡大）が実施されたことによって円高の進行に漸く歯止めがかけられ、2005年1月17日の一時101円台の円高ピークから2007年6月22日の一時124円台の円安ピークまで約2年半に亘る円安・ドル高局面へと転換した。「いざなみ景気」を主導したのは、そうした円安によって支えられた輸出の増加であり、輸出産業を中心に設備投資が相応に活発化し、雇用者数が増加した。しかし、企業の根強い人件費抑制姿勢が続く中で、非正規雇用の拡大などにみられる労働市場の構造変化を反映して賃金は伸び悩み、所得格差が拡大して、個人消費は盛り上がりを欠いたままであった。(39)

　一方、「いざなみ景気」の物価面をみると、全国消費者物価指数の前年比は2003年度から2005年度まで3年連続でマイナスを記録し、2006年度0.3％、2007年度0.1％と漸くプラスに転じたものの、5年間の平均では－0.1％であった。福井執行部による積極的な金融緩和政策にも拘わらず、生産面において景気回復に伴う生産性の上昇に比べて賃金の上昇が抑制された（すなわち、ユニット・レーバー・コストが低下した）ことによって、消費者物価が上昇に転じるまでに時間を要し、また、漸く上昇に転じたあとも、その勢いは弱弱しいものであった。なお、国内企業物価指数の前年比は、2004年度からプラスに転じており、5年間の平均値は、1.4％のプラスであった。

　ところで、2003年3月末に7,972円（ボトムは、同年4月28日の7,607円）まで下落した日経225種平均株価は、為替円安化と景気回復を反映して2005年に入ってからは上昇基調となり、2007年7月9日の18,261円（ピーク）まで戻した。しかし、アメリカの「サブプライム・ローン問題」が顕現化して同年10月にはニューヨーク株式市場でダウ平均株価が下落に転じた（ピークは、10月9日の14,164ドルであった）ことから、日経平均株価も下落傾向となり、2008年3月末には12,525円であった。福井執行部時代を通じてみると、スタート時点においてバブル期のピーク比5分の1程度まで落ち込んでしまった株価水準が、一旦は半値弱まで戻したものの、最終的には3分の1弱の水準で終わったことになるのである。

2．政府・日銀の協調体制と「量的緩和政策」の進展

　福井総裁は、就任してわずか5日後の3月25日に、新「日銀法」の下で

は初めてとなる臨時政策委員会・金融政策決定会合の開催に踏み切った。臨時会合の表向きの理由は、3月20日に開始された対イラク戦争に伴う金融市場の混乱を回避するためとされたが、その真の狙いは「ゼロ金利政策」から「量的緩和政策」へと迷走した過程で政府との関係が急速に悪化していった速水執行部時代の金融政策を総括して、福井執行部と小泉政権との協調体制を演出することであったように窺われる。臨時会合においては、まず金融経済に関する各委員の基本認識に前回会合以降大きな変化がないことを確認した上で、本題と目される今後の金融政策運営の枠組みについての議論に移った。福井総裁は、「量的ターゲティングを続けていくとしても、やはりその中にエボリューション（進展）があるという形に是非持っていきたい」と議論を持ち掛け、財務省OBの武藤副総裁は、「デフレ脱却の目途はたっていないという現状は十分に踏まえる必要がある」ので、「今までの政策の効果について、一回きっちりとレビューをする必要があるだろう」と呼応した。一方、内閣府OBの岩田副総裁は、日本経済が陥っている「デフレ均衡」から「これまでの枠組みでは脱出できない」と断じた上で、「物価の安定目標ということを期限を区切ってそして明確にする必要がある」といささか性急に持論を展開したが、福井総裁は、次回以降の会合で「政策運営の透明性と波及メカニズムの両面で枠組みの強化を図るという意識で引き続き議論していきたい」として、その場を収めた。最後に、政府代表として出席した財務省の谷口隆義副大臣が、「日銀が金融(ママ)決定会合を臨時招集されたことは、非常に時宜を得たものであり、その決断と行動力に敬意を表したい」とご祝儀的な発言をして、福井執行部の船出にエールを送った。こうして、敢えて臨時会合を開催した狙いを首尾よく成し遂げた後、福井総裁は、当面の金融調節方針について前回会合における日銀当座預金残高目標（15〜20兆円程度、4月1日以降は、日本郵政公社の発足に伴い、17〜22兆円程度）を維持しながらも、「なお、当面は国際政治情勢など不確実性の高い状況が続くとみられることを踏まえて、（中略）必要に応じて、一層潤沢な資金供給を行う」という議長案を提出して、全員一致による採択を得たのである。[40]

　4月7日・8日に開催された次の政策委員会・金融政策決定会合で、福井総裁が、金融緩和の波及メカニズムを強化する観点から金融調節手段を多様

化するために打ち出したのは、白川方明理事（後の第30代日銀総裁）以下の執行部に準備させた「資産担保証券市場を通じた企業金融円滑化の具体的方法」としての証券化スキームの提案であった。具体的には、①中堅・中小企業から買い取った売掛債権や中堅・中小企業向け貸付債権などを主たる裏付けとして、裏付け資産のリスク全体を階層構造に従って再構成した「資産担保証券のうち一定の信用度を有するものを金融調節上の買入対象資産とすることについて検討を進めること」、②「スキーム策定に際しては、広く市場関係者等の意見を求めること」、などを骨子とする議長案を提出したのである。これに対して、須田委員が、買入対象の資産担保証券についての基本的要件が曖昧なままで執行部に一任するのは不適当であるとして反対したものの、投票の結果、8対1の賛成多数で採択された。なお、これに先立って、当面の金融市場調節方針については、「ハト派」の立場をとる福間委員から提出された、①引き続き国際政治情勢に不確実性があること、②銀行株が大きく下落していること、を理由に日銀当座預金残高目標自体を実態に合わせて「25～30兆円程度」に引き上げる案が、1対8で否決された（賛成は福間委員）一方、前回と同様に「現状維持」（ただし、「なお書き」による弾力的資金供給条項付き）の議長案が8対1で可決された（反対は福間委員）。

　4月30日と5月19日・20日の金融政策決定会合では、2回連続で日銀当座預金残高目標の引上げが決定された。まず、4月30日の会合では、銀行株を中心とした株価の大幅下落などのリスク要因が強まっているのに対処するという理由で日銀当座預金残高目標を「22～27兆円程度」に引き上げる議長案（「なお書き」による弾力的資金供給条項付き）が全員一致で採択された。次いで5月19日・20日の会合では、後述するように直前の17日に開催された金融危機対応会議で、「りそな銀行」に対する公的資金注入が認定されたことを受けて、更に日銀当座預金残高目標を引き上げるべきか否かについての議論が紛糾した。金融調節方針についての採決に移る前の段階では、審議委員6名のうち、田谷委員、植田委員、須田委員、中原（眞）委員の4名が同目標の追加引上げに慎重な意見を表明したが、福井執行部3名は、市場に明確なメッセージを送るという意味で同目標を引き上げるべきだとのスタンスで足並みを揃えた。議論が一段落したところで、福井総裁から日銀当座

預金残高を「27〜30兆円程度」に引き上げる議長案が提出され、7対2で採択された（反対は、田谷委員と須田委員）。当初反対意見を表明していた植田委員と中原（眞）委員は、採決が大きく割れたことになると、「かなり大きなメッセージを外に対し送ることになる」（植田委員）ので、「マーケットにどう影響するのか、やや心配がある」（中原〈眞〉委員）ため、採決に際しては賛成側に回った。

　6月10日・11日の会合では、当面の金融調節方針については「現状維持」の議長案が全員一致で採択されたが、それに加えて4月の会合で打ち出された資産担保証券の買入について白川理事以下の執行部が準備した具体策、すなわち、①相対的にリスクの高い資産担保証券も対象とする（BB格相当以上の格付け取得を要件とする）、②裏付け資産は売掛債権・貸付債権に限定せず、中堅・中小企業金融の円滑化に資すると認められるものを広く対象とする、③買入限度額（残高）を当面1兆円とする、などが議長案として提出され、やはり全員一致で採択された。

　福井総裁が就任して以来、矢継ぎ早に日銀当座預金残高目標の引上げや資産担保証券の購入という形で金融緩和の強化策を打ち出したことに加えて、後述するように金融危機対応会議が、りそな銀行に対して破綻前の資本注入を決定して株主を保護したことも好感されて、日経平均株価は4月の7,000円台をボトムにして持ち直し、6月には9,000円台、7月には1万円台を回復した。そうした状況の下、10月9日・10日の金融政策決定会合では、福井総裁が、「輸出環境が好転し、企業の景況感も改善する」など「緩やかな景気回復への基盤が整いつつある」との情勢判断を示す一方で、金融調節方針については、「最近の景気回復への動きをより確実なものにしていくという観点から」「金融調節の柔軟性をより高めて流動性供給面から機動的に対応できる条件を一層整えておく」という狙いで、日銀当座預金残高目標を「27〜32兆円程度」に引き上げる議長案を提出し、6対3で採択された（反対は、田谷委員、須田委員、植田委員）。須田委員は、「金融緩和を進めたと受け止められるような方針を採ることには反対する」と発言して、「タカ派」の立場を鮮明にした。

　また、10月9日・10日の会合では、「金融政策の透明性の強化について」

と題する対外公表文を全員一致で採択した。同公表文は、経済・物価情勢に関する日銀の判断についての対外説明を充実する（具体的には、「経済・物価の将来展望とリスク評価」レポートの3か月ごとの「中間評価」公表など）とともに、「量的緩和」政策へのコミットメントを明確化するために、「量的緩和」解除の3つの条件として、①消費者物価指数（除く生鮮食品）の前年比上昇率が安定的に（数か月均してみて）0％以上となる、②政策委員の多くが同指数の前年比上昇率が0％超となる見通しを有する、③これらは必要条件であり、仮に満たされたとしても経済・物価情勢次第では「量的緩和」を継続することがある、を示すものであった。

　2004年に入って最初となる1月19日・20日の政策委員会・金融政策決定会合では、19日に政府が月例経済報告で「景気回復」宣言をおこなったように、景気回復は想定どおりに進んでいるとの情勢判断で一致したが、金融調節方針については日銀当座預金残高目標を「30〜35兆円程度」へ引上げるべきか否かで意見が対立した。すなわち、執行部側から武藤副総裁が「景気回復の動きをより確かなものにしてデフレ克服を目指していく」、岩田副総裁が、2003年から大量に実施されているドル安（円高）阻止の為替市場介入との関連で、「為替レートを安定化させるということに対して、金融政策は効果がある」と発言して、ともに日銀当座預金残高の「30〜35兆円程度」への引上げを主張し、これに福間委員が「為替介入が一段と増加すれば、現行の当預残高目標を維持した場合、本行の金融調節が再度窮屈化する可能性」、中原（眞）委員が「為替動向など実体経済にネガティブなショックを与えかねない不透明要因」をそれぞれ示唆して同調した一方、「タカ派」の須田委員は、「量的緩和政策を景気回復下でも強化し続ければ、イグジット（出口）での調整コストが大きくなる可能性が高まる」、また、田谷委員は「量的緩和の効果がそれなりに期待できる状況にない現在、（中略）ここで当預残高目標を引き上げると、マネタリーベースの伸び率低下を気にしていると解釈されかねない」として、「現状維持」を主張したのである。この間、植田委員と春委員は、当座預金残高目標引上げに「消極的な賛成」を表明した。議論の帰趨を見定めた福井総裁は、「追加緩和についてポジティブ（前向き）に考える」として、日銀当座預金残高目標を「30〜35兆円程度」に引き上

げる議長案（「なお書き」による弾力的資金供給条項付き）を提出し、7対2で採択された（反対は、田谷委員、須田委員）。

　この間において、2003年1月15日に就任した財務省の溝口善兵衛財務官は、2004年3月16日までの間に外国為替市場において総額35兆2564億円という史上空前の巨額介入（ほとんどが円売り・ドル買い、ごく一部が円売り・ユーロ買い）を実施した（前掲図表5-5を参照）。溝口財務官による為替介入は、2003年夏頃までは1ドル＝117円前後での為替安定化によってデフレーションの克服に資することを狙いとしたものであったが、同年8月にイラク情勢の悪化などを材料にヘッジファンドが投機的な円高攻勢を仕掛けてくるに及んで、一段の円高を阻止するための徹底介入へと変貌し、2004年1～3月の介入額は、14兆8314億円に及んだ。上述したとおり、2004年1月19日・20日の金融政策決定会合において福井執行部が主導して日銀当座預金残高目標を「30～35兆円程度」に引き上げたのは、財務省が円高阻止のために巨額の為替市場介入を続けるのを支援する意味合いがあったと窺われるのである。[41]

　その後、2004年2月4日・5日から2005年3月15日・16日まで18回の金融政策決定会合では、日銀当座預金残高目標を30～35兆円程度とする「現状維持」の金融調節方針が全員一致で採択され続けた。なお、2004年12月2日に、田谷委員が任期満了で退任し、水野温氏（前クレディスイスファーストボストン証券チーフストラテジスト）に交代した。

第3節　不良債権問題の終息と「量的緩和」からの「出口戦略」

1．「りそな銀行」の実質国有化と不良債権問題の終息

　既述のとおり、2002年10月30日に発表された「金融再生プログラム」（いわゆる「竹中プラン」）の中に、不良債権処理を推進するための戦略的手法として繰り延べ税金資産の取扱い厳格化が盛り込まれたが、それによって、「りそな銀行」が自己資本不足を懸念される事態に追い込まれ、2003年5月17日の金融危機対応会議において同行に対する公的資金（資本）注入が決定さ

れることになった。

　この間の経緯をみると、まず、東海銀行・三和銀行との経営統合から離脱した「あさひ銀行」が、2001年9月に大和銀行に経営統合を申し入れて、2002年3月に大和銀ホールディングス（HD）の傘下に入った。同年10月には、「りそなHD」に名称変更し、2003年3月に「あさひ銀行」（埼玉県内の営業拠点と資産を「埼玉りそな銀行」に会社分割後）が大和銀行と合併する形で「りそな銀行」が誕生していた。ところが、「りそなグループ」の監査を担当する新日本監査法人が、同年5月に入って繰り延べ税金資産の資本算入について「りそな銀行」の主張する他行並みの5年分を圧縮して3年分しか認めないとの最終方針を表明したことから、「りそな銀行」の自己資本比率は国内基準行の健全性基準4%を下回り、2%台に低下する見込みとなった。事態の急展開を受けて、政府は5月17日夜に初の金融危機対応会議を開催し、同行の破綻を回避するために預金保険法102条1項の1号措置（債務超過ではない場合の資本増強）を適用して、「りそな銀行」に1兆9600億円の公的資金注入を決定したのである。公的資金注入（すなわち、預金保険機構による「りそな銀行」の株式取得）は、優先株に加えて普通株の形態で行われたため、預金保険機構が一時筆頭株主となり、事実上、「りそな銀行」は国有化された。公的資金の注入後において「りそなグループ」の経営陣は一新され、「りそなHD」社長と「りそな銀行」頭取を辞任した勝田泰久氏に代わって、国鉄民営化の立役者として知られる細谷英二氏（元東日本旅客鉄道副社長）が金融界とはしがらみの無い存在として起用された。

　「りそな銀行」が破綻前の処理とされて株主責任が問われなかったことを好感して、当時8,000円台で低迷していた日経平均株価は急速に持ち直し、8月後半には1万円台を回復した。既述のとおり、日本長期信用銀行や日本債券信用銀行は、債務超過（ないしは実質的な債務超過）と認定された上で破綻処理されたため、両行の株式は株主にとって「ただの紙切れ」に変わってしまったのに対して、「債務超過ではない」と竹中金融相（および金融庁）が判定した「りそな銀行」の株式は公的資金注入後もそのまま上場を維持されたのである。いわゆる「ハード・ランディング」路線を標榜してきた竹中金融相が、「りそな銀行」の処理に際しては「株主責任を問わない」と豹変し

たことについては、さまざまな憶測がなされており、また、その評価を巡っては賛否両論があったが[46]、当時金融庁監督局長であった五味廣文氏は、「自力での自己資本比率の回復の道筋を示せないまま決算発表をした場合、(中略) 放置すれば破綻に至るのは目に見えていた」ものの、監査法人がもっとも厳しい判定を下した場合にどうなるのかについて作業した結果、「繰り延べ資産を大幅に圧縮しても、債務超過にはならず、資産超過になるとの確認を得た」ので、破綻前処理に向けて「預金保険法の金融危機管理条項である102条を活用して、その条項で求められているステップを淡々と実行して危機を回避しただけだ」[47]と官僚らしい説明に終始している。

「りそな銀行」が公的資金の注入によって一時国有化された後、同年秋には足利銀行（本店は、栃木県）の経営危機が表面化した。足利銀行は、1999年から3回にわたって総額1350億円の公的資金が注入されるとともに、地元企業の協力を得て増資を行い自己資本不足の解消に努めてきたが、2003年9月の中間決算では、監査法人が繰り延べ税金資産の計上を認めない方針を決定したことによって、債務超過が確定した。これを受けて、11月29日に政府は金融危機対応会議を開催し、足利銀行を預金保険法第102条1項の3号措置（特別危機管理）による一時国有化という形で破綻処理した。「りそな銀行」と違って、足利銀行は債務超過を認定された上での破綻処理であり、増資に協力した地元企業を含めて株主にとっては、保有株式がまさに「紙切れ」となってしまったのである[48]。一時国有化された足利銀行は、外部から頭取に就任した池田憲人氏（元横浜銀行代表取締役常務）の下で経営健全化計画を達成して、2008年3月に野村HD傘下の投資会社を中心とした「野村グループ」に譲渡された。

この間において、2002年10月の「金融再生プログラム」で竹中金融相が意図した公的資金注入・国有化路線の標的にされるのを逃れるべく、4メガバンクは一斉に資本増強に奔走することとなった。すなわち、三井住友FG（西川善文社長・三井住友銀行頭取）は、アメリカの投資銀行ゴールドマン・サックスからの直接投資約1500億円に公募増資3450億円を合わせて約5000億円を2003年3月末までに資本調達した[49]。また、金融庁の特別検査で引当不足を指摘された「みずほFG」（前田晃伸社長）は、2003年3月期に約2兆

3700億円の赤字決算となり、これを埋め合わせるために取引先企業を引受先とする約1兆2000億円の大型増資を「奉加帳増資」と揶揄されながらも実施した。さらに、財務体質が比較的良好な三菱東京FG（三木繁光社長・東京三菱銀行頭取）も、3月中に公募で約3500億円の増資を行った。そうした中で、UFJホールディングス（HD、杉原武社長）は、子会社が発行した優先株1500億円をアメリカの投資銀行メリル・リンチに引き受けてもらったにとどまり、他のメガバンク3行と比べて、増資競争に完全に後れをとったのである。

　2003年秋からUFJ銀行に対して金融庁が実施した「特別検査」フォローアップでは、大口問題融資先7社（いわゆる「セブン・シスターズ」＝ダイエー、双日ホールディングス、大京、ミサワホーム、アプラス、国際興業、国際自動車）の再建計画がチェックされ、同行が金融支援している問題先企業のほとんどが不良債権（要管理債権）への債務者区分引下げを求められた。しかし、UFJは、そうした債務者区分の引下げに頑強に抵抗し、検査の際に貸出先の資料を隠すなど、検査忌避とされる違法行為を組織ぐるみで実行したとされている。金融庁は、2004年1月にUFJに対する「特別検査」を再開し、4月23日に大口問題融資先の債務者区分引下げを求める検査結果を通知した。検査結果を反映させて2004年3月期決算を大幅に修正すべしとする金融庁に対して、小幅修正に止めようとするUFJは抵抗を続けたが、最後は金融庁に全面屈服して、5月24日に4028億円の最終赤字と発表した。同時に経営責任をとって杉原UFJHD社長、寺西正司UFJ銀行頭取が退陣を表明し、代わって、UFJHD社長には玉越良介氏、UFJ銀行頭取には沖原隆宗氏が就任した。一方、金融庁は、6月18日にUFJに対して、検査対応、2期連続の業績不振、中小企業向け融資の水増し申告、業績不振と本決算の大幅乖離の4項目について業務改善命令を一斉に発動した。

　窮地に追い込まれたUFJは、他のメガバンクとの経営統合に活路を求めたが、そうした中でいち早く動いたのが三菱東京FGであり、2004年6月下旬には折しも東京三菱銀行会長に就任した三木前頭取が、畔柳信雄新頭取を伴って頭取交代の挨拶にUFJを訪問した際に、自ら経営統合の意思を伝えたとされている。一方、三井住友FGは、母体行の住友銀行がUFJの母

体行である三和銀行と同じ関西系銀行として、長年のライバル行ではありながらやはり最も近しい関係にあったところから、UFJ の経営統合先として最有力と目されていたが、UFJHD の玉越新社長と UFJ 銀行の沖原新頭取からの「お誘い」で 6 月頃に南麻布の料亭で懇談した西川三井住友 FG 社長・三井住友銀行頭取は、両者が腹の探り合いをする中で、「一言も合併の話は出なかった」まま会合はお開きになったと後日述懐している。結局、UFJ は経営統合先として三菱東京 FG を選び、2004 年 7 月 16 日に東京三菱銀行の畔柳頭取と UFJHD の玉越会長は共同で記者会見を開いて、両グループが経営統合で合意したと発表した。こうして、UFJ グループが三菱東京 FG に吸収合併される形で、2005 年 10 月には総資産 189 兆円、店舗数 881、従業員数 7 万 8 千人という当時において世界最大の金融グループ「三菱 UFJ フィナンシャル・グループ（MUFG）」が誕生することになったのである。

この間において、UFJ 銀行の大口問題融資先 7 社のうち、双日ホールディングスは 9 月 29 日に再建計画が決定されて自主再建の道を歩んだが、アプラス、国際自動車、国際興業の 3 社は売却され、ダイエー、大京、ミサワホームの 3 社は、産業再生機構に持ち込まれた。産業再生機構は、既述のとおり 2002 年 10 月の「金融再生プログラム」の一環として構想され、2003 年 4 月の「産業再生機構法」に基づいて、事業者およびメインバンク等による事業再生の支援を目的に債権買取・資金貸付・債務保証・出資などを営む公的機関（預金保険機構が株式の過半数を保有）として創設された（社長〈代表取締役 CEO〉には、斎藤惇氏〈元野村証券副社長〉が就任した）。産業再生機構の役割は、主として「要管理債権」をメイン銀行以外から買取り（買取期間は 2 年間）、メイン銀行と協力して債務の一部免除、デット・エクイティ・スワップ（DES、債務の株式化）などで再建を進めた上で、債権や株式を新たなスポンサーに売却（5 年間の期限付きであり、2008 年 3 月末までに売却）するというものであった。

UFJ 銀行が産業再生機構に持ち込んだ 3 社について敷衍すると、まず、2004 年 11 月 26 日に大京（分譲マンション最大手）グループ向け貸出債権の一部（元本総額 4843 億円のうち 871 億円）を産業再生機構が買い取り、UFJ 銀行をはじめとした関係金融機関は 1465 億円の債権放棄と 300 億円の債務

の株式化を実施した。その後、オリックスがスポンサーとなって資本支援を行うことに決まった。次に、ミサワホーム（住宅大手）は、12月28日に産業再生機構の支援が決定した後、2006年3月31日にトヨタ自動車（トヨタホーム）がスポンサーに決定して、産業再生機構および関係金融機関が保有する債権を一括返済した。最後に、ダイエー（大手スーパー）は、民間支援による自主再建を主張する高木邦夫社長（および経済産業省）と産業再生機構への持ち込みを主張するUFJなどメイン3行（および金融庁）とが激しく対立したが、10月13日にダイエーは自主再建を断念して産業再生機構に支援を要請し、12月28日に産業再生機構の支援が決定した。その後、2005年3月には投資ファンド「アドバンテッジパートナーズ」と丸紅がスポンサーに決まった（2007年3月にはイオンとの提携で合意し、イオンの資本参加を得て丸紅・イオン体制となった）。

　産業再生機構は、2005年3月末までに41件の支援を決定した。産業再生機構の対象となった事業者の借入金総額は約4兆円であり、当時の「要管理債権」全体（約16兆5000億円）の約4分の1が産業再生機構に持ち込まれたとされている。産業再生機構は、対象事業者への支援が順調に進んだことから、当初予定よりも1年早くすべての支援を終了して、2007年3月に解散した。産業再生機構は、その存続期間中に312億円を納税し、解散後の残余財産分配により423億円を納付した。すなわち、国民負担を発生させることなく、「産業再生」に成功したのである。

　「りそな銀行」の実質国有化と三菱東京FGによるUFJグループの救済合併という2つの大事件を経て、不良債権問題は一挙に終息に向かった。金融庁調べによれば、都銀・旧長信銀・信託の合計でみた主要行の不良債権（金融再生法開示債権）残高は、2002年3月期の28兆3850億円（不良債権比率8.7％）をピークとして2005年3月期の7兆5600億円（同2.9％）へと劇的に減少した。2002年10月の「金融再生プログラム」で宣言された2004年度（2005年3月期）までに同比率を半減させるという目標は、完全に達成されたのである（図表6-4を参照）。竹中金融相による「ハード・ランディング」路線への転換が不良債権問題の解決をもたらしたとされる所以である。

　もっとも、同じく金融庁調べによれば、「金融再生プログラム」の対象期

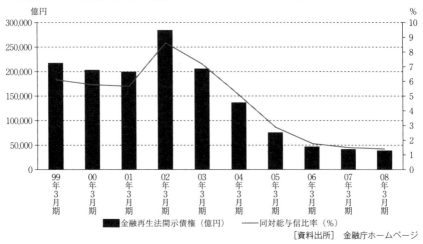

図表 6-4　金融再生法開示債権（都銀・旧長信銀・信託）の推移　（1998 〜 2007 年度）

[資料出所]　金融庁ホームページ

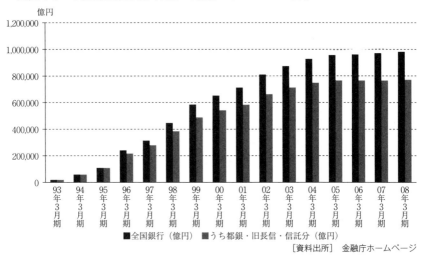

図表 6-5　不良債権処分損（累計）の推移　（1992 〜 2007 年度）

[資料出所]　金融庁ホームページ

間における全国銀行ベースでの不良債権残高（同）は、2002 年 3 月期の 43 兆 2070 億円（不良債権比率 8.4％）から 2005 年 3 月期の 17 兆 9270 億円（4.0％）へと減少したが、その増減要因を仔細に検討すると、債務者の業況悪化等に

よる増加（20.2兆円）があったものの、正常債権化および返済による減少（13.8兆円）に加えて「オフバランス化等」による減少（33.8兆円）によって、不良債権が全体として減少（25.3兆円）したことがわかる。また、「オフバランス化等」の中には、債務者の業況改善や再建計画の策定等による正常債権化・返済が半分以上含まれていることを勘案すると、通常の意味での正常債権化および返済によって不良債権の劇的な減少がもたらされたといえよう。[63]なお、全国銀行ベースでの不良債権処分損は、バブル崩壊後の1992年度以降2002年3月期までの累計で96兆4199億円（うち都銀・旧長信銀・信託は77兆2162億円）という巨額に達したのであった（図表6-5を参照）。

2．「量的緩和政策」からの「出口戦略」

　当時の政治情勢に目を転ずると、2003年9月の自民党総裁選挙で再選された小泉首相は10月10日に衆議院を解散し、11月9日に衆議院総選挙が実施された。同選挙においては、野党第1党の民主党（菅直人代表）が177議席（解散前と比べて40議席増）と躍進した一方、自民党は過半数割れの237議席（同10議席減）に止まった。しかし、自民党・公明党・保守新党の与党3党合計では、282議席（同12議席減）で絶対安定多数を確保したことを受けて、同選挙後に閣僚を留任させた第2次小泉内閣が成立した。なお、選挙後に保守新党が自民党に吸収されたため、自民党は241議席で辛うじて単独過半数を維持した。

　2004年7月に実施された参議院選挙においては、年金制度改革が争点となり、民主党（岡田克也代表）が50議席（改選数に比べて12議席増）を獲得して勝利した一方、自民党は49議席（同1議席減）に止まったが、非改選議席と併せた自民・公明両党の合計で139議席と引き続き過半数を維持した。参議院選挙後の9月に行われた第2次小泉内閣の改造では、小泉首相が「改革の本丸」と位置付ける郵政民営化に本腰を入れるべく、懐刀の竹中経済財政相を特命事項の郵政民営化担当大臣に任命して、同年4月に立ち上げた「郵政民営化準備室」の運営に当たらせた。

　2005年の通常国会では、「郵政民営化関連法」を巡って、自民党内での郵政民営化反対派との対立が鮮明化した。同法案は、7月5日の衆議院本会議

における採決では賛成233票対反対228票で可決されたものの、自民党の亀井静香氏、平沼赳夫氏ら37人が造反した。次いで、8月8日の参議院本会議では、自民党議員22人が造反したことにより、同法案は賛成108票対反対125票で否決された。小泉首相は即座に衆議院解散（いわゆる「郵政解散」）に踏み切り、9月11日に実施された衆議院総選挙では、反対派の亀井氏らの選挙区に自民党公認で「刺客」を立候補させるという「劇場型」の選挙運動を展開した。総選挙の結果、自民党は改選前と比べて84議席増の296議席（公明党との合計では、327議席）を獲得して圧勝し、10月14日の特別国会では、再提出された「郵政民営化関連法」案が衆参両院で可決成立し（2006年4月1日施行）、小泉首相の長年の悲願であった郵政民営化が実現することになったのである。なお、「郵政民営化関連法」案の国会通過までの「つなぎ内閣」として9月21日に成立した第3次小泉内閣の改造が、10月31日に行われた。

　この間において、「量的緩和政策」からの「出口戦略」が政策委員会で議論の俎上に載せられたのは、2005年4月1日の「ペイオフ全面解禁」後において最初の会合となる同月5日・6日の金融政策決定会合であった。議論の口火を切ったのは、元来は「ハト派」として福井執行部による「量的緩和政策」の展開を支持してきた福間委員であった。福間委員は、これまでの日銀当座預金残高目標の引上げは、金融危機回避のための緊急避難的措置であったと位置付けた上で、「ペイオフ全面解禁が実施され金融システムの安定化が確認されれば、市場との対話を通じて当預残高目標値の減額を図り、長い目でみた金融政策の正常化に対する本行のスタンスを明確にする必要がある」として、日銀当座預金残高目標を3兆円引き下げることを提案した。これに対して、岩田副総裁が、「量的緩和政策の基本戦略はデフレ脱却を主眼とすべきであり、景気回復力が本物かどうかまだ見えていない状況下では「金融政策運営としては後押しのスタンスをやはり維持すべきだ」と主張したのをはじめとして、「量的緩和」縮小への反対論が相次いだ。投票の結果、「日銀当座預金残高目標を27〜32兆円程度となるよう金融市場調節を行う」とする福間委員の提案が1対8（賛成は提案者のみ）で否決された後、「現状維持」の議長案が8対1で採択された（反対は福間委員）。なお、植田委員は、4月

7日で再任後5年間の任期満了となり、西村清彦氏（前東京大学教授）に交代した。

続いて4月28日の金融政策決定会合からは、水野委員が「量的緩和」縮小派に転じた。水野委員は、当日の日銀当座預金残高31.8兆円の金融機関別保有状況に基づいて、同目標を「3～5兆円程度引き下げても現状追認の色彩が強いため、景気に悪影響を与える可能性はない」ので、機能低下した短期金融市場の正常化を目指して「大手銀行と外銀の持っているブタ積みの合計15兆円程度の範囲内で段階的に下げていくことが望ましい」と主張して、福間委員が提出した前回と同じ日銀当座預金残高目標の3兆円引き下げ案に賛成した（同提案は、2対7で否決された）。なお、「現状維持」の議長案に対しては、福間委員に加えて水野委員も反対票を投じたため、7対2での採択となった。

5月19日・20日から翌2006年2月8日・9日までの12回に亘る会合においては、それまでの会合と同様に「現状維持」の議長案が7対2（反対は、福間委員と水野委員）で採択され続けたが、2005年後半になると、消費者物価指数の前年比プラスが次第に視野に入り、株価や地価の上昇がはっきりしてくる中で、「量的緩和」からの「出口」を指向する議論が次第に勢いを増していった。

10月12日の会合では、福井総裁から「デフレの終息の過程というものがどう進んでいくか（中略）多くの指標を見ながらきちっと判断していかなければいけないだろう」とした上で、「イグジット（出口）の前に量的ターゲットの削減を図るべきかどうか、（中略）イグジットに時間的距離が短くなる中で改めてこの問題をどう考えるか」について次回会合での「経済・物価情勢の展望」レポートを前に議論を戦わせておいてほしいとの問題提起がなされた。

これを受けて10月31日の会合では、同「展望」レポートのとりまとめが行われ、2005年度後半から2006年度を展望すると、「わが国経済は、潜在成長率をやや上回る息の長い成長を続けると予想される」、また、足許で小幅の前年比マイナスとなっている消費者物価指数（除く生鮮食品）については「今後年末にかけて（中略）ゼロ％から若干のプラスに転じていくと予想

される。その後も（中略）前年比のプラス基調が定着していくと考えられる」との情勢判断を示した上で、「現在の金融政策の枠組みを変更する可能性は2006年度にかけて高まっていくとみられる。枠組みの変更は、日本銀行当座預金残高を所要準備の水準に向けて削減し、金融市場調節の主たる操作目標を日本銀行当座預金残高から短期金利に変更することを意味する」と明記したのである（同「展望」レポートは、全員一致で採択された）。一方、内閣府からの出席者である浜野潤政策統括官は「デフレの状況は続いており、その克服が引き続き政府の重要政策課題である」、また、財務省からの出席者である上田勇財務副大臣は、「デフレ脱却に向けて現在の量的緩和政策を粘り強く続けるというメッセージを市場や国民に丁寧にお伝え頂きたい」として、日銀による「量的緩和政策」縮小への動きを牽制した。さらに、11月17日・18日の会合では、当時における「量的緩和」解除の具体的条件として、もっぱら消費者物価指数（除く生鮮食品）の前年比上昇率に焦点が当てられていたことを批判して、内閣府からの出席者である中城吉郎審議官が「デフレの状況を判断するに当たっては、消費者物価だけでなく、GDPデフレータを含めて総合的に行うべきだ」と主張したが、福井総裁は、「異例の金融政策というのは、ある時期にピリオドを打たないと将来に禍根を残すから、そこは国民に一番分かりやすい指標で乗り切る」とかわした。

　2006年に入り、1月の消費者物価指数（除く生鮮食品）前年比が＋0.5％と発表された後で開かれた3月8日・9日の政策委員会・金融政策決定会合では、中原（眞）委員が「1月の単月の数字をもってプラス基調が安定的に定着したと判断するのはやや躊躇を感じており、（中略）先行きのCPIが本当にマイナスにならないのかどうかについては十分に検証を行い、説明責任を果たす必要がある」として「量的緩和」解除に反対意見を述べたものの、「タカ派」の須田委員が「量的緩和」解除のための具体的条件として対外的に説明してきた3つの条件が満たされたとして、「2001年3月以来、5年間に亘って続けられてきた量的緩和政策という異例の政策から通常の政策に転換するのが適切ではないか」と発言したのを始め、「量的緩和」解除を支持する意見が相次いだ。こうした議論の流れを受けて、福井総裁から、「金融市場調節の目標を日本銀行当座預金残高から無担保コールレート（オーバーナイト物）

に変更する」、また、次回会合までの金融市場調節方針として「無担保コールレート（オーバーナイト物）を概ねゼロ％で推移するよう促す」との議長案が提出され、7対1で採択された（反対は中原〈眞〉委員、福間委員は体調不良で欠席）。[67]

　こうして同会合で「量的緩和」解除を決めるのに際しては、中長期的な「物価安定」をどのように打ち出すのかについて議論が行われた。まず、かねてより「インフレ目標」を主張してきた岩田副総裁が、「物価安定の理解を共有することで、中長期的なインフレ期待を安定化することが容易になる」として、具体的に「コアの消費者物価指数で＋1％から＋2％」を挙げたのを皮切りに、西村委員は「CPIで＋0.8％±1％」、中原（眞）委員は「＋1％〜＋2％程度」、春委員は「＋1％±1％」、武藤副総裁は「0％よりは上回り、＋2％を若干下回る範囲」、水野委員は「0％より上、＋2％は少し高い」をそれぞれが考える「物価安定」の具体的な数値として挙げ、対外公表することに前向きの姿勢を示した。そうした中で、須田委員のみは、「目標値でもなく、参照値でもなく、文字通り各委員の理解であることを共有できなければ、数値の公表には反対である」と数値を示すことに抵抗したが、福井総裁は、その場の議論を引き取って、インフレーション・ターゲティングやインフレ参照値とは違う「中長期的な物価安定の理解」として、「消費者物価指数の前年比で0〜2％程度（中心値は概ね1％前後）」という形で対外公表することを提案し、全員一致で採択された。会合の終了後には、対外公表文「新たな金融政策運営の枠組みの導入について」の中で物価安定についての考え方として「中長期的な物価安定の理解」が示された。[68]

　「量的緩和」解除の後、4月10日・11日から6月14日・15日まで4回の金融政策決定会合では、「現状維持」の議長提案が全員一致で採択され続けたが、執行部に任された金融調節においては「量的緩和」政策の下で「30〜35兆円程度」にまで膨れ上がった日銀当座預金残高の削減作業が進められ、6月14日・15日の決定会合では10兆円程度にまで減少させて、「ゼロ金利」解除に向けた準備が整えられていった（図表6-6を参照）。

　なお、6月13日には福井総裁の村上ファンド出資問題（後述）が表面化したほか、6月17日には中原（眞）委員が任期満了となり、野田忠男氏（元み

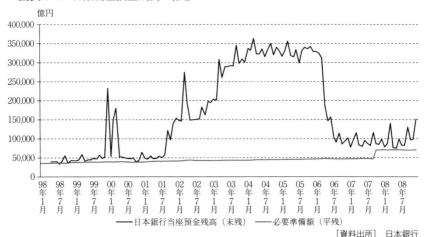

図表6-6 日銀当座預金残高の推移 （1998〜2008年）

［資料出所］ 日本銀行

ずほファイナンシャルグループ副社長）に交代した。

　7月13日・14日の金融政策決定会合では、5月の消費者物価指数（除く生鮮食品）前年比が+0.6%となったことを受けて、金融政策の方針について各委員から無担保コールレート（オーバーナイト物）を「0.25%に利上げ」する見解表明が相次いだ。福井総裁は、経済・物価情勢は基本シナリオどおり推移しており、「これまでの金利水準をそのまま維持し続けることだと、（中略）将来、経済・物価が大きく変動するリスクに繋がる」ことから、「ゼロ金利」解除については「全員の意見が一致した」と総括した上で、金融市場調節方針として「無担保コールレート（オーバーナイト物）を0.25%前後で推移するよう促す」とする議長案を提出し、全員一致で採択された。しかし、並行して議論された基準割引率・貸付利率（公定歩合を名称変更、当時0.1%）をどれだけ利上げして同コールレートとのスプレッドをいかほどにするのかについては、委員の間で意見が分かれ、水野委員による0.5%への利上げ案が3対6で否決（賛成は、水野委員、須田委員、野田委員）された後、議長による0.4%への利上げ案が6対3で採択された（反対は、水野委員、須田委員、野田委員）。

　無担保コールレート（オーバーナイト物）の0.25%への利上げが決定され

た後、8月25日に総務省が発表した新基準（2005年基準）の消費者物価指数では、7月の同指数（除く生鮮食品）前年比が＋0.2％と事前予想（＋0.5％）を大幅に下回り、日銀の追加利上げが遠のいたとの観測から長短金利は急低下するなど金融市場は混乱した（いわゆる「CPIショック」）。なお、新基準への改定に伴い、同年1月から6月までの6か月間の上昇（下落）率は旧基準から新基準に置換されたが、それに伴い消費者物価指数（除く生鮮食品）の前年比は同期間で0.53％下方修正されることになった。(70)「CPIショック」後に開かれた9月8日の金融政策決定会合では、福井総裁が「実勢判断として新基準で見ても消費者物価は今年入り後、緩やかな持ち直し傾向にあり、（中略）先行きもプラス基調で推移していくとの見方を変える必要はないのではないか」として、再「利上げ」への意欲に滲ませたものの、10月31日の会合では、9月の消費者物価指数（除く生鮮食品）前年比が＋0.2％と低い上昇率に止まったことに加えて、西村委員によって「9月のCPIの品目別変化を見ると、今月はマイナス方向に転じた品目数が、プラス方向に転じた品目数をついに上回ってしまった。（中略）全体としてみるならば、今のところ強い押し上げ要因は少なく、さらに弱含む可能性は十分に考えておく必要がある」ことが指摘された。さらに、12月18日・19日の会合では、岩田副総裁が、賃金と個人消費の伸び悩みを根拠として「足許では、成長率とコア消費者物価指数には幾分下振れのリスクが生じている」と警告を発したが、水野委員は、3月の利上げによって「多くの市場参加者は、日本銀行が金融政策の正常化を段階的に進めると事実上宣言したものと受け止めている」ことから、「市場との対話のリズムを考えた場合に、（10月の「展望レポート」の中間評価が行われる）1月の金融政策決定会合までに金利水準の調整を行うべきだ」と主張するなど、意見が分かれた。結局、金融調節方針については「現状維持」の議長案が全員一致で採択されて、年を越すことになった。

　2007年に入ると、1月17日・18日の政策委員会・金融政策決定会合で、須田委員・水野委員・野田委員が3名共同で、「無担保コールレート（オーバーナイト物）を0.5％前後で推移するよう促す」という提案を行い、採決の結果は3対6で否決（賛成は、3名の共同提案者）された。一方、「現状維持」の議長案が6対3（反対は、須田委員、水野委員、野田委員）で採択されたも

のの、会合の終了後に開かれた総裁記者会見では、再「利上げ」を求めて反対票が3票出たことに質問が集中した。福井総裁は、「生産・所得・支出の前向きの好循環なメカニズムは変わっていない、その蓋然性は高いという点では一致しています」とした上で、「経済の姿をなお丹念に検討していこうとする判断と、もう十分判断できるという方と、わずかに意見の差が残っているということです」と回答し、次回会合以降における再「利上げ」の可能性を言外に滲ませた。

　2月15日に発表された2006年10〜12月期のGDP統計では、実質GDP成長率は年率4.8％の高い伸びを示し、内訳としての個人消費も2期ぶりにプラスに転じた。これを受けて2月20日・21日の金融政策決定会合における議論では、委員の大勢が再「利上げ」を主張したが、岩田一政副総裁のみは、「名目賃金が安定的に前年比プラスではない環境のもとで、物価が安定的に上昇していくというメカニズムはやや考えにくい（中略）。先行き半年以上、少なくとも9月位まで見渡すと、どうも前年比マイナス基調というか、ゼロないしは若干のマイナスで推移する可能性が高い」として再「利上げ」に反対する姿勢を示した。福井総裁は、議長として全体の意見をとりまとめ、「日本経済の先行きを展望した場合に、（中略）緩やかな拡大を続ける蓋然性が高い」、また、物価については「目先ゼロ近傍で推移する可能性がある。場合によっては多少マイナスになる可能性もあるが、（中略）基調として上昇傾向を辿るであろう」というのが多数意見であり、そうであれば「仮に、低金利が経済・物価情勢と離れて長く継続するという期待が定着するような場合には、行き過ぎた金融経済活動を通じて、資金の流れや資源配分に歪みが生じ、息の長い成長がむしろ阻害される可能性がある」ので、「この際、金利水準の調整を行うことが適当である」と結論付けた。その上で、議長案として、金融調節方針については「無担保コールレート（オーバーナイト物）を0.5％前後で推移するよう促す」、また、基準割引率・貸付利率を「0.75％」とすることを提案し、8対1で採択された。岩田副総裁は、議長案に反対し、1998年の新「日銀法」施行後、執行部内で初めて賛否の票が割れる事態となった。[71]

　その後、同年3月19日・20日から翌（2008）年3月6日・7日までの約

1年間（すなわち、福井総裁が任期満了で退任するまで）に亘る 15 回の金融政策決定会合では、「現状維持」の議長案が全員一致または 9 対 1（反対は、水野委員）で採択され続けた。水野委員は、同年 7 月 11 日・12 日から 11 月 12 日・13 日まで 6 回に亘る会合で、緩やかな利上げを続けて金融政策の正常化を進める必要があるとして議長案にただ一人反対するとともに、「無担保コールレート（オーバーナイト物）を 0.75％前後で推移するよう促す」ことを提案したが、1 対 8 で否決された[72]。この間において、アメリカではサブプライム・ローンに関連した住宅専業会社の破綻が同年 3 月以降相次ぎ、同年 7〜8 月に格付機関のムーディーズと S&P（スタンダード＆プアーズ）がサブプライム・ローンに関連した証券化商品の大量格下げを発表した[73]。これを契機として、8 月 9 日にフランスの大手銀行 BNP パリバがサブプライム・ローン関連の証券化商品に投資していた傘下のファンドを凍結するに及んで、金融危機が一挙に世界全体へと広まり、いわゆる「グローバル金融危機」の引き金となったのである[74]。

3．安倍晋三内閣・福田康夫内閣への交代と福井総裁の退任

2006 年 9 月 21 日に小泉首相の自民党総裁としての任期（3 年）が終了し、同月 26 日に小泉内閣は総辞職した。それに先立って 9 月 20 日に実施された自民党総裁選挙では、第 3 次小泉（改造）内閣の安倍晋三内閣官房長官が、麻生太郎外相、谷垣禎一財務相らを大差で破って自民党総裁の座に就き、同月 26 日に第 1 次安倍内閣が成立した（官房長官には、日銀 OB の塩崎恭久氏が選ばれた）。

安倍首相は、母方の祖父が岸信介元首相、大叔父には佐藤栄作元首相がいる保守政治家一族の出自であり、内閣発足に当たっては「美しい国」を国家像として掲げたが、就任後は相次ぐ閣僚スキャンダルの発生によって支持率が低迷した。2007 年 7 月 29 日に行われた参議院選挙において、自民党は 37 議席（改選前と比べて 27 議席減）に止まり、非改選議席と合わせて自民党・公明党合計で 103 議席と過半数割れになった。一方、民主党（小沢一郎代表）は、60 議席（同 28 議席増）と圧勝し、非改選議席と合わせて 109 議席となり参議院第 1 党の座を占めるに至った。8 月 27 日には、第 1 次安倍改造内

閣が発足したものの、9月10日に国会が開会された後、同月12日に安倍首相が急遽記者会見を行い、健康問題のため内閣総理大臣および自民党総裁を辞任すると表明した。

9月23日に実施された自民党総裁選挙では、福田康夫氏（元内閣官房長官）が麻生太郎氏を大差で破って総裁に選ばれた。同月25日の国会における首班指名選挙では、自民・公明党が過半数を占める衆議院において福田氏が指名される一方、野党が過半数を占める参議院においては小沢氏（民主党代表）が指名されという、「ねじれ国会」を象徴する結果となったが、法規に則り衆議院の議決が国会の議決となって、翌26日に福田内閣が成立した（内閣官房長官には、町村信孝氏が就任した）。

この間において、2006年6月5日に、通商産業省出身の村上世彰氏がライブドア（堀江貴文社長）による日本放送株の大量取得（立会外取引）に絡んだインサイダー取引疑惑で東京地検特捜部によって逮捕され、6月13日の参議院財政金融委員会で「村上ファンド」への出資を問いただされた福井総裁は、富士通総研理事長時代の1999年秋に「村上氏の志を激励」する目的で1000万円を投資し、日銀総裁に就任後も「日銀の内規」に抵触しないとの判断のもとで、同ファンドへの投資を継続していたが、2006年2月になって、「村上氏の投資行動が当初のものと変わってきたように感じた」ため、解約したことを明らかにした。その後、6月15日の総裁定例記者会見では、「村上ファンド」への出資問題に質問が集中し、「日銀の信用に傷がついて、中央銀行の独立性が揺らぎかねないとの批判もありますが、（中略）ご自身の進退も含めて、責任の取り方についてどのように考えているでしょうか」と問われたが、「世間を色々お騒がせして、私に対して厳しいご批判を頂戴していることにつきましては、一つ一つ謙虚に受け止め（中略）、十分それを肝に銘じまして、今後とも（中略）職責を全うさせて頂きたいと考えております」と答弁した。[75]

福井総裁が自ら辞任した場合に、内閣としての「任命責任」を問われることになる小泉首相が強力に擁護したこともあってか、[76] 福井総裁はマスコミからの激しい批判に耐えて続投したが、「村上ファンド」事件によってもはや再任の目はなくなった。2008年3月の任期満了が近づくにつれて、福田康

夫内閣（町村内閣官房長官）による後任の総裁（および2名の副総裁）選びが進められることになったが、日銀総裁（および2名の副総裁）は衆参両院の同意を必要とする国会同意人事であり、上述したとおり2007年の参議院選挙の結果、民主党など野党が過半数を占めるようになった参議院において同意が得られるかどうかが焦点となった。

　福田内閣は、次期総裁に財務省OBの武藤敏郎副総裁を昇格させるとともに、次期副総裁として白川方明氏（日銀理事を退職後、京都大学教授）と伊藤隆敏氏（東京大学教授）を充てる人事案を固めて、2008年3月7日に与野党に提示したが、野党第1党の民主党は、「財政と金融政策の分離」を理由に武藤氏の総裁昇格案に反対するとともに、「インフレ目標」論者であることなどを理由に伊藤氏の副総裁起用案にも反対し、3月12日の参議院本会議において両案とも否決・不同意とされた（白川氏の副総裁起用案のみが、賛成多数で採択された）。窮地に追い込まれた福田内閣は、3月18日になって田波耕治氏（国際協力銀行総裁、元大蔵次官）を総裁に起用するとともに、西村清彦氏（審議委員）を副総裁に昇格させる案を提示したが、翌日の参議院本会議において民主党は大蔵省OBである田波氏の総裁案に反対し、反対多数で否決・不同意とされた（西村氏の副総裁昇格案のみが、賛成多数で採択された）。

　2008年3月19日に福井総裁は5年間の任期満了で退任した。同日午後に開かれた総裁退任記者会見[77]においては、「任期満了の時点で後任の総裁が任命されていないということは、歴史的にも極めて異例のことであり、残念なことだと思っております」と話を切り出した後、最も印象に残る出来事として、「3年ほど経過した時点で量的緩和から脱却し、新しい金融政策のフレームワークというものを打ち立てることができ、その後、金利水準は低いけれども金利機能がしっかり働くマーケットというところまで何とかこぎつけたこと」を躊躇いなく上げた[78]。最後に、退任後の人生設計について、「これから先どうするかはまだ何も決めておりません。（中略）もう迷い出るというような年頃でもありませんので」と10年前の副総裁辞任時に述べた言葉を甦らせた。

[注]
(1) ただし、金融破綻処理・危機管理に関する企画立案のみは、引き続き大蔵省と金融再生委員会・金融庁の共管とされた。なお、2001年1月の省庁再編後は、大蔵省から財務省への名称変更、金融再生委員会の廃止に伴い、財務省と金融庁の共管に変更された。
(2) 経営計画の履行状況についてのフォローアップは、金融機関自身の公表に委ねる「自己規正」方式とし、計画を的確に履行しようとしていない、あるいは計画上の収益と実績が「相当程度」乖離していると認められる場合に、行政による業務停止などを発動すると規定された。藤井良広『金融再生の誤算』（日本経済新聞社、2001年）139ページを参照。
(3) その後、2002年4月には完全な事業統合に進み、持ち株会社の下に個人・中小企業取引の「みずほ銀行」、大企業取引の「みずほコーポレート銀行」、経営危機に陥った安田信託銀行を再編してできた「みずほ信託銀行」がぶら下がる新体制がスタートした。さらに、2003年3月には「みずほホールディングス」が衣替えして持ち株会社「みずほフィナンシャル・グループ（MHFG）」となった。
(4) その後、2002年12月に金融持ち株会社「三井住友フィナンシャル・グループ」を設立した。
(5) 三和銀行と東海銀行は、2002年1月に合併してUFJ銀行となった（東洋信託銀行は、名称変更してUFJ信託銀行となった）。
(6) 与党3党合意を受けた2000年5月の「預金保険法」改正では、①定期性預金については、2002年4月から「ペイオフ解禁」、②流動性預金については、2003年3月まで1年の経過措置として全額保護され、2003年4月から「ペイオフ解禁」、とされた。
(7) 金融機関破綻件数は2000年度の14から2001年度の56（うち信用金庫13、信用組合41）へと急増した。西村吉正『金融システム改革50年の軌跡』（金融財政事情研究会、2011年）502～503ページを参照。
(8) 前掲『金融再生の誤算』140～141ページを参照。
(9) 以下において、金融政策決定会合における議論については、日銀ホームページに公開されている「金融政策決定会合議事録」を参照・引用。
(10) 木村剛氏は、1985年4月に日本銀行に入行し、営業局、企画局、ニューヨーク事務所、国際局での勤務を経て、1998年1月に任意退職した。日銀退職後は、1998年3月に金融コンサルタント会社KPMGの日本法人であるKPMGフィナンシャルサービスコンサルティング（2000年4月にKFi、2005年7月にフィナンシャルへと社名変更）を設立して、社長に就任した。また、金融監督庁の金融検査マニュアル検討委員を務めた。
(11) 有森隆『日銀エリートの挫折と転落』（講談社、2010年）93ページを参照。なお、中原（伸）委員も、これに先立って9月初めに木村氏から「30社問題」についての話を聞いたことを明らかにしている。中原伸之『日銀はだれのものか』（中央公論新社、2006年）193ページを参照。
(12) 五味廣文『金融動乱』（日本経済新聞出版社、2012年）の第4章「劇薬　特別検査」（66～81ページ）を参照・引用。

(13) 日銀ホームページ「総裁定例記者会見要旨（2001年11月21日）」から引用。
(14) 日銀ホームページ「政策委員会議長記者会見要旨（2002年2月28日）」から引用。
(15) 中原（伸）委員は、速水総裁が小泉首相と「直談判」に及んだ背景について、「日銀と金融庁の対立が先鋭化していました。（中略）銀行の自己資本について、日銀は注入済みの公的資金や繰り延べ税金資産を除いたコア・キャピタルで見ることを強調し、これに対して金融庁が強く反発していたのです」、また、「日銀は、（そのような）理由で大手銀行の自己資本は過小とみており、公的資金の再注入を強く金融庁に求めていたのです」と解説している。前掲『日銀はだれのものか』211～212ページから引用。
(16) 日銀ホームページ「政策委員会議長記者会見要旨（2002年2月28日）」から引用。
(17) 中原（伸）委員によれば、速水総裁の「"直談判"の成果と思いました。ただ、実際に公的資金の追加注入に踏み切るのかはあいまいで、その後の展開でも明らかなように、日銀が唱えていた予防的資金注入案は見送られるのです」ということになる。前掲『日銀はだれのものか』212ページから引用。
(18) 山口副総裁は「政府要人の方々が金融政策のディテールについて公の場で発言されるというようなやや異常な状況が起きており、（中略）大変残念なこと」として政府に反発し、藤原副総裁は「1兆円に上げるという具体案が随分前から一人歩きしてマスコミに翻弄されている感がある」とマスコミの過剰報道を憂慮した。須田委員は「公の場で一方的にやるということは、やはりルール違反だ」と政府を糾弾し、中原（眞）委員は「外部の声の介入に屈するという市場の受け止め方は最近非常に強まっているわけであり、（中略）日銀、それから政策委員会の信認が問われることにもなりかねない」ことを危惧した。
(19) 内閣府の正式な判定によれば、景気の「谷」は、政府の底入れ宣言より4か月前の2002年1月であった。
(20) 日銀ホームページ「金融機関の安定に向けた日本銀行の新たな取り組みについて」（2002年9月18日）および同「株式買入等に係る今回の決定について」（同年10月11日）を参照。
(21) 上掲「「金融機関の安定に向けた日本銀行の新たな取り組みについて」（2002年9月18日）から引用。
(22) 拙稿「日銀が銀行保有株式を直接買取りへ　プルーデンス政策上も金融政策上も問題が多い決定」（『金融財政事情』2002年9月30日号）を参照。
(23) メンバーは、奥山章雄氏（日本公認会計士協会会長）、木村剛氏、香西泰氏（日本経済研究センター会長）、中原伸之氏、吉田和男氏（京都大学教授）の5名であった。
(24) 金融庁ホームページに掲載されている「金融再生プログラム」（平成14年10月30日）から引用。具体的には、主要行（都銀・信託合計）の不良債権比率（貸出等の総与信に占める金融再生法開示債権の比率）が2002年3月期末に8％台であったものを2005年3月末までに半分程度へと低下させることを意味していた。
(25) 「DCF法」とは、貸出債権から生み出される将来のキャッシュ・フローを（デフォルト・リスクを加味した）金利で割り引いて現在価値を求める手法。
(26) 繰り延べ税金資産とは、法人税等の支払いが企業会計上前払いと認められる場合

に、貸借対照表上に資産として計上されるもの。銀行の貸倒引当金は、税務会計上の損金ではないため、貸倒引当金を計上した時点では節税効果が発生せず、実際に融資先が破綻して債権が回収不能になった時点で、はじめて損金と認められて、一旦支払われた法人税が戻ってくる。税効果会計では、その場合に戻ってくる税額（還付見込み額）を繰り延べ資産として予め計上できる。ただし、繰り延べ資産を計上した翌年以降において課税所得が発生することが、繰り延べ資産の計上が認められるための条件となる。

(27) 2001年1月6日の中央省庁再編で、郵政省の郵便行政と郵政事業（郵便事業、郵便貯金事業、簡易保険事業）は、それぞれ総務省郵政企画管理局と郵政事業庁に再編されたが、さらに後者は2003年4月1日に特殊法人である日本郵政公社となった。初代総裁には、生田正治氏（前商船三井会長、経済同友会副代表幹事）が就任した。

(28) 藤井良広『縛られた金融政策』（日本経済新聞社、2004年）280～282ページを参照。なお、今井氏が委員長を辞任したのは、民営化後の高速道路の新規建設抑制を強く主張する委員と対立した際に、小泉首相が今井支持を明確にせずあいまいな態度に終始したためとされている。

(29) 中原（伸）氏自身が語るところによれば、住友信託銀行による日長銀の救済合併が画策されたおりに、「首相の小渕恵三さんが、住友信託社長の高橋温さんを官邸に呼んで直接説得しましたね。実は、あれは私が提案したのです」との由であるし、小渕首相の後任に就任した森氏については、「森さんもよく知っています。彼は、どちらかというと、政策能力というよりも党人派で派閥をまとめる力強さがあります」としている。前掲『日銀はだれのものか』43ページ、113ページからそれぞれ引用。

(30) 上川龍之進『日本銀行と政治』（中央公論新社、2014年）85～86ページを参照。

(31) 中原（伸）氏によれば、2001年6月に武富審議委員の送別会が開かれた際に、山口副総裁と雑談する機会があり、「2003年には速水さん以下の執行部の方々も辞められる。後任は三人とも外部から来るかもしれない」と言ったところ、山口副総裁は、「福井さんは総裁への意欲があります」と応じた。前掲『日銀はだれのものか』186ページから引用。

(32) 前掲『縛られた金融政策』283ページから引用。

(33) 日銀総裁人事について問われた小林氏は、「福井さんをはじめとする金融、財政に関して幅広い見識を持ち、金融政策を決めていける人が決まると思っている」と述べた。

(34) 前掲『日本銀行と政治』100～101ページを参照。

(35) 前掲『縛られた金融政策』284～285ページを参照。

(36) 前掲『縛られた金融政策』285ページを参照。

(37) 福井俊彦氏（1935年9月7日生—、大阪府出身）は、大阪市で傘屋を営む商家に育ち、戦時中の学童疎開先では仲間をいじめる地元の悪童と「決闘」して、以後一目を置かせたというエピソードで知られている。1958年に東京大学法学部を卒業して、日本銀行に入行した。大学時代はハンドボール部主将であったが、日銀入行同期には、同じく東京大学法学部出身で野球部主将を務め留年した南原晃氏（故人）もいたように、前年より採用人数が増えた関係で異色の経歴の持ち主も採用されたといわれてい

る。日銀入行後の福井氏は、総務部で日本銀行改正に関する調査を担当した後、パリ駐在などを経て、1977年には、佐々木元総裁・三重野元総裁も経験した総務部企画課長の要職に就いて、日本銀行の「プリンス」と目されるようになった。その後は、高松支店長、大阪支店副店長、総務局（旧総務部から機構改編）次長、人事局次長などを経て、1985年に調査統計局長、1986年に営業局長、1989年に総務局長と主要ポストを歴任し、同年中に理事に昇格した。1994年12月に、大蔵省と日本銀行とのいわゆる「たすき掛け人事」として松下第28代総裁の下での副総裁に任命され、5年後の総裁昇格を確実視されていたが、1998年3月には、日本銀行職員が接待汚職事件で逮捕されたことの責任を問われ、「世の中に迷い出る」との言葉を残して、松下総裁とともに辞任した。

(38) 従来において最も長かった景気拡張局面は、「いざなぎ景気」の53か月、次は「バブル景気」の51か月であった。

(39) 日本銀行調査統計局「雇用・所得情勢にみる日本経済の現状」（『日本銀行調査季報』2005年1月）を参照。

(40) 併せて、補完貸付制度について、当分の間すべての営業日を通じて公定歩合による利用を可能とすることが、全員一致で決定された。なお、政策決定会合の終了後には、一般会合を開催し、銀行保有株の購入枠を1兆円（2兆円→3兆円）拡大した。

(41) 2003年1～3月から2004年1～3月までの間における介入額約35兆円に対して、同期間における日銀当座預金残高は約13兆円の増加であり、介入額の3分の1程度が実際上は「非不胎化」されたことになる。

(42) 大和銀行（勝田泰久頭取）は、2001年8月1日に信託銀行部門を分社化するとともに、近畿大阪銀行、奈良銀行との共同持ち株会社を設立すると発表していた（同年12月12日に「大和銀ホールディングス」が発足した）。なお、近畿大阪銀行は、大和銀行主導で近畿銀行と大阪銀行が2000年4月に合併してできた銀行であり、2001年2月には「なみはや銀行」（1999年8月から金融整理管財人の管理下）の営業の一部を引き受けていた。

(43) 前掲『金融動乱』102～104ページを参照。なお、両行の合併前に、「あさひ銀行」の監査をしていた朝日監査法人は、「りそなグループ」の将来の収益見通しが不芳であることから繰り延べ税金資産の計上を認められないとして、大和銀行側の新日本監査法人（繰り延べ税金資産の計上を認める立場）と対立していたとされている。前掲『日銀エリートの挫折と転落』110～111ページを参照。

(44) 預金保険法102条1項は、「わが国または対象銀行が業務を行っている地域の信用秩序維持に重大な支障が生じるおそれがあると認める場合」は、内閣総理大臣が金融危機対応会議の議を経て講じることができる措置として、①対象銀行が債務超過ではない場合の「1号措置」（公的資本増強：預金保険機構による株式の引受）、②対象銀行が債務超過の場合の「2号措置」（ペイオフ・コスト超の資金援助：預金の全額保護）と「3号措置」（特別危機管理：一時国有化）、を定めている。

(45) 細谷会長は、公的資金を使って2004年3月期の決算で不良債権の大幅な処理を断行（1兆7700億円の特別損失を計上）し約1兆4000億円の赤字となったが、2005年3月期決算では、貸倒引当金の戻り益もあって、一転して約3800億円の黒字とした。

この間、営業窓口の開設時間を延長したりして顧客の利便を図るとともに、会社統治の形態を委員会設置会社制度に移行させるなどの経営改革に注力した。

(46) 前掲『金融システム改革50年の軌跡』513～514ページ、および、前田裕之『ドキュメント銀行』(ディスカヴァー・トゥエンティワン、2015年) 95～97ページを参照。

(47) 前掲『金融動乱』105～109ページを参照・引用。

(48) 西村吉正元大蔵省銀行局長は、政府(金融庁)が「りそな銀行」を破綻前の公的資金注入とする一方、足利銀行を破綻後の特別危機管理(一時国有化)としたことについて、「両行間には債務超過か否かの違いがあったとの説明もあるが、このような取扱いの違いは、政府の方針への理解を難しくするとともに、関係者には不公平感を生み出した」と批判している。前掲『金融システム改革50年の軌跡』515～516ページから引用。

(49) 増資と並行して、同年3月17日には、傘下の第2地銀「わかしお銀行」を存続会社として三井住友銀行を合併させるという「逆さ合併」を実施し、消滅会社となる三井住友銀行の資本準備金約2兆円を取り崩して不良債権処理の引当に充当した。西川善文『ザ・ラストバンカー』(講談社、2011年) 181ページを参照。

(50) 前掲『金融動乱』128～130ページ、および、前掲『ドキュメント銀行』220ページを参照。なお、UFJ特別検査チームの仕振りについては、「検査忌避としてUFJ銀行を追い込んでから、三菱基準で査定をやり直したら多額の戻し益が出た、などという事態は当初の査定の妥当性に疑念を抱かせる」(『週刊金融財政事情』2017年11月20日号「豆電球」58ページ)との批判的な見方もあることを指摘しておきたい。

(51) 5月21日には、傘下のUFJ信託銀行を住友信託銀行に売却すると発表したが、これは監査を担当する青山監査法人に決算を承認してもらうための措置であったとされている。前掲『ドキュメント銀行』218ページを参照。

(52) その後2004年10月に、金融庁は、特別検査当時における担当役員3名を銀行法違反容疑で刑事告発した。前掲『金融動乱』123～135ページを参照。

(53) 前掲『ドキュメント銀行』221ページを参照。

(54) 西川善文『ザ・ラストバンカー』197ページを参照。西川氏は、「今から考えれば、UFJの沖原頭取などが私にサインを送ってきたのは、本音では東京三菱と組みたくなかったのではないかと思う。(中略)正直に申せば、大魚を逸したということだ」(前掲書202ページ)と無念の想いを吐露している。

(55) これに先立って7月13日に、UFJHD(玉越社長)は、住友信託銀行(高橋温社長)に対してUFJ信託銀行の売却を白紙撤回すると伝えた。突然の白紙撤回に激怒した住友信託銀行は、UFJ信託銀行に関わる三菱東京FGとの経営統合の交渉中止を求めて裁判に訴えたが、東京地裁から始まった一連の裁判で、最終的には8月30日の最高裁判決により住友信託銀行側の主張は退けられた。前掲『ドキュメント銀行』230～235ページを参照。

(56) 三菱東京FGとUFJHDは、8月12日に経営統合に関する基本合意書を締結し、2005年10月1日までに「三菱UFJフィナンシャル・グループ」を設立すると発表した。

(57) アプラス（信販会社）は、9月3日に新生銀行に売却された。国際自動車（タクシー会社）は、9月1日に投資ファンド「シナジー・キャピタル」（オリックスなどが出資）に売却され、赤坂のビル3棟はアメリカの投資ファンド「ローンスター」に売却された。国際興業（運輸・観光・レジャー事業）は、11月30日にアメリカの投資ファンド「サーベラス」に売却された。
(58) ダイエーが産業再生機構に持ち込まれた経緯については、斎藤惇「私の履歴書第21回」（『日本経済新聞』2017年10月22日）を参照。
(59) 大口の支援事例としては、上記のダイエーのほかに、三井住友銀行がメイン行のカネボウ（薬品・食品・化粧品など）が挙げられる。
(60) 産業再生機構の事業内容の詳細については、翁百合『金融危機とプルーデンス政策』（日本経済新聞出版社、2010年）179ページを参照。
(61) 斎藤惇氏は、後日において、産業再生機構が「融資の担保を適正に評価しなおすとともに、企業には新たな資本を入れてガバナンスを変える。これにより企業を成長の制約から解き放ち、金融も蘇生させる」という意味で、「時代の申し子」だったとしている。斎藤惇「私の履歴書第22回」（『日本経済新聞』2017年10月23日）を参照・引用。
(62) 金融庁ホームページに掲載されている各年度（期）の「不良債権の状況等」を参照。
(63) 西村吉正氏（元大蔵省銀行局長）は、「金融再生プログラム後3年間の不良債権額の減少原因は、ハードランディング路線による不良債権処理政策の成功というよりは、主として景気回復およびそれに伴う債務者の返済努力による金融の正常化によるとみるのが穏当であろう」としている。前掲『金融システム改革50年の軌跡』526ページから引用。
(64) 「郵政民営化関連6法」の規定に基づいて、日本郵政公社は2007年10月1日に解散し、持ち株会社「日本郵政」の傘下に、配達・物流を手掛ける「郵政事業会社」、金融商品販売などの窓口業務を行う「郵便局会社」、銀行業務を行う「ゆうちょ銀行」、保険業務を行う「かんぽ生命保険」の4社を置く形で日本郵政グループが発足した。なお、政府が保有する「ゆうちょ銀行」「かんぽ生命保険」の株式については、2017年9月末までに完全売却する方針とされた。
(65) 福間委員は、4月28日から2006年2月8日・9日まで13回の会合で日銀当座預金残高目標の27～32兆円への引き下げを一貫して提案した。水野委員は、4月28日と5月19日・20日の会合で福間委員の提案に賛成した後、6月14日・15日から10月31日までの7回の会合では、同残高目標の25～30兆円への引き下げ提案を独自に行ったが、11月17日・18日から2003年2月8日・9日までの4回の会合では、独自提案を止めて福間委員との共同提案（同残高目標の27～32兆円への引き下げ）に切り替えた。
(66) 前述した「金融政策の透明性の強化について」（2003年10月10日）で示された3つの条件のこと。沖縄県金融経済懇談会における須田審議委員挨拶要旨（『日銀調査月報』2004年5月号、7～8ページ）を参照。
(67) 採決に先立って、政府からの出席者である赤羽一嘉財務副大臣および中城内閣府審議官から政府としての意見調整のため会議中断の要請があり、約30分間中断したが、

「量的緩和政策の解除の検討に当たっては、（中略）引き続き政府・日銀一体となったデフレ脱却に向けた取り組みを行っていただくことを改めて強く要望する」（中城審議官）が、「量的緩和政策の解除については、政策決定会合のご判断を尊重したい」（赤羽副大臣）として衝突を回避する姿勢を示した。

(68)　なお、この対外公表文では、経済・物価情勢の点検に当たっての「柱」として、1、2年先の経済・物価動向を予測しながら「物価安定の下での持続的経済成長を実現する」第1の柱（予測に基づく物価安定目標政策）に加えて、「中長期的な視野に立って、金融面での不均衡に関するリスク点検を行う」第2の柱（マクロ・プルーデンス政策の視点）が提唱された。岩田一政『デフレとの闘い』（日本経済新聞出版社、2010年）187～190ページ、および、須田美矢子『リスクとの闘い』（日本経済新聞出版社、2014年）152～153ページを参照。

(69)　採決に先立って、政府からの出席者である赤羽財務副大臣および中城内閣府審議官から会議中断の要請があり、約20分間中断した。会議再開後に、赤羽財務副大臣は、「政府としては、インフレの懸念が見られない現在の状況では、（中略）ゼロ金利政策の解除については、必ずしも急ぐ必要はないものと考えている」が、解除のタイミングについては「日本銀行のご判断に委ねたい」と譲歩した。また、中城内閣府審議官も、「仮に解除される場合には、当分の間、極めて低い金利水準による緩和的な金融環境を維持することを明確にしていただきたい」と述べるに止まった。

(70)　小巻泰之『経済データと政策決定』（日本経済新聞出版社、2015年）229～235ページを参照。

(71)　岩田氏は、議事録公表後の2017年8月1日『日本経済新聞』紙上において、「（それまで）執行部が提案した議案に副総裁が反対してことはなかった。反対票を投じた2月の会合前には日銀法を何度も読み返し、前もってほかの正副総裁に意思を伝えた。（中略）決まったことに執行部は重い責任を持つ。執行部の1人としては、3月以降の会合でも反対を続けるのは難しいと考えた」と当時の心境を明らかにしている。

(72)　水野氏は、議事録公表後の2017年8月1日『日本経済新聞』紙上において、「あまり利上げを遅らせると、次の景気後退期に利下げをするための金利の『のりしろ』を作れなくなってしまう」ので、「本当は1％くらいは金利を上げたかった」と当時において追加利上げを主張した狙いを明らかにしている。

(73)　ムーディーズとS&Pは、予想を上回るサブプライム・ローンの延滞率や差し押さえを反映させる形でMBS（モーゲージ担保証券）などの大量格下げを発表した。ただし、格下げされたのは、サブプライム・ローン関連MBS全体の1～2％（その大半は、元来BBB格以下であったものをCCCクラスへ）に過ぎなかった。

(74)　BNPパリバ銀行は、解約が殺到した傘下の3つのファンド（簿外で管理するSIV: Structured investment vehicle）を凍結したが、直後にABCP（資産担保コマーシャル・ペーパー）市場が縮小しいわゆる「流動性枯渇」の状態となり、同行のバックアップ・ラインへの資金調達要求が殺到したため、8月9～10日に日米欧の中央銀行が流動性支援策として緊急資金供給を実施した。

(75)　福井総裁が「村上ファンド」に拠出していた資金は、2007年2月までに全額払い戻しとなり、総額は約2200万円となったが、そのうち納税分を除いた約2000万円

をすべて留学生支援団体などの慈善団体に寄付したとされている。2007 年 2 月 9 日「ロイター」報道。
(76) 折谷吉治『中央銀行制度の経済学』（学術出版社、2013 年）140〜141 ページを参照。
(77) 日銀ホームページに掲載されている「福井総裁退任記者会見要旨（2008 年 3 月 19 日）」を参照。
(78) 既述のとおり審議委員として「量的緩和」解除の推進役を務めた水野温氏は、福井総裁が「当初こそ金融緩和に積極的な『デフレファイター』を演じていたが、根っこの DNA はセントラルバンカー。政治と歩調を合わせつつも、最後は金利のある世界に戻す段階まで考えていた」と後日評している（『日本経済新聞』2016 年 7 月 16 日から引用）。

[参考文献]
有森隆（2010）『日銀エリートの挫折と転落』講談社
岩田一政（2010）『デフレとの闘い』日本経済新聞出版社
梅田雅信（2011）『日銀の政策形成』東洋経済新報社
翁百合（2010）『金融危機とプルーデンス政策』日本経済新聞出版社
折谷吉治（2013）『中央銀行制度の経済学』学術出版社
上川龍之進（2014）『日本銀行と政治』中央公論新社
草野厚（2012）『歴代首相の経済政策』角川書店
黒田晁生（2001）「不良債権問題の現状と課題」『金融ジャーナル』2001 年 9 月号
黒田晁生（2002）「日銀が銀行保有株式を直接買取りへ　プルーデンス政策上も金融政策上も問題が多い決定」『金融財政事情』2002 年 9 月 30 日号
小巻泰之（2015）『経済データと政策決定』日本経済新聞出版社
五味廣文（2012）『金融動乱：金融庁長官の独白』日本経済新聞出版社
須田美矢子（2014）『リスクとの闘い』日本経済新聞出版社
竹中平蔵（2006）『構造改革の真実』日本経済新聞社
中原伸之（2006）『日銀はだれのものか』中央公論新社
西川善文（2011）『ザ・ラストバンカー』講談社
西村吉正（2011）『金融システム改革 50 年の軌跡』金融財政事情研究会
日本銀行（2002）「不良債権問題の基本的な考え方」『日本銀行調査月報』2002 年 11 月号
日本銀行調査統計局（2005）「雇用・所得情勢にみる日本経済の現状」『日本銀行調査季報』2005 年 1 月
藤井良広（2001）『金融再生の誤算』日本経済新聞社
藤井良広（2004）『縛られた金融政策』日本経済新聞社
前田裕之（2015）『ドキュメント銀行』ディスカヴァー・トゥエンティワン

第7章
総括および歴代日本銀行総裁のパフォーマンス評価

　本書の第1章から第6章までの「各論」(詳論)では、1971年(昭和46年)8月に起きた「ニクソン・ショック」の前年から始めてアメリカ発のサブプライム・ローン問題がグローバル金融危機へと進行中の2008年(平成20年)春に至るまで(言い換えれば、佐々木直第22代総裁の就任から福井俊彦第29代総裁の退任まで)の約36年間を分析の対象期間として、歴代日本銀行総裁による金融政策を歴史的な流れに則して叙述するとともに、その時々の重要な課題について実証的に分析した。

　本章は、第2次世界大戦後の1945年(昭和20年)夏(言い換えれば、一万田尚登第18代総裁の就任前後)まで時代を遡る一方、いわゆる「異次元緩和」を推進してきた黒田東彦第31代総裁が安倍晋三内閣によって再任された2018年(平成30年)に至るまでの約73年間(1947年秋に生を受けた筆者にとっては、自らのライフサイクルとほぼ重なる期間)に分析の対象期間を拡大して、日本銀行の金融政策を概観した「総論」(概論)である。

　ここで、上記「各論」と「総論」との対象期間が違うことについて、筆者の個人的事情を説明しておくと、まず、一万田総裁から宇佐美洵第21代総裁までの期間(1945年夏～1969年冬)における日本銀行の金融政策については、「各論」(詳論)としても執筆済みであり、別途自家製本『日本銀行の金融政策(1945～2008年)[1]』として刊行したが、本書では、紙幅の制約から割愛せざるをえなかったことをお断りしておく。一方、白川方明第30代総裁から黒田総裁の当初任期までの期間(2008年春～2018年春)までの期間については、とりあえず概論を執筆した後、今後において政策委員会・金融政策決定会合の議事録公表(会合から10年後)が順次行われるのを追いかけながら、「各論」(詳論)としての執筆作業を漸次進めて行く所存である。

　なお、本章は、一万田総裁から黒田総裁までの約73年間における日本銀行の金融政策についての総括およびパフォーマンス評価ではあるが、白川総

裁以降の日本銀行の金融政策については、あくまでも現時点における暫定的な評価であり、将来において上記「各論」の執筆作業を終えた時点で、筆者としての最終的な評価を定めたいと考えている。

第1節　戦後日本の景気循環と経済成長

1．戦後日本の景気循環

　一万田総裁以降の歴代日本銀行総裁が、いかなる経済状況の下で金融政策の運営に当たったのかを理解しておくために、第2次世界大戦後から最近までの期間における日本の景気循環を概観しておく。ちなみに、図表7-1は、内閣府経済社会総合研究所（旧経済企画庁）が判定する景気の「山（Peak）」「谷（Trough）」を基準にして、日本の景気循環を一表にまとめたものである。

　この表で、第2次世界大戦後における悪性インフレーションの時期（1946～50年）は、正常な景気循環に入る以前の異常な時期であったというのが政府（旧経済企画庁）の判断であり、景気の第1循環は、朝鮮戦争に伴う特需景気がピークアウトした1951年6月の景気の「山」から始まり、1951年10月の景気の「谷」までの4か月に亘る景気後退局面としてのみ記録されている。そして、1952年の「消費景気」と1953年の「投資景気」によって特徴付けられた27か月に亘る景気拡張が日本銀行の金融引締めや政府の緊縮財政政策によって沈静化させられた景気の第2循環（1951年10月「谷」→1954年1月「山」→1954年11月「谷」）こそが、戦後はじめての明確な景気循環であったということになる。

　以下では、図表7-1に則して、戦後日本の景気循環がどのような内容であったのかについて概説する。

(1) 高度成長期の景気循環

　昭和30年代から40年代前半（言い換えれば、1950年代後半から1960年代）にかけての日本経済の高度成長期においては、第3循環から第6循環までの4つの景気循環が記録されている。

図表7-1 戦後日本における景気循環日付

	谷	山	谷	期間(月)			(参考)四半期基準日付	
				拡張	後退	全循環	山	谷
第1循環 朝鮮戦争		1951年 6月	1951年 10月		4		1951年 4-6月	1951年 10-12月
第2循環 消費・投資景気	1951年 10月	1954年 1月	1954年 11月	27	10	37	1954年 1-3月	1954年 10-12月
第3循環 神武景気	1954年 11月	1957年 6月	1958年 6月	31	12	43	1957年 4-6月	1958年 4-6月
第4循環 岩戸景気	1958年 6月	1961年 12月	1962年 10月	42	10	52	1961年 10-12月	1962年 10-12月
第5循環 東京五輪	1962年 10月	1964年 10月	1965年 10月	24	12	36	1964年 10-12月	1965年 10-12月
第6循環 いざなぎ景気	1965年 10月	1970年 7月	1971年 12月	57	17	74	1970年 7-9月	1971年 10-12月
第7循環 列島改造 過剰流動性	1971年 12月	1973年 11月	1975年 3月	23	16	39	1973年 10-12月	1975年 1-3月
第8循環 スタグフレーション脱出	1975年 3月	1977年 1月	1977年 10月	22	9	31	1977年 1-3月	1977年 10-12
第9循環 第2次石油危機	1977年 10月	1980年 2月	1983年 2月	28	36	64	1980年 1-3月	1983年 1-3月
第10循環 プラザ合意 円高不況	1983年 2月	1985年 6月	1986年 11月	28	17	45	1985年 4-6月	1986年 10-12月
第11循環 バブル経済	1986年 11月	1991年 2月	1993年 10月	51	32	83	1991年 1-3月	1993年 10-12月
第12循環 金融システム危機	1993年 10月	1997年 5月	1999年 1月	43	20	63	1997年 4-6月	1999年 1-3月
第13循環 IT景気	1999年 1月	2000年 11月	2002年 1月	22	14	36	2000年 10-12月	2002年 1-3月
第14循環 いざなみ景気	2002年 1月	2008年 2月	2009年 3月	73	13	86	2008年 1-3月	2009年 1-3月
第15循環 グローバル金融危機	2009年 3月	2012年 3月	2012年 11月	36	8	44	2012年 1-3月	2012年 10-12月

[資料出所] 内閣府経済社会総合研究所

まず、第3循環（1954年11月「谷」→ 1957年6月「山」→ 1958年6月「谷」）は、31か月にわたった景気拡張局面が、有史以来の好況という意味で「神武景気」と呼ばれた。「神武景気」の過熱化は国際収支の危機を招き、日本銀行の厳しい金融引締め政策によって一旦は「鍋底不況」と呼ばれた反動不況に陥ったが、まもなく設備投資ブームの再燃から42か月にわたる景気拡張局面となり、「神武景気」を上回るという意味で「岩戸景気」と呼ばれた第4循環（1958年6月「谷」→ 1961年12月「山」→ 1962年10月「谷」）が起きた。池田勇人首相が唱える「国民所得倍増計画」の下で、鉄鋼・石油化学など素材産業から自動車・電機など加工産業に至る幅広い業種での新規設備投資が活発化し、それらが次第に能力化して輸出拡大をもたらすという形で日本経済の高度成長が実現したのである。

次に、1964年10月の東京オリンピックを景気の転換点とした第5循環（1962年10月「谷」→ 1964年10月「山」→ 1965年10月「谷」）は、「神武景気」や「岩戸景気」と比較して短い景気拡張局面（24か月）と「証券不況」を含む深刻な景気後退局面によって特徴付けられた。当時の日本経済が、それまでの高度成長からの「転型期」に入ったとみられるようになった所以である。しかし、1965年6月の山一證券救済を経て「証券不況」を克服した後の日本経済は、再び幅広い産業における設備投資に主導された高度成長軌道に戻り、第6循環（1965年10月「谷」→ 1970年7月「山」→ 1971年12月「谷」）の景気拡張局面（57か月）は「神武景気」や「岩戸景気」を大きく上回って、「いざなぎ景気」と呼ばれるまでになった。なお、1971年8月の「ニクソン・ショック」後における円高不況として特徴付けられる第6循環の後退局面は、昭和40年代後半（1970年代前半）に跨っており、次の安定成長期へとつながっていることを注意しておく。

以上4つの景気循環は、平均してみると拡張局面が約39か月、後退局面が約13か月であり、比較的短い不況期をはさんで、その約3倍の長さの好況期が繰り返し出現するという形で、高度成長期のダイナミズムを如実に示すものとなっている。

(2) 安定成長期（およびバブル期）の景気循環

　昭和 40 年代後半から平成初期まで（言い換えれば、1970 年代から 1990 年代初期）にかけての安定成長期およびバブルの生成・崩壊期においては、第 7 循環から第 11 循環までの 5 つの景気循環が記録されている。

　まず、1971 年 8 月の「ニクソン・ショック」後における過剰流動性と田中角栄首相の「列島改造論」に沿った公共投資によってもたらされた景気拡張は、1973 年 10 月の第 1 次石油危機発生と相俟って「狂乱物価」を惹起し、日本銀行の厳しい金融引締め政策による景気後退へとつながった。これが高度経済成長期と比べて短い景気拡張局面（23 か月）によって特徴付けられる第 7 循環（1971 年 12 月「谷」→ 1973 年 11 月「山」→ 1975 年 3 月「谷」）であった。その後、2 桁インフレーションとマイナス成長が並存する典型的なスタグフレーションから脱却してからも、安宅産業の経営危機などの影響によって景気の回復力は弱弱しいものであり、1977 年に入ってからの急速な円高の影響と相俟って、第 8 循環（1975 年 3 月「谷」→ 1977 年 1 月「山」→ 1977 年 10 月「谷」）の景気拡張局面（22 か月）は、第 7 循環よりも更に 1 か月短命で終わった。

　次に、第 1 次石油危機に対応した企業の減量経営が進展し、数年にわたる設備ストックの調整が一巡した 1978 年春頃から設備投資の増勢による本格的な景気拡張局面（28 か月）があり、それが 1978 年 10 月の第 2 次石油危機に対応した金融引締め政策によって長い景気後退局面（36 か月）へと転じる形で、第 9 循環（1977 年 10 月「谷」→ 1980 年 2 月「山」→ 1983 年 2 月「谷」）が起きた。この間において、アメリカのカーター政権による 1978 年 11 月のドル防衛策に始まったドル高・円安化が 1981 年初のレーガン政権発足とともに一段と進んだため、日本経済は輸出の回復に支えられた景気拡張局面（28 か月）に転じたものの、円安化の下での経常収支黒字の拡大は深刻な対外経済摩擦を引き起こした。その後、アメリカの景気後退に伴う輸出の鈍化から景気が腰折れし、さらに 1985 年 9 月のプラザ合意以降における急速な円高進行による景気後退へと進んだのが第 10 循環（1983 年 2 月「谷」→ 1985 年 6 月「山」→ 1986 年 11 月「谷」）であった。

　プラザ合意以降の国際的政策協調路線に基づいた日本銀行の金融緩和政策

と政府の「円高不況」対策に支えられて、日本経済は1987年には力強い景気拡張局面に入り、1988年に入ると活発な設備投資や旺盛な個人消費が景気の牽引役を務めるようになった。この間、1987年10月の「ブラック・マンデー」(世界の株価大暴落)を乗り切った後は、地価・株価の高騰に拍車がかかって「バブル」状態となったが、1989年5月に日本銀行が金融引締め政策に転換すると、株価は1990年初から、地価も1991年央からそれぞれ下落に転じて「バブル」は崩壊した。それにつれて、「バブル景気」と呼ばれた景気拡張局面(51か月)は、設備・住宅・耐久消費財などのストック調整を伴う景気後退局面へと転化し、不良債権問題が危惧されるようになったこともあって、1992年夏頃から景気後退が次第に明瞭なものとなった。これが、「バブル」の生成・崩壊過程で起きた第11循環(1986年11月「谷」→1991年2月「山」→1993年10月「谷」)であった。なお、「バブル」の崩壊過程として特徴付けられる第11循環の後退局面は、1990年代以降における経済停滞期への移行過程そのものであることを注意しておく。

　以上5つの景気循環は、平均してみると拡張局面が約30か月、後退局面が22か月であり、高度成長期と比べて、拡張局面はより短く、後退局面はより長くなったことがわかる。なお、「バブル」の生成・崩壊期に当たる第11循環を除いた文字通りの安定成長期の平均でみると、拡張局面は約25か月、後退局面は約20か月であった。

(3)「バブル」崩壊後の経済停滞期における景気循環

　平成一桁代中頃から平成20年代(言い換えれば、1990年代中頃から2010年代)にかけては、第12循環から第15循環までの4つの景気循環が記録されている。なお、2012年11月を「谷」とする第16循環の景気拡張局面が、本書の発刊を間近にした2018年12月時点において進行中とみられることを付言しておく。

　まず、「バブル景気」が崩壊した後の景気後退は、政府の経済対策や日本銀行の金融緩和政策への転換によって1993年秋には漸く底入れしたものの、同年8月の細川護熙非自民連立政権への交代、1995年1月の阪神・淡路大震災発生、1995年4月にかけての急速な円高進行など一連の不安定要因の

影響もあって、景気回復のテンポはごく緩やかなものに止まった。阪神・淡路大震災および円高に対応した政府の経済対策や日本銀行の更なる金融緩和政策によって、1995年秋頃から景気回復の足取りはしっかりしたものの、1997年4月の消費税率引上げなどを契機として景気は腰折れし、同年夏におけるアジア通貨危機の発生や、同年秋以降における国内大手金融機関の相次ぐ破綻によって深刻なデフレーションに陥った。これが、金融システム危機を伴う後退局面によって特徴付けられる第12循環（1993年10月「谷」→1997年5月「山」→1999年1月「谷」）であった。

　金融システム危機に対応して日本銀行が1999年2月からコールレートをゼロ％に誘導する「ゼロ金利政策」に踏み切ったのと相前後して景気も底入れし、折柄の「IT（情報技術）ブーム」による景気回復局面がもたらされた。しかし、2000年8月に日本銀行が「ゼロ金利政策」を解除すると、アメリカの「ITバブル」崩壊の影響もあって、日本経済は間もなく景気後退に陥り、2001年3月には「量的緩和政策」という形で再びゼロ金利へと逆戻りした。これが、第8循環と同様に短命の拡張局面（22か月）によって特徴付けられる第13循環（1999年1月「谷」→2000年11月「山」→2002年1月「谷」）であった。

　「量的緩和政策」が2006年3月まで続行される中で、2003年初から2004年春にかけて大量の円売り介入が実施され円高に歯止めがかけられたこともあって、輸出の増大に支えられた長い景気回復がもたらされた。この景気拡張局面は、途中で3回の踊り場を経て既往最長の73か月となり、「いざなぎ景気」を超えるという意味で「いざなみ景気」と呼ばれたものの、平均成長率が2％程度と低く、ほとんど景気高揚感のないままに終わった。2008年に入ると、日本経済は「量的緩和政策」の解除に加えて、アメリカ発の世界金融危機の影響で景気後退に転じ、同年9月の「リーマン・ショック」によって深刻な不況に陥った。これが、第14循環（2002年1月「谷」→2008年2月「山」→2009年3月「谷」）である。

　「リーマン・ショック」後の深刻な不況からの回復期に当たる景気拡張局面は、景気の「谷」から2年後の2011年3月11日に発生した東日本大震災によってサプライ・チェーンが寸断されたため、生産活動が大きく落ち込

だ後、復興需要や政策効果などによって再び回復に転じたものの、海外経済の減速に伴う輸出の減退を主因として景気後退に転じた。これが、比較的短命に終わった第15循環（2009年3月「谷」→2012年3月「山」→同年11月「谷」）である。

以上4つの景気循環は、平均してみると拡張局面が約44か月、後退局面が約14か月となり、高度成長期や安定成長期（含むバブル期）と比べて、長期停滞期の拡張局面はより長く、後退局面はより短くなっている。また、拡張局面と後退局面を合計した全循環の平均をみると長期停滞期の約57か月は、高度成長期の約51か月、安定成長期（含むバブル期）の約52か月とくらべて、より長くなっている。逆説的ではあるが、「バブル」崩壊後においては、本格的な金融引締めのチャンスが訪れないまま、だらだらと景気拡張局面が長引くという形で、かつてのような明瞭な景気循環が観察されなくなってしまったのである。なお、第16循環の景気拡張局面は、2018年12月時点で既に73か月となり、戦後最長の「いざなみ景気」の景気拡張局面73か月に並んだとみられる（正式判定は後日）が、これを含めて拡張局面の平均値を計算し直すと同時点で約49か月になる。

2．日本経済の中長期循環と経済成長

これまで第2次世界大戦後における日本の景気循環の態様を概観したが、次に実際のデータによって確認しておくことにしよう。図表7-2は、第2次世界大戦後における日本の名目・実質GDP成長率（年次データ）の長期的な推移を示したものである。

図表7-2をみると、まず1950年代後半から1960年代にかけての高度成長期においては、「オリンピック景気」（第5循環）がやや迫力を欠くものの、それぞれ「岩戸景気」（第3循環）、「神武景気」（第4循環）、「いざなぎ景気」（第6循環）と称された景気拡張局面を持つ3つの景気循環が明瞭に観察される。そうした景気循環の存在は、実質GDP成長率の系列よりも名目GDP成長率の系列の方がはっきりしており、高度成長期の景気循環が数量景気と価格景気の相乗効果によって生じていたことがわかる。

次に、1970年代から1990年代初期にかけての安定成長期（およびバブル期）

図表 7-2　実質 GDP 成長率と名目 GDP 成長率の推移　（1995 〜 2017 年）

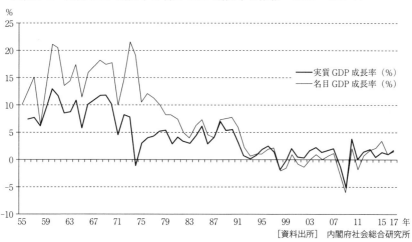

[資料出所] 内閣府社会総合研究所

においては、5つの景気循環のうち第8循環と第9循環の区別がはっきりしないものの、第1次石油危機（第7循環）、第2次石油危機（第9循環）、プラザ合意以降の円高（第10循環）、バブル崩壊（第11循環）を契機とした4つの景気後退局面がはっきりと観察される。安定成長期においては、時間の経過とともに名目 GDP 成長率の系列が実質 GDP 成長率の系列に次第に接近していったことが特徴的であり、このことは価格景気が消滅に向かったこと（日本銀行の立場からみると物価安定が達成されたこと）を意味している。

一方、1990年代中頃から2010年代にかけての経済停滞期においては、第12循環から第15循環のうち、「リーマン・ショック」後の大幅な落ち込みからの急回復が特徴的な第15循環を除けば、「いざなみ景気」と名付けられた第14循環を含めて3つの景気拡張局面はいずれも弱弱しいものであり、その意味でまさに長期にわたる「経済停滞期」であったことを確認できる。また、名目 GDP 成長率の系列と実質 GDP 成長率の系列は、ほぼ重なり合っているが、仔細にみると1995年以降は（消費税率引き上げがあった1997年を除いて）前者が後者を下回り続けており、長期間にわたって緩やかなデフレーションが進行したことがわかる。なお、2013年4月以降の「異次元緩和」と相前後して始まった第16循環の景気拡張局面は、2018年12月時点にお

いてなお進行中とみられるが、これまでのところ実質GDP成長率率の系列にさしたる盛り上がりは窺われず、その意味で「長期停滞」からの脱却には依然として成功していない。ただし、名目GDP成長率の系列は実質GDP成長率の系列を若干ながらも上回るようになっており、デフレーションからは脱却できていると評価されよう。

さて、図表7-3は、戦後における日本経済の中期循環を確認するために、景気循環分析の泰斗、故篠原三代平教授の研究に倣い(2)、図表7-2で示した実質GDP成長率の年次系列について3期（年）移動平均と7期（年）移動平均を計算して示したものである。

まず、3期移動平均の系列をみると、成長率のピークは、1960年（11.5%）、1968年（11.7%）、1978年（5.1%）、1989年（6.0%）、1996年（2.0%）、2005年（1.8%）、2011年（1.9%）となっている。これらのうち最初から4つのピークは、篠原教授によって確認された高度成長期から安定成長期（およびバブル期）を通じて観察された約10年（8～11年）周期の設備投資循環（中期循環）に相当するが、バブル崩壊以降の経済停滞期においても1996年、2005年、2011年のピークによって示されるとおり、中期循環らしきものが一応は観察されるのである。

ただし、1989年のピークから1996年のピークまでの間は7年、2006年のピークから2011年のピークまでの間は6年と次第に短くなっていること、また、1996年、2005年、2011年のピークは、いずれも2%以下と安定成長期の半分以下に過ぎないことを指摘しておく必要があろう。要すれば、バブル崩壊以降の長期にわたる経済停滞期においては、かつてのような明瞭な設備投資循環は、もはや観察されなくなったというべきであろう。このことは、「異次元緩和」以降においても変わらないように窺われる。

次に、7期移動平均の系列をみると、成長率のピークは1967年（10.3%）、1987年（5.1%）、2003年（1.4%）となっている。やはり篠原教授によって確認された高度成長期から安定成長期におけるピークからピークまでの約20年の周期を持つ長期循環が、経済停滞期に入ってからも一応は観察されるのである。ただし、1987年のピークから2003年のピークまでの期間は16年とやや短くなっていることを指摘しておく必要があろう。また、「異次元緩和」

図表 7-3　日本経済の中長期循環　(1957～2013年)

（グラフ：実質GDP成長率3期移動平均、同7期移動平均）

[資料出所]　内閣府社会総合研究所

以降においては、本来であれば2020年前後に次のピークが顕現化するはずのところが、目下の経済情勢からすれば、2014年（1.5％）がピークとなってしまう可能性大である。そうであれば、日本経済の長期循環もまた不明瞭なものとなってしまうことになろう。

　最後に重要な点であるが、長期循環としてみると、戦後復興を遂げた後の日本経済の成長率が、高度成長期、安定成長期（およびバブル期）、経済停滞期と期を逐って段階的に低下したことが歴然と示されるのである。

第2節　戦後歴代日本銀行総裁の金融政策とパフォーマンス評価

1．歴代日本銀行総裁の金融政策：旧「日本銀行法」時代

　図表7-4は、第2次世界大戦後における歴代日本銀行総裁として、一万田尚登第18代総裁から黒田東彦第31代総裁までの14名について、在任期間（就任日・退任日）、任命内閣、生年月・出身地・主たる経歴などを示したもので

図表 7-4　戦後歴代日本銀行総裁（1946 年 6 月～ 2018 年 4 月）

総裁	在任期間	任命内閣	生年月、出身地、経歴
一万田尚登 （第18代）	自：1946年6月1日（52歳） 再任：1951年6月1日 至：1954年12月10日（60歳）	第1次吉田茂内閣 第3次吉田茂内閣	1893年8月生、大分県、 日銀理事
新木栄吉 （第19代）	自：1954年12月11日（63歳） 至：1956年11月30日（65歳）	第1次鳩山一郎内閣	1891年4月生、石川県、 第17代日銀総裁
山際正道 （第20代）	自：1956年11月30日（55歳） 再任：1961年11月30日 至：1964年12月17日（63歳）	第3次鳩山一郎内閣 第2次池田勇人内閣	1901年6月生、東京都、 大蔵省次官
宇佐美洵 （第21代）	自：1964年12月17日（63歳） 至：1969年12月16日（68歳）	第1次佐藤栄作内閣	1901年2月生、東京都、 三菱銀行頭取
佐々木直 （第22代）	自：1969年12月17日（62歳） 至：1974年12月16日（67歳）	第2次佐藤栄作内閣	1907年5月生、宮城県、 日銀理事・副総裁
森永貞一郎 （第23代）	自：1974年12月17日（64歳） 至：1979年12月16日（69歳）	三木武夫内閣	1910年9月生、宮崎県、 大蔵省次官
前川春雄 （第24代）	自：1979年12月17日（68歳） 至：1984年12月16日（73歳）	第2次大平正芳内閣	1911年2月生、東京都、 日銀理事・副総裁
澄田智 （第25代）	自：1984年12月17日（68歳） 至：1989年12月16日（73歳）	第2次中曽根康弘内閣	1916年9月、群馬県、 大蔵省次官・日銀副総裁
三重野康 （第26代）	自：1989年12月17日（65歳） 至：1994年12月16日（70歳）	第1次海部俊樹内閣	1924年3月生、大分県、 日銀理事・副総裁
松下康雄 （第27代）	自：1994年12月17日（68歳） 至：1998年3月20日（72歳）	村山富市内閣	1926年1月生、兵庫県、 大蔵省次官
速水優 （第28代）	自：1998年3月20日（72歳） 至：2003年3月19日（77歳）	第2次橋本龍太郎内閣	1925年3月、兵庫県、 日銀理事・日商岩井社長
福井俊彦 （第29代）	自：2003年3月20日（67歳） 至：2008年3月19日（72歳）	第1次小泉純一郎内閣	1935年9月生、大阪府、 日銀理事・副総裁
白川方明 （第30代）	自：2008年4月9日（58歳） 至：2013年3月19日（63歳）	福田康夫内閣	1949年9月生、福岡県、 日銀理事
黒田東彦 （第31代）	自：2013年3月20日（68歳） 再任：2018年4月9日（73歳）	第2次安倍晋三内閣 第3次安倍晋三内閣	1944年10月生、福岡県、 大蔵省財務官

［資料出所］日本銀行

図表 7-5 公定歩合の推移（1946 ～ 1997 年）　　（○印は引上げ、×印は引下げを意味する）

総裁		実施年月日	変更後水準	総裁		実施年月日	変更後水準
一万田総裁 （就任時点 水準は日歩 9厘）	○	1946.10.14	日歩1銭	森永総裁	×	1975. 4.16	年利8.50%
	○	1948. 4.26	1銭2厘		×	1975. 6. 7	8.00%
	○	1948. 7. 5	1銭4厘		×	1975. 8.13	7.50%
	○	1951.10. 1	1銭6厘		×	1975.10.24	6.50%
					×	1977. 3.12	6.00%
新木総裁	○	1955. 8.10	2銭		×	1977. 4.19	5.00%
					×	1977. 9. 5	4.25%
山際総裁	○	1957. 3.20	2銭1厘		×	1978. 3.16	3.50%
	○	1957. 5. 8	2銭3厘		○	1979. 4.17	4.25%
	×	1958. 6.18	2銭1厘		○	1979. 7.24	5.25%
	×	1958. 9. 5	2銭		○	1979.11. 2	6.25%
	×	1959. 2.19	1銭9厘				
	○	1959.12. 2	2銭	前川総裁	○	1980. 2.19	7.25%
	×	1960. 8.24	1銭9厘		○	1980. 3.19	9.00%
	×	1961. 1.26	1銭8厘		×	1980. 8.20	8.25%
	○	1961. 7.22	1銭9厘		×	1980.11. 6	7.25%
	○	1961. 9.29	2銭		×	1981. 3.18	6.25%
	×	1962.10.27	1銭9厘		×	1981.12.11	5.50%
	×	1962.11.27	1銭8厘		×	1983.10.22	5.00%
	×	1963. 3.20	1銭7厘				
	×	1963. 4.20	1銭6厘	澄田総裁	×	1986. 1.30	4.50%
	○	1964. 3.18	1銭8厘		×	1986. 3.10	4.00%
					×	1986. 4.21	3.50%
宇佐美総裁	×	1965. 1. 9	1銭7厘		×	1986.11. 1	3.00%
	×	1965. 4. 3	1銭6厘		×	1987. 2.23	2.50%
	×	1965. 6.26	1銭5厘		○	1989. 5.31	3.25%
	○	1967. 9. 1	1銭6厘		○	1989.10.11	3.75%
	○	1968. 1. 6	1銭7厘				
	×	1968. 8. 7	1銭6厘	三重野総裁	○	1989.12.25	4.25%
	○	1969. 9. 1	年利6.25%		○	1990. 3.20	5.25%
					○	1990. 8.30	6.00%
佐々木総裁	×	1970. 5.15	6.00%		×	1991. 7. 1	5.50%
	×	1971. 1.20	5.75%		×	1991.11.14	5.00%
	×	1971. 5. 8	5.50%		×	1991.12.30	4.50%
	×	1971. 7.28	5.25%		×	1992. 4. 1	3.75%
	×	1971.12.29	4.75%		×	1992. 7.27	3.25%
	×	1972. 6.24	4.25%		×	1993. 2. 4	2.50%
	○	1973. 4. 2	5.00%		×	1993. 9.21	1.75%
	○	1973. 5.30	5.50%				
	○	1973. 7. 2	6.00%	松下総裁	×	1995. 4.14	1.00%
	○	1973. 8.29	7.00%		×	1995. 9. 8	0.50%
	○	1973.12.22	9.00%				

［資料出所］『日本銀行百年史　資料編』、日本銀行調査統計局『金融経済統計月報』

ある。
(3)

　1998年（平成10年）3月に新「日本銀行法」が施行されるまでの期間においては、日本銀行の最高意思決定機関として戦後まもなく設立された政策委員会（建前としては、総裁および4名の任命委員による多数決での政策決定）がその後次第に形骸化してしまった状況の下で、総裁は、日本銀行の金融政策を実質的に決定する役員集会（通称「円卓」）の統率者として、文字通りの最高権力者であった。日本銀行の金融政策を実際に決定するのは、政治家からのあからさまな介入があった場合や総裁本人の健康不芳による副総裁への権限移譲などのごく例外的な事態を除けば、紛れもなく総裁自身であったといっても過言ではない。なお、政策委員会において総裁提案に対する反対票がごく稀に投ぜられ、いわゆる「政策委員の反乱」として世間の話題になったことはあるものの、それらはあくまでも一部の少数意見に止まるものでしかなかった。

　旧「日本銀行法」の下における日本銀行の金融政策は、公定歩合操作を主たる政策手段として（それに加え、必要準備率操作および補完的手段としての「窓口指導」を適宜用いるという形で）実施されてきた。図表7-5は、一万田総裁から松下康雄第27代総裁までの歴代各総裁が実施した公定歩合操作を一表にしたものであり、この表に即して、旧「日本銀行法」の下での歴代各総裁がどのように金融政策を運営したのかを概説する。なお、佐々木総裁から松下総裁までの金融政策の詳細については、本書の第1章から第6章までの「各論」を参照されたい。

(1) 一万田尚登第18代総裁・新木栄吉第19代総裁の金融政策

　一万田総裁の在任期間は歴代最長の8年7か月に亘ったが、この間における公定歩合操作（すべて引上げ）は、1946年10月（日歩1厘）、1948年4月（2厘）、同年7月（2厘）、1951年10月（2厘）の4回のみであった。このうち1946年10月の引上げは、1926年以来据え置かれていた公定歩合水準（9厘）を戦後における金利上昇の実勢に合わせて調整したに過ぎず、1948年4月および同年7月の矢継ぎ早の引上げも、インフレ高進に伴って市中貸出金利が上昇し、据え置かれていた公定歩合水準との乖離幅が拡大してしまったの

を是正するのが主たる狙いであった。結局、一万田総裁時代においてインフレーション抑制を目的とした公定歩合操作と言えるのは、朝鮮戦争の休戦会談行きづまりに伴うインフレ再燃に対して実施された 1951 年 10 月の引上げのみであった。

　一万田総裁時代の金融政策は、個別の金融機関や企業等への資金配分に介入する文字通りの「金融政策」(financial policy) であったといえようが、これに対して、後任の新木総裁は、マクロの通貨量や金利水準をコントロールする正統的な「貨幣政策」(monetary policy) の枠組み作りを目指す「金融正常化」を推進した。すなわち、1955 年 8 月に、高率適用制度を勘案した場合の日銀貸出の実効金利水準に見合った水準に改めるべく、公定歩合を一気に 4 厘引上げるとともに、それ以降は高率適用をごく例外的な扱いとする制度改正を行った。新木総裁は、さらにアメリカ流の公開市場操作の実現を目指して、政府短期証券の公募体制作りに取り組んだものの、1956 年 11 月には、既述のとおり総裁室で病に倒れ任期途中で辞任した。

(2) 山際正道第 20 代総裁の金融政策

　山際総裁の 8 年 2 か月に亘った在任期間中には、既述のとおり「神武景気」、「岩戸景気」、「オリンピック景気」と称される 3 つの景気拡張局面があったが、山際総裁の下での日本銀行の金融政策は、景気過熱の抑制（国際収支危機への対応）を狙いとした公定歩合引上げと景気鎮静化（国際収支危機からの脱却）に伴う公定歩合引下げの繰り返しであった。

　まず、「神武景気」の過熱化と国際収支（貿易収支・貿易外収支）の赤字に対して 1957 年 3 月（1 厘）、5 月（2 厘）の 2 次にわたり公定歩合引上げを実施した後、景気鎮静化とそれに続く「鍋底不況」に対応した公定歩合引下げを 1958 年 6 月（2 厘）、9 月（1 厘）、1959 年 2 月（1 厘）の 3 次にわたり実施した。「鍋底不況」から脱却した後の 1959 年 12 月には、国際収支が依然として黒字であったものの、景気過熱を事前に防止する狙いでの公定歩合引上げ（1 厘）を実施した。この例外的な「予防的引き締め」が功を奏して、「神武景気」を超える「岩戸景気」が実現することになった。

　池田勇人内閣成立後、公定歩合引下げを 1960 年 8 月（1 厘）、1961 年 1 月（1

厘）の2次にわたり実施したこともあって、1961年に入ると「岩戸景気」は次第に過熱化し、再び国際収支が危機に陥ったことから、1961年7月、9月の2次にわたり各1厘の公定歩合引上げを実施した。その後、景気が鎮静化し国際収支の均衡も回復したことから、1962年10月と11月の公定歩合引下げ（各1厘）によって引締めを解除したが、池田内閣による「低金利政策」の要請もあって、1963年3月と4月に各1厘の更なる公定歩合引下げを実施し、結局4次にわたる公定歩合引下げとなった。こうした緩和の行き過ぎは、またしても国際収支の大幅赤字をもたらしたため、1964年3月にはIMF8条国への移行に備えるという名目で一挙に公定歩合の2厘引上げを実施した。

(3) 宇佐美洵第21代総裁の金融政策

　宇佐美総裁の5年間の在任期間は、「オリンピック景気」崩壊後のいわゆる「証券不況」を伴う景気後退局面と「いざなぎ景気」の景気拡張局面に相当した。まず、「証券不況」対策としては、既述のとおり経営危機に陥った山一證券等への日銀特別融資を1965年5月に実施したのと並行して、同年1月、4月、6月の3次にわたり各1厘の公定歩合引下げを矢継ぎ早に実施した。景気は1965年秋頃から底入れし、結果的に当時としては既往最長の57か月に及ぶ「いざなぎ景気」となった。

　「いざなぎ景気」の拡張局面においては、1967年に入ってからの景気過熱化と国際収支（経常収支）の赤字転化に対応すべく、まず1967年9月、1968年1月の2次にわたり各1厘の公定歩合引上げを実施した。もっとも、その直後からアメリカの景気回復などに伴う輸出急増により国際収支が黒字に転じたため、1968年8月には一転して公定歩合の1厘引下げを実施する羽目に陥った。次に1969年9月には、大幅な国際収支の黒字が続いている状況下で、消費者物価および卸売物価の上昇を抑制すべく公定歩合引上げを実施した。公定歩合を従来の日歩1銭6厘（＝年利5.840％）から年利建てに改めて年利6.25％への引上げであった。この公定歩合引上げは、国際収支黒字下で初めて実施された金融引締め政策であり、金融政策の目的を国際収支の均衡から国内物価の安定へと転換させるものであった。

(4) 佐々木直第 22 代総裁の金融政策

　宇佐美総裁の後を継いだ佐々木総裁は、「いざなぎ景気」後の景気後退に対処すべく 1970 年 5 月、1971 年 1 月、5 月、7 月の 4 次にわたり各 0.25％の公定歩合引下げを実施したが、同年 8 月の「ニクソン・ショック」後には、円高進行に伴うデフレ色を払拭すべく同年 12 月、1972 年 6 月に各 0.5％の追加引下げを余儀なくされ、計 6 次にわたる公定歩合引き下げの結果、その水準は 4.25％にまで低下した。しかし、事後的にみると、景気はすでに 1971 年末までには底入れしており、第 6 次の公定歩合引下げは余分であったと判断される。

　「ニクソン・ショック」後の外国為替市場介入に伴う「過剰流動性」と 6 次にわたる公定歩合引下げによってもたらされた金融緩和の行き過ぎは、1972 年夏頃から卸売物価を急騰させ、インフレ心理を蔓延させた。佐々木総裁は、公定歩合を 1973 年 4 月（0.75％）、5 月（0.5％）、7 月（0.5％）、8 月（1％）の 4 次にわたって引上げて懸命にインフレ鎮静化を図った。しかし、折悪しく 1973 年 10 月に第 1 次石油危機が発生したことにより、卸売物価、消費者物価はともに急騰して「狂乱物価」の様相を呈することになったため、1973 年 12 月には公定歩合を一挙に 2％引上げて、その水準を 9％としたものの、佐々木総裁の任期満了までにインフレーションを鎮静化することはできなかった。

(5) 森永貞一郎第 23 代総裁・前川春雄第 24 代総裁の金融政策

　森永総裁は、就任後しばらくの間はインフレ心理が収まらない状況の下で金融緩和に慎重であったが、1975 年春頃になって物価情勢の落ち着きを見極めると、マイナス成長を克服すべく、公定歩合引下げを 1975 年 4 月（0.5％）、6 月（0.5％）、8 月（0.5％）、10 月（1％）の 4 次にわたり矢継ぎ早に実施した。また、1976 年に入ると日本の国際収支（経常収支）が黒字基調に転じて海外主要国からの景気拡大要求（いわゆる「機関車論」）が強まり、さらに 1977 年秋頃からは急速な円高が進行したのに対応して、追加の公定歩合引下げを 1977 年 3 月（0.5％）、4 月（1％）、9 月（0.75％）、1978 年 3 月（0.75％）の 4 次にわたって実施した。結局、森永総裁は、総裁就任以来連続して 8 次にわ

たる公定歩合引き下げを実施し、公定歩合水準を当時としては既往最低の3.5％に低下させたことから、「下げの森永」の異名をとった。しかし、1979年1月にイラン革命が勃発して第2次石油危機が発生すると、今度は一転して、第1次石油危機当時の失敗を繰り返さないためには金融引締め態勢への早期移行が必要な旨を大平正芳首相に説いて、公定歩合引上げを1979年4月（0.75％）、7月（1％）、11月（1％）の3次にわたり実施した。

後任に指名された前川総裁は、森永前総裁の金融引締め態勢を継続して、公定歩合引上げを1980年2月（1％）、3月（1.75％）の2次（森永総裁時代からの累計で5次）にわたり実施し、公定歩合水準は第1次石油危機当時と同じ9％にまで上昇した。次に、1980年後半以降、景気のかげり現象が目立つようになってからは、国内景気の刺激とドル高・円安の是正という相対立する2つの目的の間での「内外ディレンマ」に苦しみながらも、公定歩合引下げを1980年8月（0.75％）、11月（1％）、1981年3月（1％）、12月（0.75％）、1983年10月（0.5％）の5次にわたり実施した。この間、1982年3月半ばから秋口にかけて、円安抑止効果を狙った苦肉の策として、公定歩合据え置きのままでコールレートをやや高めに誘導する「短期市場金利の高め誘導」を実施した。

(6) 澄田智第25代総裁・三重野康第26代総裁・松下康雄第27代総裁の金融政策

澄田総裁が就任した当時の日本経済は、物価安定の下での景気拡大という望ましい展開を示していたが、経常収支の大幅黒字に伴うドル高（円安）傾向がアメリカとの貿易摩擦を激化させていた。「プラザ合意」後の1985年10月に、澄田総裁は、ドル高（円安）を是正すべく、公定歩合を据え置いたままでコールレートを7〜8％台へと一挙に引上げる「高め放置」を実施した。しかし、1986年以降は円高が急速に進行したことに加えて、内外からの執拗な利下げ要請もあり、一転して公定歩合を1986年1月（0.5％）、3月（0.5％）、4月（0.5％）、11月（0.5％）、1987年2月（0.5％）と5次にわたり実施する羽目に陥った。公定歩合水準は当時としては既往最低の2.5％に低下した。

「プラザ合意」以降における「超」金融緩和政策によって、1987年中頃ま

でには債券・株式・土地などの資産市場における取引活発化と価格上昇が顕著となり、1987年10月の「ブラック・マンデー」を乗り越えた後は土地・株式市場における「バブル」が膨張していった。しかし、澄田総裁が「バブル」に対応した金融政策を意識することはないままに、金融引締めへの転換は遅れ、公定歩合の第1次引上げ（0.75%）が実施されたのは1989年5月になってからであった。なお、同年10月には第2次引上げ（0.5%）が実施された。

三重野総裁は、副総裁時代から期するところのあった「バブル退治」のために、公定歩合引上げを1989年12月（0.5%）、1990年3月（1%）、8月（0.75%）の3次にわたり実施した（澄田総裁時代との累計では5次にわたる公定歩合引上げであった）。本格的な金融引締め政策によって、地価・株価の「バブル」が崩壊し、それとともに「バブル景気」も終焉したが、その後における地価の持続的下落に伴って金融機関の手元に不良債権が累増し、景気後退が予想外に長引いた。このため三重野総裁は、一転して公定歩合引下げを1991年7月（0.5%）、11月（0.5%）、12月（0.5%）、1992年4月（0.75%）、7月（0.5%）、1993年2月（0.75%）、9月（0.75%）の7次にわたり実施することを余儀なくされた。この結果、公定歩合水準は、当時としては既往最低の1.75%に低下した。

松下総裁は、総裁就任から間もない1995年1月17日に阪神・淡路大震災が発生し、その後における急速な円高の進行もあって景気回復に懸念が生じたため、公定歩合引下げを1995年4月（0.75%）、9月（0.5%）の2次にわたり実施した（三重野総裁時代からの累計では9次にわたる公定歩合引下げであった）。公定歩合水準は、当時としては既往最低の0.5%に低下した。この間において、松下総裁は、1995年3月、7月の2回にわたりコールレートの「低め誘導」を実施し、7月の「低め誘導」の下では平均的にみてコールレートが公定歩合をやや下回るように運営するという新たな金融調節方針を表明した。なお、1997年11月には、北海道拓殖銀行と山一證券が破綻して、金融システム危機が勃発したが、松下総裁は、「最後の貸し手」機能を発揮して危機を未然に食い止めようとはしなかった。

2．歴代日本銀行総裁の金融政策：新「日本銀行法」時代

　1998年3月の新「日本銀行法」施行後における日本銀行の金融政策は、最高意思決定機関であることが改めて確認された政策委員会の金融政策決定会合で、政策委員9名（総裁、副総裁2名、および審議委員6名）の過半数によって実際にも決定されるようになった。したがって、新「日本銀行法」の下での総裁は、形式的には政策委員会の投票において単に1票を有するに過ぎない（ただし、賛否同数の場合は議長として決定権を有する）ものの、本章の執筆時点までの期間において、議長としての総裁が提出した議案が否決されたことは一度もないという意味では、日銀執行部の統率者である総裁が日本銀行の政策決定において引き続き主導的な役割を果たし続けているといえる。なお、議長（総裁）提案に対して2名の副総裁はほとんどの場合賛成票を投じているため、原則として日銀執行部を一括りの取り扱いとできようが、例外的に議長提案に反対票を投じる副総裁がいた（すなわち、執行部内で意見の対立があった）場合があることを注意しておく。

　もっとも、政策委員会において総裁（執行部）提案に対して審議委員から反対票が投ぜられたり、対案が出されたりするのは今や日常的となっている。また、総裁による提案の内容自体が、政策委員会で出された反対意見を取り入れてその後大胆に変化するような事態もしばしば生じており、総裁以外の委員が日本銀行の金融政策決定に及ぼす影響力は、旧「日本銀行法」下と比べると格段に大きくなっているのも事実である。したがって、新「日本銀行法」の下での日本銀行の金融政策を叙述するに際しては、総裁以外の政策委員会メンバーの意見表明や投票行動にも十分な関心を払う必要がある。

　さて、新「日本銀行法」が施行された1998年4月以降は、政策委員会・金融政策決定会合における「金融市場調節方針」として金融政策の運営に関する方針が決定されるようになった。図表7-6は、速水優第28代総裁、福井俊彦第29代総裁の任期中に金融政策決定会合で決定された金融調節方針を一表にまとめたものであり、この表に則して速水総裁、福井総裁による金融政策運営を概説する。なお、詳細については「各論」（第5章および第6章）を参照されたい。次に、図表7-7は、白川方明第30代総裁、黒田東彦第31代総裁（ただし、再任前まで）の任期中に金融政策決定会合で決定された金

図表 7-6　政策委員会・金融政策決定会合の金融市場調節方針（速水総裁・福井総裁）

	決定年月日	金融市場調節方針
速水総裁	1998. 9. 9	コールレート誘導水準引下げ（0.4%→0.25%前後、公は0.5%に据置き）
	1999. 2.12	コールレート誘導水準引下げ（→当初0.15%→徐々に一層の低下を促す）＝「ゼロ金利政策」開始
	1999. 4. 9	「デフレ懸念の払拭が展望できる情勢になるまでゼロ金利継続」を表明
	2000. 8.11	コールレート誘導水準引上げ（→0.25%前後）＝「ゼロ金利政策」解除
	2001. 2. 9	補完貸出制度の導入＆公引下げ（→0.35%）
	2001. 2.28	コールレート誘導水準引下げ（→0.15%前後）＆公引下げ（→0.25%）
	2001. 3.19	日銀当座預金残高を操作目標に（当初5兆円程度、消費者物価指数の前年比上昇率が安定的にゼロ%以上となるまで継続）＝「量的緩和政策」開始
	2001. 8.14	当座預金残高目標引上げ（→6兆円程度）
	2001. 9.18	アメリカ同時多発テロで当座預金残高目標引上げ（→6兆円を上回る）＆補完貸出制度修正（公定歩合適用日数最大5日→10日、公→0.10%）
	2001.12.19	当座預金残高目標引上げ（→10～15兆円程度）
	2002. 2.28	ペイオフ解禁に配慮「一層潤沢な資金供給」（年度末当預残高＝27.6兆円）
	2002.10.30	当座預金残高目標引上げ（→15～20兆円程度）
	2003. 3. 5	日本郵政公社の4月発足に合わせ当座預金残高目標引上げ（→17～22兆円程度）
福井総裁	2003. 4.30	株安に伴う市場不安に対処して、当座預金残高目標引上げ（→22～27兆円程度）
	2003. 5.20	りそなグループ実質国有化に対処し当座預金残高目標引上げ（→27～30兆円程度）
	2003.10.10	急激な円高に対処し当座預金残高目標引上げ（→27～32兆円程度）
	2004. 1.20	景気回復を後押しするため当座預金残高目標引上げ（→30～35兆円程度）
	2006. 3. 9	操作目標をコールレートに変更、当面の誘導水準は概ね0%＝「量的緩和政策」解除（同時に、中長期的な物価安定の理解として「消費者物価指数前年比0～2%程度、中心値は概ね1%程度」を表明）
	2006. 7.14	コールレート誘導水準引上げ（→0.25%前後）＆公引上げ（→0.4%）
	2007. 2.21	コールレート誘導水準引上げ（→0.5%前後）＆公引上げ（→0.75%）

（注）「公」は、公定歩合（2006年7月以降は、基準割引率・貸付利率に名称変更）の略号。「→」とそれに続く数値は、変更後の水準を示す。

[資料出所]「政策委員会金融政策決定会合要旨」および「同議事録」（日本銀行）

融調節方針を一表にまとめたものであり、この表に則して白川総裁、黒田総裁による金融政策運営を概説する。

(1) 速水優第28代総裁の金融政策

　速水総裁は、新「日本銀行法」下での初代総裁として政策委員会の議長を務めた。まず1998年10月に日本長期信用銀行、12月に日本債券信用銀行

図表 7-7　政策委員会・金融政策決定会合の金融市場調節方針（白川総裁・黒田総裁）

	決定年月日	金融市場調節方針
白川総裁	2008.10.31	コールレート誘導水準引下げ（0.5％→0.3％）＆㉕引下げ（0.75％→0.5％）、補完当座預金制度の導入（超過準備に付利　0.1％）
	2008.12.19	コールレート誘導水準引下げ（→0.1％）＆㉕引下げ（0.5％→0.3％）長期国債買入れ増額（月1.2兆円→月1.4兆円）＆CP買取り
	2009. 3.18	長期国債買入れ増額（→月1.8兆円）
	2009.12. 1	新型オペ（共通担保資金供給オペ、固定金利方式、0.1％、10兆円）導入
	2010. 3.17	新型オペ供給枠拡大（→20兆円）
	2010. 5.30	成長基盤の強化を促す新貸出制度を創設（0.1％、期間1年、総枠3兆円）
	2010. 8.30	新型オペ供給枠拡大（→30兆円）
	2010.10. 5	「**包括緩和政策**」**開始**（コールレート誘導水準引下げ→0～0.1％、消費者物価上昇率が1％程度になるまで継続）、長国・短国・社債・ETF・REITを5兆円買取り（固定金利オペ30兆円と合せて35兆円の資産買入等の基金を創設）、「基金」の長国買取は「銀行券ルール」対象外
	2011. 3.14	東日本大震災への対応で買取り額上限を10兆円に（40兆円の「基金」）
	2011. 8. 4	円高是正のために買取り額上限を15兆円に＆固定金利オペ枠を35兆円（50兆円の「基金」）
	2011.10.27	買取り額上限を20兆円に（55兆円の「基金」）
	2012. 2.14	中長期的な**物価安定の目途（ゴール）を導入**（消費者物価上昇率で2％以下のプラス、当面は1％を目途）、買取り額上限を30兆円に（65兆円の「基金」）
	2012. 4.27	買取り額上限を40兆円に（長期国債を10兆円、ETFを2000億円、REITを100億円増額）＆固定金利オペを5兆円減額（70兆円の「基金」）[買い入れ期限を2013年6月末まで延長]
	2012. 9.19	短期国債・長期国債買入れを各5兆円増額（80兆円の「基金」）、長期国債・社債買入れの下限金利（0.1％）を撤廃
	2012.10.30	短期国債・長期国債を各5兆円、ETFを5000億円、社債を3000億円、CPを1000億円など買入れ基金を合計11兆円増額（91兆円の「基金」）＆政府・日銀が共同文書「デフレ脱却に向けた取り組みについて」を公表
	2012.12.20	短期国債・長期国債買入れを各5兆円増額（101兆円の「基金」）
	2013. 1.22	消費者物価指数前年比2％の**物価安定目標（ターゲット）を導入**＆政府・日銀が共同声明を発表
黒田総裁	2013. 4. 4	「**量的・質的緩和政策**」**開始**（マネタリー・ベースを今後2年間で2倍に、消費者物価上昇率2％を今後2年で実現）。①長期国債保有残高を年50兆円ペースで増加させ今後2年間で2倍に、②「資産買入等の基金」を廃止、③長期国債買入れに関する「銀行券ルール」を一時停止、④ETFを年1兆円、REITを年300億円のペースで買入れ。
	2014.10.30	追加金融緩和（マネタリー・ベース増加を年80兆円に）。長期国債の買入れ額を年30兆円増やして80兆円に＆国債の残存期間を最大3年程度拡大して7～10年に、ETFを年3兆円・REITを年900億円買入れ（各3倍に）
	2015.12.18	追加金融緩和（ETF買入額を年3.3兆円、国債の残存期間を7～12年に）
	2016. 1.29	「マイナス金利付き量的・質的緩和政策」。民間金融機関が保有する日銀当座預金の一部にマイナス金利（－0.1％）を適用（日銀当座預金を3分割し各プラス・ゼロ・マイナス金利を適用）

	2016. 7.29	追加金融緩和（ETF買入額を年6兆円に）
	2016. 9.21	「イールドカーブ・コントロール付き量的・質的緩和政策」。長期金利（10年物国債利回り）が0％程度で推移するよう国債買入れ（指値での国債買入れ、固定金利で最長10年の資金供給を導入）。物価上昇率が安定的に2％を超えるまで金融緩和を継続（オーバーシュート型コミットメント）

（注）「公」は、旧公定歩合（2006年以降は、基準割引率・貸付利率に名称変更）の略号。「→」とそれに続く数値は、変更後の水準を示す。

[資料出所] 各回の「政策委員会金融政策決定会合要旨」（日本銀行）

が相次いで破綻して金融システム危機が再発し、日本経済がデフレ・スパイラルの瀬戸際に立たされたことから、中原（伸）委員が主導する形で大胆な金融緩和への転換が議論され、ついに1999年2月12日の政策委員会・金融政策決定会合においてコールレートを0％に向けて誘導するという「ゼロ金利政策」の導入が決定された。しかし、「ゼロ金利政策」を金利メカニズムの機能しない異常事態と観念する速水総裁は、2000年春頃からの「ITブーム」を背景としてデフレ懸念が払拭される状況に至ったと早急に判断して、同年8月11日の金融政策決定会合で「ゼロ金利政策」の解除（すなわち、コールレートの誘導目標を0.25％前後へと引上げ）を決定した（中原〈伸〉・植田両委員は反対した）。ほどなくして景気は失速したため、再び金融緩和策の強化が図られ、2001年3月19日の金融政策決定会合において日銀当座預金残高を新たな操作目標とする「量的緩和政策」の導入（「ゼロ金利政策」への回帰）が決定された（篠塚委員は反対した）。その後、デフレーションの進行に対処すべく日銀当座預金の目標残高は当初の5兆円程度から逐次引き上げられていったものの、速水総裁がしばしば「量的緩和政策」自体への疑念をもらし、その推進に消極的な姿勢を維持し続けたことが、政策効果を削ぐ一因となった。

(2) 福井俊彦第29代総裁の金融政策

速水総裁の後任となった福井総裁は、就任直後からデフレーション脱却に向けて大胆な「量的緩和政策」を推進し、就任当時15〜20兆円程度であった日銀当座預金残高目標を2004年1月19日・20日の金融政策決定会合で30〜35兆円程度まで引き上げた。その結果、併行して財務省が実施した大

量のドル買い・円売り介入が実質的に「非不胎化介入」となって円高防止効果をもたらしたこともあって、日本経済は 2004 年から本格的な回復軌道に乗った。その後、2005 年 11 月以降に消費者物価前年比がプラスに転じると、福井総裁は一転して「量的緩和政策」の解除へと動き、2006 年 3 月 8 日・9 日の会合で操作目標をコールレートに戻す（ただし、ゼロ金利は継続する）ことを決定する（反対は中原（眞）委員）とともに、「中長期的な物価安定の理解」として消費者物価指数前年比で 0 〜 2％程度（中心値は概ね 1％程度）を表明した。また、同年 7 月 13 日・14 日の会合でコールレートの誘導目標をまず 0.25％前後に引き上げてゼロ金利から脱却した後、2007 年 2 月 20 日・21 日の会合では 0.5％前後に引き上げた（岩田副総裁は反対した）。しかし、2007 年春頃からアメリカで顕在化したサブプライム・ローン問題が次第にグローバル金融危機へと拡大していったため、福井総裁の描いた日本経済のデフレ脱却シナリオは中途で挫折することになった。

(3) 白川方明第 30 代総裁の金融政策

　福井総裁が退任した後、野党が過半数を占める参議院で武藤敏郎氏（前副総裁、元財務次官）らを候補とした後任総裁人事に同意が得られなかったため、約 3 週間の総裁空席となったが、自民党の福田康夫内閣は、2008 年 3 月 20 日に新しく副総裁に起用されたばかりの白川方明氏（前京都大学教授、元日銀理事）を 4 月 9 日に総裁に昇格させるという苦肉の策で異常事態を収束させた。

　白川総裁の就任後半年足らずの 9 月 15 日にアメリカの大手投資銀行リーマン・ブラザーズが破綻し、それを契機に欧米主要国でグローバル金融危機が発生したが、当初「対岸の火事」視していた白川総裁は、アメリカ連邦準備をはじめとした主要国中央銀行の金融緩和競争に後れをとることになった。10 月 8 日には、米欧 6 か国の中央銀行が協調利下げを決定した中で、白川総裁は音無しの構えであった。円高と株安の進行にたまりかねた白川総裁は、10 月 31 日の政策委員会・金融政策決定会合で、ようやく利下げ（コールレート誘導目標 0.5％→ 0.3％）を提案したが、0.25％の利下げ幅を主張する審議委員が少なくなかったこともあって、白川議長案への投票が出席者 8 名のう

ち賛成4対反対4（須田、水野、中村、亀崎各委員）で賛否同数となり、最終的に白川議長が利下げを決定した。さらに、12月18日・19日の金融政策決定会合では、追加利下げ（コールレート誘導目標→0.1％）に加えて、企業金融を円滑化するための措置として、コマーシャル・ペーパー（CP）を購入することを決定した。

しかし、その後も1ドル＝90円を割り込む円高が進行し、日経225種平均株価は翌2009年3月10日にバブル崩壊後最安値の7,054円をつけた。2009年9月に政権交代を勝ち取った後の鳩山由紀夫内閣（民主党・社会民主党・国民新党の連立内閣）は、輸出の減退を主因に景気が急速に落ち込んだ状況の下で、同年11月に「デフレ宣言」を行った。政府からの緩和圧力に押される形で、白川総裁は2010年10月4日・5日の金融政策決定会合でコールレート誘導目標を引下げ（→0〜0.1％）、これを消費者物価上昇率が1％程度になるまで継続すると約束するとともに、長期国債・短期国債・社債・ETF・REITを5兆円買取り、固定金利オペ30兆円と合せて35兆円の「資産買入等の基金」を創設すると謳った「包括緩和政策」を開始した。

2011年3月11日には東日本大震災が発生し、サプライ・チェーンが寸断されて生産活動が一旦大きく落ち込んだ後、復興需要や政策効果などによって再び回復に転じたものの、予想外の円高が進行して同年10月31日には1ドル＝75円32銭の変動相場制移行後における円最高値を付けた。海外経済の減速もあって輸出が減退したことから、日本経済は2012年春には景気後退に転じた。白川総裁は、同年2月13日・14日の金融政策決定会合で中長期的な「物価安定の目途（ゴール）」を導入（消費者物価上昇率で2％以下のプラス、当面は1％を目途）するとともに、「資産買入等の基金」を65兆円に拡大した。

2012年12月に政権に復帰した自民党の安倍晋三首相からの強い要請によって、白川総裁は2013年1月21日・22日の金融政策決定会合で、消費者物価指数前年比2％の「物価安定目標（ターゲット）」を導入した（反対は、佐藤健裕、木内登英両委員）が、その2週間後の2月5日には、首相官邸前で記者団に向かって、任期終了前の3月19日をもって自ら辞任すると表明した。

(4) 黒田東彦第31代総裁の金融政策

　政権復帰後の安倍内閣（自民党・公明党の連立内閣）が白川総裁の後任に抜擢したのは、かねてより円高阻止のために大胆な金融緩和が必要であるとして日本銀行の金融政策を厳しく糾弾していた黒田東彦氏（前アジア開発銀行総裁、元大蔵省財務官）であった。

　安倍首相のお眼鏡にかなった黒田総裁は、就任後初めての政策委員会・金融政策決定会合（2013年4月3日・4日）において、マネタリーベースを今後2年間で2倍にすることによって、消費者物価上昇率2％の目標を今後2年で実現すると謳った文字通り大胆な金融緩和政策を決定した。[11]「量的・質的緩和政策」と名付けられた新たな緩和策の具体的内容は、①長期国債保有残高を年50兆円ペースで増加させ今後2年間で2倍に、②「資産買入等の基金」を廃止、③長期国債買入れに関する「銀行券ルール」を一時停止、④ETFを年1兆円、REITを年300億円のペースで買入れ、というものであった。

　「量的・質的緩和政策」の開始によって為替円安と株価の上昇がもたらされ、景気が回復軌道に乗る中で、当初は2％の物価上昇率目標達成に向けて順調に進んでいるかに見えた。しかし、2014年4月の消費税率引き上げ（5％→8％）後は、景気がもたつき、消費税増税の影響をのぞいた物価上昇率の鈍化傾向が目立つようになったため、黒田総裁は同年10月31日の金融政策決定会合で追加金融緩和として、マネタリーベース増加を年80兆円に拡大（具体的な金融調節としては、長期国債の買入れ額を年30兆円増やして80兆円に、国債の残存期間を最大3年程度拡大して7〜10年に、ETFを年3兆円・REITを年900億円買入れて各3倍に）することを決定した。なお、採決は、賛成5対反対4という薄氷の結果であった（反対は、森本宜久、石田浩二、佐藤、木内の各委員）。

　追加緩和後も2％の物価上昇率目標達成に向けた政策効果は一向に上がらず、原油安や中国など新興国経済の減速によって、デフレ脱却への歩みが後退しかねない情勢となる一方、長期国債の大量購入を継続することによって市場に出回る長期国債が減り、資金量を目途する政策手法では早晩行き詰まるとの観測が抬頭してきた。2016年1月28日・29日の金融政策決定会合で、黒

田総裁は、民間金融機関が保有する日銀当座預金の一部にマイナス金利（−0.1％）を適用（日銀当座預金を3分割し各プラス・ゼロ・マイナス金利を適用）という「マイナス金利政策」を初めて導入した。なお、採決の結果は、再び賛成5対反対4であった（反対は、白井さゆり、石田、佐藤、木内の各委員）。

「マイナス金利政策」の導入後、2％の物価上昇率目標への道筋は見えない一方、長期金利の大幅な低下により、金融機関収益を圧迫し、保険・年金の運用利回りを低下させるなどの副作用が深刻化した。黒田総裁は、2016年9月20日・21日の金融政策決定会合において、2013年4月以降の「量的・質的金融緩和政策」を総括的に検証するとともに、新たな金融政策の枠組みとして長短金利を政策運営上の目標とする「イールドカーブ・コントロール付き量的・質的緩和政策」を導入することを決定した（反対は、佐藤、木内両委員）。具体的には、マイナス金利を据え置く一方で、長期金利（10年物国債利回り）が0％程度で推移するよう国債買入れを実施するというものである。なお、「異次元緩和」からの撤退と受け取られないようにするため、物価上昇率が安定的に2％を超えるまで金融緩和を継続するという「オーバーシュート型コミットメント」を謳った。

2018年4月9日、安倍内閣は、大胆な金融政策、機動的な財政政策、民間投資を喚起する成長戦略の3本の柱からなる「アベノミクス」の推進に関して、貢献大であったとして黒田総裁を再任した。だが、文字通り大胆極まる金融緩和政策によってデフレーションからは脱却できたものの、実質的な「財政ファイナンス」によって財政規律は失われる一方、かつてのような明瞭な設備投資の活発化は観察されていないのが現状である。

3．歴代日本銀行総裁のパフォーマンス評価

図表7-8は、第2次世界大戦後における歴代日本銀行総裁のパフォーマンスを「物価の安定」および「経済の安定と成長」という2つの目的に照らして評価する形で、一表にまとめたものである。3つ目の目的である「為替レートの安定化（対外均衡）」については、日本銀行の金融政策の守備範囲を超える（したがって、各総裁のパフォーマンス評価の基準として採用しがたい）面があるので、別扱い（成績符号なし）としてある。

数値は各総裁の在任期間中の暦年データ平均値（ただし、速水第28代総裁から黒田第31代総裁までは年度データ平均値）であり、カッコ内には標準偏差を示してある。なお、一万田第18代総裁は、戦後の混乱期における統計の制約もあって在任期間を通じてのパフォーマンス評価が困難なことから参考扱いとしているほか、新木第19代総裁と松下第27代総裁は、いずれも任期途中で辞任したことにより、在任期間がそれぞれ2年、3年4か月と短いことを考慮して、この表から両総裁を除いている。

(1) 物価の安定

　中央銀行による金融政策の最も重要な目的が「物価の安定」であることに大方の異論はあるまい。また、「物価の安定」を測る統計指標として、主要国で一般的に採用されているのは消費者物価指数であり、最近においては「消費者物価指数前年比で2％程度」が各国中央銀行の標準的な目標となっているといえよう。以下では、こうした基準を用いながら（かつ、第2次世界大戦直後から最近までの期間における日本銀行を取り巻く経済環境を踏まえつつ）、「物価の安定」に関する歴代日本銀行総裁のパフォーマンスを評価する。ちなみに、図表7-8では、各総裁の任期中における消費者物価指数前年比の暦年ベース平均値（ただし、速水総裁から黒田総裁までは年度ベース平均値）でみて、2％±1％以内ならばS（satisfactory）、Sの範囲外であっても2％±2％以内ならばP（pass）、それ以外はF（failure）の3段階としている。なお、図表7-8の作成にあたって原データとして用いた消費者物価指数前年比および卸売物価指数（現企業物価指数）前年比の長期的推移を図表7-9として参考までに示しておく。

　歴代総裁の中で、猛烈なインフレーションを招来してしまったという意味で明確にF評価となるのは、1973～74年の「大インフレーション」時と重なる佐々木総裁（消費者物価指数前年比平均10.7％）と、参考扱いではあるが戦後の「悪性インフレーション」時と重なる一万田総裁（同30.0％、ただし戦争直後の混乱期を除いた1947～54年の平均値）である。また、佐々木総裁の任期末におけるいわゆる「トリレンマ」状態からの脱却に貢献した森永総裁も、任期中の平均値（同7.4％）としては紛れもないインフレーションであ

図表7-8　歴代総裁のパフォーマンス評価

(単位%)

	物価の安定		経済の安定と成長		為替レートの安定化	
	消費者物価指数上昇（下落）率	卸売（現企業）物価指数上昇（下落）率	実質GDP成長率	長期的成長率ピークとの乖離	円対米ドル名目レート変化率	円対米ドル実質レート変化率
山際総裁 1957〜64年平均	F 4.1 (2.3)	0.0 (2.8)	F 9.6 (2.1)	−0.7	固定相場制	—
宇佐美総裁 1965〜69年平均	F 5.5 (1.0)	1.6 (0.6)	F 10.2 (2.3)	＋0.1	固定相場制	—
佐々木総裁 1970〜74年平均	F 10.7 (6.6)	9.5 (7.0)	F 6.0 (4.1)	−4.3	円高 3.7 (7.3)	円高 7.7 (5.6)
森永総裁 1975〜79年平均	F 7.4 (3.1)	3.2 (2.1)	S 4.5 (0.9)	−0.6	円高 5.1 (9.5)	円高 4.5 (10.4)
前川総裁 1980〜84年平均	P 3.9 (2.2)	3.2 (5.9)	S 3.6 (0.7)	−1.5	円安 1.9 (6.0)	円安 5.4 (6.6)
澄田総裁 1985〜89年平均	S 1.1 (0.9)	−1.4 (2.3)	P 5.1 (1.5)	0.0	円高 9.4 (12.7)	円高 7.2 (13.1)
三重野総裁 1990〜94年平均	S 2.0 (1.1)	−0.3 (1.3)	P 2.2 (2.0)	−2.9	円高 5.7 (5.7)	円高 4.1 (6.1)
速水総裁 1998〜2002年度平均	F −0.6 (0.6)	−1.5 (0.8)	P 0.3 (1.2)	−1.1	円安 0.2 (8.6)	円安 3.0 (9.0)
福井総裁 2003〜07年度平均	F −0.1 (0.3)	1.4 (1.0)	S 1.9 (0.3)	＋0.5	円高 1.2 (4.8)	円安 1.7 (5.3)
白川総裁 2008〜12年度平均	F −0.3 (0.9)	−0.3 (2.8)	F −0.2 (2.4)	−1.6	円高 6.0 (5.8)	円高 3.9 (5.9)
黒田総裁 2013〜17年度平均	P 0.9 (1.1)	0.3 (2.6)	S 1.3 (0.9)	−0.1	円安 6.4 (22.4)	円安 6.9 (22.0)
参考：一万田総裁 1947〜54年平均	F 30.0 (39.6)	60.5 (72.8)	F 11.2 (4.2)	—	—	—

(注1)　消費者物価指数上昇（下落）率は全国・総合の前年比、（　）内は標準偏差。
(注2)　卸売（現企業）物価指数上昇（下落）率は国内の前年比、（　）内は標準偏差。
(注3)　実質GDP成長率は前年比、（　）内は標準偏差。
(注4)　長期的成長率ピークは、山際総裁から佐々木総裁までは1967年の10.3％、森永総裁から三重野総裁までは1987年の5.1％、速水総裁から黒田総裁までは2003年の1.4％として、各総裁任期中の年（年度）平均成長率との乖離を計算。
(注5)　円対米ドル名目レート変化率は年（年度）平均水準の変化率を欧州方式により計算、実質レート＝名目レート÷消費者物価指数でみた日米相対価格、（　）内は標準偏差。

［資料出所］日本銀行、総務省、内閣府、財務省

図表7-9　消費者物価上昇と国内卸売（現企業）物価上昇率の推移　（1950～2016年）

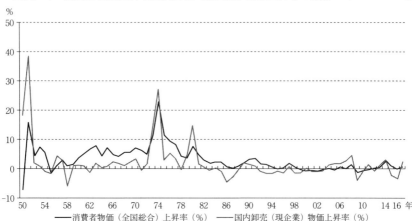

[資料出所]　日本銀行、総務省

り、F評価となってしまうが、これにはやはり佐々木総裁時代の「負の遺産」が大きかったことを勘案すべきであろう。

　このほか、宇佐美総裁（同5.5％）と山際総裁（同4.1％）は、消費者物価指数を物価安定の指標に用いると、比較的緩やかながらもインフレーションの進行を許したという意味でF評価を免れない。しかし、高度経済成長期における金融政策の目標が卸売物価の安定（その結果としての国際収支の均衡維持と固定為替相場の維持）とされていたことを勘案して卸売物価指数を基準に評価し直してみると、山際総裁（卸売物価指数前年比平均0.0％）は文字通りの物価安定（ゼロ％目標）を達成したことになるであろうし、宇佐美総裁（卸売物価指数前年比平均1.6％）も及第であったといえるだろう。なお、山際総裁については、「岩戸景気」当時の株式ブームがその後崩壊するという形で、資産価格の面で不安定であったことを指摘しておく必要があろう。

　一方、デフレーションを克服できなかったという意味でF評価となるのは、速水総裁（消費者物価指数前年比平均－0.6％）と白川総裁（同－0.3％）である。デフレ克服に向けて相応の成果を上げた福井総裁（同－0.1％）も、数値としては紙一重の差でF評価の範疇に落ちてしまうが、やはり速水総裁時代におけるデフレ期待の定着という「負の遺産」が大きかったことを勘案すべき

であろう。なお、速水総裁が、消費者物価上昇率ゼロ％が安定的に達成するまで「ゼロ金利政策」を実施するとし、福井総裁が、「量的緩和政策」の解除に際して消費者物価上昇率で０～２％（中心値１％程度）を「中長期的な物価安定の理解」として示したように、両総裁が指向した目標値自体が本章での基準に照らして低過ぎたことを注意しておく必要があろう。

　逆に、インフレーションでもデフレーションでもないという意味での「物価の安定」を達成してＳ評価となるのは、澄田総裁（同1.1％）と三重野総裁（同2.0％）である。もっとも、物価の安定として資産価格の安定をも考慮すべきだとするならば、澄田総裁は地価・株価の高騰という形での「バブル」膨張を放任したこと、三重野総裁は「バブル」崩壊後において地価・株価の下落を食い止められず、「バブル」後遺症を深刻化させたことへの責任をそれぞれ問われることになろう。なお、卸売物価指数でみると、澄田総裁（卸売物価指数前年比平均－1.4％）、三重野総裁（同－0.3％）ともに前年比マイナスとなっており、速水総裁になってから消費者物価指数の持続的低下という形で本格化するデフレーションの下地がすでに固まりつつあった点には注意が必要である。

　この間、前川総裁（消費者物価指数前年比平均3.9％）は、任期中に第２次石油危機があったにも拘わらず、相応のパフォーマンスであり、一応及第のＰ評価となる。前川総裁は、資産価格の安定に関しても特段の問題はなかったことを勘案すると、広い意味での「物価の安定」目標に関して第２次世界大戦後の歴代総裁の中でもっとも不安が少なかった（その意味で「幸運な」）総裁であったといえよう。最後に、再任されるまでの黒田総裁（同0.9％）は、消費者物価上昇率２％の「物価安定目標」を掲げて「異次元緩和」を推進したものの、Ｓ評価には一歩及ばずＰ評価に止まった。再任された黒田総裁にとっての喫緊の課題は、「物価安定目標」の看板を下ろさないままで、これまでの大胆極まる緩和政策に伴い次第に深刻なものとなりつつある副作用にいかに対処していくのかということになろう。

(2) 経済の安定と成長

　上述したとおり、主要国の中央銀行の間で、金融政策が達成すべき物価上

昇率（インフレ率）の目標値（ないしは目標範囲）についてそれなりの合意ができてきているのとは対照的に、経済成長率に関して特定の数値（あるいは範囲）を金融政策の目標とすることに同様な合意ができてはいないし、また、できつつあるとも言い難い。

まず、一般論として主要国中央銀行の間で、その目的規定に「物価の安定」と並んで「経済の安定と成長」を掲げるかどうかは、区々である。たとえば、アメリカ連邦準備制度が、「物価の安定」と並んで「潜在能力に見合った経済成長」や「高い雇用水準」など複数の目的を掲げているのに対して、ヨーロッパ中央銀行は、「物価安定の維持」を唯一の目的としている。また、新「日本銀行法」では、通貨及び金融調節の理念として「物価の安定を図ることを通じて国民経済の健全な発展に資すること」（第2条）という曖昧な文言になっている。

次に、金融政策の目的に「経済の安定と成長」を加えるとした場合に、中央銀行にとって短期的な景気循環と中長期的な経済成長とでは対応の仕方が大きく異なる。すなわち、中央銀行にとっての第一義的な課題は、当面の潜在GDP成長率を与件として、実際のGDP成長率との乖離を小さくするという意味での短期的な景気循環対抗策であり、潜在GDP成長率の中長期的な経路自体をコントロールすることは、金融政策の守備領域外とみなされるのが通常といってよかろう。言い換えれば、金融政策にとって「経済の安定と成長」目標は、潜在GDP成長率をとりあえずの与件として、その周辺における実際のGDP成長率の変動をできるだけ小さくするという形で表現されることになるのである。

以下では、こうした考え方に即して、「経済の安定と成長」に関する歴代日本銀行総裁のパフォーマンスを評価する。前掲図表7-8では、各総裁の任期中における実質GDP成長率の年ベース平均値（ただし、速水総裁と福井総裁は年度ベース平均値）、および、その標準偏差を示しており、標準偏差でみて、1％以内ならばS（satisfactory）、Sの範囲外であっても2％以内ならばP（pass）、それ以外はF（failure）の3段階としている。また、参考までに各総裁の任期中における年（年度）平均成長率と長期循環における成長率ピークとの乖離を併せて示してある。なお、図表7-8の原データとして用いた実質GDP

成長率の長期的推移については、前掲図表7-2を参照されたい。

歴代総裁の中で、「経済の安定化」目標に照らして明確にF評価となるのは、佐々木総裁(標準偏差4.1％)と、参考扱いではあるが第2次世界大戦後の混乱期に金融政策のかじ取りをした一万田総裁(同4.2％、ただし1947〜54年のみ)の2名である。戦後復興期における混乱の責任を一万田総裁に問うべきか否かはともかくとして、佐々木総裁は、「ニクソン・ショック」後の対応に失敗して経済の混乱を引き起こし、とりわけ1974年には戦後初のマイナス成長(実質GDP成長率－1.2％)を記録したことの結果責任を問われざるをえないだろう。なお、佐々木総裁任期中の年平均成長率6.0％は、既述の長期循環における成長率ピーク(1967年の10.3％)との対比で4.3％低下したことを併せて指摘しておく必要があろう。

また、標準偏差の大きい順にみて、白川総裁(標準偏差2.4％)、宇佐美総裁(同2.3％)、山際総裁(同2.1％)、もF評価となる。このうち、白川総裁は、「リーマン・ショック」、東日本大震災という外的ショックに相次いで見舞われたという事情はあるにせよ、任期中の平均成長率が－0.2％と戦後歴代総裁の中でただ一人マイナス成長に甘んじたことを合わせて勘案すると、佐々木総裁と同様に結果責任を問われざるをえないだろう。一方、山際総裁と宇佐美総裁は、任期中の年平均成長率が各9.6％、10.2％と高かったにも拘わらず、標準偏差は2％台前半に収まっており、その意味で高度「安定成長」を実現したことは肯定的に評価できよう。

次に、P評価となるのは、三重野総裁(同2.0％)、澄田総裁(標準偏差1.5％)、速水総裁(同1.2％)である。このうち、P評価とのボーダーラインに位置する三重野総裁は、任期中の年平均成長率が2.2％と長期循環の成長率ピーク(1987年の5.1％)との対比で2.9％低下したことを勘案すると、厳しめのP$^-$評価が妥当であろう。また、速水総裁も、任期中の年度平均成長率が0.3％と長期循環の成長率ピーク(2003年の1.4％)を1.1％下回りほぼゼロ成長状態に陥ったこと、ことに1998年度と2001年度の2度にわたってマイナス成長を記録したことを勘案すると、実質的には限りなくF評価に近いP$^-$評価となろう。一方、澄田総裁は、任期中の年度平均成長率が5.1％と長期循環の成長率ピーク(1987年の5.1％)と同じであり、潜在成長率並みの成長を実現したとい

う意味でも及第といえよう。

この間、S評価となるのは、標準偏差の大きい順にみて、森永総裁（標準偏差0.9%）、黒田総裁（同0.9%）、前川総裁（同0.7%）、福井総裁（同0.3%）、である。福井総裁は、任期中の年度平均成長率が1.9%と長期循環の成長率ピーク（2003年の1.4%）を上回っており、第2次世界大戦後の歴代総裁の中で最少の標準偏差値と相俟って、「経済の安定と成長」に関して最良のパフォーマンスといえる。一方、森永総裁と前川総裁は、任期中の年平均成長率が各4.5%、3.6%と長期循環の成長率ピーク（1987年の5.1%）をそれぞれ0.6%、1.5%下回っており、2人ともS評価ではあるものの、その分を割り引いて考える必要があろう。最後に、再任されるまでの黒田総裁は、任期中の年平均成長率が1.3%と長期循環の成長率ピーク（2003年の1.4%）には及ばず、それなりのパフォーマンスではあるものの、さりとて、日本経済を再び成長軌道に戻したとは言い難い。

(3) 為替レートの安定化（対外均衡の達成）

中央銀行の金融政策の目的としての「対外均衡」の位置付けは、当該国が採用している国際通貨制度に依存して決まる。すなわち、固定為替相場制度の採用国では、為替レートの安定化が金融政策にとって最優先の目的となる一方、変動為替相場制度の採用国であれば、為替レートは原則として市場の需給に応じて変動させ、金融政策は国内均衡（すなわち、上述した「物価の安定」や「経済の安定と成長」）を達成するために割り当てられることになる。ただし、為替レートが短期的に乱高下する場合や、中長期的にみた均衡レートからの乖離（いわゆる「ミスアラインメント」）が発生する場合には、そうした問題を是正するために為替市場での介入と並行して金融政策の発動が求められることになる。そうした意味で完全に自由ではない変動為替相場制度の下では、「為替レートの安定化」という対外均衡を達成するために、金融政策が制約されることになるのであり、その制約度合いは国際的な資本移動が活発化すればするほど大きくなる。

第2次世界大戦後の日本は、1952年8月にIMFに加盟して、1ドル＝360円の平価を中心とした狭い範囲内に実際の対米ドルレートを維持するこ

とを義務付けられた。高度成長期における山際総裁と宇佐美総裁は、そうした固定為替相場制度の時代であり、日本銀行の金融政策は、対米ドル平価の切り下げといった事態を回避するために、国際収支（貿易収支ないし経常収支）の赤字と外貨準備の枯渇を防ぐことを最優先の目的としていたのである。前掲図表7-8において、山際総裁と宇佐美総裁は、「対外均衡」の達成について1ドル＝360円の平価を維持しえたという意味では、ともに及第の評価となる。ただし、しばしば「国際収支危機」に直面した山際総裁が、苦しみながらの平価維持であったのに対して、宇佐美総裁は、日本経済の国際競争力の高まりを背景として国際収支の黒字が次第に定着する中で余裕含みの平価維持であったといえよう。

　固定為替相場制度は、1971年8月の「ニクソン・ショック」により停止され、同年12月のスミソニアン会議における平価調整によって一旦は再開されたものの、1973年2月以降は変動為替相場制度に移行して現在に至っている。したがって、任期途中において「ニクソン・ショック」に遭遇した佐々木総裁以降の各総裁は、変動為替相場制度の下でのパフォーマンス評価となる。前掲図表7-8は、各総裁の任期中における円対米ドル名目レート変化率（欧州方式）および日米相対価格水準（1966～8年平均＝100とする指数）で調整した実質レート変化率（同）の年平均値（ただし、速水総裁と福井総裁は年度平均値）、および、その標準偏差を示してある。なお、図表7-8において原データとして用いた円対米ドル名目レートおよび同実質レートの長期的推移を図表7-10として示しておく。[14]

　まず、円対米ドル名目レート変化率をみると、変動為替相場制度下での9人の歴代総裁中6人が任期中の年（年度）平均値でみて円高となっており、その大きい順に、澄田総裁（9.4％）、白川総裁（6.0％）、三重野総裁（5.7％）、森永総裁（5.1％）、佐々木総裁（3.7％）[15]、福井総裁（1.2％）であった。「ニクソン・ショック」に遭遇した佐々木総裁と後任の森永総裁、プラザ合意に捲き込まれた澄田総裁と後任の三重野総裁、「リーマン・ショック」後の主要国中央銀行の金融緩和競争に後れをとった白川総裁が、それぞれ猛烈な円高を経験したことは一目瞭然である。福井総裁の任期中において円高化の度合いが軽微なのは、財務省が主導したドル買い円売り介入と並行して「量的緩

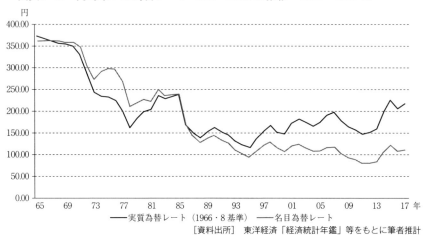

図表7-10　円対米ドル為替レート（名目・実質）の推移　（1965～2017年）

[資料出所］　東洋経済「経済統計年鑑」等をもとに筆者推計

和政策」を積極的に推進したことによるものである。

　一方、任期中の年（年度）平均値でみて円安であったのは、アメリカのボルカー連邦準備議長が高金利政策を実施した時期にあたる前川総裁（1.9％）、ルービン財務長官が「強いドル」政策を推進した時期に当たる速水総裁（0.2％）、消費者物価上昇率2％の「物価安定目標」を掲げて「異次元緩和」を推進した黒田総裁（6.4％）の3人のみであった。また、前川総裁、速水総裁の下での円安化の度合いは、福井総裁を除く上記5人の総裁が体験した円高化の度合い（平均して約6％）と比べて軽微であった。要すれば、変動為替相場制への移行後における円対米ドル名目レートが、佐々木総裁から白川総裁に至るまでの期間において、若干の小休止局面を除けば、凄まじい円高傾向を辿ってきたことが如実に示されるのである。一方、再任までの黒田総裁の下での円安化の度合いは、突出して大きく、「異次元緩和」の真骨頂が為替円安化政策にあったことを端的に示している。

　各総裁の任期中における円対米ドル名目レートの変化率は以上のとおりであるが、上述したとおり変動為替相場制度の下での為替レートの変動は市場の需給に任されるのが原則である。また、長期的な均衡為替レートは、達観すれば内外のインフレ率格差に応じて変動するものであるから、国内で「物

価の安定」が達成されていたとしても、海外（すなわち、アメリカ）でインフレーションが高進していたならば、その分だけ円高化するのは当然といえる。そこで、消費者物価指数でみた日米相対価格水準で調整した円対米ドル実質レートの年（年度）変化率をみると、各総裁の任期中の平均値でみて円高化したのは、その度合いの大きい順に、佐々木総裁（7.7％）、澄田総裁（7.2％）、森永総裁（4.5％）、三重野総裁（4.1％）、白川総裁（3.9％）の5名であり、逆に円安化したのは、その度合いの大きい順に、黒田総裁（6.9％）、前川総裁（5.4％）、速水総裁（3.0％）、福井総裁（1.7％）の4名である。

　実質レート変化率でみた場合に、名目レート変化率でみた場合と比べて円高の度合いが増したのは、第1次石油危機後のインフレーションを招来した佐々木総裁のみであり、森永総裁から黒田総裁までの8名は、①名目レート変化率でみた場合よりも円高の度合いが減る（森永総裁、澄田総裁、三重野総裁、白川総裁）、②名目レート変化率でみた場合は円高であったものが、実質レート変化率でみた場合は円安となる（福井総裁）、③名目レート変化率でみた場合よりも円安の度合いが増す（前川総裁、速水総裁、黒田総裁）のいずれかとなっている。要すれば、1983～4年の大インフレーションを招来した佐々木総裁の任期中を除けば、消費者物価指数で測った日米相対価格が基本的にはアメリカ物価高・日本物価安で推移しているため、実質レートでみた場合には、名目レートでみた場合の凄まじい円高の一部が相殺されることになるのである。ただし、実質レートでみた場合にも、1990年代半ばまでは基本的に円高傾向で推移してきたことに変わりはない。なお、1990年代後半以降は、名目レートと実質レートの乖離が次第に大きくなり、実質レートでみた場合には、円安傾向にある（それが、黒田総裁の就任以降顕著になった）ことを注意しておく。

　次に、各総裁の任期中における対米ドル名目レート変化率の年（年度）平均値の標準偏差をみると、数値の大きい順に、黒田総裁（22.4％）、澄田総裁（12.7％）、森永総裁（9.5％）、速水総裁（8.6％）、佐々木総裁（7.3％）、前川総裁（6.0％）、白川総裁（5.8％）、三重野総裁（5.7％）、福井総裁（4.8％）、であった。澄田総裁、森永総裁、佐々木総裁は、上述したとおり任期中の年平均値でみて円高の度合いが大きかったことに加えて、標準偏差も大きかった（い

ずれも為替レートが急速な円高から急速な円安へと振れたことを反映している）が、その一方で、平均値では同様に大幅な円高であった三重野総裁が、標準偏差としては比較的小さかった（ほぼ一貫して円高局面であったことを反映している）ことがわかる。また、前川総裁と速水総裁は、任期中の平均値としては同程度の円安であったが、標準偏差でみると速水総裁が比較的大きかった（為替レートが円高と円安を繰り返したことを反映している）のに対して、前川総裁は比較的小さかった（ほぼ一貫して円安局面であったことを反映している）こともわかる。なお、任期中に大幅な円安化を達成した黒田総裁は、標準偏差でみると歴代総裁の中で飛び抜けた大きさである。

　ともあれ、対米ドル名目レート変化率の年（年度）平均値の標準偏差は最も小さい福井総裁ですら4.8％であり、各総裁が名目レートの安定化に失敗したことを端的に示しているが、このことは日米相対価格水準で調整した実質レートでみた場合にも同様である。すなわち、実質レートの年（年度）平均値の標準偏差は、数値の大きい順に、黒田総裁（22.0％）、澄田総裁（13.1％）、森永総裁（10.4％）、速水総裁（9.0％）、前川総裁（6.6％）、三重野総裁（6.1％）、白川総裁（5.9％）、佐々木総裁（5.6％）、福井総裁（5.3％）、であり、佐々木総裁と黒田総裁を除いて、各総裁とも名目レートでみた場合より標準偏差は大きくなってしまうのである。なお、黒田総裁は、実質レートでみても歴代総裁の中で標準偏差が飛び抜けた大きさである。

　各総裁の任期中における円対米ドルレートの年（年度）平均変化率の標準偏差は、年（年度）ベースでみた為替レート変化率の安定度合いを示すものであり、日本銀行の金融政策が、均衡為替レートの長期的な変動を与件としつつも、短期的な（ここでは年毎のという意味での）乱高下をできるだけ防ぐ必要はあるとすれば、各総裁のパフォーマンスを評価する一つの尺度となるかもしれない。もっとも、公式的には、為替レートの安定化に関する責務は大蔵大臣（省庁再編後は財務大臣）が担うべきものとされてきたから、こうした尺度で日本銀行総裁のパフォーマンスを評価するのは適当でないとの反論は当然ありうる。したがって、前掲図表7-8において、年（年度）平均変化率と同様に、その標準偏差も参考データとしての取り扱いであり、歴代各総裁に対する「成績符号」は付与しない。

おわりに

　最後に、「各論」としての第1章から第6章、および、「総論」としての第7章を通して、日本銀行の金融政策の目的と運営について本書の歴史的・制度的・実証的分析から得られる政策的インプリケーションをまとめておく。

　第1に、日本銀行の金融政策が本来は最優先の目的（最終目標）とすべき「物価の安定」について、本書で目標レンジとして用いた「消費者物価指数前年比でみて2%±1%未満」に照らすと、歴代日本銀行総裁のパフォーマンスは一部を除いて余り芳しくない。このことは、本書の対象期間において日本銀行が「インフレ目標政策」を実施してこなかったことをそのまま反映したものではあるが、仮に同政策を実施していたとしても、歴代各総裁の置かれた歴史的な経路依存性や外的環境によって、実際には目標レンジの達成が困難な場合が多かったであろうことを示唆している。上記目標レンジは、あくまでも長期的に達成を目指すべき理想（プラトンの「イデア」ともいうべきもの）であり、各総裁の任期中には達成不可能である（あるいは、無理に達成を目指せば、副作用が大きすぎる）場合がありうることには、十分に注意しておく必要があろう。

　第2に、日本銀行の金融政策のもう一つの目的である「経済の安定と成長」については、「経済の安定」に限って言えば、歴代各総裁のパフォーマンスは一部を除けば比較的良好である。大方の総裁は、景気過熱に対する金融引き締めと景気後退に対する金融緩和という形での「景気循環対抗策」の運営には相応の成功を収めたのである。しかし、歴史的にみて本書の対象期間における日本経済の潜在成長率の大幅な下方シフトには、「ニクソン・ショック」や「プラザ合意」以降における日本銀行の金融政策（ないしは、プルーデンス政策）の失敗が有意な悪影響を及ぼした面があることを否定しがたい。日本経済の健全な発展のためには、金融政策（ないしは、プルーデンス政策）の適切な運営が必要条件である（ただし、十分条件ではない）ことを改めて確認する必要があろう。

　第3に、円対米ドル為替レートは、歴史的にみて変動為替相場制度への移

行後、若干の小休止局面を除けば、すさまじい円高傾向を辿ってきた。さらに、佐々木総裁以降の歴代各総裁の任期中における円対米ドル為替レートは大きく変動しており、為替政策を一義的に担ってきた財務省（旧大蔵省）が為替レートの安定化に失敗したことを端的に示している。「ニクソン・ショック」後における過剰流動性と大インフレーション、「プラザ合意」以降における金余りとバブル発生などの例が示唆するとおり、為替レートの趨勢的な円高化（および、その大幅変動）は、歴代各日銀総裁による金融政策運営を大きく制約する要因となってきた。日本銀行の金融政策が過ちを繰り返さないためには、為替政策は財務省任せ（いわゆる「MOFマター」）とする従来の姿勢を見直して、財務省と日本銀行の協調体制を構築する必要があろう。

[注]
(1) 市販はされていないので、内容にご関心のある読者は、筆者に直接お問い合わせいただければ幸甚である。
(2) 篠原三代平『戦後50年の景気循環』（日本経済新聞社、1994年）を参照。
(3) なお、1945年8月に日本が無条件降伏した時点で在任中であった渋沢敬三第16代総裁は、同年10月5日の幣原喜重郎内閣発足に際して大蔵大臣として入閣したこと、その後任となった新木栄吉第17代総裁も、連合軍総司令部（GHQ）による公職追放の対象とされて1946年6月1日に早々と辞任したことに鑑み、渋沢第16代・新木第17代両総裁を図表7-4から除いている。
(4) 代表的な政府介入の例として、1960年7月に成立した池田勇人内閣が、当時の山際正道第20代総裁に対して行った一連の「低金利政策」の要請を挙げることができる。また、第3章で述べたように、1985年9月のプラザ合意以降において、アメリカのジェームス・ベーカー財務長官（ロナルド・レーガン政権）や、日本の宮澤喜一蔵相（中曽根康弘内閣）などから「国際的政策協調」を名目にした形で澄田智第25代総裁に対して利下げ要請が何度も繰り返されたことも記憶に新しい。
(5) たとえば、1956年9月19日に新木栄吉第19代総裁が総裁室で脳血栓の発作を起こして入院した際には、井上敏夫副総裁が総裁事務を代行した。ただし、同年11月30日付で新木総裁が辞任するまで、金融政策に関する重要な意思決定は行われなかった。なお、山際正道第20代総裁は、1959年6月に総裁室で軽い脳血栓の発作を起こして以来、健康面で不安を抱えながらの勤務であり、1962年4月に副総裁に就任した佐々木直氏（後の第22代総裁）が実質的に金融政策を取り仕切ったとされている。
(6) たとえば、本書の第2章で述べた次のような事例がある。1975年8月の政策委員会において公定歩合引下げ（7.5％→7％）が審議された際に、武田満作委員（元日本勧業銀行頭取）が、同引下げに伴い1年物定期預金金利と市中貸出標準金利が同一水準になってしまうことを理由に、森永貞一郎第23代総裁の提案に対して反対した。

また、1981年3月の政策委員会において公定歩合引下げ（7.25%→6.25%）が審議された際に、小倉武一委員（元農林省次官）が、公定歩合と郵貯金利の0.75%同幅引下げであった当初案が公定歩合のみ1%引下げ（郵貯金利は0.75%引下げのまま）に変更されたことに反発して、前川春雄第24代総裁の提案に同意せず棄権した。

(7) ただし、1961年9月の政策委員会において公定歩合の日歩1銭9厘からの引上げが審議された際には、当初2厘引上げを企図していた山際正道第20代総裁が、政府側の猛烈な反対にあって1厘引上げに止める妥協案を提案したことに対して、吉川智慧丸委員（元十六銀行頭取）と千金良宗三郎委員（元三菱銀行頭取）が反対したため、政策委員会での採決は3対2の僅差での可決となった。

(8) 日歩1厘は、年利換算すると0.365%に相当する。

(9) ただし、後述するように2008年10月31日の利下げ（コールレート0.5%→0.3%）の際には、当時の白川方明議長（第30代総裁）案への投票が賛成4反対4で賛否同数となり、最終的に白川議長が利下げを決定した。

(10) 第6章で既述のとおり、2007年2月20日・21日の金融政策決定会合では、福井議長（第29代総裁）が利上げを提案したのに対して、岩田副総裁が反対し、1998年の新「日銀法」施行後、執行部内で初めて賛否の票が割れる事態となった。なお、東日本大震災後の2011年4月28日の金融政策決定会合（議長は白川第30代総裁）では、西村清彦副総裁が、不確実性の高まりへの対処を理由に独自提案をしたが、否決された（賛成は本人のみ）。

(11) 木内委員は、「消費者物価上昇率2%の目標を今後2年で実現する」という件については反対した。

(12) 1989年4月から導入された消費税3%は、1989年度の消費者物価指数に税率の半分程度の引き上げ効果をもたらしたとされているが、本書では、消費税導入の効果を含めて、消費者物価指数そのものの上昇率（いわゆる「ヘッドライン・インフレーション」をベースとして議論を進める。

(13) なお、2014年4月からの消費税率引き上げ（5%→8%）は、2014年度の消費者物価指数に税率引き上げ幅3%の半分程度の引き上げ効果をもたらしたとされているが、本書では、それを含んだベースでパフォーマンス評価をしている点に注意されたい。

(14) 本来はアメリカ以外の貿易相手国（複数）の通貨に対する為替レートをも考慮して、それらの加重平均指数としての実効為替レートを用いるべきであるが、ここでは第1次近似として、日本にとって最も重要性が高い対米ドルレートを示しておく。

(15) 佐々木総裁の任期中において1971年8月15日のニクソン・ショックまでは固定為替相場制度であったことを勘案して、1970年を除いた残り4年間の平均変化率を計算すると、4.6%の円高となる。なお、同期間における実質レートの平均変化率は、9.2%の円高となる。

[参考文献]

黒田晁生（2004）「国債の大量発行とマネーサプライ重視政策」（明治大学政治経済研究所『政経論叢』第72巻第4・5号）

黒田晁生（2006）「ニクソン・ショックと大インフレーション」（明治大学社会科学研究所『明治大学社会科学研究所紀要』第44巻第2号）
黒田晁生（2008a）「日本銀行の金融政策（1969年～1984年）」（明治大学政治経済学部創設百周年記念叢書刊行委員会編『アジア学への誘い』）
黒田晁生（2008b）「日本銀行の金融政策（1984年～1989年）：プラザ合意と「バブル」の形成」（明治大学社会科学研究所『明治大学社会科学研究所紀要』第47巻第1号）
黒田晁生（2009）「戦後復興期における日本銀行の金融政策」（明治大学政治経済研究所『政経論叢』第77巻第5・6号）
黒田晁生（2010）「高度経済成長期における日本銀行の金融政策」（明治大学政治経済研究所『政経論叢』第78巻第5・6号）
黒田晁生（2011）「高度経済成長期における日本銀行の金融政策Ⅱ」（明治大学政治経済研究所『政経論叢』第79巻第5・6号）
黒田晁生（2012）「日本銀行の金融政策（1984～1994年）：バブルの生成と崩壊」（明治大学政治経済研究所『政経論叢』第80巻第4・5号）
黒田晁生（2013）「日本銀行の金融政策（1991年～1995年）：バブル崩壊後の金融緩和と不良債権問題」（明治大学政治経済研究所『政経論叢』第81巻第3・4号）
経済企画庁調査局編（1972）『資料　経済白書25年』日本経済新聞社
篠原三代平（1994）『戦後50年の景気循環』日本経済新聞社
外山茂（1981）『金融界回顧五十年』東洋経済新報社
中村隆英（1993）『昭和史Ⅱ（1945―1989）』東洋経済新報社
日本銀行百年史編纂委員会（1985）『日本銀行百年史　第五巻』日本銀行
日本銀行百年史編纂委員会（1986a）『日本銀行百年史　第六巻』日本銀行
日本銀行百年史編纂委員会（1986b）『日本銀行百年史　資料編』日本銀行
吉野俊彦『歴代日本銀行総裁論』（1976）毎日新聞社

あとがき

　本書は、筆者が2004年（平成16年）から2017年までの14年間にわたって書き続けてきた「日本銀行の金融政策」に関する10本余りの論文をベースとして、それらを大幅に加筆訂正の上、一冊の本にとりまとめたものです。

　筆者が、「日本銀行の金融政策」について一連の論文を書き始めた動機は、1971年（昭和46年）夏に入行して以来約23年間に亘る日銀勤務で実際に体験したことや、その後1994年（平成6年）春に明治大学政治経済学部に転職してから「金融経済論」（途中から科目名変更により「金融論」および「金融政策」）講義の中で日銀の金融政策について批判的にフォローしてきたことの内容を、自らのライフワークとして記録に残しておきたいと考えたからでした。

　論文の執筆作業を開始した当初は、筆者の日銀入行後間もない1971年8月に起きた「ニクソン・ショック」以降の時期を対象とする心積りでしたが、執筆作業を進めるうちに、佐々木直第22代日銀総裁以降における金融政策の評価を定めるためには、第2次世界大戦後の経済復興期や、昭和30年代から40年代前半（1950年代後半から1960年代）の高度成長期についても調べ直す必要があると思い至りました。逆に、論文執筆の対象時期が最近時点に近づけば近づくほど（ことに速水優第28代総裁以降は）、個人的によく存じ上げている方に図らずも「弓を引く」ことになる局面も増え、どこまで筆を進めるべきなのか苦悶いたしましたが、現時点において日本銀行政策委員会・金融政策決定会合の議事録が公開済みであることを判断の拠り所にして、2008年までで一旦区切ることにした次第です。

　2004年から、ほぼ年1本のペースで執筆した論文の大半は、明治大学政治経済研究所『政経論叢』や、同社会科学研究所『社会科学研究所紀要』というジャーナル（査読付き）にその都度掲載をお許しいただきましたので、筆者が「試行錯誤」した作業経過を（幾つかの誤りを含めて）幸か不幸か詳細に辿ることができるようになっています。また、2018年3月末の明治大

学定年退職を前に、長年お世話になった駿河台キャンパス研究室の本棚整理を兼ねて、それら一連の論文を古稀記念出版『日本銀行の金融政策（1945〜2008年）』（自家製本）として40部ほど作成し、かねてよりご厚誼を頂いた明治大学内外の知人の皆様には謹呈申し上げましたので、紙に書かれた記録として人生の爪痕を残しておくという当初の狙いは、どうやら達成できたことになります。

　それにも拘らず、敢えてこの度本書を上梓して、拙い研究成果を広く一般世間の目に晒すこととしましたのは、定年退職後は田舎で「ハーミット」の如き隠居生活を送る覚悟をしながらも、なお一人でも多くの読者を得ることによって自らの存在理由を確かめたいという「欲」（いまだ悟りに達し得ない俗人としての「煩悩」）のなせる業ということになりましょうか。ともあれ、本書は、新たな第1次資料を利用して日本銀行の金融政策に関する歴史的事実を書き換えた訳でもありませんし、関係者との面談を重ねた結果を「オーラル・ヒストリー（口述記録）」としてまとめた訳でもありませんが、筆者としては、浅学菲才の身ながらも日銀の金融政策史の「語り部」となるべく、できるだけ平明な日本語の文章スタイルで、今日まで対立を続ける議論の間でのバランスを保ちつつ、具体的な歴史的事実を生き生きと蘇らせるような叙述を心掛けたつもりですので、日銀関係者をはじめとした金融専門家のみならず一般の読者の皆様にもご一読いただければ幸甚です。なお、本書の刊行に際しては、諸般の事情で、戦後の経済復興期や高度成長期（換言すれば、一万田尚登第18代総裁時代から宇佐美洵第21代総裁時代まで）の詳しい叙述を割愛したことを改めてお断りしておきます。

　古稀を過ぎて本書を上梓するにあたり、既に鬼籍にお入りになられた3人の先生から賜りました学恩に、この機会をお借りして深甚感謝の意を表しておきたいと思います。

　川田侃先生には、東京大学経済学部の「川田Bゼミ」生として1968年（昭和43年）4月から2年余りの間ご指導を賜りました。当時は、いわゆる「東大紛争」の真っ只中で、6月から「大学解体」を叫んだ全学ストライキ入りでゼミをボイコットしたゼミ生（含む筆者）と、11月に大学の弘報委員長に

就任しマスコミ対応に忙殺されていた川田先生とは、1年近く疎遠な関係でしたが、翌年1月18日・19日の機動隊導入による安田講堂の封鎖解除を経て、5月にゼミが再開された後は、温厚な川田先生のお人柄故に、紛争のわだかまりも次第に溶けて平穏なゼミ活動へと立ち戻ることができました。とはいえ、筆者自身は、当初志望していた大学院進学を断念して、1970年6月の卒業後一年間の学士入学という形で「就職浪人」を余儀なくされる破目に陥りましたが、筆者の行く末をご心配くださっていた川田先生は、その後日銀から内定を得た筆者のために「国際金融」担当の浜田宏一先生へのご紹介の労をとって下さいました。「帰ってきた放蕩息子」を許す慈父のような寛大なご配慮には、50年近くの年月を経て、ひたすら頭の下がる思いです。

　館龍一郎先生には、「日経・経済図書文化賞」審査委員会メンバーの一員として、拙著『日本の金利構造』を1982年度（昭和57年度）受賞作品に選んでいただきました。国債市場における期間構造（イールド・カーブ）を分析した同書は、筆者にとって30代半ばでの処女作であり、「若書き」の誹りを免れないところですが、当時における国債大量発行に対応した国債管理政策の重要性を常々強調しておられた館先生は、拙著を積極的に推して下さいました。エコノミストにとっての「芥川賞」とも称されている同賞受賞という過分の栄誉を賜りましたことは、その後筆者が学界への転身の道を探る過程で、この上ない助けとなってくれました。また、学界への転身後も、いわゆる「日本版ビッグバン」や日本銀行法改正に絡んで、当時の「正論」に与する形でいささか生硬な発言を繰り返していた筆者を、金融制度調査会長などの要職に就いておられた館先生は、温厚ながらも時には厳しく直接・間接にご指導下さいました。大学時代のゼミ生でもなかった筆者に、格別のご厚情を賜りましたことに改めて感謝申し上げます。

　石田定夫先生には、長年お勤めになられた明治大学政治経済学部の「金融経済論」担当ポストを満70歳の定年退職を機にお譲りいただきました。筆者が日銀に入行して最初に配属されたのは調査局内国調査課であり、石田先生は当時、同特別調査課の課長を務めておられましたが、出身大学は違っても（石田先生は一橋大学のご卒業）、同じ愛知県出身の誼か、なにくれとなく筆者の面倒をみてくださいました。石田先生は18年間の明治大学生活を通

じて、200名を超すゼミ生を立派に育て上げられる一方、ライフワークである日本経済の資金循環に関する研究を一貫して継続され、定年退職時にはご高著『日本経済の資金循環』（東洋経済新報社）として集大成されましたが、その後ろ姿は、明治大学で「第2の人生」を歩み出そうとしていた筆者にとって、最良のロール・モデルでありました。筆者自身も定年退職となった今、明治大学での24年間の教師稼業で260名の前途有為なゼミ生を育てることができたことと、今後も自らの体力・気力の許す限り精進できるライフワークがあることのありがたさを身に染みて感じています。石田先生から賜りましたご厚誼に、改めて御礼申し上げます。

　本書は、明治大学からの資金援助を得て、『明治大学社会科学研究所叢書』として発刊されることになりました。同『叢書』として最終的に採択されるまでの過程では、匿名のレフェリー（複数名）の方から本書の内容を改善する上で大変有益なコメントをいただきましたことに、この場をお借りして厚く御礼申し上げます。また、通常の商業出版には必ずしも馴染まない性格の本書を「事業出版」という形でお引き受け下さいました日本評論社（ことに、実際に本書刊行の労をとって下さいました永本潤氏）に深甚感謝申し上げます。

　最後に、私事で恐縮ではありますが、妻の真理子には、結婚以来36年間にわたって苦楽を共にする中で、近年は加齢とともに難聴が進み記憶力が衰えつつある筆者にとって掛け替えのない秘書兼ショーファー役を務めてくれていることに心から感謝の意を表しておきたいと思います。

　　　2018年12月吉日

　　　　　　　　　　　　　　　　　　　　　　　　　　　黒田　晃生

索　引

■人名索引■

〈あ〉

愛知揆一　11, 23
青木幹雄　207
青島幸男　142
飛鳥田一雄　4
安倍晋三　271, 307
安倍晋太郎　100
新木栄吉　296
安斎隆　193
池尾和人　150
池田憲人　258
池田勇人　39, 286
石田浩二　308
石原伸晃　192
磯田一郎　112
一万田尚登　296
伊藤茂　149
今井敬　183, 246
岩崎琢弥　113
岩田一政　248, 270
植田和男　185, 248
宇佐美洵　298
穎川史郎　194
遠藤荘三　195
太田赳　90, 93
大野木克信　191
大場智満　63, 86
大平正芳　39, 49
岡田明重　236
岡田克也　263
緒方四十郎　90
沖原隆宗　259
奥田碩　247
小倉武一　59

小沢一郎　115, 121, 146, 207, 271
越智道雄　197
小渕恵三　121, 189, 190

〈か〉

カーター、ジミー　47
海部俊樹　106, 109
鍵弥実　144
梶山静六　121, 183, 190
柏木雄介　8
勝田泰久　257
金子一平　49
金丸信　116
亀井静香　264
河合禎昌　164
神崎武法　207
菅直人　263
木内登英　307
キッシンジャー、ヘンリー　4
木村剛　238
窪田弘　194
久保亘　146
グリーンスパン、アラン　99
クリントン、ビル　122
黒田東彦　308
黒田了一　4
畔柳信雄　259
ケネディ、デヴィッド　5
小泉純一郎　190, 218, 248
河野洋平　44, 123
後藤康夫　185
コナリー、ジョン　7
小林陽太郎　247
五味廣文　239, 258
小村武　166
ゴルバチョフ、ミハイル　108

〈さ〉
斎藤惇　260
斉藤次郎　122
榊原英資　141, 204
佐々木直　1, 299
佐々波楊子　189
佐高信　116
佐藤栄作　1
佐藤健祐　307
サマーズ、ローレンス　204
塩川正十郎　235
塩崎恭久　192, 271
篠塚英子　185
篠原三代平　292
シュルツ、ジョージ　11
シラー、カール　9
白川方明　253, 273, 306
杉田力之　236
杉原武　259
鈴木俊一　142
鈴木善幸　58
須田美矢子　218, 248
スプリンケル、ベリル　63
澄田智　53, 83, 300

〈た〉
ダーマン、リチャード　85
高橋温　191
高橋治則　124, 142, 190
竹下登　52, 61, 62, 83, 86, 101
武田満作　42
武富将　185
竹中平蔵　235, 248
武村正義　121, 137
館龍一郎　153
田中角栄　3, 16, 44
田波耕治　273
田淵節也　113
田淵義久　113
玉越良介　259

田谷禎三　205, 248
佃亮二　88
寺西正司　259
鄧小平　108
東郷重興　194
土光敏夫　58
鳥居泰彦　153

〈な〉
長岡實　56, 137
中川秀直　207
中曽根康弘　17, 39, 61, 83
長野庬士　165
中原伸之　185, 246
中原眞　219, 248
中坊公平　147
中村金夫　113
ニクソン、リチャード　3
西川善文　236, 258
西村清彦　265, 273
西村正雄　236
西村吉正　114, 124, 143, 146
蜷川虎三　4
野口悠紀雄　120
野澤正平　164
野田忠男　268

〈は〉
端田泰三　113
橋本龍太郎　106, 109, 146, 183
長谷川寛雄　144
羽田孜　115, 121
鳩山由紀夫　149, 307
速水優　56, 183, 303
春英彦　223, 248
日野正晴　192
平沼赳夫　264
フォード、ジェラルド　30
福井俊彦　137, 247, 248, 305
福田赳夫　1, 2, 16, 26, 39, 44

福田康夫　207, 218, 248, 272
福間年勝　223, 248
藤井卓也　195
藤井裕久　121
藤田彬　148
藤原作弥　184
フセイン、サダム　109
ブッシュ(子)、ジョージ　214, 241, 245
ブッシュ(父)、ジョージ　106, 115
船田元　120
ブルーメンソール、マイケル　47
ブレイディ、ニコラス　106
ベーカー、ジェームス　85
ペール、カール・オットー　86
坊秀男　46
細川護熙　121
細谷英二　257
堀江貴文　272
堀江鉄弥　190
保利茂　4
ボルカー、ポール　7, 52, 84
ポンピドー、ジョルジュ　9

〈ま〉
マーチン、プレストン　91
前川春雄　53, 299
前田晃伸　259
増渕稔　213
町村信孝　272
松下康雄　137, 300
松永光　166
丸山博　196
三重野康　83, 109, 300
三木淳夫　165
三木繁光　259
三木武夫　39
三木利夫　185
水田三喜男　4
水野温　256

溝口善兵衛　256
三塚博　150
美濃部亮吉　4
宮澤喜一　92, 115, 190, 247
ミラー、ウィリアム　52
武藤敏郎　247, 248, 273
村上世彰　272
村山達雄　48, 106
村山富市　123, 137
森昭治　195
森喜朗　207
森永貞一郎　39, 299
森本宜久　308

〈や〉
八城政基　196
柳澤伯夫　193, 195, 235
山際正道　297
山口信夫　247
山口光秀　90
山口泰　184
山崎拓　146
山本恵朗　236
行平次雄　165
横山昭雄　21
横山ノック　144
吉田正輝　144
吉野良彦　93

〈ら〉
リーガン、ドナルド　63
ルービン、ロバート　141
レーガン、ロナルド　59, 84
蠟山昌一　151

〈わ〉
渡辺美智雄　58

■事項索引■

〈数字・欧文〉

30社問題　220, 238
BNPパリバ　271
CPオペ　199
CPIショック　269
DCF法　→ディスカウント・キャッシュフロー法
G5　86, 90
G7　95, 141
G10　9, 86, 91
ITバブル　212
LTCM　→ロングターム・キャピタル・マネジメント
MOFマター　322
NASDAQ総合株価指数　→ナスダック総合株価指数
NTT　97
OPEC　→石油輸出国機構
PER（株価収益率）　103
PKO　→国連平和維持活動
RTGS　212
SBC　→スイス銀行
UFJ銀行　259
UFJホールティングス　236
Y2K問題　205

〈あ〉

あおぞら銀行　196
アカウンタビリティ　155
悪性インフレーション　284
あさひ銀行　236, 257
アジア通貨危機　160, 161, 289
足利銀行　258
安宅産業　43
アドバンテッジパートナーズ　261
アプラス　260
アベノミクス　309

安全信用組合　124
安定成長期　287
イールド・カーブ　68
イールドカーブ・コントロール付き量的・質的緩和政策　309
イオン　261
イグジット　255, 265
いざなぎ景気　286
いざなみ景気　250, 289
異次元緩和　309
一般消費税　51
一般的監督権　156
イラン革命　49
岩戸景気　286
インディケーター　92
インフレーション　310
インフレーション・ターゲティング　238, 267
インフレ参照値　267
インフレなき持続的成長　120
インフレ目標　219, 246, 247, 248, 267, 273, 321
ウォーターゲート事件　30
ウォン　163
売出手形　19
営業特金　114
円キャリートレード　141
円最高値　307
円建てBA市場　64
円転換規制　64
円の自由化・国際化　63
円対米ドル為替レート　45, 201, 250, 318, 321
円防衛策　57
大型間接税　92
大蔵省改革PT　149
大蔵省検査　159
大蔵省の解体・再編　150
大蔵省バッシング　148
大阪府民信用組合　123

索　引　333

オーバーシュート型コミットメント　309
オーバー・ローン　20, 31
沖縄復帰　16
沖縄返還　6
オリックス　261
卸売物価指数　310

〈か〉
外貨買い持ちポジションの調整売り　8
外貨購入　221
外貨準備高　8, 10
外国為替及び外国貿易法　151
外国為替公認銀行制度　151
外国為替先物取引に関する実需原則　64
外国為替審議会　151
改正証券取引法　114
価格破壊　161
貸し渋り　171
瑕疵担保条項　209
過剰流動性　18, 20, 21, 22, 26
角谷通達　114
金余り現象　105
株価収益率　→ PER
株式売買委託手数料　151
株式含み益　117, 171
釜石信用金庫　123
「乾いた薪」論　94, 98, 101
為替介入　154, 156, 256
為替管理　8
為替政策　154, 156, 160, 322
為替レートの安定化　309, 316, 322
完全母体行主義　146
議案提出権　157
既往円高ピーク　138
期間構造　68
機関車論　45
企業会計審議会　152
企業物価指数　310
議決延期請求権　157, 210

基準外貸付制度　59
基準割引率・貸付利率　268, 270
期待理論　68
木津信用組合　144
宮廷クーデター　91
旧「日本銀行法」時代　293
協調介入　49, 56, 87, 88, 204
協調利下げ　91, 93
共同債権買取機構　119, 123
共同フロート制　12
業務改善命令　237, 259
業務命令権　154, 156
狂乱物価　28, 41, 287
協和銀行　236
金　54
　―禁輸　5
　―兌換　6
　―・ドルの交換性　10
　―プール協定　7
銀行貸出量　71
銀行券発行残高　215
銀行離れ　97
銀行保有株式の直接買い入れ　243
金銭贈与　143, 144, 145
金融安定化二法　189
金融監督庁　150, 189, 192, 235
金融危機対応会議　235, 253, 257, 258
金融機能早期健全化法　192
金融効率化行政　83
金融国会　190
金融再生委員会　192, 195, 235
金融再生トータルプラン　192
金融再生プログラム　243, 256, 261
金融再生法　192
金融再生関連法　192
金融三法　147
金融市場調節方針　157, 188, 302
金融市場調節方式　214
金融システム　143
　―安定化策　172, 173

金融システム（つづき）
　—改革　150
　—改革法　152
　—危機　163, 189, 289
　—の安定　154, 156, 242
金融商品に関する時価評価　152
金融政策　160, 296
　—決定会合　197, 243, 302
　—の目的　156
金融制度改革法　152
金融制度調査会　152, 153
金融庁　235, 259
金融調節　18
　—手段　140
金融不祥事　112
金融持株会社　152
金利機能　248, 273
金利と量のパラドックス　170
金利派　215
繰り延べ税金資産　244, 256, 257, 258
グローバル金融危機　271, 306
経営健全性確保法　147, 171
景気循環　284
　—対抗策　314, 321
経済財政諮問会議　207, 235
経済成長　290
経済停滞期　288
経済の安定と成長　309, 314, 321
「経済・物価情勢の展望」レポート　265
「経済・物価の将来展望とリスク評価」
　リポート　255
経常収支対名目GDP比率　65
決済システム　154
決済用預金　244
検査　154
　—忌避　259
現地生産　160
減量経営　50
考査　154, 156, 157, 159
公示地価　98, 103, 117, 120

興人　43
更生特例法　147
構造改革　237, 240
　—路線　246
構造問題　241
公定歩合　12, 13, 14, 15, 25, 29,
　42, 43, 46, 47, 50, 51, 52, 56,
　57, 59, 60, 62, 90, 91, 94, 95,
　107, 109, 110, 112, 115, 116, 120,
　123, 139, 140, 213, 214, 220, 268
　—操作　13, 31, 92, 157, 296
公的資金（資本）注入　118, 119, 146,
　189, 196, 236, 237, 238, 257
高度成長期　284
幸福銀行　197
ゴールドマン・サックス　258
ゴールド・ラッシュ　7
コールレート　88, 106, 139, 140,
　167, 170
　—（オーバーナイト物）　188, 197,
　199, 210, 214, 267, 268, 270
国債価格支持政策　67
国債管理政策　66
国際協調のための経済構造調整研究会
　92
国際金融センター　104, 153
国際興業　260
国際自動車　260
国債大量発行　65
国際的政策協調　84, 88, 96, 103
国債流動化　67
国内均衡　316
国民銀行　197
国民所得倍増計画　286
国民福祉税　122, 124
国連平和維持活動（PKO）　118
コスモ信用組合　143
護送船団行政　165
固定為替相場制度　316
固定相場制度　7

索引　335

コマーシャル・ペーパーオペ　→CP オペ

〈さ〉
「最後の貸し手」機能　141, 165
財政構造改革　160
　—法　161
財政再建　51, 61, 62
財政と金融の分離　149
財政ファイナンス　309
埼玉銀行　236
埼玉りそな銀行　257
財テク　97
財務省　235
さくら銀行　236
サブプライム・ローン　271
　—問題　251
サミット　43, 45, 47, 48, 51, 62, 92, 207
産業再生機構　244, 260, 261
三洋証券　163
三和銀行　236
地上げ　103
時価主義会計　147
時間軸政策　200
資金援助　142, 143, 144
資金需給実績　18
資金需給表　206
資金ポジション　14, 31
自己査定　193, 238
自己資本比率　193, 257
資産価格　156
　—の安定　107
「資産大国＝低金利国」論　101
資産担保証券　253, 254
「資産倍増」構想　115
市場型間接金融　152
私設取引システム　153
実質 GDP 成長率　290, 314
資本増強　257

社会主義市場経済論　108
社債担保オペ　199
ジャパン・プレミアム　165, 201
自由金利預金　89
修正母体行主義　146
住専　145, 149　→住宅金融専門会社も参照
　—処理法　146
住宅金融債権管理機構　146
住宅金融専門会社　119, 145　→住専も参照
受動的な金融調節　171
守秘義務　155
主要経済指標　1, 40, 54, 85, 109, 138, 187, 249
準備預金準備率　24, 26, 29, 42, 43, 56, 59
準備預金制度　206
準備率操作　157
消費景気　284
証券化　152, 253
証券取引審議会　151
証券取引等監視委員会　114
証券不況　286
消費者物価指数　215, 310
　—（除く生鮮食品）　255, 265, 269
消費税　106
　—率引き上げ　124, 161, 308
情報通信産業　160
審議委員　157, 185
新金融調節方式　52, 56, 84
新経済政策　5
新生銀行　209
新「日本銀行法」時代　302
神武景気　286
信用秩序の維持　154, 156
スイス銀行　191
スタグフレーション　5, 29, 62, 287
スタンダード＆プアーズ　271
スネーク制度　11, 12

スミソニアン会議　9-10, 14
スミソニアン体制　9, 12
スミソニアン博物館　9
住友銀行　236
住友信託銀行　191
政策委員会　154, 156, 159, 197, 243,
　　296, 302
政策的コミットメント　200
政治改革　121
政府代表　157
整理回収銀行　145, 147
石油危機
　第1次—　27, 287
　第2次—　50, 287
石油二法　28
石油輸出国機構　27, 49
接待汚職事件　166
設備投資循環　292
説明責任　155, 157
セブン・シスターズ　259
ゼロ金利政策　200, 289
「ゼロ金利政策」解除　208, 211, 222
セントラル・バンカー　183, 211
早期是正措置　147, 148, 171, 193
総裁　157
　副—　157
　歴代日本銀行—　293
双日ホールディングス　260
蔵相・中央銀行総裁会議　86
総フロート　12
即時グロス決済　→ RTGS
そごう問題　209
ソフトバンク・グループ　196
ソフト・ランディング　244
　—路線　237
損失補塡　112

〈た〉
第二地方銀行　148, 196
第4次中東戦争　27

第一勧業銀行　236
大インフレーション　2, 24
ダイエー　261
対外均衡　316
対外不均衡　84
大京　260
泰道グループ　143
大和銀行　148, 257
大和銀ホールディングス　257
ダウ工業株30種平均株価　100
タカ派　186, 203, 254, 255, 266
竹中プラン　243, 256
たすき掛け人事　83, 137
短期金融市場金利の「高め誘導」　60,
　　88
短期金融市場金利の「低め誘導」　139
中央銀行研究会　149, 153
中央省庁再編　207, 235
中央省庁等改革基本法　190
中央信託銀行　195
中期循環　292
中国封じ込め政策　5
中長期的な物価安定の理解　267, 306
中長期循環　290
超過準備　22, 172, 173, 206, 220
長期国債の買切オペ　215
長期循環　292
　—の成長率ピーク　315
長銀ウォーバーグ証券　191
調整インフレ政策　16, 18, 30, 31, 40
朝鮮戦争　284
通貨交換　16
通常会合　243
積み上幅見込み額　206
強いドル政策　141
ディスカウント・キャッシュフロー法
　　244
出口戦略　264
デフレーション　96, 160, 184, 187,
　　201, 289, 312

索　引　337

デフレ均衡　252
デフレ懸念の払拭　200, 209
天安門事件　108
転型期　286
伝染　163
伝統的な金融調節　22, 172, 173, 206
伝統的な戦略と戦術　31
ドイモイ　108
東海銀行　236
東京オリンピック　286
東京共同銀行　125, 142
東京協和信用組合　124
東京相和銀行　197
東京三菱銀行　236
東西ドイツ統一　108
投資信託の窓口販売　151
同時多発テロ　220, 246
東洋信託銀行　236
特別危機管理　258
特別検査　239, 241, 259
特別公的管理　192, 193, 195
特別資金援助　145, 147
特別保険料　147
特別融資　164
土地神話　104
土地評価額対名目 GDP 比率　104
飛ばし　164, 190, 194
トヨタ自動車　261
取引所集中義務　151
トリレンマ　30, 41
ドル買い介入　8, 19, 95, 96, 204
ドル高是正のための協調介入　87
ドル防衛策　49
トンネルの中の蛇　11
トンネルを出た蛇　12

〈な〉

内外ディレンマ　60
内閣府　190, 207
ナスダック総合株価指数　212

鍋底不況　286
「なみはや」銀行　197
南巡講話　108
新潟中央銀行　197
ニクソン・ショック　5, 9, 13, 30, 286, 287
日銀当座預金残高　206, 214, 220, 221, 222, 244, 245, 252, 253, 254, 255, 264, 265, 267
日銀当座預金ターゲティング　217, 222
日銀ネット　212
日銀法改正小委員会　159
日米安保条約　3
日米円ドル委員会作業部会　63
日米構造協議　63
日米繊維交渉　3, 6
日米包括経済協議　122
日経225種平均株価　98, 103, 188, 251, 307
日中国交回復　17
日朝平壌宣言　246
日本銀行貸出　19, 140
日本銀行創立百周年　60
日本銀行の対政府信用　155, 157
日本銀行の独立性　156, 211, 248
「日本銀行法」改正　149, 155
日本興業銀行　236
日本債券信用銀行　194
日本長期信用銀行　190
日本万国博覧会　3
日本版ビッグバン　150, 153
日本郵政公社　245
日本列島改造論　17
ニュー LTCB パートナーズ　196
ニューエコノミー　212
農林系統金融機関　145
野村グループ　258

〈は〉

バーゼル合意　171

パーツ　161
ハード・ランディング　244, 261
ハト派　186, 203, 222, 253
バブル　97, 103, 104, 105, 110
　—期　287
　—景気　111, 288
　—退治　109, 116
速水執行部　185
バランスシート調整圧力　170
バンカース・トラスト　195
阪神・淡路大震災　138, 144, 288
阪和銀行　148
東日本大震災　289, 307
非不胎化介入　204
兵庫銀行　144
標準貸出金利　14, 46
開かれた日銀　40
ファンダメンタルズ　87
福井執行部　248
福祉元年　24
副総裁　→総裁
富士銀行　165, 236
不正融資　113
不胎化　19
ブタ銭　172
ブタ積み　265
物価安定の目処（ゴール）　307
物価安定目標（ターゲット）　252, 307, 313
物価水準目標　221
物価の安定　70, 154, 156, 309, 310, 321
物価目標付きのマネタリーベース・ターゲティング　203
不動産関連業種（不動産業、ノンバンク、建設業）向け貸出　97
不動産業向け貸出総量規制　111, 115-116
プラザ合意　87, 287
プラザ・ホテル　86

ブラック・マンデー　100, 288
不良債権　117, 123, 143, 190, 193, 194, 238, 241, 259, 261
　—処分損　263
　—の最終処理　237
　—の償却・引当　119
　—比率　261, 262
　—問題　117, 118, 119, 120, 123, 125, 142, 217, 241
プルーデンス政策　156, 160, 243
ブレトンウッズ体制　6
ペイオフ　143
　—解禁　147, 236, 242
　—全面解禁　264
平成の鬼平　116
ベルリンの壁　108
ペレストロイカ　108
変動為替相場制度　316
変動相場制度　7, 9, 12, 45, 162
貿易摩擦　45, 60, 63, 65
奉加帳増資　259
包括緩和政策　307
ホームメイド・インフレ　57
補完貸付制度　220, 222
北洋銀行　164
保険審議会　152
保険販売　152
保険料率　152
北海道銀行　164
北海道拓殖銀行　164
骨太の方針　237

〈ま〉
マーシャルのk　20
マイカル　238
マイナス金利政策　309
マイナス成長　188
前川レポート　92
窓口指導　24, 25, 26, 29, 42, 47, 50, 59, 69, 99, 112

索　引　339

マネーサプライ　20, 22, 68, 70, 89, 94, 125, 167, 170
　―重視政策　68
　―見通し　69
　―目標政策　69
マネタリーベース　22, 167, 169, 170, 308
マネタリーベース・ターゲティング　222
丸紅　261
ミサワホーム　261
ミスアラインメント　316
みずほホールティングス　236
三井住友銀行　236
三菱UFJフィナンシャル・グループ　260
三菱信託銀行　236
三菱東京フィナンシャル・グループ　236
みどり銀行　144
ムーディーズ　165, 194, 271
村上ファンド　272
名目GDP成長率　290
名目金利のゼロ％制約　188
メガバンク　236
メキシコ債務危機　60
メキシコ通貨危機　138
メリル・リンチ　259
目標相場圏　95
物不足　28

〈や〉
役員集会　154, 296
山一証券　164
郵政解散　264
郵政公社　190
郵政民営化　263
　―関連法　263, 264
郵便貯金金利　14, 15, 43, 46, 47, 59
ユーロ　200

ユーロ円市場　64
「良い物価・悪い物価」論　208
預金全額保護　143
預金取付け　145
預金保険　143
預金保険法の一部改正法　147
予算審議中の公定歩合引き上げ　55
予防的金融引き締め政策　51, 107
四十日抗争　51

〈ら〉
ランプイエ城　43
リーマン・ショック　289
リーマン・ブラザーズ　306
リザーブターゲティング　215, 216
リストラクチャリング　104
リゾート開発　103
りそなHD　257
りそな銀行　253, 256
りそなグループ　257
リップルウッド　196
流動性危機　156
流動性供給　100, 172, 242
量的緩和　217
「量的緩和」解除　267
量的緩和政策　219, 221, 240, 249, 252, 264
量的・質的緩和政策　308
量的縮小政策　172
臨時貸出制度　199
ルーブル宮殿　95
ルーブル合意　95
ルピア　163
歴代日本銀行総裁　→総裁
ロクイチ国債　67
ロッキード汚職事件　43
ロングターム・キャピタル・マネジメント　198
「ロンバート型貸出」制度　213

〈わ〉
湾岸危機　109, 115

■著者紹介

黒田晃生（くろだ　あきお）

1947年愛知県新城市生まれ。1970年東京大学経済学部卒業、1971年日本銀行入行。1976年イェール大学経済学部大学院修士課程修了。1986年日本銀行金融研究所研究第1課調査役、1989年日本インベスターズ・サービス（株）主席アナリスト。1991年日本銀行金融研究所研究第2課長。1994年明治大学政治経済学部専任講師、1995年明治大学政治経済学部専任教授。2018年3月定年退職。現在、明治大学名誉教授。

主な著書に、『日本の金利構造』、『入門　金融［第5版］』（以上、東洋経済新報社）、『金融［新版］』（共著、有斐閣）、『金融政策の話［新版］』（日本経済新聞出版社）などがある。

明治大学社会科学研究所叢書
日本の金融政策（1970〜2008年）　歴代日銀総裁のパフォーマンス評価

2019年3月15日　第1版第1刷発行

著　者──黒田晃生
発行所──株式会社　日本評論社
　　　　　〒170-8474　東京都豊島区南大塚3-12-4
　　　　　電話 03-3987-8621（販売）-8601（編集）
　　　　　https://www.nippyo.co.jp/
　　　　　振替 00100-3-16
印刷所──平文社
製本所──牧製本印刷
装　幀──銀山宏子
検印省略　© KURODA Akio 2019
ISBN978-4-535-55937-0　　　　　　　　　　　　　　Printed in Japan

JCOPY　〈(社)出版者著作権管理機構　委託出版物〉
本書の無断複写は著作権法上での例外を除き禁じられています。複写される場合は、そのつど事前に、(社)出版者著作権管理機構（電話 03-5244-5088、FAX 03-5244-5089、e-mail: info@jcopy.or.jp）の許諾を得てください。また、本書を代行業者等の第三者に依頼してスキャニング等の行為によりデジタル化することは、個人の家庭内の利用であっても、一切認められておりません。